读客®文化

Surplus Enjoyment

享乐与虚无

[斯洛文尼亚] 斯拉沃热·齐泽克 著
季广茂 译

Slavoj Žižek

文匯出版社

图书在版编目（CIP）数据

享乐与虚无 /（斯洛文）斯拉沃热·齐泽克著 ; 季广茂译. -- 上海 : 文汇出版社, 2025. 5. -- ISBN 978-7-5496-4483-4

Ⅰ. B084

中国国家版本馆CIP数据核字第202537WK81号

享乐与虚无

作　　者 / ［斯洛文尼亚］斯拉沃热·齐泽克
译　　者 / 季广茂

责任编辑 / 钱　斌
特约编辑 / 阮思懿
封面设计 / 王　晓

出版发行 / 文匯出版社
上海市威海路 755 号
（邮政编码 200041）
经　　销 / 全国新华书店
印刷装订 / 三河市龙大印装有限公司
版　　次 / 2025 年 5 月第 1 版
印　　次 / 2025 年 8 月第 4 次印刷
开　　本 / 710mm × 1000mm　1/16
字　　数 / 350 千字
印　　张 / 26.5

ISBN 978-7-5496-4483-4
定　　价 / 79.00 元

目 录

序曲

生活在一个颠倒的世界

黑格尔在《精神现象学》中用“*die verkehrte Welt*”来形容他那个时代疯狂的社会现实，而这个短语通常被翻译成“topsy-turvy world”，即颠倒的世界[1]。“你精心制订的计划在最后一刻被彻底搞砸，人人上蹿下跳，个个东奔西跑，如同没头的苍蝇，这时呈现的场景就是‘颠倒’的例证。”[2]这段出自网站Yourdictionary.com上对“颠倒”词条的释义，难道没有完美地概括黑格尔辩证过程中的基本逆转（basic reversal）吗？在基本逆转的过程中，即使最完美的计划最终也会变成自己的对立物——对自由的梦想变成了恐怖的活动，道德变成了伪善，过剩的财富变成了大多数人的贫困。早在1576年，托马斯·罗杰斯（Thomas Rogers）就在《以心灵解剖为题的哲学讨论》（*A Philosophical Discourse, Entitled, The Anatomy of The Mind*）中写道：“毁掉一座城市是邪恶的，但糟蹋城市，背叛国家，煽动仆从弑主，让父母杀害孩子，让孩子杀害双亲，让妻子杀害丈夫，把一切都颠倒过来，更是有过之而无不及。”主人对仆人、父母对孩子、丈夫对妻子这三种基本的统治关系在这里被上下颠倒，或者更确切地说，被内外倒置——这不正是对黑格尔思想的简洁概括吗？

如此说来，本书是另一部关于黑格尔的著作吗？为了解释否认（denial，*Verneinung*）的逻辑，弗洛伊德曾经引用一个病人的陈述：“你问我梦中的那个女人是谁。不管是谁，反正不是我的母亲。”弗洛伊德的回应，后来也众所周知：问题已经迎刃而解，我们可以肯定地说，那个女人就是他的母亲。[3]关于我的这本书，我也可以套用这个说法：不管本书研究的是什么，反正与黑格尔无关。这并非弗洛伊德所谓的否认，而是字字确凿，有据可查。诚然，在本书中，黑格尔无所不在，即使没有被直接提及，他依然潜伏在字里行间。但是，本书的议题正与其标题如出一辙：它关注的是剩余享乐（surplus-enjoyment）的悖论是如何维持我们这个时代上下颠倒这一混乱局面的。

从灾难到天启……然后轮回

在意识形态空间中，各种不同的立场都能与厄尼斯特·拉克劳（Ernesto Laclau）所谓的“等价链”（chain of equivalences）相互对接。例如，极右翼有关流行病的阴谋论与新纪元[4]精神不谋而合。梅利莎·赖因·莱夫利（Melissa Rein Lively）对全面健康、天然保健、有机食品、瑜伽、阿育吠陀治疗及打坐的关注，使她把疫苗视为危险的污染之源而严加拒绝。[5]这类事情如今在我们周围触目皆是。我们生活在荒诞不经的年代，面临多种多样的灾难，包括流行病暴发、全球变暖、社会紧张加剧，还有即将来临的数字化思想控制。这些灾难不甘落后，纷纷争坐头把交椅。这不仅就数量而言，而且是在努力充当“缝合点”（quilting point）的意义上，即拉康所谓的“*point-de-capiton*”，把所有的灾难化零为整，汇溪成河。在今天的公共话语中，遥遥领先的候选项是全球变暖，而最近的对抗——至少在我们生活的地方，这是生死攸关的对抗——是接种疫苗的支持者和怀疑派之间的对抗。这里的问题是，在流行病的怀疑派看来，如今的主要灾难是对流行病这个灾难本身的虚假看法，他们认为这都是当权者为了加强社会控制和经济剥削而故意操弄的把戏。如果仔细观察反对接种疫苗的斗争是如何与其他斗争（反对国家控制、反对科学、反对企业经济剥削、捍卫我们的生活方式）凝为一体的，就不难发现，在反对接种疫苗的斗争中发挥关键作用的是意识形态神秘化的产物。在某些方面，这种神秘化的产物类似于反犹主义：反犹主义是反资本主义的一种可替代的-神秘化的形式，反对接种疫苗的斗争也是反对当权者的阶级斗争的一种可替代的-神秘化的形式。

为了在这种混乱中找到出路，我们或许应该强调天启和灾难的差异，把“灾难”一词留给君特·安德斯（Günther Anders）所谓的“赤裸的天启”

（naked apocalypse）。在古希腊，“天启”的意思是“除去覆盖物”，现在指对知晓的揭露或启示（disclosure or revelation of knowledge）。在宗教性言辞中，天启所揭示的是某种隐秘之物，是我们在日常生活中目力不及的终极真相。如今，我们通常把每一次大规模灾难、或者危害人类和自然界的一连串事件称之为“天启性”事件。我们很容易设想：天启揭示（apocalypse-disclosure）并不带来天启灾难（apocalypse-catastrophe）——例如我们听到某一宗教启示之后该启示内容并未在现实世界中发生；也很容易设想：天启灾难并不来源于天启揭示——例如我们经历了一场摧毁整个大陆的地震，而此前我们并未从彼岸世界得到预警。虽然可以如此设想，但这两个维度之间其实是存在内在关联的。一方面，当我们认为，我们在面对一些高于我们理解层次、迄今隐而不显的真相（即所谓天启——译者）时，由于这一真相迥异于我们常识——它居然将摧毁我们的世界——所以我们无法理解。另一方面，每一次灾难性事件发生，即便事件纯属自然性质，都揭示了在日常生活中某些被忽略的东西，促使我们直面被压抑的真相（oppressed truth），也即所谓天启。

安德斯在其论文《没有王国的天启》（“Apocalypse without Kingdom”）中引入了“赤裸的天启”概念：“天启仅仅是由堕落组成的，它并不代表（‘王国’）崭新的、积极的事态的开端。”[6]安德斯的想法是，核灾难恰恰就是这样的赤裸的天启：它不会催生新的王国，只会抹除我们自己和我们的世界。我们今天要追问的问题是：在如今对我们所有人构成威胁的众多灾难中，什么样的天启不请自来？倘若就这个单词的全部意义而言的天启——包括揭示迄今为止不为人知的真相的天启——从未出现呢？倘若真相只是事后构建之物，是试图理解这场灾难的一种尝试呢？有人会说，1990年东欧政权的解体是地地道道的天启：它揭示了一个真相，让我们知道，有些体制只是死路一条，有些体制最终被认定为最佳的社会经济体制。但是，这种福山式的梦想——历史终结的梦想——在十年之后的9月11日终结于一场幡然醒悟。因此，我们今天生活在一个“终结之终结”的时代，而“终结之终结”是对它的最佳描述。这个循环是封闭的，我们从灾难走向天启，然后又从天启回到灾难。我们反复听人说，我们处于历史的终点，但这个终点无限延展，永无止境，甚至给我们带来了享乐，使我们乐在其中。

我们对灾难的理解通常是，当地震和战争等严酷事件的爆发破坏了作为我们现实的符号性虚构（symbolic fiction）时，灾难就会不期而至。但是，如果现实一如既往，仅仅是支撑我们能够接近现实的符号性虚构土崩瓦解了，其结果也不亚于灾难的降临。我们且以性征[7]为例，因为在性征的问题上，虚构发挥的作用是无与伦比的。伊娃·怀斯曼（Eva Wiseman）曾经有过一则有趣的评论，说的是“同意”（consent）在性关系中发挥的作用。她提到了“乔恩·龙森（Jon Ronson）的网络情色播客系列《蝴蝶效应》（*The Butterfly Effect*）中出现的一个场景。在一部情色片的拍摄现场，一个演员在拍摄中途突然激情不再，为了重振雄风，他对躺在身下的裸体女人视若无物，反而转身抓起手机，在网络上搜索相关视频或图片。这令我深感震撼，让我隐约感受到天启的意味”。注意这里的“天启”一词。怀斯曼总结道：“在性的状态中，有些东西已经腐烂变质。”我同意她的说法，但我要追加精神分析为我们提供的教益：人类的性征本身是变态的，这见之于施虐受虐狂的逆转（sadomasochist reversals），尤其见之于现实与幻想的混合。即使当我与我的伴侣独居一室，我与他/她的（性）互动也与我的幻想密不可分地交织在一起。也就是说，每一次性互动都是潜在建构起来的，如同“以真实的伴侣自慰”那样，我把伴侣的血肉之躯当成道具来使用，以实现/重现我的幻想。不能把伴侣的现实身体和幻想世界之间的这道鸿沟化约为男权制、社会统治或社会剥削造成的扭曲，因为这道鸿沟从一开始就存在。所以我很理解那个演员，他为了重振雄风而去网上搜索相关视频或图片——他在为自己的表演寻找幻象的支撑。

我们被迫从这一切中得出一个相当可悲的结论：灾难并非只在未来等待我们，也并非仅仅通过深思熟虑就能避免。最基本的本体论（ontology）意义上的灾难（当然还有别的灾难）总是已经发生的事情，而我们这些劫后余生之人就是全部的幸存之物。这是在所有层面上，甚至是在最具经验性的意义上说的：迄今为止，难道我们最重要的能源——煤和石油——的巨大存储量没有证明，在人类出现之前，地球上早已发生过巨大的灾难吗？按照定义，后天启（post-apocalyptic）是我们的常态。

这又使我们回到我们的主要观点上：除了几个“理性的乐观主义者”，我们中的大多数人都同意，我们——我们所有人，即人类——陷入了多重危机之中：流行病、全球变暖、社会抗议等。我们正在进入一个新时代，这也意味着，我们正在全面行动。关于尼罗河水源之争的前景，或许是未来战争的潜在样本：从民族国家的主权角度来看，埃塞俄比亚有理由为自己保留自己想要或需要的东西，但如果它拿走太多，就可能会危及埃及的生存，而埃及是依赖尼罗河为生的。这个问题没有抽象的解决办法，从全球的角度来看，必须通过谈判达成妥协。现在，让我们跳到最近出现的国家恐怖主义行为：为了抓捕白俄罗斯持不同政见者罗曼·普罗塔谢维奇（Roman Protasevich），白俄罗斯迫降了一架从雅典飞往维尔纽斯（Vilnius）的瑞安航空公司（Ryanair）的飞机。［在毫不含糊地谴责这一恐怖行为的同时，我们应该牢记，奥地利也做过同样的事情：它按美国的命令迫降了一架飞越其领空的飞机，那是玻利维亚总统埃沃·莫拉莱斯（Evo Morales）的专机。因为美国怀疑爱德华·斯诺登（Edward Snowden）就在那架飞机上，而他想从俄罗斯逃往拉丁美洲。］这两个事件的共同之处何在？它们都是一种新型冲突的例证，这些冲突将日益成为我们全球化时代的特征：国家主权与较大共同体利益的冲突。尽管资本主义从危机中汲取了营养，并利用危机使其比以往任何时候都更加强壮，但越来越多的人怀疑，这一次，这个屡试不爽的公式将不再奏效。

本书的重点不是展示各种不同的危机，而是研究我们如何对抗它们或复制它们，但有时还想一箭双雕，同时完成上述两项任务。我要达到的目的不仅是分析我们置身其间的混乱局面，同时还要研究，大多数对全球资本主义的批判和抗议是如何有效地充当全球资本主义的意识形态补充物，而没有真正质疑其基本前提。要想明白这是如何可能的，我们需要分析意识形态。意识形态不是抽象的原则体系，而是建构我们实际生活的物质力量。要达到这个目的，我们还需要动用精神分析理论这个复合装置，因为它会把调节我们日常生活的力比多投入（libidinal investments）清晰地呈现出来。

出人意料的快感获取

于是我们提出了那个陈旧的弗洛伊德式的问题：为什么我们身受压迫，却乐在其中？也就是说，权力不仅通过压迫（和压制）我们，而且通过贿赂我们，来宣示它对我们的控制。压迫（和压制）是通过恐惧，即我们害怕受到惩罚，来维持自身的，而贿赂我们则是为了让我们俯首帖耳、被迫放弃。我们从俯首帖耳和被迫放弃中得到的，是放弃本身给我们带来的变态快感，是从"丧失"这一行为本身获取的收益。拉康把这种变态快感称为剩余享乐。剩余享乐意味着某件事情出现了悖论，而且就享乐自身而言，它总是（也只是）过剩的：在其"正常"状态下，它一无是处。

这把我们带到了拉康的"客体小a"（*objet a*）那里：根本不存在什么"基本享乐"（basic enjoyment），更无法把"基本享乐"追加给剩余享乐，因为享乐总是剩余享乐，总是处于过剩的状态。在拉康的教学中，"客体小a"历史悠久，早在拉康系统地引用马克思在《资本论》中所做的商品分析的几十年前，它就已经存在了。但毫无疑问，正是对马克思著作的引用，特别是对马克思的"剩余价值"（*Mehrwert*）一词的引用，使拉康得以将其成熟的客体小a概念展开为剩余享乐（*plus-de-jouir, Mehrlust*）。有一个主导性的母题贯穿于拉康对马克思的商品分析的系统性引用，即马克思的剩余价值和拉康命名的剩余享乐具有结构上的同源性。剩余享乐这种现象，弗洛伊德称之为"*Lustgewinn*"，意谓"快感获取"，指的不是快感的简单增强，而是快感的额外获取，是主体在努力获取快感的过程中正规且迂回地获取。"*Lustgewinn*"的另一个形象是具有癔症（hysteria）特征的逆转（reversal）：对快感的放弃逆转为放弃的快感或放弃中的快感，对欲望的压制逆转为对压制的欲望，等等。这样的逆转处于资本主义逻辑的核心地带。正如拉康所言，现代资本主义始于计算（获取利润的）快感，但这种快感的计算瞬间发生了逆转，变成了计算（利润）的快感。在所有这些情况中，获取发生于展演（performative）层面：它是朝着目标奋进这一行为过程本身，而非目标的达成。[8]

一位来自葡萄牙的性感美人曾经对我讲过一则奇妙的逸闻：她最近结识

的情人第一次看到她赤裸的胴体时对她说，如果她能减掉一两千克的体重，那她的身材就会精美绝伦。当然，真相是，如果真的成功瘦身，那她很可能会看起来状若常人。那个似乎破坏完美的元素，恰恰创造了完美的幻觉，而这里的“完美”原本是要被那个元素所破坏的。也就是说，如果我们除去那个过度的元素，我们就会丧失完美本身。这就是客体小a至为纯粹的悖论：有个女人秀色可餐，婀娜多姿，却没有什么东西能让她产生真正的魅力，这时她该怎么办？不是让自己变得更加完美或更加靓丽，而是把某种不完美的迹象，某个破坏完美的细节，引到自己身上。这个附加的元素可能——在这个领域不做任何保证！——会充当破坏其完美的某物。这样一来，原本要破坏完美的，却创造了完美的幻影。且让我们再举一个（索然无味的）例子——硬核色情片。我自发的直觉告诉我，在近在咫尺的摄影机前表演终极亲密行为，同时听从导演的指挥，按照需要发出愉快的声音，或者改变身体部位的位置，等等，那必定极不舒适。这难道不是表演者只有通过长期训练才能克服的障碍吗？这样的训练使他们能够在情感上无视他们周围的环境，也正是这种环境阻止他们屈从于心醉神迷的快感。难道性行为不是我们大多数人只有在公众视野之外才能做的事情吗？不过，话说回来，或许存在这样的可能性：至少对某些人而言，发现自己身处毫无刺激性的环境中，反而能够获得快感，类似于“把至为亲密的行为当成一项需要遵从外部命令的规范活动来进行，更加令人愉快”。倘若我们顾及上述可能性，情形又会怎样？

如果每一次对快感的放弃都会因为放弃快感这个行为本身而获得快感，如果根本不存在“正常”的直接快感，以至于每次因为陷入符号性圈套（symbolic cobweb）而获得的快感都被打上这种变态翻转（perverted twist）的烙印，那么还有没有万全之策让我们摆脱这个快乐和痛苦的恶性循环？拉康暗示过多次，这个问题的答案是“主体性匮乏”（subjective destitution）。“主体性匮乏”是这样一个神秘的举动：与所有构成我们“内在人”（inner person）的丰富特性的东西保持距离，与所有隐藏在我们内心深处的垃圾保持距离，与此同时依然是一个主体，一个“纯粹”的空洞主体（empty subject），一个类似于活死人的主体，一个僵尸一般的主体。这在政治上意味着什么？本书的“终曲”部分会沿着这个方向斗胆提出某些假说。

然而，在抵达这个终点之前，本书必须按部就班，循序渐进。它将从作为我们这个疯狂世界的社会形式和终极源泉的全球资本主义开始，同时关注马克思主义政治经济学批判与生态学之间的复杂关系。由此开始，它将冒险提出大家可能称之为“力比多经济批判”的东西。“力比多经济”已经深深嵌入各种形式的精神生活，维系着统治和剥削等社会关系。然后，它将直接处理我们的力比多经济的基本紊乱问题，即剩余享乐的问题。最后，本书将提出一条摆脱这种困境的出路：摆出主体性匮乏的激进姿势。

从某种意义上说，本书的每一章都是一篇读书报告，都得益于一个杰出文本的“蛊惑”。斋藤幸平[9]使我对生态学在马克思主义中发挥的关键作用有了新的认识；加布里埃尔·图皮南巴[10]不仅对拉康学派而且对拉康本人的意识形态局限性做了鞭辟入里的分析，打破了我的拉康式的扬扬自得；扬尼斯·瓦鲁法基思[11]让我意识到，欲望的僵局是如何影响我们政治计划的内核的；弗兰克·鲁达[12]对废除自由的挑衅性呼吁引出了解放计划的神学根源（theological roots of emancipatory projects）。最后，同样重要的是，萨罗依·吉里[13]使我瞬间接受了他的主体性匮乏概念，并把它视为关键政治范畴。说了半天，黑格尔呢？黑格尔处于怎样的位置？虽然上述作者均已表明，我们对全球紧急情况的当代应对已告失败，但我和他们中的每个人都存有某些微不足道（但也可能极其重要）的分歧，而且无论存在怎样的分歧，在每一种情况下，我都发现，阅读黑格尔可以弥补这种缺憾。

2 + a

那么，本书将如何处理新时代的朦胧征兆（ambiguous signs）？用以表达新时代的朦胧征兆的表达式是2 + a。前两章涉及现代“怀疑阐释学”的两位创始人——马克思和弗洛伊德，他们把显而易见的（社会政治和精神）秩序斥为“影子剧场”，认为它受制于神不知鬼不觉的（政治经济和无意识）机制。马克思分析了把整个传统弄得颠三倒四的资本主义的现代性（capitalist modernity），弗洛伊德则揭示了我们精神生活中存在的对抗和逆转。我解读马克思和弗洛伊德的目的在于：避免对他们做“化约主义”的解读，即声称他们认为社会生活受制于“客观”的机制；同时坚定地认为，社会过程和精神过程具有不可化约的主体性之维（subjective dimension）。

和所有的哲学著作一样，本书是关于它自身（在这种情况下也是我们自己）的当下的本体论，所以经典是通过我们自己的历史经验来解读的。它关心的问题是，马克思和弗洛伊德是如何能够使我们掌握我们的当下及其僵局的？他们根植于精确的历史星丛（historical constellation）：马克思目睹了亘古未有的资本主义扩张，并对其负面影响做了精湛分析；弗洛伊德则在世纪之交，在我们所谓的“西方的没落”和第一次世界大战造成的创伤性冲击这一背景下，对人类心灵的黑暗幽深做了深入探索。本书将站在当下的立场上解读马克思和弗洛伊德：马克思与生态危机，弗洛伊德与精神分析的社会政治学。马克思和弗洛伊德是往日的经典，但对于理解我们的当下来说，是必不可少的。

但我们的当下呢？没有哪位经典作者的理论能让我们直接把握我们时代的观念性结构（notional structure），我们彻底陷入了时代的嘈杂混乱，缺乏认知图绘（cognitive mapping）。本书最后一章将直接切入这一混乱局面。拉康的客体小a或（以马克思的剩余价值学说[14]为模型的）剩余享乐概念，在此被选为核心参照点，因为它发挥的作用俨然像是个“对颠倒的操作员”（the operator of topsy-turviness）。你选取一个现象领域，给它注入剩余享乐，这时，这个领域的平衡会不可挽回地丧失，一切都会走向自己的反面：痛苦变成快乐，匮乏变成过剩，仇恨变成挚爱，等等。

这一章是本书的枢纽，为了避免错失良机和不得要领，读者必须小心翼翼，步步为营，逐渐接近核心论题。它将从“大他者”（the big Other）的两个对立形象——虚拟的符号秩序（virtual symbolic order）和本我机器（Id-machine）——开始，把符号秩序在结构上的非一致性与符号律令（symbolic Law）和超我（superege）之间的二元性联系在一起，继而展示超我禁令——禁止享乐——是如何调控我们这个“放荡不羁”的社会的力比多经济的。这样的放荡不羁，不可避免地导致某种后果，这种后果便是压抑。我们可以把压抑定义为，虽然欲望的客体唾手可得，却仍然窒息欲望。窒息欲望会导致迷失，这时迷失的是作为欲望客体成因（object-cause of desire）的剩余享乐。本书在“终曲”部分试图清晰阐明一种存在主义立场，因为它能使我们打破我们这个放荡不羁的社会所陷入的僵局，同时不会倒行逆施，重返原教旨主义这种古老形式。我将依靠萨罗依·吉里的著作，力争对拉康的“主体性匮乏”概念进行政治性解读。

本书立足当下，这是否暗含了历史主义的相对主义（historicist relativism）的意味？在这里，我们首先要迈出的第一步是把历史主义彻底激进化。布鲁诺·拉图尔[15]曾经说过，在中世纪，谈论肺结核是没有意义的，因为肺结核是现代科学范畴，在中世纪的思想视域中没有立足之地。如果我们遇到一个来自那个时代的人，对他说“你兄弟死于肺结核”，他会一脸茫然，不明所以。在此基础上，我们还需要百尺竿头，更进一步：现代性（这对拉图尔来说纯属子虚乌有）不仅引入了新的理解视域，而且改变了整个领域，重新界定了我们眼中的“中世纪”。我们的“中世纪”概念根植于我们的时代，总是被我们的当代经验所“调停”。我们也永远无法保持中立，站在历史之外，对不同的时代进行不偏不倚的对比。

那么，这是否意味着我们会不可避免地落入历史主义的陷阱？《政治经济学批判大纲》[16]中一个广人为知的段落已经暗示了走出历史主义僵局的通途。在那里，马克思恰当地运用了劳动的观念：普遍的观念尽管是普遍的（“永恒”的、超历史的、适用于所有时代的），却只有在特定的时代才能显现为普遍的观念（成为现实的观念，成为我们经验的一部分）。我们不是通过把来自特定时代的具体特征进行抽象化处理获得普遍性的，而是通过关注某个特定的时代（我们讨论的普遍性在这个时代就是作为普遍性显现出来的）而获得普遍性的。这个观点，在黑格尔看来，就是具体普遍性（concrete universality）的观点。支撑本书的假说是，人类历史的“颠倒性”（topsy-turviness）也是如此：尽管“颠倒性”是普遍的，但只有在我们的时代，在历史于1990年终结后的时代（这时新的“后历史”对抗已经爆发），它才成为我们历史经验的一部分。

关于解读黑格尔，如今主流的看法是，想使黑格尔还有任何用处，就必须通过某种后黑格尔理论（post-Hegelian theory）来解读黑格尔。自由主义的解读者——如罗伯特·布兰顿（Robert Brandom）——注重的是相互承认（mutual recognition），对黑格尔做了语用语言学的解读（pragmatic-linguistic reading）。在斋藤幸平之类的生态马克思主义者看来，应该把黑格尔的“理念自我运动”（self-movement of Idea）的概念重新阐释为根植于自然的人类的集体生产过程。像拉康那样引用黑格尔著作的精神分析学家在黑格尔的辩证法中看到了无意识过程的扭曲表达，以及自我对这种扭曲表达的重新整合。我们不能仅仅用既定的经济利益和意识形态操纵来解释当前的意识形态-政治混乱（濒临内战边缘的民粹主义暴力），必须引入在另类右翼狂欢节式的公共活动中清晰可辨的（种族主义、性别歧视）享乐。

无论在上述哪种情况下，本书都将证明，与对黑格尔的当代批判性解读相比，他的著作具有更加丰富的蕴含；与马克思主义对生产过程的关注相比，黑格尔的自然观对偶然性（contingencies）的态度更加开放；我们不应该通过弗洛伊德来解读黑格尔，而应该以黑格尔的方式来解读弗洛伊德（以及拉康），以便发现他们致命的局限；最后，黑格尔并没有简单地将宗教视为代表概念性真理（conceptual truth）的一种有限方式而不屑一顾，而是在宗教性的集体仪式中清晰地看到了剩余享乐发挥的作用，以及宗教性的集体仪式带来的满足。所以，我要重申，我批判的目标是前面已经提及的主导立场，根据这个立场，我们只有通过某种后来确立的方位图（figure of orientation）解读黑格尔，即通过拉康解读弗洛伊德，通过今天的生态问题解读马克思，通过自由主义的相互承认理论来解读黑格尔本人，才能重现黑格尔（以及马克思和弗洛伊德）思想中的鲜活之物。但是，如果采取与此完全相反的举措同样必要呢？如果我们不得不通过后来的事件和思想来解读黑格尔，然后重新回到黑格尔那里，以便理解这些事件和思想的要义，情形又会怎样？如果那些透过在自由地相互承认方面逐步取得进展这个镜头来解读黑格尔的自由观的人，错过了作为辩证过程之核（the core of a dialectical process）的激进否定性，情形又会怎样？[17]如果我们只有通过黑格尔来解读马克思，才能正确地把握马克思主义和生态学陷入的僵局呢？如果我们只有通过黑格尔来解读弗洛伊德和拉康才能把握弗洛伊德思想和拉康思想中的彻底突破呢？

所以，让我们以黑格尔式的方式迎接我们这个病毒肆虐的时刻，并以此作结：在21世纪初的今天，我们所有的重大战役都是抗击病毒的战役。精神是寄生在人类这种动物身上的病毒，而且随着下列前景的发展，精神的寄生会变得日益危险：在我们的连线大脑（wired brain）中，我们的思维过程将直接受制于全球数字网络这个大他者。生化病毒威胁着我们的生存，流行病过后肯定会出现其他可能更加严重的病毒。最后，全球资本本身就是巨大的病毒，它残忍地利用我们，把我们当成它不断扩展的自我繁殖的工具。没错，21世纪将是黑格尔的世纪。

“祝你好运，黑格尔先生！”

根据某个传说（极可能只是传说），尼尔·阿姆斯特朗[18]于1969年7月21日在月球上迈出第一步后说出的第一句话，并非官方报道的“这是个人的一小步，却是人类的一大步”，而是神秘地喃喃自语：“祝你好运，戈尔斯基先生（Mr. Gorsky）。”美国宇航局的许多人认为，这只是他对某个竞争对手——苏联航天员——的随口“祝福”而已。直到1995年7月5日，他在一次演讲后回答问题时，才揭开了谜底。“1938年，他还是个孩子，住在美国中西部地区的小镇上。有一天，他和小伙伴在后院打棒球。小伙伴出手不凡，一击即中，球应声落在了邻居家卧室的窗子底下。那里住着戈尔斯基夫妇。他跑到那里弯腰捡球时，听到戈尔斯基太太对戈尔斯基先生大声咆哮：‘上床？你想上床?！你还是等隔壁家的孩子在月球上漫步时再说吧！’”[19]世事难料，31年后，他真的登上了月球。听完这则趣事，我脑海里涌现出我自己的版本。1800年前后，黑格尔默默无闻，忽然有人听到某个老教授（他现在已被遗忘）对黑格尔大声咆哮：“出人头地！你想出人头地，成为名扬天下的经典哲学家？……你还是等等吧，等一个来自像斯洛文尼亚那样的斯拉夫小国的伙计写一本关于你的鸿篇巨著，并被翻译成多种语言，你再出人头地不迟！”倘若情形真的如此，结果又会怎样？这就是我那部超过1000页的《极度空无》（*Less than Nothing*）出版时所发生的事情，尽管毫无疑问，我的某个敌人会立即补上一刀：“这是齐泽克的一大步，却是哲学的一小步。”

罗杰·斯克鲁顿无疑是这些敌人中的一员猛将。他曾在几年前写道："的确，虽然我们没有充足的理由对东欧政权的崩溃感到遗憾，但或许我们早已拥有充足的理由，对齐泽克在西方学术界的信马由缰感到懊恼。"[20]我们应该在此稍作停留，想一想，这种说法是何等丧心病狂（即使顾及它的修辞性夸张，也是如此）：我比极权主义更危险，更具破坏性。（顺便说一句，类似的说法在20世纪90年代俯拾即是：那时，有人提醒西方的保守派，颠覆东欧政权的力量与其说来自传统的价值观念，不如说来自通俗文化和性革命。他们中的一些人迅速回过神来，认为仅此一事就足以使人对东欧政权的崩溃深感遗憾。）可以想象，这种指责是如何满足我那妄自尊大的虚荣心的：黑格尔曾经说过，伯罗奔尼撒战争的精神成果是修昔底德的《伯罗奔尼撒战争史》——为了写一本书，成千上万的人必须死去；同样，东欧政权及其令人窒息的恐怖行径所催生的精神成果，则是我在西方学术界的怡然自得——整个东欧不得不经历危险的动荡，这样我才能在西方学术界扬名立万。如果我们破除这个妄自尊大的疯癫，就会隐隐约约地发现如今的知识分子在扮演怎样的角色。一旦某个理应销声匿迹的体制真的土崩瓦解，而且（几乎）人人都对它的分崩离析欢呼雀跃，思想的任务——我们今天的任务——就是设想正在形成的新秩序的潜在危险。再说一遍，我们应该践行对批判的批判（a critique of critique），无论如何都要避免因为对一个已然死在我们面前的体制落井下石而沾沾自喜，自鸣得意。这就是为什么在由另类右翼的污言秽语和伪左翼的政治正确的道德僵化（PC moralist rigidity）酿成的混乱局面中，温和保守派往往是激进左翼（仅剩的）唯一通情达理的合作伙伴的原因。我在最近与温和保守的德国日报——《世界报》——的一位编辑进行电话交流时，对他们准备发表我这个自称温和保守的共产主义者的文章大感诧异。我得到的奇妙回答是，我不应该为此大惊小怪，因为他们也是一份温和的共产主义保守派的报纸。

然而，本书有一个特点会使许多读者怒不可遏，甚至那些在其他方面赞同我的观点的读者也会如此：它的风格会变得越来越放浪，以至于它看上去似乎在逐渐走向癫狂。虽然仍然可以把第1章视为一篇学术论文，但本书读起来，越来越像是从一个例子跳到另一个例子，从一个引文或图像跳到另一个引文或图像，令人迷茫。（顺便说一句，人们首次读到黑格尔的《精神现象学》时做了同样的反应，对黑格尔也做了同样的指责。）我的回应是，虽然面对这种指责，我愿意承担罪责，但我认为这是一个积极的特征，是一种策略，这种策略在揭示文本以及历史时代内部存在的对抗时至关重要。我们在引用作者的文本时，总想忠实地重建文本作者意在传达的意义。这种做法存在致命的局限：如果被阐释 / 被引用的作者本身存在非一致性，如果被阐释 / 被引用的作者本身已经陷入历史的对抗和张力，以至于真正的暴力就是模糊了这些对抗和张力的解读行为本身呢？从这个意义上说，我恳请（并践行）一种暴力性的解读，这种解读（貌似）撕裂了有机的统一体，使被引用的文字脱离语境，把不同的片断以出人意料的新方式联系在一起。这些联系不是在连续不断的线性历史进程的层面上运作的。相反，它们出现在瓦尔特·本雅明所谓的“静止的辩证”（dialectic at a standstill）出现之时。在“静止的辩证”出现之时，当下的时刻（present moment）以某种超历史短路（trans-historical short-circuit）的方式，直接与过去的同源性时刻（homologous moments）遥相呼应。简而言之，我想践行爱德华多·卡达瓦（Eduardo Cadava）和萨拉·纳达尔–梅尔西奥（Sara Nadal-Melsió）在《政治红》（*Politically Red*）中确立的唯物主义的参与式解读实践（materialist practice of engaged reading）。就其语言形式而言，这种解读是政治性的解读。

这样的解读打破了下列两者的标准对立：一者是内在的解读（immanent reading），它努力忠实于被阐释的文本；一者是引用的实践（practice of quotation），它只是利用文本的只言片语来为当时的意识形态措施和政治措施辩护，以证明其正当性。这种实践的典范案例是斯大林主义：列宁主义是（斯大林主义的）意识形态，它的关键作用是由米哈伊尔·苏斯洛夫（Mikhail Suslov）提供的。从斯大林晚期直至戈尔巴乔夫执政时期，苏斯洛夫一直是负责意识形态工作的政治局委员。非经苏斯洛夫过目，赫鲁晓夫和勃列日涅夫不肯颁布任何文件。为什么会这样？苏斯洛夫在克里姆林宫的办公室里有一个巨大的列宁语录资料库，列宁的语录被誊写在卡片上，按主题排列，装在木制的文件柜里。每逢新的政治运动、经济措施或国际政策出台，苏斯洛夫都从列宁那里找到恰当的语录来大力支持。但苏斯洛夫收集的列宁语录与其原始语境已经骨肉分离。因为列宁著述甚丰，对形形色色的历史局势和政治发展均有所论述，所以苏斯洛夫总能找到合适的引文，把几乎所有的论点或倡议视为“列宁主义”的论点或倡议，即使这些论点或倡议彼此背道而驰，也不例外：“斯大林执政时，苏斯洛夫成功地引用了马克思列宁主义创始人的语录，为此斯大林对他赞赏有加，但苏斯洛夫后来也用这些语录来批判斯大林。”[21]这就是苏联列宁主义的真相：列宁被当成终极参照物来使用。他的语录可以使任何政治措施、经济措施或文化措施合法化，但合法化的方式却是彻头彻尾的实用主义和随心所欲。顺便说一句，这种方式与天主教会引用《圣经》的方式毫无二致。这里的讽刺意味在于，马克思主义的两大取向——斯大林主义的取向和忠于原作的取向——都能通过两种完全不同的引用模式来完美地把握。

本雅明（以及黑格尔、马克思、列宁、布莱希特、詹姆逊等许多人）所构想和践行的引用实践则与此完全不同。在他们那里，引用是一种斗争形式，斗争的对象是被引用的文本，是作者陷入的困境。唯物主义的引用处于被引用的原作之内，但它是从原作的外部进入原作的内部的。它对原作的暴力毁容（violent disfiguration）在某种意义上比原作本身更忠实于原作，因为它与横穿了两者的社会斗争遥相呼应。[22]这就是我从黑格尔跳到好莱坞喜剧、从康德跳到通俗文化中的吸血鬼和活死人、从LGBT+[23]跳到斯洛文尼亚的粗俗用语、从革命的主体性（revolutionary subjectivity）跳到电影《小丑》（*Joker*）的原因。我希望通过这些疯狂的组合，我——至少有时候——能够成功地达到本雅明渴望达到的目的。

因此，本书绝对是在为不疑不惑者解疑释惑。它并不想为疑惑者拨云见日，而是想让那些在日常意识形态的温水中畅游的不疑不惑者疑惑不解——不仅要让他们疑惑不解，而且向他们表明，他们最新获得的困惑早已存在于事物本身。与此同理，本书绝对不会为那些遭受种族主义和性别歧视之苦的人提供“安全空间”[24]。在加拿大艾伯塔大学最近发生的一起事件中，人类学学院教授凯瑟琳·洛雷（Kathleen Lowrey）因为声称性别不仅是由文化建构的，而且主要是一种生物学事实而面临失业的危险。严格说来，她是因为给学生创造了“不安全”的环境而被从人类学系本科项目副主任的职位上解聘的。怎么会这样？一言以蔽之，她不相信性别是由“社会建构”的。[25]为了澄清事实，我们应该在这里稍作补充：生物事实和符号建构之间的对立，并没有穷尽所有的对立，因为还有第三个选项，即性别差异自身的实在与不可能性的对立。它不是生物事实，而是一个无法完全符号化的创伤性的切口 / 对抗。但在这里，应该引起我们注意的是“不安全”一词：“不安全”最终会威胁到（自称）受害者的观点和自我感知。我们且以一个变身为女性的男性为例：如果性别身份（gender identity）（也）是由生理决定的，那么他 / 她这样做，绝对不会限制其改变性别身份的自由。受到威胁的是他 / 她的下列观念：他 / 她的身份是纯粹的文化建构，而文化建构最终取决于他 / 她的自由决定；我可以自由地重构自己，可以扮演多重身份，还要把限制这种可塑性的所有障碍说成文化压迫。

我们不能不注意到，在性别身份的问题上，从一种身份向另一种身份的转变——如穿着异性服装——被人誉为进步之举，称其消解了二元逻辑，但在种族身份的问题上，这种转变——尤其是白人装扮成黑人——却被斥为种族挪用（racial appropriation），并被定性为种族主义行为加以拒斥。最近就有一个这样的案例。盛宗亮[26]是一位世界级的作曲家，自1995年以来一直在密歇根大学任教。2021年9月10日，该大学音乐、戏剧与舞蹈学院院长戴维 · 吉尔（David Gier）宣布，停止盛宗亮本科音乐作曲课程的教学。之所以做出这个决定，是因为在一个月前，盛宗亮在课堂上放映了1965年根据莎士比亚的名著《奥赛罗》改编的同名影片。在这部影片中，饰演奥赛罗的演员劳伦斯 · 奥利维尔（Laurence Olivier）把自己的白脸涂成了黑脸。[27]据《密歇根日报》报道，盛宗亮是由一年级学生奥利维亚 · 库克（Olivia Cook）举报的。她发现，扮演奥塞罗的奥利维尔化了黑妆。她说：“在这样一所宣扬多样性并声称能够确保他们了解有色人种历史的学校里，（盛宗亮）竟在一个理应安全的空间展示这种东西，令人震惊。”在写给《密歇根日报》的一份声明中，顶替盛宗亮授课的作曲教授埃文 · 钱伯斯（Evan Chambers）写道：“无论这位教授的本意如何，现在放映这部影片，尤其是在没有实质性的框定（substantial framing）、内容建议（content advisory）和关注其内在的种族主义的情况下，本身就是一种种族主义行为。”[28]

同样的做法在1970年前后的苏联也曾出现。当英国广播公司摄制的电视连续剧《福塞特世家》（*The Forsyte Saga*，1967）在苏联电视台播出时，为了阻断意识形态的污染，每一集都由一位苏联文学科学家（literary scientist）发表一段5～10分钟的评论，提供“实质性的框定”和“内容建议”，以此警告观众，尽管该剧具有普适人文主义的价值，偶尔也摆出自我批评的姿势，但无论如何它都在颂扬资产阶级的生活方式，等等。再往前追溯，可以追溯至大约一个世纪以前，那时天主教国家禁止儿童（有时甚至禁止成年人）在未做适当的评注，未提供“实质性的框定”和“内容建议”的情况下，直接阅读《圣经》，因为不做适当的评注，《圣经》中的许多段落可能会诱发肮脏或残忍的念头（想想大卫和拔示巴的故事吧[29]）。如今，这一传统因政治正确而复活，令人不胜悲哀。以《奥赛罗》为例，无论埃文·钱伯斯的本意如何，在真正放映这部影片时把那些条件——“实质性的框定、内容建议和关注其内在的种族主义”——强加于人，本身就是一种种族主义行为：他以一种极其傲慢的方式，居高临下地对待观众，把观众视为幼稚的鼻涕虫，要对他们严加保护，使其免受文本的直接冲击。

只要仔细观察，我们就可以轻而易举地发现，这里存在双重保护：通过观看诸如《奥赛罗》之类的影片，白人对自己的种族主义感到问心无愧，心安理得；黑人并没有因为被种族主义羞辱而大加讨伐，反而对文化（和他们日常生活）中存在的种族主义感到羞辱和愤怒。但正是在这里，出现了问题。《奥赛罗》为白人种族主义者提供了安全空间，让他们确信，即使在正式的非种族主义文化中，他们的特权依然稳如泰山；它亵渎了校园，使它不再是黑人的安全空间，即使在那里，黑人也要遭受高雅文化中存在的种族主义的折磨。但为此提出的策略——“实质性的框定、内容建议和关注其内在的种族主义”——果真奏效吗？答案是否定的，因为真正的侮辱——使受害者深受其害的侮辱——对于任何否定都无动于衷：无论添加多少限定条件，侮辱依然是侮辱。这就是无论添加多少限定条件，我们都被禁止（也不能）使用“黑鬼”（N-word）一词的原因。但直接查禁所有那些可能令某人感觉受到侮辱的作品，其结果会适得其反。这样做，只会导致庞大审查机构的出现，而这最终不仅会使那些假定的受害者[30]陷入枯竭之境，而且会为犬儒式的冷嘲热讽开辟空间，继而使受害者受到更大的侮辱。这里的问题在于这样的观念——学术界即“安全空间”。我们应该努力奋战，使学术界之外的世界令所有人感到安然无虞。如果学术界想为这场战斗奉献一臂之力，它就应该恰恰成为这样的空间：在那里，我们公开面对所有的种族主义和性别歧视行为。本书有志于此，当无悬念。

注释

1.“按照这种方式，这第二个超感官世界就是颠倒了的世界，并且既然一方面已经出现在第一个超感官世界内，所以这第二个超感官世界就是颠倒了的第一个超感官世界。”参见：黑格尔，《精神现象学》，贺麟、王玖兴译，商务印书馆，1979年版，第107页——本书尾注如无特别标注均为译者所加。

2. 正是在这个意义上，托马斯·卡莱尔（Thomas Carlyle）在其《普鲁士国王腓特烈二世传》（*History of Friedrich II of Prussia*）中谈到了“他的计划突然被弄得颠三倒四”（sudden topsy-turvying of his plans）。——作者注

3. 参见：《并非母亲：论弗洛伊德的否认》（*Not-Mother: On Freud's Verneinung*）——期刊第33期，2012年3月——e-flux（e-flux.com）。——作者注。“e-flux”是一家国际艺术快讯发布平台，成立于1998年，创始人为艺术策展人和艺术家，主要制作和传播艺术新闻和艺术展览消息，并围绕着当代艺术发布艺术批评和文化批评文章。

4. New Age，20世纪八九十年代在西方（特别是美国）大肆扩张的众多宗教信仰和宗教活动的统称。这些信仰和活动具有高度的折中性和非系统性，因而难以定义。其追随者认为，通过信奉这些信仰或参与这些活动，他们能够达到肉体-心灵-神灵的高度统一。它大量地借鉴密教传统（esotericism），同时掺杂了神智学（theosophy）的内容，还与20世纪50年代的UFO宗教、60年代的反文化运动密切相关。自进入21世纪，该思想遭受到越来越多的排斥，如今已穷途末路。

5. 参见：《健康之黑暗面：神灵思维和极右翼阴谋的不谋而合》（“The Dark Side of Wellness: The Overlap Between Spiritual Thinking and Far-right Conspiracies”），《卫报》（*The Guardian*），2021年10月17日。见：www.theguardian.com/lifeandstyle/2021/oct/17/eva-wiseman-conspirituality-the-dark-side-of-wellness-how-it-all-got-so-toxic。——作者注

6. 参见：www.e-flux.com/journal/97/251199/apocalypse-without-kingdom/。——作者注

7. sexuality，指性之为性的特性或特征。此词译法甚多，为流畅之故，暂译为“性征”。

8. 关于这个概念的更详细的说明，请参阅我所写著作中的“剩余的诸种变体”（The Varieties of Surplus）一节：《虚空的失禁》（*Incontinence of the Void*），坎布里奇：麻省理工学院出版社，2017年版。——作者注

9. Kohei Saito，东京大学副教授。2015年在德国出版其博士学位论文《自然对资本：马克思尚未完成的资本主义批判中的生态学》（*Natur gegen Kapital:*

Marx' Ökologie in seiner unvollendeten Kritik des Kapitalismus）；2017年在美国出版《卡尔·马克思的生态社会主义：资本、自然与尚未完成的政治经济学批判》（*Karl Marx's Ecosocialism: Capital, Nature, and the Unfinished Critique of Political Economy*）；2020年在日本出版《人类世的〈资本论〉》（人新世の「資本論」），销量超过50万册，2023年中译本问世。他擅长从马克思主义的角度研究生态学和政治经济学问题，促使人们重新认识马克思主义。

10. Gabriel Tupinambá，巴西阿拉米达研究所（instituto Alameda）精神分析学家、哲学家和社会战略发展负责人。他毕业于伦敦中央圣马丁艺术学院，并在欧洲研究生院获得哲学硕士和博士学位。著有《精神分析的欲望：拉康思想的演练》（*The Desire of Psychoanalysis: Exercises in Lacanian Thinking*，2021），与他人合著《边缘建筑：世界边缘化时代的左翼》（*Arquitetura de Arestas: as Esquerdas Em Tempos de Periferização do Mundo*，2022）和《黑格尔、拉康、齐泽克》（*Hegel, Lacan, Žižek*，2013）。

11. Yanis Varoufakis，希腊经济学家和政治经济学家，拥有希腊和澳大利亚双重国籍，曾经出任希腊财政部部长。在2015年希腊立法选举中，代表激进左翼联盟当选为议会议员。在欧洲债务危机的辩论中脱颖而出，成为公众人物。目前担任雅典大学的经济学理论教授。

12. Frank Ruda，德国哲学家，邓迪大学现当代哲学教授，卢布尔雅那科学研究中心哲学研究所客座教授，欧洲研究生院教授。他的《黑格尔的乌合之众：黑格尔法哲学考察》（*Hegel's Rabble: An Investigation into Hegel's Philosophy of Right*，2011）和《保卫巴迪欧：没有理想主义的理想主义》（*For Badiou: Idealism without Idealism*，2015）均由齐泽克作序。他还曾与齐泽克等人合著《解读马克思》（*Reading Marx*，2018）。

13. Saroj Giri，印度德里大学政治学系助理教授。

14. 原文为“马克思的剩余享乐”（Marx's surplus-enjoyment），疑为作者笔误，应为“马克思的剩余价值”（Marx's surplus-value）。

15. Bruno Latour，1947—2022，法国哲学家、人类学家和社会学家。著述颇丰，其中《我们从未现代过》重新阐释了现代性，对现代与前现代、自然与社群、人类与非人类的区分提出了挑战。

16. 原文为“大纲”（Grundrisse），是“政治经济学批判大纲”（Grundrissen der Kritik der politischen Ökonomie）的简称。它是马克思在1857—1858年撰写的一部手稿，在我国又被称为《1857—1858年经济学手稿》或《经济学手稿（1857—1858）》。译文收入《马克思恩格斯全集》，第30和第31卷，人民出版社，1995—1998年版。

17. 然而，我们不应该否认伦理的进步。电视剧《维京传奇》值得称赞，因为它直接描绘了那个时代（8世纪）的凶狠残暴，描述了毫无意义的肆意杀戮和极其可怕的百般折磨［“血鹰之刑”（blood eagle）就是如此］。（尽管如此，我们也要注意到，这种登峰造极的百般折磨并非毫无人性的残酷行为，而是某种神圣的仪式。在某种意义上，这甚至是在向受害者表达敬意。）事实上，我们——至少我们中的多数人——对这样的场景感到不安。这个事实本身就表明了某种伦理上的进步。在这个残酷的世界上，我们甚至很难完全认同“好人”，因为他们全都经常做出犯罪行为，而这些行为在其他有关维京人的电影中被悄然忽略。——作者注

18. Neil Armstrong，1930—2012，美国航天员。1969年7月21日凌晨2时56分，阿姆斯特朗成为第一位踏上月球的航天员，和他的搭档在月球表面停留两个半小时。

19. 参见：《“祝你好运，戈尔斯基先生”究竟是真是假？》（“‘Good luck, Mr. Gorsky’ true or false?”），《帕克斯冠军邮报》（*Parkes Champion-Post*），帕克斯（Parkes），澳大利亚新南威尔士州（parkeschampionpost.com.au）。——作者注。该文的详细网址为：www.parkeschampionpost.com.au/story/3997966/did-armstrong-say-good-luck-mr-gorsky/。——译者注

20. 参见：罗杰·斯克鲁顿（Roger Scruton），《傻子、骗子和煽动者——新左翼思想家》（*Fools, Frauds and Firebrands – The Thinkers of The New Left*），伦敦：布鲁姆斯伯里出版社，2019年版，第260页。——作者注

21. 参见：www.haujournal.org/index.php/hau/article/view/hau7.2.021/2980。——作者注

22. 不仅如此，我有时还因“自我抄袭”而受人指责（顺便说一句，这和把自慰称为自我强奸一样合情合理）。的确，我有时会在我的新文本中插入先前发表过的文本中的简短段落，但细心的读者总能发现这种操作具有的暴力性：我把一个片段摘离原来的语境，将其插入新的语境，这迫使我们对该片段重新做出解读，结果这个解读有时甚至与“原初”的解读截然相反。——作者注

23. LGBT+，指女同性恋、男同性恋、双性恋、变性人、双性人以及其他非二元性性别（如泛性恋）。

24. safe space，指宽松的社会政治环境，人们在那里可以自由表达自己观点、抒情自己的情感，提出自己的诉求，而不必担心因此遭受批判、歧视或其他负面因素的影响。安全空间通常用于支持弱势群体，促进包容性对话。

25. 参见：《加拿大一名教授因为认为生理性别是真实存在而被解雇》（“Canadian Professor Canned for Opinion that Biological Sex is a Real Thing”），thecollegefix.com。——作者注。该文的详细网址为：www.thecollegefix.com/canadian-professor-canned-for-opinion-that-biological-sex-is-a-real-thing/。

26. Bright Sheng，1955—，美国华裔作曲家、指挥家和钢琴家，生于上海，1978年考入上海音乐学院，1982年移居美国。

27. 这一说法有待商榷。盛宗亮在课堂上放映《奥赛罗》的时间是2021年9月

10日，被处分的时间是2021年10月上旬。

28. 参见：www.wsws.org/en/articles/2021/10/11/she1-o11.html。——作者注。作者要读者参见的是下文：《反对对密歇根大学作曲家盛宗亮进行极右翼种族主义攻击》（“Oppose the Right-wing, Racialist Attack on Composer Bright Sheng at University of Michigan”）。

29. 根据《圣经》，拔示巴原是大卫的手下军官乌利亚之妻。有一次大卫在房顶上行走，看见拔示巴洗澡，经不住美色的诱惑，诱奸了她，并使她怀孕。不仅如此，大卫还借故杀害了拔示巴的丈夫乌利亚，娶她为妻。奇怪的是，上帝没有惩罚大卫，却杀死了他们的孩子，“以示惩罚”。大卫后来成为以色列国王，拔示巴成为王后，他们又生了一个孩子，他就是后来著名的所罗门王。类似的荒诞不经之事，《圣经》里还有很多。

30. presumed victims，即自己觉得自己受到他人侵害的受害者。是否受到他人入侵，关键在于“感觉”，它是主观感受而非客观依据。这也是“公然侮辱、诽谤案”属于自诉案件而非公诉案件的原因。

1

裂缝在那里？

马克思、资本主义和生态学

几十年前，当生态学作为一个重要的理论和实践问题出现时，许多马克思主义者（以及马克思主义的批评者）指出，在自然——更确切地说，自然的真正本体论地位——这个话题上，即使是最粗糙的辩证唯物主义也远远胜过西方马克思主义。辩证唯物主义允许我们将人类视为自然的一部分，而西方马克思主义则把社会历史的辩证（socio-historical dialectics）视为终极参照视域，最终把自然化约为历史进程的一个背景。正如卢卡奇所言，这时的自然是一个历史范畴。斋藤幸平的《卡尔·马克思的生态社会主义》[1]做了迄今为止最为连贯一致的一次尝试：在不退回到辩证唯物主义一般本体论的前提下，修复平衡，思考如何将人类嵌入自然的问题。

既然西方马克思主义的主要哲学参照物是黑格尔，那么斋藤幸平严厉地拒绝黑格尔的遗产也就不足为奇了。与斋藤幸平和其他生态社会主义者不同，我们的前提是，我们现在面临的问题（流行病、全球变暖等）迫使我们不能摒弃黑格尔，而是要从马克思回到黑格尔那里。但这样做，有一个附带条件：我们应该在经过马克思之后，通过他对政治经济学的批判，回到黑格尔那里。罗伯特·布兰顿曾经指出，归根结底，黑格尔一遍又一遍地讲述同样的故事——从传统的“有机”社会向现代的“异化”社会过渡的现代性兴起的故事。这时，他关注的是这个过渡——新石器时代以来整个人类历史上最激进的过渡——的两个方面：一方面是宗教和哲学（新教、笛卡儿式的主体性）中的突破，另一方面是法国大革命。但他在这里是不是遗漏了什么？尽管黑格尔读过亚当·斯密和其他早期政治经济学家的著作，但他忽略了资本主义和工业革命发挥的关键作用。杜安·鲁塞尔（Duane Rousselle）明确地指出，拼命地寻找资本主义的替代方案，这种行为本身存在基本的含混性：

> 如果激进哲学家——包括马克思和巴枯宁在内——急于询问“使用替代方案如何？”，那是因为他们有时没有看到资本主义已经采取了“替代方案”的立场。资本主义是（对威权主义、教条主义、社会主义等的）替代方案。[2]

正如马克思所指出的那样，资本主义不仅只有通过永恒的自我革命才能蓬勃发展，当社会生活陷入某种僵化形式时，资本主义还再三成为唯一的替代方案，成为唯一的前进道路，成为干预的动力。如今的资本主义比传统左翼更具革命性，因为传统左翼依然痴迷于保护福利国家昔日的丰功伟绩。不妨回想一下，近几十年来，资本主义在多大程度上改变了我们社会的整体结构。在西方，很多左翼分子陶醉于批判新自由主义的资本主义（neoliberal capitalism），以至于忽视了一个巨大的变化，即从新自由主义的资本主义向怪异的后资本主义的过渡。某些分析人士把这种后资本主义称为“企业新封建主义”（corporate neo-feudalism）。它是如何走到这一步的？

新保守主义共产主义

由于“一般智力”（社会知识和社会合作）在创造财富时发挥着关键作用，使得各种形式的财富与创造这些财富时直接付出的劳动时间越来越不成比例，其结果与马克思的预期不同，资本主义的自我消解没有发生，而是把通过剥削劳动所获取的利润逐渐转化为租金（rent）。这样的租金被私有化的“一般智力”和其他公地（commons）据为己有。且以比尔·盖茨为例。他是如何成为世界上富可敌国的亿万富豪的？是因为微软把自身变成了近乎普遍的标准并强加于人，因而（几乎）垄断了该领域，直接成了“一般智力”的化身。杰夫·贝索斯[3]和亚马逊、苹果、脸书等公司的情形与此类似。在所有这些情形下，公地——平台（我们进行社会交往和社会互动的空间）——

被私有化，我们这些用户陷入农奴的境地，向公地的所有者——我们的封建领主——支付租金。我们最近获知，“联合国世界粮食计划署中管理粮食短缺问题的负责人表示，埃隆·马斯克（Elon Musk）拿出2%的财富即可解决世界饥饿问题”[4]。这显然是企业新封建主义形成的迹象。至于脸书，“报料人弗朗西斯·豪根（Frances Haugen）告诉英国国会议员，马克·扎克伯格在脸书处于不可动摇的顶层地位，所以‘他单方面控制了30多亿人’。她认为，现在迫切需要通过外部监管来约束这家科技公司的经营，减少它对社会已经造成的伤害”[5]。现代性（modernity）取得的巨大成就——公共空间——正在因此消亡。

全球经济的这个新阶段的出现，还意味着金融领域的运作方式有变。扬尼斯·瓦鲁法基思注意到一个在2020年春天变得格外耀眼的奇怪事实：就在美国和英国的官方统计数据显示国内生产总值出现了可与大萧条[6]时期比肩的下降的同一日，股市却出现了大幅上涨。[7]简而言之，尽管“实体”经济停滞不前甚至萎缩，股市却在一路高歌。这表明，虚拟金融资本陷入了自我循环的状态，已与“实体”经济脱钩。正是在这里，被流行病合理化的金融措施加入了游戏：这些金融措施在某种程度上推翻了传统的凯恩斯主义惯例，也就是说，它们的目的不是帮助“实体”经济，而是把海量的资金注入金融领域（以防止发生2008年式的金融崩溃），同时确保这些资金中的绝大部分不会流入“实体”经济（因为这可能会导致恶性通货膨胀）。

但是，使情况变得真正危在旦夕并将我们推向新的野蛮状态的是，私有化的公地与新一波强烈的民族国家竞赛的唇齿相依。民族国家的竞赛与下列迫切需要完全背道而驰：迫切需要建立一种与我们的环境有关的新模式，即彼得·斯洛特戴克（Peter Sloterdijk）所谓的“驯化野蛮生灵”的激进的政治经济变革。到目前为止，每种文化都对自己的成员进行规训/教育，确保他们平等相待与和平共处，但不同的文化与文化之间、不同的国家与国家之间的关系则永远笼罩在潜在战争的阴影之下，和平时期不过是暂时的休战而已。国家的全部伦理均以至高无上的英雄主义行为——随时准备为自己的民族国家奉献自己的生命——为最高境界。这意味着，国家和国家之间的狂暴野蛮关系成了国家内部的伦理生活的基础。[8]

如今的情形是每况愈下。如火如荼的公地私有化非但没有改善不同文化之间的关系，反而破坏了每种文化内部的伦理实质，迫使我们重返野蛮状态。不过，一旦完全接受我们生活在宇宙飞船地球[9]这一事实，那我们就会明白，迫在眉睫的紧迫任务是增进全球性团结，强化所有人类共同体的合作。再也没有比这更高的历史必然性了，它推动我们朝向这一方向前进：历史并不站在我们一边，历史倾向于让我们集体自杀。正如本雅明所言，我们今天的任务不是推动历史的车轮滚滚向前，而是紧急刹车，防止我们最终全部陷入后资本主义野蛮状态的泥潭。近几个月来，流行病危机常常以一种令人担忧的方式，与当前的社会、政治、气候和经济危机交织在一起，而且这种交织方式也越来越清晰可见。要应对流行病危机，就要同时应对全球变暖、突发的阶级对立、男权制和厌女症以及许多其他正在发生的危机。这些危机与流行病危机在复杂的相互作用中遥相呼应，而且这些危机彼此之间也在复杂的相互作用中产生共鸣。这种相互作用是无法控制、危险重重的，我们不能指望来自天堂的任何保证，能把应对危机的方案清晰地呈现在我们面前。这种危险的情形使我们的此时此刻成为一个突出的政治性时刻。

只有在这样的背景下，我们才能理解某些非资本主义国家正在发生的事情。这些国家最近正在开展反对大公司的运动，并开办了致力于促进小企业发展的证券交易所。可以把这个措施视为反对企业新封建主义的英明之举，视为恢复“常态”的资本主义的艰辛努力。这种情形的反讽意味不言自明：非资本主义的强大政权需要保持资本主义的活力，以此对抗企业新封建主义的后资本主义带来的威胁。正是出于这个缘故，我们应该饶有兴趣地倾听政治家发出的声音。他们正确地强调了文化和符号性虚构的重要作用。反对“现实之虚构”[10]的真正的唯物主义方式是这样表达主观主义的怀疑（subjectivist doubts）的：“难道我们感受的现实不是另外一种虚构？”这种唯物主义的方式并不是严格区分现实与虚构，而是关注“虚构之现实”[11]。虚构并不处于现实之外，它已经物化在我们的社会互动之中，物化在我们的制度和习惯性做法之中。正如我们在今天的混乱形势中看到的那样，如果摧毁社会互动得以立足的虚构，那社会现实本身就会冰消雪融。

这些国家最近实施的一项措施，禁止许多大公司强制推行残酷的劳作节奏：从早9点一直劳作到晚9点，每周6天。这项措施要达到两个目标：一是更多的经济平等，包括改善劳作条件；二是消除以性别歧视、消费主义和追星活动为重点的西化的通俗文化。2019年10月中旬，有媒体发起攻势，宣称“欧洲和南美的示威活动是西方对他国骚乱采取容忍态度导致的直接结果”，“其灾难性影响已经开始波及西方世界”，“西方正在为此付出代价，这会在世界其他地区迅速引发暴力活动，同时预示西方将出现无法控制的政治风险。……西方问题重重，各种不满暗流涌动，其中许多问题和不满最终将以抗议活动的方式喷涌而出”。最后得出的结论颇有不祥的意味：“西班牙的加泰罗尼亚可能只是一个开端而已。”[12]

尽管认为巴塞罗那和智利的示威活动是在效仿其他国家的示威活动的说法有些牵强，但这些国家爆发的示威活动肯定源于显然早已存在或潜伏的不满，只是这些不满悄然等待偶然的导火索将其点燃。因此，即使废除某项法律或措施，抗议活动依然风起云涌。有人谨慎地利用世界各地当权者的一己之私来对抗反叛的民众，警告某些不予合作的当权者切勿低估他们自己的民众对他们的不满——仿佛在意识形态和地缘政治的紧张局势之下，这些人仍然共享着维持权力的根本利益。但这能否奏效？

有人志在建立共同的伦理实体。我们不应该把此举视为彻底控制社会生活的托词而一笑置之，因为它真的能够解决问题。美国的生活方式自有其矛盾与阴暗面：社会土崩瓦解，民众分崩离析，且无共同的价值观念，虚无主义的消费主义（nihilist consumerism）和个人主义肆意横行。[13]特朗普的民粹主义是一条虚假的出路：它使社会的解体空前绝后，登峰造极，因为它将淫词秽语引入公共言论，从而剥夺了公共言论的体面——这在其他国家不仅被严厉禁止，而且完全无法想象。在那里我们绝对不会看到一个高级政客做特朗普公开做过的事情：谈论自己男性器官的大小，模仿女性极度兴奋时发出的声音。人们担心，同样的“疾病”会蔓延到自己的国家。但这一切正在大众文化的流行层面上进行，也有人在竭尽全力地阻止这一趋势。不妨再问一次：这能否奏效？在这一行动中，我们很容易察觉到内容与形式的紧张对峙：内容在这里指的是建立稳定的价值观念，使社会凝为一体；但内容是以社会动员的形式强行实施的，这种形式被视为由国家机器强制推行的一种紧急状态。虽然它要达到的目标与20世纪60年代的群众运动截然相反，但开展运动的方式与它不乏相似之处。这里的危险在于，内容和形式的紧张关系可能会在民众中激发犬儒式的怀疑。广而言之，这一行动似乎过于接近标准的保守主义：既想要享受资本主义的活力带来的益处，又要通过强大的民族国家推行爱国主义的价值观，进而减少资本主义的活力带来的害处。

陷阱就在这里。卡洛·金兹伯格（Carlo Ginzburg）提出了一种观念：为自己的国家感到羞愧难当，而不是爱心泛滥，可能是忠于自己国家的真正标志。[14]这样的羞愧难当的极致示例发生于2014年，当时数百名纳粹大屠杀幸存者和幸存者的后代出资在周六的《纽约时报》上刊登一则广告，谴责“在加沙地带对巴勒斯坦人的屠杀以及对历史上属巴勒斯坦地区的持续占领与殖民”。他们宣称，“以色列社会对巴勒斯坦人采取的极端的种族主义非人化行动已经达到了极度狂热的程度，这令我们感到震惊”。也许在今天，一些以色列人会鼓起勇气，为以色列人在约旦河西岸和以色列境内的所作所为感到羞愧——当然，不是为自己身为犹太人而羞愧，而是为以色列政客在约旦河西岸的政治行为对犹太教最宝贵的遗产所造成的伤害感到羞愧。“不论对错，那都是我的国家”，这是最令人作呕的格言之一，它以实例完美地证明，无条件的爱国主义错得有多么离谱。但只有当公众拥有可以运用理性的空间，我们才能确立这种批判性的思维。在著名的《何谓启蒙？》的一个段落中，康德把理性的“公用”和“私用”两相对立：“私”不是与公共联结（communal ties）相对立的个人空间，而是用来识别个人特定身份的公共性-制度性的秩序（communal-institutional order）；“公”则指超越国界的普遍理性实践场域：

> 个人理性的公用必须永远是自由的，只有这样才能给人们带来启蒙。另一方面，个人理性的私用可能经常受到非常严格的限制，但不会特别妨碍启蒙的进程。我所谓的个人理性的公用，指一个人作为一个学者在广大读者面前阐明自己的观点时对理性的使用。我所谓的个人理性的私用，指一个人在履行委托给他的特定民事职责或公共职责时对理性的使用。[15]

因此，康德的启蒙口号不是“不要服从，要自由思考”，不是“不要服从，要思考，要反抗”，而是“自由地思考，公开地表达你的想法，最后服从”。这道理同样适用于对疫苗持怀疑态度的人：公开地辩论，说出你的疑虑，但一旦公共机关强制执行，就要俯首听命。如果没有这样务实的共识，我们就会像许多西方国家那样，逐渐堕入由部落派系组成的社会。但是，倘若缺乏理性公用的空间，国家就会面临危险，成为理性私用的另一个实例。理性公用的空间与西方自由主义意义上的民主政治不是一回事。列宁在其有生之年看到了建立能够体现理性公用的机构的必要性。他承认苏维埃政权的专政本质，因而提议成立中央监察委员会（Central Control Commission）。中央监察委员会是一个具有“非政治”优势的、独立存在的、教育性的和控制性的机构，由最优秀的教师和技术专家组成，用以监督“政治化”的中央委员会及其机构。在“梦想”——这是列宁的说法——中央监察委员会要履行的职责时，他认为这个机构要求助于

> 某种半玩笑式的手法，某种巧计，某种花招或诸如此类的东西。我知道，在西欧庄重严肃的国家里，这种意见一定会使人大为震惊，任何一个体面的官员连讨论这个意见都不被容许。但是我希望，我们还没有官僚化到这种程度，在我们这里讨论这种意见只会使人感到愉快。真的，为什么不把愉快和有益结合起来呢？为什么不能运用某种玩笑式的或半玩笑式的手法去暴露那些可笑的、有害的、半可笑半有害等的现象呢？（引自列宁，《宁肯少些，但要好些》，《列宁全集》，第43卷，人民出版社2017年3月第2版，第389–390页）

或许我们需要一个类似的中央监察委员会。随着出现新保守主义转向，解放政治（emancipatory politics）的整个周期已经走完。伟大的保守主义者T. S. 艾略特在其《有关文化定义的札记》（*Notes Towards a Definition of Culture*）中指出，有时候，唯一的选择是在异端邪说（heresy）和概不相信（non-belief[16]）之间做出选择。这时候，使宗教免于死亡的不二法门就是在其

尸体上进行宗派分裂。这是今天必须做的。

1922年，布尔什维克克服重重困难，在内战中获胜。这时，它不得不退至NEP（允许存在更大范围的市场经济和私有财产的“新经济政策”），为此列宁还写了一篇题为《论攀登高山》（“On Ascending A High Mountain”）的短文。在那里，他拿一名登山者打比方。这名登山者在首次尝试攀登新山峰时宣告失败，不得不退回山谷，寻找新的登峰之路。列宁以此说明撤退在革命过程中的意义：是撤退，不是瞅准机会，背叛自己忠诚的事业。在列举了苏维埃国家的成败得失之后，列宁总结道：“有些共产党员既不陷入错觉，也不灰心失望，一直保持着机体的活力和灵活性，准备再一次‘从头开始’向最困难的任务进军，这样的共产党员就没有可能完蛋，而且很可能不会完蛋。”（引自列宁，《列宁全集》，第42卷，人民出版社2017年3月第2版，第461页）这是列宁对贝克特《最糟糕，嗯》（*Worstward, Ho*）中下列名句的最佳响应：“再试一次。再次失败。更好的失败。”列宁最后的结论——“一次又一次地‘从头开始’”——清楚地表明，他说的不是放慢进度和巩固已经取得的成就，而是退回起点：应该“从头开始”，而不是从先前通过努力而抵达的地方起步。用克尔凯郭尔的话说，革命的过程不是渐进的过程，而是不断重复的运动，是一次又一次地重复开端的运动。我们今天就处于这样的境地：在经历了20世纪80年代“隐晦的灾难”（obscure disaster）之后，由十月革命开辟的时代已经结束。因此，我们应该拒绝接受左翼在过去200年间意图维护的连续性。尽管像法国大革命和十月革命中的雅各宾式高潮（Jacobin climax）那样的崇高时刻将永远成为我们记忆中的关键部分，但那个故事已告终结，一切都要重新考虑，我们应该从零开始。

如上所述，如今的资本主义远比一味痴迷于保护福利国家这一成就的传统左翼更具革命性。再说一遍，我们应该牢记，近几十年来，资本主义已经使我们的社会发生了天翻地覆之变。这是激进左翼如今要调整策略，要将实用主义与原则立场相结合的原因。这样做，势必令人想起列宁在20世纪20年代初提出的新经济政策。那时，苏联政权允许存在一定程度的私有财产和市场经济。新经济政策显然是经济改革的原初模型，它开辟了通往资本主义自由市场的道路，而不只是以五年为期，推行市场的自由化。那么，是否可以说，半个世纪以来的经济改革是在执行庞大的新经济政策？我们不应该嘲笑这些措施，或者粗暴地斥之为社会主义的失败，是向资本主义的迈进。我们要勇于冒险，把这种逻辑推演到极致。1990年东欧社会主义解体后，社会上流传着一个笑话。根据这个笑话，社会主义是从资本主义回到资本主义的过渡阶段。

但是，如果我们反其道而行之，把资本主义定义为社会主义的新经济政策，定义为从封建主义（或一般的前现代统治社会）向社会主义的过渡呢？随着奴役和统治这种前现代直接个人关系的废除，随着个人自由和人类权利这两项原则的确立，资本主义的现代性已经成为社会主义的现代性。难怪现代性一次又一次地催生反抗统治的起义，而且这些起义已经指向经济平等（16世纪初德国的大规模农民起义、雅各宾派等）。资本主义是在“折中构成”（compromise formation）的意义上从前现代性（premodernity）向社会主义过渡的。它承认直接统治关系的终结，也就是说，它接受个人自由和人人平等的原则，但（正如马克思以其经典表述形式所概括的那样）它将统治从人与人的关系转到物与物（商品）的关系上：作为个人，我们全都自由，但统治仍然寄身于我们在市场上进行交易的商品与商品的关系之中。正是基于这个原因，马克思主义认为，通往真正自由生活的唯一途径是废除资本主义。当然，对于资本主义的支持者来说，这一解决方案充满了乌托邦色彩：极权主义给我们提供的教益不恰恰就是，一旦废除资本主义，自由会随之销声匿迹，个人统治也会以一种直接而残酷的方式东山再起吗？而且一旦资本主义陷入危机，为了苟全性命，它也会使封建元素死而复苏。今天的超级公司[17]不就在扮演这样的角色吗？这促使一些经济学家和社会分析家开始谈论企业新封建资本主义（neo-feudal corporate capitalism）。因此，它才是如今真正的可选项：既不是“要资本主义还是要社会主义”，也不是“要自由民主主义还是要右翼民粹主义”，而是要何种类型的后资本主义、企业新封建主义或社会主义。资本主义究竟是从封建主义的低级阶段向封建主义的高级阶段过渡，还是从封建主义向社会主义过渡？

所以我们又回到了列宁曾经提出的问题上：怎么办？[18]“只有欲望消退之人才会问怎么办。”拉康的这个奇妙表述能否解读为对列宁的含蓄批评呢？不能。虽然列宁以问题为标题，但全书都在提供答案，为“怎么办”提供精确的指引。该书的标题与入门教科书的标题类似：何谓量子物理学？何谓生物遗传学？等等。当今的后马克思主义者著书立说，没完没了地思考“怎么办”的问题，猜测谁是激进变革的推动者。这时，他们绝望的怀疑和疯狂的探索有效地证明，他们真正推动激进变革的欲望已经荡然无存：他们并不是真的渴望变革，而是沉迷于无休无止的自我批判冥思（self-critical pondering），而且他们心知肚明，这样的冥思不会产生任何明确的结果。

阿尔瓦罗·加西亚·利内拉（Á lvaro Garcí a Linera）在提及列宁在其生命的最后几年转向新经济政策时，对此做过精湛的分析：一个真正的激进左翼政党，如果通过选举控制了国家权力，那就不应该试图通过制定国家的决策和法律，直接强行实施激进的措施（比如废除资本主义）[19]。他警告说，国有化（把私有财产转化为国有财产）并不能消除生产者和生产资料之间的鸿沟；在战胜资本主义的过程中，人们应该谨慎行事。生产资料的每一次真正社会化，都不应该由国家强制实施，而应该使之脱胎于公民社会的自我组织，与此同时，左翼国家权力应该寻找与私营企业，甚至是大公司共同存在的方式，以防止出现经济危机，犹如男女平等不能仅仅由政府强制实施，而必须脱胎于女性的自我斗争。

虽然我完全支持这些提议，但我认为，利内拉还是过于看重地方社区中的草根民主，或者广而言之，过于看重社会与国家的差异：在当今纷繁复杂的社会中，需要某种东西——如国家——来为自我组织的地方社区提供功能完美、运作良好的背景，如全球卫生和教育服务网络、全球的水电网络等。这个网络无法“自下而上”地建立，无法在地方社区与地方社区的合作中发展，因为社区要想生存下去，这个网络就必须预先存在于那里。要想防止各地方社区或各利益团体彼此之间争权夺利，这个网络也是不可或缺的。简而言之，无论全球利益被“异化”的程度有多么严重，它都必须以一种“物化”的制度形式存在，以控制各地方社区的过度行为，同时协调各地方社区之间的交互作用。议会民主制绝不是唯一的制度形式用以确立和控制全球利益的实体化：如果我们用“民主”一词来理解该词如今具有的主要含义，即议会代议制民主（parliamentary representative democracy），那我肯定不是民主的社会主义者，而是不民主的共产主义者。不过，我们应该意识到，无政府主义有其致命的局限性。有人指责无政府主义者，说他们无法提供一个积极的模型，让人们知道未来的社会将以何种面貌呈现出来。面对这一指责，无政府主义者回答说："我不想告诉人们，该思考什么，我只是想让他们自己去思考。"虽然这个回答在修辞上颇具成效，但它得以立足的前提是虚假不实的。这个前提就是，一旦得到机会，"人们"就会开动脑筋，自己思考。但是，正如德勒兹所言，"人们"天生不爱思考，因为思考是一种艰苦的努力，与我们天生的倾向背道而驰。因此要想让人们思考，就离不了强大的压力。

如果我们想要清楚地感受今天发生的事情所蕴含的共产主义潜力，那我们就应该牢记，在LGBT+和MeToo[20]等运动中，两性关系已经发生了根本性的决裂。这些运动颠覆了阶级社会兴起之前的最基本的父权秩序。这一秩序是随着新石器时代的到来，永久定居点的建立而建立的。马克思忽略了这一决裂的意义，而这次决裂的重要性与资本主义工业革命的重要性旗鼓相当。在整个人类历史上，真正彻底的决裂只有两次，即新石器时代和资本主义工业革命。[21]批评父权制的人抨击男权制，仿佛它仍然占据霸权地位。他们忽视了马克思和恩格斯150多年前在《共产党宣言》第1章中做出的精辟论断："资产阶级在它已经取得了统治的地方把一切封建的、宗法的和田园诗般的关系都破坏了。"（引自马克思、恩格斯，《共产党宣言》，《马克思恩格斯选集》，人民出版社2012年9月第3版，第402–403页）当孩子可以因为受到父母的忽视和虐待而起诉他们时，即是说，当家庭关系和父子关系依法（*de iure*）沦为独立个体之间临时性、可解除的契约时，父权制家庭的价值观会变成什么东西？虽然晚期资本主义社会仍然是阶级社会，但它还是颠覆了起源于前阶级社会（pre-class societies）的父权秩序，资本主义的这一方面应该得到所有激进解放派的无条件支持。当然，这绝不意味着我们不要激烈地抵御暂时的挫折。眼下出现的与灾难资本主义（disaster capitalism）并行不悖的"灾难男权制"（disaster patriarchy）就是这样的挫折。在那里，"男人利用危机来重新确立控制地位和支配地位，同时迅速解除来之不易的妇女权利。在世界各地，男权制充分利用这种病毒来重新获取权力。一方面，它加剧对妇女的危险和暴力；另一方面，它以所谓的控制者和保护者的身份介入”[22]。灾难当然就在这里。这灾难就是流行病导致的灾难。

在这里，马克思比黑格尔还黑格尔化：他在这里看到的，正是资本再生产（reproduction of Capital）具有的“黑格尔式”结构。但这里也出现了一个暧昧不明的问题：黑格尔的辩证法和资本的逻辑以两种截然相反的方式联系在一起。

政治经济学批判中的黑格尔

总的来说，在马克思主义内部，在引用黑格尔的著述方面，存在四种基本形式。但我们可以心安理得地抛弃其中两种，因为它们与对黑格尔思想的严肃研究无甚关系：一种是作为新的唯物主义一般本体论（new materialist general ontology）——“辩证唯物主义”——先驱的黑格尔；另一种是早期阿尔都塞的下列想法——马克思只是在“玩弄”黑格尔的辩证法，以形成自己的观念［过度决定（overdetermination）等］，这些观念对黑格尔来说是完全陌生的。[23]如此一来，马克思主义对黑格尔的解读还剩下两种。一种出现在卢卡奇的《历史与阶级意识》中，一种先是出现在法兰克福学派中，继而出现在所谓的“资本的逻辑”的取向中。根据卢卡奇的《历史与阶级意识》，黑格尔关于“实体成为主体”（substance-becoming-subject）的概念，实为历史唯物主义的“无产者”（proletariat）概念的神秘化的唯心主义版本。无产者是历史的主体（subject of history），它以其革命的行动，重新占有了自己此前被异化的实体（alienated substance）。在法兰克福学派和“资本的逻辑”取向那里，黑格尔的辩证法是资本的自我再生产所遵循的逻辑的神秘化的唯心主义版本。

约翰·罗森塔尔（John Rosenthal）曾经声称，“马克思有一个奇妙的发现，他揭示了一个领域，在其中构成黑格尔形而上学独特原则的普遍与特殊之间的颠倒关系事实上得以实现”。他因此对“黑格尔的逻辑即资本的逻辑”做了最精确的概括：可以把黑格尔的逻辑应用于资本主义，这是事实；这个事实意味着，资本主义是一种变态的异化秩序（perverted order of alienation）。他说：“整个‘马克思–黑格尔关系’之谜无非表现于：……让马克思找到合理的科学应用的，正是黑格尔‘逻辑’的神秘表达式。这不乏讽刺意味。”[24]简而言之，马克思在早年批判黑格尔时拒绝接受黑格尔的思想，因为在他看来，黑格尔的思想对事物实际状态做了疯狂的思辨性逆转（speculative reversal）。但马克思后来恍然大悟，有一个领域是以黑格尔的方式运作的，这个领域就是资本的流通领域。

不妨回想一下经典马克思主义把普遍与特殊的关系进行思辨性倒置的动机。普遍不过是确实存在着的特殊客体的一种属性而已，但当我们成为商品拜物教的牺牲品时，普遍发生了变化：仿佛商品的具体内容（商品的使用价值）成了商品的抽象普遍性（商品的交换价值）的表现形式，而抽象的普遍——价值——则表现为一种真正的实体，这种实体依次化身为一系列具体的客体。马克思的基本观点是：有效的商品世界早已像黑格尔的主体–实体（subject-substance）那样运作，像化身为一系列特殊客体的普遍那样运作。[25]正是基于这个原因，马克思才谈及“商品的形而上学”（commodity metaphysics）和“日常生活的宗教”（religion of everyday life）。哲学上的思辨唯心主义根源于商品世界的社会现实，商品世界是以“唯心主义的方式”运作的。或者，正如马克思在《资本论》第1版第1章的附录“价值形式”（Wertform）中所言：

> 这种颠倒是价值表现的特征，它使可感觉的具体的东西只充当抽象的一般的东西的表现形式，而不是相反地使抽象的一般的东西充当具体的东西的属性。这种颠倒同时使价值表现难于理解。如果我说罗马法和德意志法都是法，这是不言而喻的。相反，如果我说法这种抽象物实现在罗马法和德意志法这种具体的法中，那么，这种联系就神秘起来了。（引自《马克思恩格斯全集》，第42卷，人民出版社2016年12月第2版，第813页）

我们在阅读这段文字时应该小心行事：马克思不仅仅在（以其青年时

期的写作风格，尤其是在《德意志意识形态》中体现出来的写作风格）批判已经构成了黑格尔唯心主义特征的“颠倒”（inversion）；马克思并不是说，罗马法和德意志法“其实”是两种法律，但在唯心主义的辩证法中，法是积极的能动者（active agent），是整个过程的主体，在罗马法和德意志法中“实现了自己”。马克思要说的是，这种“颠倒”构成了资本主义社会现实的特征。这意味着，存在两种立场，一种是异化的颠倒，另一种是事物的预先设定的“正常”状态，但它们都属于意识形态神秘化（ideological mystification）的空间。也就是说，事物的“正常”状态（在这种状态下，罗马法和德意志法都是法）是异化社会的日常表现形式，是异化社会的思辨性真理（speculative truth）的日常表现形式。因此，渴望完全实现这种“正常”状态，本身就是至为纯粹的意识形态，而且它只会以一场灾难告终。为了理解这一点，我们必须做出另外一个严格的区分，把下列两者区分开来：一种是“异化”情形，在这种情形下，我们这些活生生的主体处于虚拟的妖怪/主人（资本）的控制之下；另一种是更为基本的“异化”情形，在这种情形下，我们并不直接控制客观的过程，所以客观的过程变得清晰可见，或者直截了当地说，无人控制这个客观的过程。不仅我们，即使“客观”的过程本身也已经“去中心化”，不再具有一致性，或者再次用黑格尔的话说，在那里，埃及人的奥秘对埃及人来说同样也是奥秘[26]。

因此，在此要提出的问题是：错觉究竟出现在哪里？正如无数分析已经证明的那样，法律秩序意义上的法律，本身就是一个充满矛盾的概念，它的存在必然依赖于非法的暴力。在我们的日常理解中，“法律就是法律”意味着与它完全相反的东西，意味着法律与暴力的合二为一：“你对此无能为力。即使它有失公允且独断专行，但法律就是法律，你必须服从！”形形色色的法律最终也不过是为了解决法律内部存在的紧张关系而进行的许多尝试而已。这种从一种特定形式到另一种特定形式的运动，乃是辩证过程的核心。

因此，在导致了拜物教式的颠倒的辩证过程中，我们发现了三个不同层面的颠倒，不妨继续以罗马法和德意志法为例，来说明问题。首先是常识性的唯名论概念，即罗马法和日耳曼法这两种法。其次是拜物教式的颠倒：法律这个抽象之物，它在罗马法和德意志法中实现了自己。最后是我们不得不称之为“历史实在界”（historical real）的东西，即铭刻在法律这个普遍概念身上的内在“矛盾”，它推动法律从一种特殊形式走向另一种特殊形式。

因此，马克思给我们提供的教益是，拜物教必将倍化（redoubled）：资本主义主体并不直接生活在神奇的拜物世界（world of fetishes）里，他认为自己是一个崇尚功利的理性主义者，他心里很清楚，货币只是一张纸，但它赋予我权利，让我占有部分社会产品，等等。其实，拜物教存在于社会现实之中，存在于他的行为方式之中，而不存在于他的思维方式之中。因此，分析必须分两个步骤进行：首先，揭露隐藏在我们日常常识意识（everyday common-sense awareness）之下并维持我们日常常识意识的“神学的精微之妙”（theological subtleties）；其次，辨别被商品神学（theology of commodities）弄得晦暗不明的实际运动。在这种实际运动中，没有任何常识的踪迹。

在如今的全球资本主义社会中，这种拜物教式颠倒的倍化比以往任何时候都更加普遍。在我们直接的自我意识这个层面上，我们被主体化（被询唤），最终成为自由能动者。这样的自由能动者永远在做决策，在做选择，因而永远要为自己的命运负责。自由选择的意识形态[27]随处可见，仿佛我们呼吸的空气一般：我们被各式各样的选择狂轰滥炸，而选择的自由（freedom of choice）表现为自由的基本形式。因为在我们的社会中，选择的自由被视为至高无上的价值观念，社会控制和支配不能再表现为侵犯主体的自由——它必须表现为（且维系于）个体作为自由者的自我体验。这种不自由形式众多，但全都在自由的伪饰下出现：我们被剥夺了全民医疗保健，但被人告知，我们获得了新的选择的自由（选择由谁来为我们提供医疗保健）；我们不能再依靠长期就业，不得不被迫每隔几年就要寻找一份无法持久的新工作，但被人告知，我们获得了机会来重塑自我，发现潜藏在我们人格中的新的意想不到的创造潜力；我们不得不为孩子的教育买单，但被人告知，我们已经成为“自我企业家”（entrepreneurs of the self），因此必须像资本家那样，自由地选择如何投资我们拥有（或筹集）的资源——教育资源、健康资源、旅行资源等。我们永远都在被强加于我们的“自由选择”密集攻击，被迫做出我们大多数人根本没有足够的资格（或充分的信息）做出的决策，越来越多地体验到我们的自由的真实本质：那是一种负担，它剥夺了我们对变革的真正选择权。资产阶级社会通常会消灭种姓以及其他等级制度，把所有的个人平等化为仅按阶级差别划分的市场主体，但如今的晚期资本主义以其“自发”的意识形态，致力于消除阶级的划分。它消除阶级划分的方式是宣称，我们都是“自我企业家”，我们之间的差异仅仅是数量上的差异：大资本家动辄贷款数亿美元，作为经济投资；可怜的工人只能贷款几千美元，以完成自己的“继续教育”。

然而，这个特征往往与它的对立物相伴而生，相辅相成。今天的主体性有一个基本特征，那就是，它是两种主体的怪异结合：一种主体是自由的主体，他认为自己对自己的命运负有终极责任；另一种主体把自己的言语的权威性建立在自己的下列身份上——自己是不受自己控制的环境的受害者。与他人的每一次接触都被体验为一种潜在的威胁——如果对方吸烟，如果他向我投以贪婪的目光，那他就已经伤害了我；这种动辄受害的逻辑（logic of victimization）如今比比皆是，远远超出了性骚扰或种族骚扰的标准案例。不妨回想一下用以支付损害索赔的日益增长的金融业务：从美国的烟草业交易到纳粹德国大屠杀的受害者和强迫劳工的经济索赔，再到这样的想法——美国应向非裔美国人支付数以千亿的美元，补偿他们因过去的奴隶制而被剥夺的一切。主体即受害者，这样的观念涉及极端自恋的观点：与大他者的每一次相遇似乎都是对主体摇摇欲坠的假想的平衡（subject’s precarious imaginary balance）的潜在威胁。这种观念并不与自由主义的自由主体（liberal free subject）背道而驰，恰恰相反，它是对自由主义的自由主体的内在补充：在当今占主导地位的个体性形态（form of individuality）中，心理主体（psychological subject）对自我中心的明确肯定，自相矛盾地与他对自己的下列感知——自己是环境的受害者——重叠在一起。

因此，支配我们的非凡自我体验这个宇宙的，是（选择的）自由和彻底偶然性的混合体：我们的成功取决于我们自己，取决于我们的主动性，但与此同时，我们也需要运气。今天斯洛文尼亚最富有的两个人是一对程序员，他们设计了一款应用程序，并以近10亿美元的价格卖给了一家公司——他们表现出了主动性，同时也很走运，发现自己在正确的时候出现在了正确的地方。不过，隐藏在主动性和运气这两种紧张关系之下的，是令人费解的命运之域（domain of Fate），其著名的示例是2008年的金融危机——它几乎令所有经济学家大吃一惊。今天，“命运”显现为资本在全球的神秘流通，它充满了神学的精微之妙，总是以神鬼莫测的方式给人致命一击。

言归正传：也可以这么说，资本的自我生成的思辨运动（self-engendering speculative movement）揭示了黑格尔辩证过程的局限性，它是黑格尔无从把握的。正是从这个意义上说，热拉尔·勒布伦（Gérard Lebrun）提到了马克思——尤其是马克思在《政治经济学批判大纲》中展示的资本的“迷人形象”：“它是好的无限（good infinity）和坏的无限（bad infinity）的可怕的混合，好的无限为自身的发展创造了前提和条件，坏的无限则不断克服自身的危机，并在自身的天性中发现自身的局限。”[28]实际上，《资本论》在描述资本的流通时，对黑格尔著作的援引可谓俯拾即是：有了资本主义，价值不再是纯然抽象的“沉默”的普遍性，不再是众多商品之间的实体性联结；它从被动的交易媒介变成了整个交易过程的“激活因子”（active factor）。它不再只是被动地表现为它的实际存在的两种不同形态（货币-商品），而是表现为“处在过程中的、自行运动的实体”[29]的主体：它把自己和自己区分开来，确立自己的他者性（otherness），然后再次克服这种区分——整个运动就是它自身的运动。正是从这个意义上说，“它不是表示商品关系，而可以说同它自身发生私自关系”（引自马克思、恩格斯，《资本论》，《马克思恩格斯全集》，第42卷，人民出版社2016年12月第2版，第141页）：资本与它自身的他者性相关联，这种关联的“真相”就是它的自我关联（self-relating），也就是说，是处于它的自我运动中的自我关联；资本回溯性地“扬弃”了它自身的物质条件，把这些物质条件变成它自身的“自发扩张”的从属环节。用纯粹黑格尔式的语言说，它设定了自己的前提。

沿着这些思路，丽贝卡·卡森（Rebecca Carson）把货币的“本质的外在性”（intrinsic externality）与资本的流通联系在一起：“作为货币的货币只是在形式上表现为资本生命过程的中断，表现为走向资本积累的一个过程，即资本增值（valorization）的一个过程（资本的增值过程总是依赖于生产环节的循环流通和对抽象劳动的抽取）。相形之下，当货币是作为资本的货币时，它就在不断地运动。当它停止向增值运动时，它就会变成货币本身。”[30] 一旦资本流通开来，货币就会成为资本的一个环节。尽管如此，就其直接的物质存在而言，它仍然停留在外部：我可以把它放在家里，或存放在保险箱里，它在那里“停止向增值运动”。问题在于，当货币仅仅是数字空间中的一个符号时，货币的彻底虚拟化会导致怎样的结果？会有什么地方能让它停止吗？

这里至关重要的是“自动激活的性格”（an automatically active character）这一表述形式。它是对德语词组“自动主体”（*automatischem Subjekt*）的不当翻译，马克思运用这个词组来描绘资本的特征。“自动主体”是将活的主体性和死的自动性（automatism）并置一处的矛盾修饰法。资本就是这样的“自动主体”：是主体，却是自动的主体，而不是活的主体。我们可以再次发问：黑格尔会把这种“可怕的混合”，即主观的自我调停和回溯性地设定预设的过程［回溯性地设定预设在这里似乎陷入了巨大的“虚假无限”（spurious infinity）］，视为自身已经成为被异化的实体的主体吗？

这或许也是马克思在“批判政治经济学”时对黑格尔辩证法的引用模棱两可，并在下列两者之间摇摆不定的原因：一是把黑格尔辩证法当作对资本的逻辑所做的神秘化表述，二是把黑格尔辩证法当作为革命性的解放过程树立的模型。这是两种不同的立场。哪一种立场是对的？在运用黑格尔的辩证法时，马克思是把它当作对革命性的解放过程所做的神秘化表述，还是把它当作对资本主义统治所遵循的逻辑所做的唯心主义概括？首先要注意的是，把黑格尔的辩证法视为对资本主义统治所遵循的逻辑所做的唯心主义概括，这种做法终将半途而废。根据这一观点，黑格尔所运用的，是对资本流通固有的神秘化（mystification immanent to the circulation of capital）所做的神秘化表述；或者用拉康的话说，是对资本流通的“客体性–社会性”幻想（“objectively-social” fantasy）所做的神秘化表述；或者用在马克思看来颇为幼稚的语言来说，资本并不“真的”就是通过设定自身的预设而自我复制的主体–实体；等等。被资本的自我生成的再生产（capital’s self-generating reproduction）这一黑格尔式幻象所抹杀的，正是对工人的剥削。也就是说，被它所抹杀的，是这一事实：资本的自我再生产的循环是从外部——或者更确切地说，从“外隐”[31]——的价值来源中汲取能量，即它不得不寄生在工人身上。既然如此，为什么不开门见山，直接描述对工人的剥削，反而要劳神费心，用维持资本运作的幻象来说明问题？之所以如此，是因为在马克思看来，把“客观幻象”（objective fantasy）这个中间层面包括在对资本的描述之内，是至关重要的。“客观幻象”既不是资本主义主体体验资本主义的方式［资本主义主体是优秀的经验主义唯名论者（empirical nominalists），对资本的“神学的精微之妙”一无所知］，也不是“事物的真实状态”（被资本盘剥的工人们）。

现实生活与无实体的主体性

但问题是如何把黑格尔式的资本循环和它的去中心化的原因（劳动力）结合起来考虑，也就是说，如何在不求助亚里士多德有关工人生产潜力的积极性的前提下，考虑处于资本循环之外的生产主体的因果关系。在马克思看来，人的劳动的生产力是一个极具积极性的起点。他接受这个起点，并认为它是不可逾越的，同时拒绝黑格尔所谓的“始于空无，中经空无，终于空无”的辩证过程所遵循的逻辑。按照后黑格尔式的实在论（post-Hegelian realism），马克思把“现实生活”视为处于资本运动之外的积极过程，视为资本运动的实体性预设（substantial presupposition）：资本的“生活”是寄生于现实生活的幽灵般的伪生活，是从现实生活身上汲取生活的吸血鬼。因此，资本的统治是魔鬼般的统治，它脱胎于现实生活，但又使现实生活屈从于资本的运动：资本的自我设定寄生于（处于资本之外的）生活，它就像吸血鬼，就像活死人。从（现实生活的）实体向（作为）主体（的资本）的这种过渡，正是黑格尔前提的真相——我们不仅要把绝对（the Absolute）设想为实体，而且要把它设想为主体。

然而，仔细的观察迫使我们拒绝接受对积极生活的这种看法——积极生活是根基，但它已经在异化中被扭曲：在异化之外，根本不存在现实生活，异化充当着现实生活的积极根基。真正的拜物（fetish）不是对“自然”等级制度的拜物教式的颠倒（现实生活没有充当资本幽灵一般的生活的根基，相反，它已被化约为投机资本的疯狂舞蹈的一个从属性环节）；真正的拜物是异化前积极生活的观念本身，一种其平衡被资本主义异化破坏的有机生活。这样的观念就是拜物，因为它否认了贯穿实际生活核心的对抗性。

从严格的黑格尔的视角看，主体本身就是从其实质中产生的“病理学”反转：在抽象的激烈运动中，起初只是实体的从属因素的东西，做了自我设定，并回溯性地设定了自己的实体性预设，从而把自己确立为普遍的原则。换言之，用来界定主体性的运动，并非主体的异化，它也没有再次占有已被异化的内容：主体从外部回归自身，但正是这种回归本身，制造它要回归的东西——主体是通过异化脱颖而出的。

在从实体向主体的黑格尔式过渡中，主体是实体的真相，主体性自由（subjective freedom）是实体性必然（substantial necessity）的真相。但在这里，马克思使事情变复杂了：就资本是脱胎于社会生活实体的主体而言，使实体 / 生活回溯性地融入主体 / 资本，这一努力以失败告终。结果，生产性生活这一实体（substance of productive life）依然处于资本的生活之外。这不仅意味着不能把生活的实体化约为主体-资本的自我调停的一个环节，还意味着生活-实体中还必须存在一种主体性，而且这种主体性与资本的主体性水火不容。资本的生活是盲目重复的，作为主体的资本是机械地自我复制的生活。这意味着，从必然向自由的过渡在这里根本行不通：资本不是自由的，自由的真正潜能必须存在于处于资本之外的生活实体（life substance）之中。因此，我们得到了两种主体性之模式：一种是资本的幽灵一般的主体性之模式，另一种是纯粹的无产者主体性（proletarian subjectivity）之模式，而无产者主体性是在全部实体性内容被资本占用之后的剩余之物。这里的悖论在于，一边是实体性生活（substantial Life），一边是资本的幽灵一般的主体性，在这两者的对立中，真正的主体站在实体性生活一边。生活与资本的对立意味着，生活本身已经是对抗性的生活，生活已经分裂为实体性生活和纯粹主体性之空无（void of pure subjectivity）。

我们世界的主体-实体（subject-substance of our world）究竟是资本还是无产者？在这里我们应该牢记黑格尔给我们提供的教益：实体通过异化运动

成为主体，也就是说，只有实体被吸走了自己的生命，无产者才能作为纯粹的主体现身。正是基于这个原因，在黑格尔式的马克思主义中，存在两种引证黑格尔学说的主要方式：一种是作为解放逻辑的神秘形式的黑格尔逻辑，另一种是作为资本逻辑的神秘形式的黑格尔逻辑。当然，这种二元性的真相是，在这两个极端之间，隐藏着同一性：资本的逻辑本身（潜在地）就是解放的逻辑。然而，只有引入对黑格尔辩证过程的另一种解读，而不是把黑格尔化约为“主体在实体中异化自己，然后重新占有其实体内容”[32]的模式，才能设想这种隐藏的同一性。早在几十年前，在现代生态学的最初阶段，黑格尔的一些聪明的解读者就已经意识到，黑格尔唯心主义思辨并不意味着对自然的绝对占有——与生产性的占有（productive appropriation）不同，思辨让大他者存在，不干涉大他者。

这就使我们回到了有关虚构的话题上：这种祛魅现实（releasing reality）的姿势，这种任其自然和令其自主的姿势，是否意味着我们按照现实本来的面目接受现实，与符号性虚构的网络（network of symbolic fictions）毫无关联？在这里，事情变得更加复杂了。对黑格尔来说，这种“任其自然”的形式是知识，是（黑格尔意义上的）科学知识，它不会搞乱自己的对象，只是静静地观察它的自我运动。科学知识所观察的不是它的对象本身，而是自在（in-itself）与我们的虚构的相互作用。在这种相互作用中，虚构是自在的内在组成部分。对马克思来说也是如此。在马克思看来，如果我们抽离虚构，社会现实本身就会土崩瓦解。然而，今天的实验科学对它的对象所采取的态度，却与黑格尔的态度相反：不是无动于衷地观察对象在它与虚构的相互作用中的自我运动，而是积极干预它的对象，进行技术操纵，甚至（通过生物基因突变）创造新的对象，同时又着眼于这样的问题——对象是如何自在地存在的，如何独立于我们与它的相互作用。且以如今的科学典型案例——脑科学为例：神经生物学家和认知科学家喜欢破坏我们的下列常识——我们是自主的自由能动者（autonomous free agents），因为他们声称，主体的自由只是虚构而已，其实呢，就其本身而言，我们大脑的运行是完全由神经机制决定的。黑格尔对此的回答是，是的，自由与虚构存在内在的联系，但它们是以更加微妙的方式联系起来的。用黑格尔的《精神现象学》“序言”中的一个著名段落来说：

> 分解行为是知性的能力和工作，而知性是一种最值得惊叹的和最伟大的势力，或更确切地说，是一种绝对的势力。一个封闭的、静止的圆圈，作为实体，掌握着它的各个环节，但圆圈本身却是一种直接的、因此可以说平淡无奇的关系。但是，那些从自己的环境那里分离出来的偶然事物，那些复合的、只有与他者结合起来才具有现实性的东西，本身都具有一个独特的实存和一个独特的自由。此乃否定性事物的巨大势力的表现，是思维或纯粹自我具有的一种能量。（引自黑格尔，《精神现象学》，先刚译，人民出版社2013年版，第21页）[33]

知性的力量就是在人的头脑中把现实中本属一体的东西撕裂开来的力量，简而言之，就是创造虚构的力量。我们应该留意黑格尔这段文字中的一个关键细节：这种力量不仅是人类自由的基本形式，而且是客体在被剥离其生存语境，并因此获得自身独立存在后所获得的“单独的自由”的力量。但是，当现实本身保持不变时，这种力量是否只在我们的头脑中发挥作用？换言之，难道我们现在面对的是萨特的下列对立的新版本：一边是自在（being-in-itself）之现实，一边是作为“自为”（being-for-itself）之旋涡的意识？我们应该在此回顾一下马克思在《资本论》第1卷第7章中对人类劳动的界定：

> 蜘蛛的活动与织工的活动相似，蜜蜂建筑蜂房的本领使人间的许多建筑师感到惭愧。但是，最蹩脚的建筑师从一开始就比最灵巧的蜜蜂高明的地方，是他在用蜂蜡建筑蜂房以前，已经在自己的头脑中把它建成了。劳动过程结束时得到的结果，在这个过程开始时就已经在劳动者的表象中存在着，即已经观念地存在着。（引自《马克思恩格斯全集》，第42卷，人民出版社2016年12月第2版，第168页）[34]

当然，这些想象——虚构——不仅仅存在于工人的脑海之中，它们还来自劳动者的社会-符号性互动（socio-symbolic interaction），而社会-符号性互动是以“大他者”——符号性虚构秩序（order of symbolic fictions）——的存在为前提的。那么，“大他者”是如何与（被我们体验为）外部现实（的东西）关联起来的？这是我们在其他地方讨论过的基本哲学问题，所以，我们现在还是回到斋藤幸平那里，因为他紧紧抓住标准版本的“主体在实体中异化自己，然后重新占有其实体内容”不放，同时又因为它不适合应对生态问题而加以拒绝。不过，斋藤幸平并没有选择西方马克思主义的对立物，即辩证唯物主义一般本体论：他的出发点不是自然，而是人类劳动。人类劳动是（作为自然一部分的）人类与其自然环境之间的代谢过程，而这个过程当然属于自然内部的普遍代谢（物质交换）的一部分。最基本的劳动是物质交换过程，物质交换过程把人类置于更加广阔的自然过程这一语境之中，因此，不能把物质交换过程化约为任何形式的黑格尔式的自我调停：自然的外在性（externality of nature）是不可化约的。这个看似抽象的观点对于我们如何应对生态困境有着至关重要的影响。斋藤幸平认为，生态危机源于下列两者之间出现的裂缝：一者是我们生命过程的物质代谢，一者是对这种代谢构成了威胁的资本再生产的自主逻辑。斋藤幸平在其著作中自始至终都承认，在此之前存在着裂缝：

> 尽管在前资本主义社会中出现了长期可持续的生产，但自然与人类之间总是存在某种张力。资本主义本身不会凭空造成沙漠化问题，……但它从资本增值的角度彻底重组了自然界的新陈代谢，进而转化和深化了这个超历史的矛盾（transhistorical contradiction）。[35]

但总体方案依然是异化中的线性进步的方案。正是出于这个缘故，马克思晚年也对前资本主义形式的公社生活（pre-capitalist forms of communal life）的持续残余中的“无意识的社会主义倾向”越来越感兴趣，并推测这些前资本主义形式的公社生活可以直接进入后资本主义社会。［比如，马克思在写给薇拉·查苏利奇（Vera Zasulich）的那封著名信件中提出一个观点：也许，俄罗斯的乡村公社可以成为一块宝地，在那里，抵抗资本，并在不经过资本主义的情况下直接建立社会主义。[36]］这些前资本主义形式的公社生活更多地维持了人类与地球的亲密联系。沿着这些思路，斋藤幸平的著作的第1章的标题——“自然的异化作为现代的出现”（Alienation of Nature as the Emergence of the Modern）[37]——清楚地把“裂缝”定位于资本主义的现代性：“在人类与地球的原初统一性经受了历史性的解体后，生产只能作为异己的财产（alien property）同生产条件联系在一起。”[38]马克思的共产主义方案有望弥合这一裂缝：

> 只有把资本主义社会中出现的疏离（estrangement）理解为人类与地球的原初统一性的解体，才能清晰地看到，马克思的共产主义方案始终致力于有意识地恢复人类与自然的统一。[39]

这一裂缝的最终根基是，在资本主义社会，劳动的过程并不是用来满足我们的需要，它的目标是扩大资本本身的再生产，不管这样做会给我们的环境造成怎样的破坏——要考虑的只是产品能否增值，由此对环境造成的破坏则完全可以忽略不计。因此，我们生命过程的实际代谢从属于资本再生产这个人工的“生命”，这两者之间存在裂缝。共产主义革命的最终目标与其说是废除剥削，不如说是通过废除劳动增值来弥合这一裂缝。

生态无产者与增值的极限

在资本主义社会中，剥削是不平等的交换，即对工人制造的剩余价值的占有。它是以增值的形式——将劳动力化约为商品——发生的。正如大卫·哈维[40]所言，有一个根本性的分裂，构成了资本主义的特征，它便是增值劳动（valorized work）和非增值劳动（non-valorized work）的分裂。比如，女性的家务劳动不算劳动，因为它不是增值劳动，没有作为商品被购买和支付。当然，这并不是说，妇女没有被盘剥：她们的不算数的劳动使剥削（如对她丈夫的剥削）成为可能，并为未来的工人提供了被剥削的条件。劳动的这个非增值劳动部分不仅仅令我们想起前资本主义的往昔：资本主义的每一个时代都必须在正式沦为商品的劳动和不算数的劳动之间建立适当的平衡。不算数的劳动是必不可少的，尽管它看起来是非生产性劳动（它是非生产性劳动，是因为它是非增值劳动）。解决这个问题的办法不是在全球商品化大潮中使所有劳动成为增值劳动，而是在全社会的范围内承认有助于社会再生产的劳动，尽管这些劳动没有包括在增值的过程中。

两个世纪前，詹姆斯·梅特兰（James Maitland）对占主导地位的交换价值那几乎赤裸的非合理性做了最佳概述。詹姆斯·梅特兰是劳德代尔八世伯爵（Eighth Earl of Lauderdale），在法国人称“公民梅特兰”。他在法国大革命期间身居巴黎，与让-保罗·马拉（Jean-Paul Marat）私交甚笃，并于1792年协助建立了英国人民之友协会（the British Society of the Friends of the People）。他还提出了“劳德代尔悖论”（Lauderdale paradox），并以此闻名于世。该悖论断言公共财富和私人财产之间存在负相关关系，也就是说，私人财产的增加往往会造成公共财富的减少。他说：“可以把公共财富精确地定义为所有人的渴望之物，定义为对所有人有用或令其愉快之物。”商品具有使用价值，因而构成财富。但是，与公共财富相反，私人财产需要一些额外的东西，即额外的限制，它包括“所有人的渴望之物，对所有人有用或令其愉快之物；这些东西只有具有一定程度的稀缺性才能存在”。换言之，要想让某种东西具有交换价值，要想增加私人财产，稀缺性是必不可少的前提条件。但公共财富并非如此，因为公共财富包含所有的使用价值，因此不仅包括稀缺之物，而且包括丰裕之物。这一悖论使劳德代尔指出，如果把交换价值追加给空气、水和食物等生活必需品，那么，加大这些原本丰裕且不可或缺的生活必需品的稀缺性，就会增加个人的私有财产，同时也能增加被视为“个人财产总和”的国家财产。但这样做，是以牺牲公共财富为代价的。例如，如果有人通过对水井收费来垄断先前免费提供的水源，那么这个国家的现有财产就会增加，但要为此付出的代价是普通百姓饮水日益困难。

当水的私有化被提上新自由主义的议程时，上述最后一个例子变得更加真实：供水公司的所有者变得更加富有，而需要饮用水的民众却变得愈加贫困。这个悖论的潜在逻辑是一清二楚的：要想让某物依靠市场，那它就必须具有价值，而价值只是稀缺物品才会具有的属性——如果物品可以免费和大量获取，那它就无法出售，也就没有价值。一个社会最宝贵的财富恰恰是那些可以免费获得的东西，如水或空气，但它们没有价值，无法让你致富。如果水很容易获取，那谁也无法靠它致富；如果水的供应由私人公司控制，那拥有这些公司的人就会变得富有，所以就财富的严格意义——财富体现在使用价值上——而言，社会拥有更多的财富，因为免费获得的水不属于私有财产。

尽管如此，我们还是要小心翼翼，切勿忽视维系着这种非合理性的力比多逻辑（libidinal logic），即嫉妒和比较优势[41]所发挥的作用。如果说，像水或空气这样的资源通常是作为自然馈赠的礼物而被我们获取的，所以它不能算作财富的话，那么我们可以说，只有当这样的资源使我——这些资源的拥有者或控制者——有别于他人或优越于他人时，它才算财富。换言之，财富只有在以下情况下才算财富：还有些人，他们并不富有。在这里，我们遇到了早已由伊壁鸠鲁提出的真正的黑格尔式悖论："如果与世无争，贫困就是巨大的财富；如果贪得无厌，财富就是巨大的贫困。"[42]如果水可以免费获取，那我们全都同样贫困，因为我们共同拥有巨大的财富；如果只有某些人拥有并控制水，那他们过多（无限）的财富就会导致他人陷入贫困。

概而言之，新型的马克思主义生态社会主义（new Marxist eco-socialism）的伟大洞见表现在，它破除了那个神话——基于自由交换的雇佣工人的剥削是资本主义的"真正"且"纯粹"形态，并分析了那个过程——对雇佣工人的"纯粹"剥削始终是在与直接残酷的剥夺形式（direct brutal expropriation）构成的辩证张力中运作的，而且这样的运作有其必不可少的结构性原因。这种残酷的剥夺主要是以三种形式进行的：盗窃自然资源和破坏环境；剥夺并统治其他种族（直截了当的奴隶制或更加精致的种族主义）；妇女的劳作（生儿育女和操持家务）。这三种形式并非价值关系的一部分：奴隶或操持家务的妇女无法获得工资，也不像雇佣工人那样遭受剥削。（此外，还要加上数字剥夺，因为控制我们的数字机器"掠夺"了我们的数据。）所以最后的结论就是，资本主义在结构上从来都不是纯粹的；工资剥削（wage-exploitation）总是不得不由其他剥夺方式来维持。在这方面，杰森·摩尔（Jason Moore）所言极是："除非绝大多数劳作不被估值，否则价值无法运作。"[43]但是，我们不应由此洞见得出普遍的结论，认为人类、动物或自然的过程都应有价值归属，也就是说，认为无论何时何地，只要消耗了能量就会创造价值，以至于不仅工人遭受剥削，而且牛马之类的动物也遭受剥削，甚至我们在燃烧煤炭或使用石油时也在"剥削"自然资源。

因此，在今天的全球形势下，我们应该把一些分析家所说的生态无产者（eco-proletarians）推向前台。生态无产者是遭受生态剥夺和忍受经济贫困的第三世界的穷人，虽然他们没有承受传统资本主义意义上的剥削。他们生存的环境因其自然资源被外国市场掠夺而遭到破坏，他们传统的生活方式正在逐渐被取代，因为他们虽然生活在自己的土地上，却成了漂泊不定的难民。根据自由主义资本主义的信条，富裕国家会更好地处理所有问题，因此解决问题的方案是让穷人变成富人。这样的自由主义资本主义的信条就是黑格尔所谓的抽象思维（abstract thinking）的典范：在今天的全球化世界中，发达国家和欠发达国家是互联互通的，富人之所以是富人，是因为他们正在与穷人打交道（剥削其资源，利用其廉价劳动力，等等）；富人之所以是富人，还因为穷人是穷人。

这里有趣的是，对环境的殖民[44]是如何借助劳动人民的权利被正当化的。伟大的启蒙运动哲学家、人权倡导者约翰·洛克曾用一种奇怪的左倾观点——反对过剩的私有财产——来为白人定居者从印第安人手中攫取土地的行为进行辩解。他辩解的前提是，一个人只该拥有他能有效使用的土地，而不该拥有他无力使用的大片土地（最后把这大片土地交给他人使用，并从中获得租金）。在北美，印第安人声称大片土地为他们所有，尽管他们无法有效地使用这些土地。这些土地主要被用于猎取非驯养动物，因而遭受了毫无成效的浪费。如果白人定居者想把它用于开发密集农业，那他们就有权利为了人类的福祉而将其强行夺取。

一边是生命过程的物质代谢，一边是资本的流通（在资本的流通中，价值创造了更多的价值），我们应该维持这两者之间的裂缝和张力。剥削——严格的"剥夺剩余价值"意义上的剥削——要想正常运行，就离不开大量没有被“估值”（valued）的劳作。当然，这里的“估值”是就资本主义的意义而言的。这里需要抵制的诱惑是，通过彻底的全球性的商品化或估值（妇女因为生儿育女和操持家务，理应获得报酬；空气和水之类的自然元素也应被估值，等等）消除在价值的视域之内无法看到的直接剥削这种不公正的现象。我们不应该试图把有助于创造财富的一切都纳入价值之域（domain of value），而应该努力把越来越多的领域（spheres）从价值之域中解放出来。

然而，这绝不是说，我们应该把越来越多的领域粗暴地排除在增值的范围之外。把新领域纳入资本主义增值的过程，必然导致悖论，产生出人意料的结果。通过利用这种悖论和结果，增值能够也应该“由内而外”地爆炸开来。保罗·维尔诺[45]对资本主义的批判是以潜在性（potentiality）和现实性（actuality）之间的差别为根基的。比如，大家使用的语言就是一种潜在性，它维持着产生无限表述的可能性。这种潜在性永远不会被所有实际上已经做出的命题所耗尽。这些命题不仅实现了潜在性，而且在某种意义上否定了潜在性。每一个实际上已经做出的表述所否定的，都是潜在性减去现实性之后的剩余，因为在现实性中，无限的潜在性蒸发殆尽，这时我们得到的，只是作为确定的积极存在的一个表述或一组表述而已。维尔诺想说的是，这道理同样适用于马克思的劳动力概念：劳动力是在生产商品的劳动中已获实现的潜在性，马克思所说的“异化”主要指的还不是资本对剩余价值的侵吞，而是资本对劳动力的无限潜在性的占据——当劳动力被当成商品出售时，它的无限潜在性就会沦为有限的物体（finite object），也就是说，当无限的潜在性和有限的现实性发生短路时，把潜在性与现实性隔离开来的鸿沟彻底销声匿迹。然而，在这里，我们应该百尺竿头，更进一步：真正的短路不仅发生在劳动力本身成为商品之时，而且发生在劳动力被作为商品直接生产出来之时。因此，商品化是分三步（而非两步）完成的：首先，单个所有者（或由生产者构成的集体）在市场上出售其产品；其次，（用于生产商品的）劳动力本身成为商品，在市场上出售；最后，“劳动力”这一商品的生产成为资本主义投资的领域。只有到了这个时候，我们才能抵达艾蒂安·巴利巴尔（Étienne Balibar）所说的生产过程在资本下的全面吸纳：[46]

> 马克思解释说，归根结底，可以把“资本”化约为（生产）劳动，或者说，“资本”只不过是不同形式的劳动，被不同的阶级占有而已。但人力资本理论（theory of human capital）解释说，可以把劳动——更确切些说是“劳动能量”（*Arbeitsvermögen*）——化约为资本，或者依据信贷、投资和盈利的资本主义运作对其进行分析。当然，这些东西构成了个人——作为“自我企业家”或“个体企业家”（entrepreneur of oneself）的个人——的意识形态的基础。[47]

> 这里的问题与其说是描述现有产品的市场增长，不如说是使市场的边界超越传统意义上的“生产领域”的限制，因而增加永恒“额外剩余价值”的新来源，而这些来源可以整合到增值之中，克服其局限性，因为无论是在劳动和生产的“客观”方面，还是在消费和使用的“主观”方面，资本都是被增值的。[48]

所以这不仅仅是使劳动力更有效率的问题，它还把劳动力直接视为资本主义投资的另一个领域：劳动力的“主观”生活的所有方面（健康、教育、性生活、精神状态等）不仅被认为对提高工人的生产率十分重要，而且被认为是能够创造额外剩余价值的投资领域。医疗服务不仅通过提高工人的生产力来为资本的利益效力，它本身也是一个极其强大的投资领域。对于资本来说如此（医疗服务是美国经济中最强壮的一个分支，甚至比国防都强壮），对于工人来说亦然（他们把支付医疗保险视为对未来的投资）。这道理同样适用于教育：教育不只是让你为生产性劳作做好准备，它本身就是一个有利可图的投资领域。无论是对机构来说，还是对投资未来的个人而言，都是如此。仿佛如此一来，商品化不仅变得无所不包，而且陷入了某种自我参照的循环（self-referential loop）：劳动力作为终极的“资本主义财富的来源”，作为剩余价值的来源，本身已经成为资本主义投资的一个环节。没有什么比工人即“自我企业家”这一观念更加清楚地揭示出这个循环的真相了：“自我企业家”是资本家，他可以自由决定，把他那（微不足道的）剩余资源（主要是通过贷款获得的资源）投到哪里，是投到教育、健康、房地产，还是别的什么地方。这个过程有极限吗？当巴利巴尔在其论文的最后一个段落处理这个问题时，他颇为怪异地求助于拉康，求助于拉康的“非全体”的逻辑。这个逻辑来自拉康的“性化表达式”[49]：

> 这就是我所说的全面吸纳（它出现在“形式”吸纳和“真实”吸纳之后）。我称之为全面吸纳，是因为它没有把任何东西留在外面（没有为“自然”生命保留空间）。或者，任何留在外面的东西都必须显现为残留物，显现为被进一步融纳的领域。有人会问，必须这样吗？这当然是个整体性的问题，既是道德的问题，也是政治的问题：商品化是否存在极限？是否存在内部障碍和外部障碍？拉康学派的人可能想说：每个这样的总体化（totalization）都包含着属于“实在界”的不可能性之元素（element of impossibility）；它必须是“并非全部”（*pas tout*），或者说，它必须“不是整体性的”（not whole）。倘若情形真的如此，那么异质性的元素——全面吸纳的内在残余——可能会以许多不同的形式显现出来。有些形式明显是个人主义的，如病症或无政府主义抵抗；有些形式则是普遍性的，甚至是公共性的。或者，它们可能在实施新自由主义议程所遇到的某些困难中表现出来。例如，一旦医疗保险制度被合法化，废除医疗保险制度就会遇到困难，而这样的困难就是在实施新自由主义议程时遇到的困难。[50]

在拉康学派的人看来，巴利巴尔的这段文字有些不伦不类，他浓缩（或者说得更确切些，他简单地混淆）了拉康性化表达式的两个方面，并且把例外简单地解读为“并非全部”：吸纳之总体性（totality of subsumption）就是“并非全部”，因为存在例外，它拒绝被纳入资本。但是拉康恰恰把“并非全部”与例外对立起来：每一个普遍性都是以一个例外为根基的，如果没有例外，那集合（the set）就是“并非全部”，它也不能被总体化（totalized）。（在以政治正确的方式控制公共言论方面，有个有趣的例外，那就是说唱乐：在那里，你可以口无遮拦，可以赞美强奸，可以歌颂谋杀，等等。为什么会出现这样的例外？原因一猜就中，甚是简单：黑人被视为受害者，他们享有特权，黑人青年有权以说唱乐的形式表达自己内心的煎熬，于是乎，说唱乐的粗暴野蛮被提前赦免，因为它真诚地表达了黑人遭受的苦难和挫折。）把两者完全对立起来，也应该适用于吸纳这个话题：我们应该从寻找例外［对于那些抵抗（普遍）吸纳的人来说，例外是“抵抗的场所”］走向赞同毫无例外的吸纳，并信赖吸纳的“并非全部”。不能把巴利巴尔所说的对个人生命的吸纳化约为普遍的资本主义吸纳的一个特例。个人生命一直就是特例。由于它具有自我关联的属性（劳动力本身成为资本），所以它能使剩余价值的生产成倍增加。

在马克思对政治经济学的批判中，“通过例外实现普遍性”的情形主要有两种：一种是货币，另一种是劳动力。商品领域只能通过一种特殊商品实现总体化。这种特殊商品充当所有商品的一般等价物，但又被剥夺了使用价值。只有当单个生产者不仅在市场上出售其产品，而且当劳动力（作为一种商品，其使用价值就是创造剩余价值）也作为一种商品在市场上出售时，商品交换领域才能实现总体化。所以，这里可能出现第三种情形：当创造剩余价值的商品本身成为资本投资的对象，进而带来剩余价值时，我们就会得到两种剩余价值。一种是由劳动力的产品所创造的“正常”的剩余价值，另一种是由劳动力自身的生产所创造的剩余价值。这是一个杰出的示例，可以证明黑格尔具有非凡的洞察力，因为在黑格尔那里，绝对总在自我分裂，因而从这个意义上说，它就是“并非全部”。随着劳动力自身的生产成为资本投资的领域，资本对劳动力的吸纳更具总体性。但正因为如此，它又变成了“并非全部”，无法真正实现其总体性。作为资本的投资，劳动力本身具有自我参照的元素。这种元素引入了一个缺口，而这个缺口又把不平衡引入整个领域。例如，在教育上的巨额投资实际上相当于什么？许多实证研究表明，对于资本的再生产而言，大多数高等教育并没有多少真正的用处，甚至商学院在培训个人成为有效的管理者方面也无甚作为。结果，尽管我们被媒体发布的下列信息狂轰滥炸——教育对经济的成功至关重要，大多数大学专业与商业目的无关。正是出于这个原因，国家和商业机构总在抱怨，人文学科百无一用，大学应该如何服务于现实生活（资本）的需要。但是，如果人文学科的百无一用和大学的脱离现实正是使我们庞大的教育体系变得如此珍贵的原因呢？如果人文学科和大学没有经过明确界定的目标，只是繁殖了“无用”的文化、精致的思维以及对艺术的感受力呢？如此一来，我们发现自己已经置身于颇具悖论意味的情形之中：教育作为一个投资领域被正式纳入资本的范畴，但这种纳入的实际结果是，大量的金钱花费在知识的积累和艺术的培养上，而知识的积累和艺术的培养成了自身的目的。于是我们看到，成千上万的人受过高等教育，却对资本毫无用处（他们找不到工作）。与其抗议这种毫无意义的财政资源支出，难道我们不应该庆祝这个结果，把它视作“自由王国”扩张的蛛丝马迹吗？

没有科学，就没有资本主义，也就没有出路

为什么现实生活和资本生活之间会出现裂缝？要回答这个问题，仅仅提到下列事实是不够的：在资本主义社会，人与自然之间的代谢过程屈从于资本的增值。使这个裂缝爆炸的是资本主义和现代科学之间的密切联系：没有科学，资本主义的技术是根本无法想象的，而引发理性的环境（rational environs）发生剧烈变化的正是资本主义技术。正是基于这个原因，某些生态学家提议将我们正在进入的新时代的名称，从人类世（Anthropocene）改为资本世（capitalocene）。基于科学的仪器不仅能使人类了解他们经验现实范围之外的实在界（如量子波），而且能使人类建造新的“非自然”（非人类）的物体，即使这些物体在我们的经验中只能显现为大自然的怪胎（小装置、转基因生物、电子人等）。人类文化的力量不仅在于，在我们所谓的自然世界之外建立一个自治的符号宇宙，而且在于，创造新的“非自然”的自然物体，使人类知识物质化。我们不仅“使自然符号化”，而且由内而外地使自然去自然化。

今天，对自然的去自然化是有目共睹的，也是我们日常生活的一部分。正是基于这个原因，彻底地解放政治（emancipatory politics）既不应该以完全驾驭自然为目标，也不应该以使人类谦卑地接受大地母亲的主宰为目标。相

反，应该让自然暴露其彻头彻尾的灾难性的偶然性和不确定性，让具有能动性的人类（human agency）承担自身行为导致的后果的全然不可预测性。尽管资本主义具有无限的适应性，因而在面对严重的生态灾难或生态危机时，可以轻而易举地把生态领域转化为资本主义投资和竞争的新领域，但由此涉及的风险的本质从根本上预先排除了市场性的解决方案。为什么会这样？

资本主义只能在特定的社会条件下运行。这意味着，它信任市场这只“看不见的手”的客体化／“物化”机制（objectivized／“reified”mechanism）。作为理性的诡计[51]，“看不见的手”向我们保证，原本是个人利己主义的竞争，结果却有利于公共利益。不过，我们正在经历天翻地覆之变。到目前为止，相对于全部的主观干预（subjective interventions），历史实体（historical Substance）一直发挥着中介和基础的作用：无论社会主体和政治主体做什么，都要经由历史实体的调停，最终都要被历史实体支配和过度决定。今天隐约浮现在地平线上的，是一种旷古未闻的可能性：主体干预将直接介入历史实体，通过触发生态灾难、引发致命的生物基因突变、诱发核浩劫或类似的军事-社会浩劫等方式，扰乱历史实体的运演，使之面临灭顶之灾。我们不能再依赖我们的行为在有限范围内的保护作用：我们再也不能说，天行有常，无论我们做什么，历史都会一如既往，不为尧存，不为桀亡。在人类历史上，单个社会政治能动者（socio-political agent）的行为破天荒地有效改变甚至中断了全球性的历史进程，以至于只有到了今天我们才能说，应该真正把历史进程理解为“不仅是实体，而且是主体”[52]。这是颇具讽刺意味的。

马克思的著名论断——自从有了资本主义，“一切等级的和固定的东西都烟消云散了，一切神圣的东西都被亵渎了”（引自《马克思恩格斯选集》，第1卷，人民出版社2012年版，第403页）——如今有了新的内涵：随着生物遗传学取得最新的进展，我们正在进入全新的阶段。在这个阶段，烟消云散的正是自然本身。生物遗传学的科学突破所导致的一大后果，就是自然本身的终结。一旦我们洞悉了基因的构造规则，自然有机体就会被玩弄于股掌之间。自然，无论是人的自然还是非人的自然[53]，都要被“去实体化”，都要丧失其不可穿透的密度（impenetrable density），丧失海德格尔所谓的“大地”（earth）。这迫使我们为弗洛伊德一部著作的标题

Unbehagen in der Kultur[54]——文化中的不满或不安——提供新的翻转。随着科学取得最新的进展，这种不满已从文化转向自然：自然不再“自然”，不再为我们的生活提供“密实”的背景；自然现在显现为一种脆弱的机制，说不定什么时候就会沿着危险的方向飞速发展，给人类带来致命的祸患。

在这里，至关重要的是人与自然的相互依存：使人沦为另一个自然物，使人的属性任人操纵，那就不仅会失去人类，还会失去自然本身。没有牢固的基础，没有靠得住的退路。这意味着完全接受“自然并不存在”的事实，彻底弭平生命世界的自然观（life-world notion of nature）和科学的自然现实观（scientific notion of natural reality）之间的鸿沟：“自然”是平衡繁殖之域，是人类已经狂妄介入的有机部署之域，它残酷地脱离了自身循环运动的轨道。彻底弭平这道鸿沟，只是人类的幻想。就其本质而言，自然已经成为“第二自然”，它的平衡永远是第二性的，永远是这样的一种努力：努力养成一种“习惯”，以便在灾难性的中断过后，适度地恢复秩序。说人类无路可退和无处可去，就是这个意思：不仅“不存在大他者”（作为意义的终极保证的自足的符号秩序），而且不存在作为自我繁殖的平衡秩序（balanced order of self-reproduction）的自然，因为不平衡的人类干预已经扰乱了自然的内稳态（homeostasis），使其偏离了轨道。不仅大他者被“拒之门外”，大自然也被排除在外。确实，我们需要的是没有自然的生态：对于保护自然而言，终极障碍是我们所仰仗的自然观。[55]问题的真正根源并不是“近几个世纪以来影响西方文化的最重大事件”，即“人与自然关系的破裂”[56]，也不是信任关系的退缩。相反，主要的障碍是“信任与现实本身的关系”，它在阻碍我们直面最根底的生态危机。[57]

既然对自然进行去自然化的操作者是现代科学，那么这个说法——我们应该完全赞同对自然的去自然化——意味着我们不应该把科学发挥的作用局限于它在资本主义社会发挥的作用：科学和资本主义是相互包含甚至是相互串通的，但这种相互蕴含和相互串通并非天衣无缝，相反，它暗示我们，这两个术语中的任何一个都存在内在的张力。科学献身资本主义，是因为它对自身内部的一个关键维度视而不见，拉康在几个相互依存的表述中暗示过这个维度的存在。拉康说，科学预先排除了主体的维度：它在知识的层面上运作，忽视真理；科学没有记忆。让我们从它的最后一个特性开始：

> 事实上，仔细观察就会发现，科学没有记忆。它一旦形成，就会忽略使它得以形成的迂回之路；换言之，它遗忘了真理的一个维度，而精神分析正在投身于此。不过，我必须说得再精确一些。众所周知，理论物理学和数学——在解除每一次危机之后［它们解除危机的方式是这样的，在它们看来，绝不能把“一般化的理论”（generalized theory）理解为“向一般性的转移”（a shift to generality）］——通常把它们所一般化的内容保留在它们先前的结构中，并维持其地位。这不是我要说的重点。我担心的是悲剧（*drame*），即每一次危机使科学家们付出的主观代价（subjective toll）。悲剧皆有其受害者，没有什么东西能让我们把他们的命运铭刻于俄狄浦斯神话。我们不妨说，这个问题尚未深入研究。J. R. 迈尔[58]、康托尔[59]——好吧，我不打算开列这些一流悲剧的清单，否则有时会令人发疯；我们同时代中的某些人的名字（我认为他们是精神分析理论正致力于研究的悲剧的典范），很快会被列入这个清单。[60]

在这里，拉康的目标远远超出了伟大的科学发明家的精神悲剧［他提到了康托尔，康托尔对“无穷”概念的革命化引发了他内心的骚乱，把他推向了疯狂的极限，甚至使他患上了食粪症］。从科学的角度来看，这些悲剧是无关紧要的私人生活细节，绝不会影响科学发现的地位。如果我们想要理解一种科学理论，就必须对这些细节置之不理，让自己处于一无所知的状态——这种无知不是科学理论的弱点，而是它的优势之所在。科学理论是“客观”的，它悬置了自身的阐明立场（position of enunciation）。也就是说，由谁来宣布，并不重要，重要的是它的内容。从这个意义上说，科学话语预先将其主体排除在外。然而，一直试图思考现代科学主体的拉康提到了这样的“心理”细节，不是为了消解科学理论的有效性，而是为了回答一个问题：科学家的主体性必须发生什么样的转变，理论才能形成？理论可以“在客观上有效”，但对科学的阐明仍然依赖于创伤性的主体转移（traumatic subjective shifts）——主体和客体之间并不存在预先确定的和谐关系。

拉康的目标还超越了科学家们所要承接的所谓“伦理责任”。他们要承担“伦理责任”，是因为他们的科学成果被（错误）运用。拉康几次提及J. R. 奥本海默。奥本海默是洛斯阿拉莫斯实验室（the Los Alamos Laboratory）的战时负责人，被誉为“原子弹之父”。1945年7月16日，第一颗原子弹被成功引爆。他说，这让他想起了《薄伽梵歌》中的一句话：“现在我成了死神，世界的毁灭者。”由于饱受道德忧虑的困扰，他公开地表达了自己的怀疑，结果，他的安全许可被撤销，并实际上被消除了直接的政治影响力。虽然值得称赞，但仅仅采取这样的批判立场是不够的，因为它仍然停留在“伦理委员会”的层面。这样的委员会如今泛滥成灾，它们把主导性的“规范”当成紧身衣，用它约束科学的发展，比如告诉我们，在生物基因操纵方面应该走多远，等等。仅仅这样做是不够的，因为这只相当于对机器的次级控制，任其发展必将导致灾难性的后果。

这里要避免的陷阱是双重的。一方面，由于堕落（如某些科学家否认气候变化）或类似原因，误用特定科学会导致危险，但仅仅指出这一点是不够的，危险还存在于更加普遍的层面，涉及科学运作的模式。另一方面，我们还应该拒绝把危险过于草率地概括为阿多诺和霍克海默所谓的“工具理性”，概括为这样的想法——现代科学就其基本结构而言直接指向对自然的支配、操纵和盘剥，进而概括为与上述想法相伴而生的下列观念——现代科学归根结底只是一种基本人类学倾向的彻底化。（在共同撰写《启蒙辩证法》的阿多诺和霍克海默看来，从原始巫术对自然进程的干预到现代技术的发展，二者之间是一条直线。[61]）危险植根于科学与资本的狼狈为奸。

为了把握拉康在前面引文中所论问题的基本维度，我们必须重新回顾知识和真理的差异。在这里真理获得了它全部的具体分量。为了展示这种分量，不妨回想一下，在今天，反移民的民粹主义者是如何处理难民“问题”的：他们在恐惧的气氛中处理这个问题，在反对即将到来的欧洲伊斯兰化的斗争这一气氛中处理这个问题，而且他们已经陷入一系列明显的荒谬之境。

他们把仓皇出逃的难民等同于疯狂逃离的恐怖分子，无视一个显而易见的事实：虽然难民中也难免夹杂恐怖分子、强奸犯、不法分子等，但绝大多数难民深感绝望，在寻找更好的生活。当今全球资本主义所固有的问题自有其根源，如今这个根源被投射到外部入侵者的身上。我们在这里发现了“假新闻”，但不能简单地指责“假新闻”有失精确。如果它们（至少部分地）正确地呈现了（某些）事实，那它们的“虚假”就会变得更加危险。反移民的种族主义和性别歧视之所以危险，并不是因为它们谎话连篇，而是当它们的谎言以（部分）事实真相的形式显现出来时，它们才真的是危险之至。

科学无法理解的，正是真理的这个维度：我的嫉妒[62]是“不真实”的，即使我的怀疑被客观知识所证实，也是如此；难民令我们恐惧，但鉴于这种恐惧所暗示的主观阐明立场存有问题，所以难民令我们恐惧的原因是虚假的，即使事实证明我们的恐惧确有道理，也是如此。同理，现代科学也“不真实”，因为它对自己融入资本流通的方式视而不见，对自己与技术的联系听而不闻，对自己被资本主义利用熟视无睹。用经典的马克思主义术语来说，它的行为都是经过“社会中介”（social mediation）的，但它对这种“社会中介”置若罔闻。重要的是牢记，这个“社会中介”并非处于内在的科学程序之外的经验事实，而是一种先验的先天形式（a kind of transcendental *a priori*），它在科学程序内部把一切“结构”起来。因此，不仅科学家“不在乎”他们的成果最终遭到了怎样的误用（单纯如此的话，只要科学家具有充足的“社会意识”，问题就会迎刃而解），而且这种“不在乎”已经铭刻于科学的结构，为激发科学家从事科学活动的“欲望”着色（拉康说科学没有记忆，表达的就是这个意思）。这一切是如何进行的?

在发达的资本主义社会，一边是劳动者（工人），一边是对劳动者进行规划和协调的人，两者之间存在严格的分工。后者站在资本一边，他们的职责就是使资本的增值最大化。当科学被用来提高生产力时，它的任务也只限于推进资本增值的过程。因此，科学牢牢地站在资本一边。它是知识的终极形态，被从劳动者手中夺走，为资本及其执行者所占有。从事劳作的科学家也有报酬，但他们的劳作与劳动者的劳作根本不是一回事：他们似乎在为另一方（对立方）效劳，从某种意义上说，他们是生产过程中的工贼（strike-breakers）。

当然，这并不意味着现代自然科学不可救药地站在资本一边：今天，在抵抗资本主义方面，科学比以往任何时候都更加不可或缺。问题的关键在于，单纯的科学本身不足以完成这项任务，因为它“没有记忆”，因为它无视真理的维度。

科学问题重重，背后的原因可严格地分为两个层面：首先在一般性的层面上，事实是科学“没有记忆”，但恰恰是这个事实作为科学的力量的来源之一，造就了科学；其次是科学和资本主义的特殊融合——在这里，“没有记忆”与它对自身的社会中介的特定盲目性有关。不过，当格蕾塔·通贝里[63]声称政治家应该听命于科学时，她说得没错。这时，瓦格纳的“矛伤还得矛来治”获得了新的现实性。今天的威胁主要还不是来自外部（自然）的威胁，而是饱受科学渗透的人类活动导致的结果（我们工业导致的生态后果，不受控制的生物遗传学导致的精神后果，等等）。因此，科学同时也是风险的来源（之一），是我们用来掌握和定义威胁的唯一中介。即使把全球变暖归咎于科技文明，我们也需要同样的科技文明，不仅要以之确定威胁的范围，甚至经常以之感知威胁。我们需要的不是在前现代智慧中寻找自身根基的科学——阻止我们感知真正的生态灾难威胁的，恰恰是传统智慧。传统智慧“直觉地”教导我们，要相信大自然，它是我们存在的稳定根基，但现代科学技术破坏的正是这一稳定根基。因此，我们需要一种与两个极点脱钩的科学，即从资本的自主循环以及传统智慧中解脱出来，最终能够独立存在。这意味着，我们再也无法恢复我们与自然亲如一家的纯正感觉，应对生态挑战的不二法门就是完全接受那个事实：自然已经被彻底去自然化。

抽象劳动是普遍的吗？

斋藤幸平对现代科学的这一关键作用只字不提，只是一味进行抽象的思考（黑格尔意义上的抽象思考——抽离或无视具体情形），这种抽象的蕴含和后果影响深远。和马克思一样，斋藤幸平把人类劳动视为所有社会的一个超历史的特征，视为不同的社会劳动组织的自然历史的基础（natural-historical base）。但是，他以一种至少一眼看去难免显得神秘莫测的方式，进一步断言抽象劳动具有超历史的品格。他坚持认为，抽象劳动在前现代社会中就已然存在。与价值不同，抽象劳动不是只有通过商品交换才会出现的一种纯粹的社会形式。他引用马克思的话来证明“抽象劳动也是劳动过程的物质要素”：“从生理意义上讲，一切劳动都是人类劳动力的消耗；人类劳动正因为具有这种平等的或抽象的属性，才构成商品的价值。”但我们真的可以由此得出这样的结论：抽象劳动是“人类活动的某个物质方面，在这种情况下，是劳动的纯粹的生理消耗”[64]？正如马克思在《政治经济学批判大纲》导论中所指出的那样，抽象本身不就是一个社会事实，不就是对这个社会进程进行抽象的结果吗？

> 可见，比较简单的范畴，虽然在历史上可以在比较具体的范畴之前存在，但是，它在深度和广度上的充分发展恰恰只能属于一个复杂的社会形式，而比较具体的范畴在一个比较不发展的社会形式中有过比较充分的发展。劳动似乎是一个十分简单的范畴。它在这种一般性上——作为劳动一般——的表象也是古老的。但是，在经济学上从这种简单性上来把握的“劳动”，和产生这个简单抽象的那些关系一样，是现代的范畴。（引自《马克思恩格斯全集》，第30卷，人民出版社1995年版，第44–45页）

这道理不同样适用于抽象劳动吗？当马克思说“他们在交换中使他们的各种产品作为价值彼此相等，也就使他们的各种劳动作为人类劳动而彼此相等。”（引自《马克思恩格斯全集》，第44卷，人民出版社2001年版，第91页）时，他岂不是在表明，不同种类的劳动只有通过市场交换才能被等同吗？只有在一个新陈代谢由商品交换调节的社会里，“抽象劳动”才能设置自身的存在。在资本主义社会中，它的“抽象”是一个社会事实（工人领取工资，是因为他的劳动是以其抽象来衡量的）。

斋藤幸平认为，抽象劳动指的是所有人类劳动的共同之处，即人类能量在时间上的纯粹生理消耗。不过，这难道不仍然是一种“无声的普遍性”，一种以固有方式标记劳动的实际抽象，使抽象和具体之间的鸿沟成为劳动一致性的一部分吗？除此之外，按照马克思对劳动的定义（斋藤幸平对此深以为然），劳动不仅是生理消耗，而且是计划和持续关注的心理行为，斋藤幸平忽视了这个方面。

斋藤用来支撑他的解读的主要论据是，抽象劳动是生理性的，“因为它在任何社会都以超历史的方式发挥社会作用”[65]：劳动总量不可避免地局限于一定的时间，这就是它的分配对社会的再生产至关重要的原因——抽象劳动在任何社会性劳动分工中都是行之有效的。但是这个论点真的无懈可击吗？极其明显的是，斋藤幸平将劳动定义为生理消耗，这一定义本身具有历史的特殊性，根植于19世纪反黑格尔主义的空间——只有在这个空间中，才能把“简单的平均劳动”视为零级标准（zero-level standards），而且可以把它所有更加复杂的形式化约到这个层面：

> 复杂劳动（熟练劳动）只是简单劳动的乘方或不如说是自乘的简单劳动。因此，一定量的复杂劳动等于更多量的简单劳动。经验证明，这种简化是经常进行的。一个商品可能是最复杂的劳动的产品，但是它的价值会按某种比例把它还原为简单劳动的产品，因而它本身只表示一定量的简单劳动。各种劳动化为当作它们的计量单位的简单劳动的不同比例，是在生产者不知道的情况下由社会确定的，因而在他们看来，似乎这是约定俗成的东西。（引自《马克思恩格斯全集》，第43卷，人民出版社，2016年版，第35页）

正如大卫·哈维在他的经典评论中指出的那样，这里至为关键的神秘术语是“经验”：“马克思从来没有解释过，他心目中的‘经验’到底是什么，这使得这段文字饱受争议。”[66]我们至少可以补充说，必须这样设想“经验”——它指的是某个特定的历史情形。不仅那些算作劳动的东西，而且“把复杂劳动化约为简单劳动”这种做法本身，都是历史上的特定之物，不是人类生产力的普遍特征。这种历史上的特定之物不仅限于资本主义，而且限于古典的工业资本主义。正如安森·拉宾巴赫（Anson Rabinbach）所证明的那样，它的有效性只限于19世纪与黑格尔决裂之时。那时热力发动机作为用来解释劳动力如何运作的范式取代了黑格尔式的范式。根据黑格尔式的范式，劳动是对人类主体性的富有表现力的部署（expressive deployment）。这个范式依然左右着青年马克思：

> 热力发动机是强大的大自然的仆人，而大自然被视为储有取之不尽、用之不竭的动力的蓄水池。一条牢不可破的链条和一种坚不可摧的能量，把劳动的身体、蒸汽机和宇宙联结在一起。这种能量在宇宙中无所不在并能无限变异，同时又亘古不变和始终如一。……这个发现对正在思考劳动问题的马克思产生了极其深刻的、足以使其改弦易辙的影响力。1859年后，马克思越来越多地把用劳动力语言（language of labor power）描述的具体劳动与抽象劳动的区别视为一种转变行为（act of conversion），而非生成行为（act of generation）。……换言之，马克思把热力学的劳动模型叠加到了他从黑格尔那里继承而来的本体论的劳动模型之上。结果，在马克思那里，劳动力变得可以量化，可以等同于所有其他形式的劳动力（自然中的劳动力或机器中的劳动力）。……马克思变成了“生产主义者”（productivist），因为这时他不再把劳动简单地视为人类学意义上的“范式性”的活动模式，并在与新兴物理学协调一致的情况下，把劳动力视为抽象的量（abstract magnitude）——劳动时间的计量单位，视为自然的力量——处于身体内部的一组具体的能量能同物（energy equivalents）。[67]

问题来了：这个范式依赖于（劳动）时间机械的线性流动，把（劳动）时间机械的线性流动当成衡量价值的尺度，是否依然适用于我们这个晚期资本主义的后工业社会（late-capitalist post-industrial societies）？我们必须准确地回答这个问题，以避免主流意识形态用心不良：主流意识形态试图把马克思的政治经济学批判归入另一个时代，因而不予重视；同时对如今的后福特主义的资本主义（post-Fordist capitalism）赞不绝口，认为在以创造性和合作性的方式使用劳动力的角度而言，它更具潜力：

> 在企业的董事会里，在举足轻重的报纸和期刊的社论版上，一种充满知识活力的新型“反规训”（antidisciplinarity）话语找到了立足之地。举例来说，后马克思主义媒体《华尔街日报》曾在20世纪90年代发起一场运动，试图消除过时的泰勒主义–福特主义劳作场所（如公司）中产生的长期后果。在那个过时模式下，管理层不相信工人有自治力，不赋予工人自治权，规定枯燥乏味的例行任务，限制创造力，并创造了不适合“受过良好教育、有独立思考能力的工人”的劳作场所。[68]

让我们重新回到马克思和斋藤幸平那里。在其抽象劳动的普遍性这个概念框架内，共产主义不仅恢复了人与自然的统一，而且同时在它们之间制造了裂缝：在资本主义社会，社会生产仍然是“非理性”的，不受社会计划（它构成了人类的特征）的调节，而且从这个意义上说，人类依然是前人类（pre-human），是“自然史”的一部分。在这里，潜在的问题是哲学问题。斋藤幸平对这个裂缝毫无察觉，他毫不迟疑地接受了马克思在《资本论》中对人类特殊性的界定：虽然每个活的物种都会参与新陈代谢，即在其自身的有机体和自然环境之间进行物质交换，但只有人类这个物种通过劳动——自觉的调节活动（consciously regulated activity）意义上的劳动——进行新陈代谢。回想一下我们前面引述的《资本论》第1卷第7章中专论蜘蛛和人类区别的段落，就不难理解这一点。但我们不应该被这种一眼即可望穿的区别所诱惑。[69]

问题依然存在：要想有意识地规划一个劳作过程，就需要与自己的自然即时性（natural immediacy）保持一定的距离，而这种距离所采取的形式就是语言。所以说，没有语言就没有特定的人类意义上的劳动。这当中有着丰富的蕴含：语言不仅是交流的工具，还构成了拉康所谓的“大他者”，即我们的社会存在这个实体——由成文的和不成文的规则和模式组成的庞大社会网络。由此可知，马克思对劳动的界定有些操之过急，混淆或忽略了另一个断裂。在我们前面引用的那段文字之前，他还写道：

> 在这里，我们不谈最初的动物式的本能的劳动过程形式。现在，工人是作为他自己的劳动力的卖者出现在商品市场上。对于这种状态来说，人类劳动过程尚未摆脱最初的本能形式的状态已经是太古时代的事了。我们要考察的是专属于人的那种形式的劳动过程。（引自《马克思恩格斯全集》，第42卷，人民出版社2016年12月第2版，第168页）

在这里，马克思和斋藤幸平具有共同的局限性，这是显而易见的：他们全都设定了一条从动物到人类、从本能到计划/意识的前进路线，以至于前现代阶段被视为“原始本能的、会让我们想到纯粹动物的那种劳动形式”。然而，这些“原始本能的、会让我们想到纯粹动物的那种劳动形式”已经涉及与自然的彻底决裂。“新陈代谢的裂缝”（metabolic rift）已经存在，古代社会的“新陈代谢”总是以被调节的交换这个符号性大他者为基础。这一点，只要回忆一下古代阿兹特克人和印加人就会一目了然。他们的社会代谢是由一个巨大的符号装置（symbolic apparatus）来调节的，该符号装置的活动在祭祀仪式中达到顶点：我们必须献上人祭，大自然中最为“自然”的循环才得以持续（太阳才会再次升起，等等）。根据定义，献祭就是破坏正常的新陈代谢。简而言之，（动物）生命的新陈代谢的裂缝，就是文化，即使这种裂缝以自然的季节节律为基础（或者说，尤其是在这种裂缝以自然的季节节律为基础时），当这种裂缝把意义投向自然时，也是如此。弗洛伊德曾在其“人类学”著作中探究这些仪式的起源，他最终得出的结论是，真正的新陈代谢裂缝——自然与文化之间的割裂——是性征：人类的性征本质上是自我破坏性的，它涉及欲望的悖论，它把自身的暴力节律强加在“自然”节律之上。弗洛伊德对这些悖论的称呼，是“死亡驱力”。卢多维克·泰兹（Ludovic Tézier）——一位伟大的男中音——在接受采访时说过：“我们需要音乐，以它维持生命。它是一种药物，而且是非常有益于健康的药物。”[70]

正常的人类生命需要这样的药物，无论健康与否，它都扰乱了生命的生物节律。简而言之，资本主义不是世界不对称和不平衡的根源。这样说意味着，我们的目标不应是恢复“自然”的平衡和对称。这种恢复前资本主义平衡的计划不仅忽视——至少是低估——了在前资本主义社会中业已存在的裂缝，还忽视了现代主体性的兴起本身具有的解放性之维，现代主体性的兴起抛弃了传统的大地母亲（和天堂父亲）这种性化宇宙观（sexualized cosmology），抛弃了我们扎根于大自然的实质性“母性”秩序这种性化宇宙观。

马克思为资本提供的隐喻是吸血鬼，即吸食活人鲜血的活死人。在是非颠倒的资本世界里，死人统治活人，死人远比活人更有活力。这个隐喻有一个暗含的前提，那便是，革命的目的是重返常态，因为在常态下，活人统治死人。不过，拉康告诉我们，生死关系的某种逆转定义了真正的人类：“被禁止”的主体是活死人，它与自己的生物实体保持距离，因为它已被符号性大他者捕获，而符号性大他者是寄生虫，靠服侍它的人类为生。享乐本身就是寄生在人类快乐之上的东西，它使这些东西变态。如此一来，主体能够从不快乐中获得剩余享乐。

在这里，我们甚至应该更进一步（或者更确切地说，后退一步）。不仅人类遭遇了新陈代谢的裂缝，在人类出现之前，自然界也已经出现了裂缝。想想我们的主要能源，即石油和煤炭，不禁要问：到底是怎样的裂缝，才能创造这些储备？因此，我们不得不接受这样一个悖论：如果人类要获得和谐的新陈代谢（与自然交换），那么这种新陈代谢将被人类强行实施，并因此成为某种“第二自然”。有关调节地球上的整个新陈代谢以防止生态灾难的不同想法已在流传，其中一些想法涉及对自然循环的激进干预（比如，向大气喷洒化学物质，以减少照射到地球的太阳光线的数量）。

马克思写道：“需要说明的，……不是活的和活动的人同他们与自然界进行物质变换的自然无机条件之间的统一，……而是人类存在的这些无机条件同这种活动的存在之间的分离。”（引自《马克思恩格斯全集》，第30卷，人民出版社1995年版，第481页）不过，倘若某种形式的非统一或裂缝构成了人类本身，而且从这个意义上说，这种非统一或裂缝是超历史性的，情况又会怎样？所以，需要解释的恰恰是对统一所做的种种不同的特定历史建构，这种建构试图遮蔽基本的非统一。斋藤幸平正在寻找人类生活的前资本主义根基，把自然与人类之间的新陈代谢进程设置为资本进程得以立足的论据：这个新陈代谢已被资本扭曲，而资本就寄生于这种扭曲之上。如此一来，资本主义的基本“矛盾”就是自然的新陈代谢与资本之间的矛盾——自然抵抗资本，对资本的自我增值构成了限制。因此，共产主义者的使命是发明新形式的社会新陈代谢。新形式的社会新陈代谢将不再由市场调节，而以人类（合理规划过）的方式来组织。说斋藤幸平是深刻的反黑格尔主义者，原因就在这里：他信奉的公理是，黑格尔的辩证法无法思考资本的自然限制，资本的自我运动无法完全“扬弃”/整合其预先设定的自然基础。我们对他的驳斥是，斋藤幸平把人类和自然生命的超历史的新陈代谢视为资本主义得以寄生的宿主，这实在是操之过急：在这两者之间还有第三个术语，即符号秩序本身、符号虚构世界，也就是我们社会生活的符号性实体[71]（symbolic substance）。资本主义不仅在摧毁我们的自然栖息地，同时还在摧毁我们共有的符号性实体。让我们引用丽贝卡・卡森的著作，看她是如何复原“黑格尔的逻辑即资本的逻辑”这一立场的：

> 在黑格尔看来，本体论的先决条件完全处于概念之内，因此成为它自身从外在性到内在性过渡的形式。这没有导致“富有弹性的”矛盾，而是导致了和解。相形之下，在马克思那里，具体生活的本体论前提仍然是冲突性的，它永远阻断了概念-主体-资本（concept-subject-capital），并成为其永恒的障碍，而概念-主体-资本此前已经获得了自主的生命。在前一种情况下，通过运用绝对理念的最后时刻，和解得以实现，并使这种分析符合黑格尔的体系；在后一种情况下，没有和解的时刻，因此不能从黑格尔哲学的角度，对其做本体论的理解。[72]

我们应该再追加两点。首先，难道（人的生命再生产与资本再生产之间的）这种不可能的和解没有把我们带回到黑格尔的本质逻辑，以至于人的生产能力已经成为资本运动的“本质”吗？其次，对马克思来说，共产主义是真正的和解，那么能不能用黑格尔的术语来理解这种和解？此外，在这里，我发现有问题的表述是“材料，包括处于人类生命和自然的历史模式中的人类生命和自然”：真的可以把我们生命的符号性实体（我们总是被抛入这个符号性实体，总是被异化成这个符号性实体），即拉康的“大他者”，化约为“材料”的一个维度吗？这不正是地地道道的符号性虚构的领域吗？而且，当我们把自然和文化对立起来时，我们应该小心翼翼，因为这两个术语完全重叠到了一起，尽管并不完全对称。自然是“存在着的一切”，所以文化最终是自然的一部分，即使我们在破坏自然，那也是自然在通过我们，即通过它的一部分，破坏它自己。反过来说，（我们所理解的）“自然”总是一个社会文化范畴：在我们看来“自然”的东西，总是被占主导地位的意识形态框架过度决定。

是工人们还是工人？

上文提到的这种符号性实体，黑格尔称为“行为准则”（mitten）。对符号性秩序的这种无视还影响到了马克思的共产主义观念。在《资本论》第1章的末尾，马克思提出了由四种生产 / 交换模式组成的矩阵。那时，他以假想的鲁滨孙的例子开篇和终结。我发现，重要的是，到了最后，他把它作为没有拜物教颠倒（fetishist inversion）的清澈见底的共产主义社会的模型。下面这段很长的文字值得原样抄录：

> 既然政治经济学喜欢鲁滨孙的故事，那么就先来看看孤岛上的鲁滨孙吧。不管他生来怎样简朴，他终究要满足各种需要，因而要从事各种有用劳动，如做工具，制家具，养羊驼，捕鱼，打猎等等。关于祈祷一类事情我们在这里就不谈了，因为我们的鲁滨孙从中得到快乐，他把这类活动当做休息。尽管他的生产职能是不同的，但是他知道，这只是同一个鲁滨孙的不同的活动形式，因而只是人类劳动的不同方式。需要本身迫使他精确地分配自己执行各

种职能的时间。在他的全部活动中，这种或那种职能所占比重的大小，取决于他为取得预期效果所要克服的困难的大小。经验告诉他这些，而我们这位从破船上抢救出表、账簿、墨水和笔的鲁滨孙，马上就作为一个道地的英国人开始记起账来。他的账本记载着他所有的各种使用物品，生产这些物品所必需的各种活动，最后还记载着他制造这种种一定量的产品平均耗费的劳动时间。鲁滨孙和构成他自己创造的财富的物之间的全部关系在这里是如此简单明了，甚至连麦·维尔特先生用不着费什么脑筋也能了解。但是，价值的一切本质上的规定都包含在这里了。现在，让我们离开鲁滨孙的明朗的孤岛，转到欧洲昏暗的中世纪去吧。在这里，我们看到的，不再是一个独立的人了，人都是互相依赖的：农奴和领主，陪臣和诸侯，俗人和牧师。物质生产的社会关系以及建立在这种生产的基础上的生活领域，都是以人身依附为特征的。但是正因为人身依附关系构成该社会的基础，劳动和产品也就用不着采取与它们的实际存在不同的虚幻形式。它们作为劳役和实物贡赋而进入社会机构之中。在这里，劳动的自然形式，劳动的特殊性是劳动的直接社会形式，而不是像在商品生产基础上那样，劳动的一般性是劳动的直接社会形式。徭役劳动同生产商品的劳动一样，是用时间来计量的，但是每一个农奴都知道，他为主人服役而耗费的，是他个人的一定量的劳动力。缴纳给牧师的什一税，是比牧师的祝福更加清楚的。所以，无论我们怎样判断中世纪人们在相互关系中所扮演的角色，人们在劳动中的社会关系始终表现为他们本身之间的个人的关系，而没有披上物之间即劳动产品之间的社会关系的外衣。

要考察共同的劳动即直接社会化的劳动，我们没有必要回溯到一切文明民族的历史初期都有过的这种劳动的原始的形式。这里有个更近的例子，就是农民家庭为了自身的需要而生产粮食、牲畜、纱、麻布、衣服等等的那种农村家长制生产。对于这个家庭来说，这种种不同的物都是它的家庭劳动的不同产品，但它们不是互相作为商品发生关系。生产这些产品的种种不同的劳动，如耕、牧、纺、织、缝等等，在其自然形式上就是社会职能，因为这是这样一个家庭的职能，这个家庭就像商品生产一样，有它本身的自然形成的分工。家庭内的分工和家庭各个成员的劳动时间，是由性别年龄上的差异以及随季节而改变的劳动的自然条件来调节的。但是，用时间来计量的个人劳动力的耗费，在这里本来就表现为劳动本身的社会规定，因为个人劳动力本来就只是作为家庭共同劳动力的器官而发挥作用的。

最后，让我们换一个方面，设想有一个自由人联合体，他们用公共的生产资料进行劳动，并且自觉地把他们许多个人劳动力当做一个社会劳动力来使用。在那里，鲁滨孙的劳动的一切规定又重演了，不过不是在个人身上，而是在社会范围内重演。鲁滨孙的一切产品只是他个人的产品，因而直接是他的使用物品。这个联合体的总产品是一个社会产品。这个产品的一部分重新用做生产资料。这一部分依旧是社会的。而另一部分则作为生活资料由联合体成员消费。因此，这一部分要在他们之间进行分配。这种分配的方式会随着社会生产有机体本身的特殊方式和随着生产者的相应的历史发展程度而改变。仅仅为了同商品生产进行对比，我们假定，每个生产者在生活资料中得到的份额是由他的劳动时间决定的。这样，劳动时间就会起双重作用。劳动时间的社会的有计划的分配，调节着各种劳动职能同各种需要的适当的比例。另一方面，劳动时间又是计量生产者在共同劳动中个人所占份额的尺度，因而也是计量生产者在共同产品的个人可消费部分中所占份额的尺度。在那里，人们同他们的劳动和劳动产品的社会关系，无论在生产上还是在分配上，都是简单明了的。（引自《马克思恩格斯文集》，第5卷，人民出版社2009年版，第94-97页）

这个系列中的四种生产方式——孤家寡人鲁滨孙、中世纪统治、家庭集体、共产主义——是令人惊讶的，也是违反直觉的。第一个引人注目的谜团是：我们期待出现资本主义，即作为延续了中世纪的直接统治模式的资本主义，但我们看到的是家庭的出现，为什么会这样？难道家庭不应该作为这样一种模式——该模式构成了阶级社会形成之前的“原始”社会的特征——出现在起点吗？马克思没有从家庭开始，而是从鲁滨孙（单个生产者）开始。马克思很清楚，鲁滨孙并非历史的起点，只是一个资产阶级神话，那他为什么从鲁滨孙讲起？马克思不得不从鲁滨孙讲起，难道不是因为只有这样，他才能以（伪）黑格尔式的辩证循环，最终回到作为假想的共产主义社会模型的集体鲁滨孙吗？共产主义与鲁滨孙的相似之处，使马克思能够把共产主义想象成一个自我透明的社会，在这个社会中，个人与个人之间的关系不必接受不透明的、实体性的大他者的调解。我们今天的任务就是在这个视域之外思考共产主义。在马克思设想的共产主义社会中，生产是以集体性鲁滨孙的方式（collective-Robinson way）进行调节的。马克思由此回应了《政治经济学批判大纲》手稿中的一个著名段落。在那个段落中，他把共产主义想象为这样的社会：在那里，生产过程由“一般智力”（general intellect）来主导。这段话值得详加引用，因为马克思在那里提出了资本主义自我克服（self-overcoming of capitalism）的逻辑，因而完全忽视了积极的革命斗争。它是用纯经济术语表述的：“资本本身是处于过程中的矛盾，因为它竭力把劳动时间缩减到最低限度，另一方面又使劳动时间成为财富的唯一尺度和源泉。”（引自《马克思恩格斯选集》，第2卷，人民出版社2012年版，第784页）因此，必将摧毁资本主义的“矛盾”是下列两者之间的矛盾：一者是资本主义的剥削，它依赖于劳动时间，把劳动时间视为价值的唯一源泉（因而也是剩余价值的唯一源泉）；一者是科学技术的进步，它导致了直接劳动（direct labor）的作用在数量和质量上的降低。

> 随着大工业的发展，现实财富的创造较少地取决于劳动时间和已耗费的劳动量，较多地取决于在劳动时间内所运用的作用物的力量，而这种作用物自身——它们的巨大效率——又和生产它们所花费的直接劳动时间不成比例，而是取决于科学的一般水平和技术进步，或者说取决于这种科学在生产上的应用。（引自《马克思恩格斯选集》，第2卷，人民出版社2012年版，第782-783页）

马克思的视境是一个完全自动化的生产过程。在这个过程中，人类（工人）“越来越多地成为生产过程的守望者和监管者”：

> 这里已经不再是工人把改变了形态的自然物作为中间环节放在自己和对象之间；而是工人把［Ⅶ—3］由他改变为工业过程的自然过程作为中介放在自己和被他支配的无机自然界之间。工人不再是生产过程的主要作用者，而是站在生产过程的旁边。
>
> 在这个转变中，表现为生产和财富的宏大基石的，既不是人本身完成的直接劳动，也不是人从事劳动的时间，而是对人本身的一般生产力的占有，是人对自然界的了解和通过人作为社会体的存在来对自然界的统治，总之，是社会个人的发展。现今财富的基础是盗窃他人的劳动时间，这同新发展起来的由大工业本身创造的基础相比，显得太可怜了。一旦直接形式的劳动不再是财富的巨大源泉，劳动时间就不再是，而且必然不再是财富的尺度，因而交换价值也不再是使用价值的尺度。（引自《马克思恩格斯选集》，第2卷，人民出版社2012年版，第783页）

马克思系统地使用单数名词（“人”“工人”），这是一个关键性的指标，它告诉我们，“一般智力”不是互为主体性的（intersubjective），而是“单一性的”（monological）。不妨回顾一下马克思在描述了抽象劳动过程之后得出的那个结论，该结论对社会维度做了症状性的、“不合逻辑”的排除：“因此，我们在我们的论述中不必来叙述一个劳动者与其他劳动者的关系。一边是人及其劳动，另一边是自然及其物质，这就够了。”（引自《马克思恩格斯全集》，第42卷，人民出版社2016年版，第175页）”好像在共产主义社会，因为以“一般智力”为准则，劳动的这种非社会品格（a-social character）得到了直接实现。这意味着——请安东尼奥·奈格里（Antonio Negri）原谅[73]——依据马克思对“一般智力”的理解，生产过程的对象恰恰不是社会关系本身：在这里，一边是“物的管理”（对自然的控制和统治），一边是人与人之间的关系，两者是分道扬镳的；它构成了“物的管理”领域，不再必须依赖于对人的统治。[我们在此应该牢记，《政治经济学批判大纲》中有关“一般智力”的完整发展，都来自一份从未发表过的残缺不全的手稿。它是一条实验性的发展路线，马克思后来直接将其抛弃。然而，这段话与马克思对劳动所做的广义性的非社会界定和马克思在《资本论》中有关鲁滨孙的那几个段落是相互关联的。这种关联清晰地表明，马克思对“一般智力”的理解是马克思理论大厦固有的一部分。]今天，这一见解被亚伦·巴斯塔尼等人重新激活[74]。在他看来，我们今天面临的“最紧迫的危机”，比生态威胁还要紧迫的危机，是“缺乏集体想象力”：

急剧下降的信息成本和技术的进步为我们所有人享有自由和豪华的共同未来奠定了基础。自动化、机器人和机器学习将……大幅缩减劳动力，引起广泛的技术性失业。但是，只有当你认为工作——做收银员、驾驶员或建筑工——值得珍惜时，这才会成为问题。对许多人来说，工作是单调沉闷的苦差事。自动化可以使我们摆脱这个苦差事。

基因编辑和基因测序可能会彻底改变医疗实践，使其从反应性治疗走向预测性治疗。包括亨廷顿舞蹈症、囊性纤维化和镰状细胞性贫血在内的遗传性疾病可被根治，癌症也可在第一期之前治愈。……更重要的是，半个世纪以来，可再生能源的成本每年都在急剧下降。现在，它可以满足全球的能源需求，并使摆脱化石燃料成为可能。更有可能的是，小行星采矿——这方面的技术障碍目前正在被克服——不仅可为我们提供远远超出我们想象的能源，还可以提供更多的铁、金、铂和镍。资源短缺将成为历史。其结果意义深远，并可能导致天翻地覆之变。对于我们当今世界面临的危机——技术性失业、全球性贫困、社会老龄化、气候变化、资源短缺——我们已经能够看到补救的曙光。

但这里有个陷阱。它的名字是资本主义。虽然它创造了新近出现的富足，但它无法分享技术发展带来的成就。资本主义是只为利润而生产的制度，它寻求配给的资源以确保获得回报。就像今天的公司一样，未来的公司将形成垄断并四处寻租。其结果将导致资源匮乏——没有足够的食物、医疗保健或能源。

因此，我们必须超越资本主义。……我们能够看到一些新生事物的轮廓，看到一个与我们的社会不同的社会，就像20世纪的社会不同于封建主义社会，或者城市文明不同于狩猎采集生活那样。它建立在几十年来一直飞速发展的技术之上，直到现在，这些技术才开始瓦解某些事物的关键特征。这些事物，以前我们一直以为是理所当然的，以为是符合事物的自然秩序的。

然而，要把握这一点，就需要一种新的政治。在这种政治中，技术变革服务于人民，而不是利润。在这种政治中，追求切实可行的政策——快速脱碳、完全自动化和社会化护理——比提供幻想更受人欢迎。就视域而论，这种政治是乌托邦式的，但就其应用而言，它又极其寻常。它有一个名字：全自动豪华共产主义。[75]

这样的奇思妙想容易令人捧腹。但在开怀大笑之前，我们应该留意似乎支持这一视境的常识性证据。随着新技术的爆炸式发展，一个人人富足的社会，即使现在无法完全实现，至少其可能性在人类历史上第一次清晰呈现出来。亚伦·巴斯塔尼长期关注的日益增长的“矛盾”——资本主义既创造富足又必须遏制富足——似乎支持了他的论点：尽管马克思正确无误，但他对共产主义的看法过于超前；直到今天，富足才具备了客观的可能性。

然而，这种技术性的共产主义视境自有其问题。这个过程，既开辟了崭新的富足前景，又开辟了前所未有的可能性，即控制和调节我们生活的可能性。这个问题的根源在于：即使生产过程已经高度自动化，由谁来管理生产过程？又如何管理？在富足的社会中，社会生活本身将如何组织？完全存在这样的可能性：因为缺乏市场机制，战胜资本主义会导致直接的统治关系和奴役关系[76]的死灰复燃。这种可能性是以马克思对大他者之维（the dimension of the big Other）的无知为根基的。

我们现在可以理解，斋藤幸平是在何种背景之下断定抽象劳动具有超历史特征的。它不仅不违背马克思的精神，还为马克思提出的某个观念提供了合乎逻辑的结论：尽管马克思坚持认为劳动具有社会特征，但他还是做了一些出人意料的事情——他在《资本论》中试图单纯定义劳动自身，而无视劳动的具体形式。首先，他说，一边是工人，一边是劳动对象，只有这两样东西，社会维度变得无影无踪。当马克思试图想象未来的非异化的共产主义社会的基本坐标时，同样的做法——把工人抽离社会维度——再次出现，那时出现的还是只有工人。

虚构与现实 / 虚构中的现实

然而，马克思的《资本论》中有一些因素表明了克服这种无知的方法。马克思在《资本论》的某些段落中处理了虚构在资本主义再生产中发挥的必不可少的作用：从商品拜物教到虚构资本[77]（fictitious capital）这一话题，都表明了这一点。商品拜物教是一种虚构，而虚构是社会现实自身的一部分；虚构资本的话题是在《资本论》第2卷引入，在《资本论》第3卷详加阐述的。3卷《资本论》重现了普遍、特殊、个别的三位一体：第1卷阐明了资本的抽象-普遍矩阵，即概念；第2卷转向特殊性，转向资本的实际生命，而资本的实际生命有其全然的偶然复杂性；第3卷部署了整个资本进程的个体性。最近几年，对马克思政治经济学批判所做的最有成效的研究集中在第2卷。为什么会这样？马克思在1868年4月30日给恩格斯的一封信中写道：

> 我们在第一卷中是以承认下列一点为满足，即在从一百镑变成一百一十镑的出卖进程中，它们是在市场上发见这些因素，遂在其中重新实现出来。但我们现在要探讨这种发见的条件，即各种资本、资本部分和收益（=m）相互作社会的错综交织。（引自《马克思恩格斯通信集》，第4卷，生活·读书·新知三联书店1958年版，第52页）

在这里，有两个特征至关重要，而且这两个特征是同一枚硬币之两面。

一方面，马克思从（第1卷描述的）资本再生产的纯粹概念结构转向现实，而在现实中，资本的再生产涉及时间差（temporal gaps）、死寂期（dead time）等。有些死寂期会打断再生产的顺利进行，而造成这些死寂期的终极原因是，我们处理的不是单一的再生产循环，而是多个再生产循环的交织。这些再生产循环从未得以充分的协调。这些死寂周期不只是经验上的复杂化，它还具有内在的必要性。它们是再生产所必需的，它们使资本的实际生命复杂化了。[78]另一方面，虚构介入其中（虚构是以虚构资本的名义介入的，这个概念在《资本论》第3卷中做了更加详细的阐述）；需要用虚构来克服复杂化、延迟、死寂期所具有的潜在破坏力，所以当我们从纯粹的逻辑矩阵转向实际生命时，转向现实时，虚构必须介入。

为了理解《资本论》第1卷和第2卷的差异，我们必须引入另一个概念，即与简单的示例（example）相反的范例（exemplum）。示例是经验性的事件或经验性的事物，用来图示某个普遍观念。但是，由于现实具有复杂的肌质，示例永远无法充分图示普遍观念的简单性。在皮埃尔·巴亚尔（Pierre Bayard）为范例提供的示例中，有一个极具挑衅性的个案，那便是汉娜·阿伦特以阿道夫·艾希曼为例阐释的有关“平庸之恶”的论点。巴亚尔证明，尽管阿伦特提出了一个有用的概念，但艾希曼的行为本身与这个概念并不相符：真实的艾希曼绝对不是一味服从命令、从不思前想后的官僚，而是极其狂热的反犹主义者。他对自己的所作所为一清二楚。他只是在以色列的法庭上扮演“平庸之恶”的角色而已。[79]巴亚尔列举的另一个示例甚是贴切，那便是基蒂·吉诺维斯一案[80]。基蒂·吉诺维斯于1964年3月13日凌晨3点在位于纽约皇后区的自家公寓楼前遇害。当时凶手尾随她，用刀捅了她半小时之久，她绝望的呼救声响彻四周。但是，尽管至少有38个邻居打开了自家的灯，目睹了事件的发生，却无人报警。其实这个简单的匿名行为本可以使她死里逃生。……该事件引起了轩然大波，很多图书都写到了这件事情。有关此案的研究也证实了下列观点：人们之所以没有报警，是因为他们觉得，他人也已目睹此案的发生，所以他们推断，自己不报警，总会有人报警。反复进行的实验证明，目睹创伤性事件（火灾、犯罪等）的人越多，报警的可能性就越小。通过查看原始数据，巴亚尔向我们表明，基蒂·吉诺维斯被谋杀一事，与人们普遍的描述并不相符：当时的目睹者充其量只有三人，而且对正在发生的事情，这三个人也是雾里看花，朦朦胧胧；即便如此，其中一人还是报了警。我们在此得到了另一个个案，它向我们表明，为了图示一个本身正确无误且非同小可的论点，一个范例被想象了出来。巴亚尔认为，这种虚构压倒了事实，因为它完美地充当了一种饱含道德教益的寓言，让我们（这些公众）感觉良好：我们对这件事情感到厌恶，假如我们目睹此事，我们肯定会拔刀相助。[81]

我们很容易理解，示例和范例之间的这种区别，完美地例证了黑格尔关于普遍、特殊和个性这个三位一体：普遍乃抽象的观念，各种特殊性则是普遍的（总是不完美的）示例，而个性则是范例，是这样的单一性，在那里，偶然性实在之域与普遍融为一体。因此，坚称普遍性总以它的特殊的示例为中介，是不够的。除了示例的多样性，还要追加这样的范例：在那里，普遍性重返自身。终极范例不就是耶稣基督自己吗？我们这些凡夫俗子是上帝的不完美的示例，是按照他的形象制造出来的，而耶稣基督（至少对我们唯物主义者来说）是种虚构，因此是这样的范例：在那里，神圣的普遍性重返自身。

在《资本论》第1卷中，马克思经常使用假想的示例来说明工人和资本家之间的交易或资本的循环过程。资本家和工人签订了工作合同后离去，他们的签字使“我们戏剧人物的面貌发生了变化”。这是如何可能的？马克思做了下列著名的描述：“我们的剧中人的面貌已经起了某些变化。原来的货币占有者作为资本家，昂首前行；劳动力占有者作为他的劳动者，尾随于后。一个高视阔步，踌躇满志；一个战战兢兢，畏缩不前，像在市场上出卖了自己的皮一样，只有一个前途——让人家来鞣。”（引自《马克思恩格斯全集》，第43卷，人民出版社2016年版，第166-167页）这些情形是假想出来的“纯粹”情形，在现实的厚实肌质中永远不会发生，因为在厚实的现实肌质中，不同的时刻以不同的节奏再生产自身，无法直接按市场的命令行事（劳动力需要几十年的时间再生产自己，等等）。因此，范例的悖论在于，虽然从经验上讲它是虚构（从未“真正发生过那样的事情”），但在某种意义上，它“更接近真相”，因为它完美地呈现了（赋形于）现象的内在观念结构——这是理解拉康所谓“真相具有虚构的结构”这一断言的另一种方式。因此，我们必须把下列两者区分开来：一者是对范例的虚构，它图示了抽象的观念真相；一者是虚构本身，它使资本在现实中发挥作用并再生产自身。

因此，《资本论》第2卷关注的是如何实现剩余价值的问题，而实现剩余价值首先受到时间和距离的干扰。正如马克思所言，资本在其流通时间内，不发挥生产资本的作用，因此既不生产商品，也不生产剩余价值：总体而言，资本的流通限制了资本的生产时间，进而限制了资本的增值进程。正是由于这个缘故，为了简化流通，工业越来越多地聚集在城市中心之外，越来越多地靠近高速公路和机场。

另一个蕴含是信用体系的作用日益重要起来。信用体系能使生产贯穿整个流通过程。在某些情况下，信用可以用来缩小差距。比如，在剩余价值尚未实现的情况下，资本家预期将会有人消费他们的商品和服务的情况，就是如此。这似乎是老生常谈，但它会对经济的运作产生货真价实的影响，也会展示对虚构资本的系统性依赖，尽管马克思直到《资本论》第3卷才引入了“虚构资本”这一概念。因此，由尚未生产或销售的商品和服务来支撑的货币价值（money values）是事关资本主义生死的命脉，而不是一个自给自足的系统导致的离奇古怪的或反复无常的后果：货币要想发挥资本的作用，就必须流通，就必须再次雇用劳动力，并再次以扩大价值的形式实现自身。且以某个实业家为例。他存款甚丰，完全可以退休，靠利息为生，但银行必须把他的存款贷给其他的实业家。从银行获得贷款的实业家必须从他所赚取的利润中拿出钱来，支付贷款的服务费用，即利息。如此一来，市场上的货币量翻了一番：退休的资本家分文不少，别的资本家也能自由支配其贷款。但是，随着投机者、银行家、经纪人、融资人等阶层的不断壮大（国家的资本总量达到一定规模时必然会出现这种情况），银行就会发现，它能够出借的资金远远超过它金库中的存款；投机者可以出售并不属于他们的产品，“恰当的人选”即使囊空如洗也拥有良好的信用。请注意，在这里，信任（人际关系）是如何在似乎完全非人格的金融投机的层面上重新进场的：银行发放无担保贷款的能力取决于“信任”。

> 就这样，货币形式不仅导致了非人格的统治关系（impersonal relations of domination），同时还导致了人际性的统治形式（interpersonal forms of domination），因为虚构资本作为价值的表象形式，其存在并不基于导致主客体倒置（subject-object inversion）的抽象劳动实体。虚构资本的存在是通过人际性的统治形式实现的，它承诺，作为实体的价值定能在未来生产出来。因此，存在一种影响虚构资本持有者的与众不同的隶属关系，它是建立在通过契约缔造的人际关系的基础上的。[82]

因此，同一单位的生产资本可能不仅要维持将钱款存入银行的退休实业家的生活，还要维持对同一单位的资本的多重索赔权。如果银行从退休者那里获得了100万元的存款，但贷出了1000万元，那么，这1000万元中的每一笔钱都对同样的价值拥有平等的索赔权。虚构资本就是这么来的。在扩张和繁荣期，虚构资本的数量迅速增加；一旦紧缩期到来，银行就会发现自己不堪重负，断然收回贷款，于是导致违约、破产、倒闭、股价下跌，最终使一切重返原点——虚构价值被一扫而光。这给我们带来了虚构资本的正式定义：它是不能同时转化为现有使用价值的那部分资本。它是一种臆造，但对于实际资本的增长而言是绝对必要的；它是一种虚构，却是对未来抱有信心的象征。或者如丽贝卡·卡森对整个运动描述的那样："非资本主义变量通过流通被正式纳入，使它们成为资本再生产的必要条件。尽管如此，它们仍然是必定属于外部之物的变量，被马克思描述为资本运动内部的'中断'。"[83]

从社会经济的角度来看，这意味着，我们应该避免将共产主义视为这样一种观念：在共产主义社会，虚构不再支配现实生活。也就是说，在共产主义社会，我们重返现实生活本身。正如安东尼奥·奈格里和迈克尔·哈特（Michael Hardt）反复强调的那样，在以实际资本进行最疯狂的投机活动中，存在出人意料的解放潜力。由于劳动力的价值增值是资本主义再生产的关键方面，我们永远不应忘记，在虚构资本的领域里，没有价值增值，没有商品的市场交换，也没有创造新价值的劳动。之所以如此，那是因为，在资本主义社会，个人的自由是以商品的"自由"交换——包括作为商品的劳动力的交换——为基础的，而虚构资本的领域不再要求个人的自由和自治。于是，直接的人际隶属关系和人际支配关系卷土重来。这种推理可能看起来太正式了，但可以用更加精确的方式加以阐述：虚构资本涉及债务，而负债限制了个人的自由；对于工人来说，债务涉及他们的劳动力自身的（再）生产，而且这种债务限制了他们在签订劳动合同时讨价还价的自由。

资本主义疯癫蕴含的解放潜力

那么，解放的潜力在哪里？埃隆·马斯克提出了一个巨型算法程序。与任何股票经纪公司相比，它能更好地管理我们的投资，允许普通人在进行小额投资时享受亿万富翁的待遇。他的想法是，当这个程序免费提供时，它将产生更加公平的财富分配。尽管这个想法存在问题，而且模棱两可，但它确实表明了证券交易游戏的极端荒谬：如果一套巨型算法能比人类做得更加出色，那么股票交易所就有可能成为一台自动化机器——如果这种方法行之有效，那么股票的私有制也将变得毫无用处，因为要想实现资源的最佳分配，我们所需要的只是一台拥有巨型算法程序的人工智能机器。就这样，极端金融资本主义能够为通往共产主义开辟一条出人意料的道路。

马斯克已经梦想成真。这是我们这个黑暗时期为数不多的灵光闪现之一，尽管他梦想成真的方式与他设想的方式并不完全相同。这一灵光闪现被浓缩在"华尔街投注/游戏驿站[84]"的表情包中。——有那么几天，有关它的新闻盖过了寻常的坏消息（流行病、特朗普等）。有关它的新闻是众所周知的，但还是让我们以维基百科的方式概括其要点。华尔街投注（WallStreetBets, WSB）是Reddit[85]的一个子板块，数百万参与者在这里讨论股票和期权交易。它以其污言秽语和对激进交易策略的推广而闻名。Reddit子板块的大多数成员都是年轻的散户和投资者，还有些年轻的业余爱好者。这些爱好者无视基本的投资实践和风险管理技术，所以他们的行为与赌博无异。reddit子板块的许多成员还使用业余平台罗宾汉[86]，那是一款用于交易股票和期权的流行应用程序。罗宾汉最初的产品是一个实现股票和交易所交易基金免佣金交易的程序。在实际运作时，华尔街投注的成员也依赖当天的低货币价格（low price of money），即低贷款利率（low interest rates for loans）。流行病给我们的生活带来了前所未有的不确定性，这显然为华尔街投注的发展大开方便之门：死亡、混乱和社会抗议造成了威胁，但与此同时，由于被隔离，我们拥有很多闲暇时间。

他们最著名的操作是对游戏驿站（一家逐渐丧失市场价值的公司）的股票的出乎意料的大规模投资。这抬高了该公司的股价，并在市场上引发了更大的恐慌和震荡。他们决定投资游戏驿站，并不是基于公司的实际运行情况（比如获悉游戏驿站正在开发一款有利可图的新产品），而是为了暂时抬高其股价，然后引起震荡，并以此为乐。这意味着，存在着一种自反性（self-reflexivity），它构成了华尔街投注的特征：参与者出资购买某家公司的股票，但这家公司的实际运行情况并不怎么重要，他们主要想以自己（大量买卖一家公司的股票）的行为对市场产生影响。

批评华尔街投注的人从这种立场中看到了明显的虚无主义迹象，即把股票交易化约为赌博的迹象。这正如华尔街投注的一位参与者所言："我原本是理性的投资者，却变成了病态、荒谬和绝望的赌徒。"这种虚无主义的最佳例证便是华尔街投注社区中人们常说的"yolo"一词（意为你只有一次活命的机会），他们以此形容那些把全部投资组合押在单一股票或期权交易上的人。但激励华尔街投注参与者赌博的，并不是朴实无华的虚无主义。他们的虚无主义表明，他们对最终结果漠不关心，或如杰里米·布莱克本（Jeremy Blackburn）所言："重要的不是结果，而是手段。重要的是你下赌注这个事实，这才是真正的价值所在。当然，你可能赚它个盆满钵盈，也可能到头来倾家荡产，但问题的关键在于，你参与了游戏，而且是以某种疯狂的方式参与了游戏。"[87]难道这不是一种去异化（des-alienation）、一种退出游戏的行为吗？为什么会这么说？拉康把直接快感（direct pleasure）——享受我们渴望的客体——和剩余享乐区分开来。他的基本示例是吮吸母亲乳房的儿童：儿童这样做首先是为了满足食欲，消除饥饿，但随后他或她便开始享受吮吸乳房这个行为本身，甚至在不饿的时候也会继续这样做。购物也是如此（许多人喜欢购物的过程，而不是他们实际购买的东西）。基本上，性征本身也是这样的。华尔街投注的参与者把股市赌博所隐含的剩余享乐公之于众了。

这在我们的政治领域是如何运作的呢？世界银行集团（World Bank Group, WBG）是一场政治上模棱两可的民粹主义叛乱。罗宾汉屈服于压力，阻止散户投资者购买股票，却遭到亚历山德里娅·奥卡西奥-科尔特斯[88]的反对。她反对的理由是正当的："这是不可接受的。我们现在需要更多地了解，为何罗宾汉决定阻止散户投资者购买股票，而对冲基金却可以按自己的意愿自由交易该股票。"[89]（罗宾汉后来恢复了散户投资者的股票交易。）泰德·克鲁兹[90]从反对大银行和华尔街的极端右翼民粹主义立场出发支持奥卡西奥-科尔特斯。（但她拒绝与他合作，这是正确的。）

可以想象华尔街投注如何令华尔街（和国家机器）惶恐不安："业余爱好者"对股市进行了大规模干预，他们不遵守（甚至不想了解）游戏规则和游戏法则，因此在专业投资者看来，他们是肆意破坏游戏的"非理性"的疯子。华尔街投注社区的关键特征正是这种"不知晓"（not-knowing）发挥的积极作用：他们无视"专业"股票交易员需要运用的有关投资法律和投资法规的"理性"知识，对市场的现实造成了毁灭性的影响。

华尔街投注的大受欢迎意味着数以百万计的普通人，而不仅是独家贸易经营者置身其中。这开辟了美国阶级战争的新战线。罗伯特·莱克[91]在社交媒体上写道："我们还是开门见山吧，说什么聚焦在游戏驿站的Reddit网站的用户的做派是操纵市场，而操纵对冲基金的亿万富翁做空股票却只是一种投资策略？"[92]谁能想到，这个阶级之战竟然演变成股票投资者和股票交易商之间的冲突？

因此，借用安吉拉·内格尔（Angela Nagle）的那部著作[93]的标题来说，这再次消灭了规范："对于华尔街投注来说，它所强力抵制的规范文化（normie culture）是一种'安全'的主流投资：专注于长期收益，用尽你的401（k）计划[94]，购买指数基金。"[95]但这一次，这些规范真的应该被"消灭"（斩草除根）。为什么这么说？说起来真是讽刺，华尔街作为腐败投机和内幕交易的典范，一直在厚颜无耻地抵制国家干预和国家监管，现在却反对不公平竞争，呼吁国家监管。至于华尔街指责罗宾汉嗜赌成性，只要回想一下伊丽莎白·沃伦（Elizabeth Warren）曾多次指责对冲基金把股市“当成自己的私人赌场”，就是小巫见大巫了。简而言之，华尔街投注正在公开、合法地从事华尔街一直秘密、非法从事的勾当。这就好像一个十恶不赦的罪犯指控一个无名小卒刻意模仿他不可告人的暗昧行为。

华尔街投注是一种民粹主义资本主义的乌托邦（utopia of populist capitalism），是数百万人的理想：白天做普普通通的工人或学生，晚上则从事投资交易。这个理想当然是不可能实现的。它只会在自我毁灭的混乱中告终。但是，资本主义的本质不就是周期性地陷入危机，然后走出危机，变得更加强大吗？1928年的经济大萧条，2008年的金融大崩盘（由“理性”的对冲基金造成的！），只提这两个尽人皆知的例子，足矣。然而，和WBG危机一样，在这两种情形下，试图通过内在的市场机制恢复平衡，无论是过去还是现在，都是不可能的。这样做代价太高，因此需要大规模的外部（国家）干预。到了那时，政府能够再次控制游戏，恢复被华尔街投注摧毁的旧常态吗？这里的模式是东方政府对证券交易所的严格控制——然而，在西方如法炮制，意味着经济政治（economic politics）的彻底改变，而这只能通过全球社会政治转型来实现。

这是否意味着我们应该支持所谓的加速主义（accelerationism），即“加速”和大大强化资本主义及其鼓动的技术变革，以促成剧烈的社会变革？的确如此。原则上，资本主义的终结只能通过它的加速来实现。这种看法颇为流行，在某些第三世界国家尤其如此。根据这种看法，在反对资本主义的斗争中，“抵抗场所”（sites of resistance）——前现代生活方式这个地方口袋[96]外加更大的社会团结——理应发挥关键的作用。这样做必定步入绝境。阿富汗的塔利班就是这样的抵抗场所！推动社会变革的并不是加速，加速只能让我们公开面对全球资本主义体制的基本僵局。

那解决问题的方案呢？答案简单明了：华尔街投注的“过剩”（excess）暴露了证券交易本身潜在的“非理性”——这才是真相大白的时刻。华尔街投注不是对华尔街的反叛，而是更具颠覆性的潜在之物：它通过过度认同华尔街，或者通过将其普遍化，颠覆了它的体制，进而揭露了它隐迹潜踪的荒诞不经。这就如同那个克罗地亚的官场局外人（一个戏剧演员）在上次大选自荐总统候选人时所做的那样。概而言之，他的竞选纲领是：“为每一个人而腐败。我保证，不仅精英阶层能从腐败中获利，你们所有人都能从腐败中受益！”当写着这个口号的标语牌遍布克罗地亚首都萨格勒布时，全城议论纷纷，人们反应热烈，尽管他们知道，这不过是个笑话而已。没错，华尔街投注参与者的所作所为无疑是虚无主义之举，但这是股票交易本身固有的虚无主义，是在华尔街早已大行其道的虚无主义。为了克服这种虚无主义，我们将不得不以某种方式退出股票交易这个游戏。社会主义的契机就潜伏在背后，等待出头的机会，同时全球资本主义的核心开始分崩离析。正如我们看到的那样，与华尔街对抗的，正是马斯克的投资算法。我们还应该补充说，这个算法已经由美国两位年轻的程序员开发出来并免费发放：通常情况下，它干的就是股票交易的活计，告诉我们于何时买进或卖出何种股票，其成效为华尔街的高级交易员所不及。因此股票交易的统一性（由专家实现，他们把知识、经验与个人感触融为一体）被分成两个极端：一个极端是客观的算法，它自动运行；另一个极端是主观的赌博，它破除清规戒律，并在截然不同的操纵平面上完成。

这种分崩离析真的会如期而至吗？答案几乎是肯定的：不会。但我们应该担心的是，华尔街投注带来的危机是对已经遭受多方（流行病、全球变暖、社会抗议等）攻击的体制的又一次意外威胁，而且这种威胁来自体制的核心，而不是来自外部。一种爆炸性的混合物正在形成，而且爆炸推迟的时间越久，它的破坏力就越大。

具有异化特征的生态学

处于符号秩序中的主体的异化与处于资本主义社会关系中的工人的异化有着根本性差异。我们必须避开两个相互对称的陷阱——如果我们坚持认为这两种异化具有同源性，这样的相互对称的陷阱就不可避免。一个陷阱是坚信资本主义的社会异化是不可化约的，因为符指性异化（signifying alienation）是构成主体性的要件。另一个陷阱是认为可以用马克思设想的克服资本主义异化的那种方式消除符指性异化。问题的关键不仅在于，即使我们将资本主义的异化斩草除根，符指性异化仍然是更为基础性的异化，它依然故我，因为它是更加精致的异化。能够克服符指性异化并成为主宰符号性宇宙的自由能动者（free agent），这样的主体形象只能出现在资本主义异化的空间里，出现在自由的个体能够互动的空间里。罗伯特·布兰顿曾经试图详细阐述"通往已经克服了反讽性异化（ironic alienation）的后现代认可形式（postmodern form of recognition）的康庄大道。它就是对信任的回忆性-认可性结构（recollective-recognitive structure of trust）"。[97]我们不妨以此阐明符号性异化之域。在罗伯特·布兰顿看来：

> 这可能是黑格尔思想中最具当代哲学意义和价值的部分。之所以如此，部分原因在于，他认为以整体性表达取代原子性再现的语义模型（semantic model of atomistic representation）具有深刻的政治意义。……这将导致一种新的相互认可的形式，并迎来精神发展的第三阶段——信任的时代。[98]

"信任"在这里是对伦理实体（"大他者"，一套既定的规范）的信任。这样的伦理实体不会限制——反而会维系——我们的自由得以立足的空间。它向我们保证，如果我们理性地对待世界，世界就会对我们的探寻做出回应，并表现得非常理性。[99]在提到乔姆斯基时，布兰顿为消极自由和积极自由的经典区分提供了他自己的解读：消极自由是摆脱了支配性规范和义务的自由，它最终只会导致这样的结局——对所有积极的调节保持普遍化的反讽距离，因为它告诉我们，不要相信这些积极的调节，它们只是幻觉，下面掩盖着特殊的利益；积极自由的空间是通过我们对规范的遵守而开辟和维持的。正如乔姆斯基所证明的那样，语言能使运用语言的人生成无限数量的语句。这是积极地表达自由，而这种自由源于我们对语言规则的接受。与此同时，消极自由只能导致反讽性异化：

> 当制度既要承载向上（从个人到制度）又要承载向下（从制度

到个人）的认可关系时，制度就会派生自由。从消极意义上说，自由把个人从互动这个“对每一种规范不断进行反思和进行协商的沉重负担”［海基·伊凯海莫（Heikki Ikaheimo）语］中释放出来；从积极的意义上说，自由提供和提升有意义的社会目标、社会活动和社会角色。[100]

“积极意义”是布兰顿在探讨伦理实体观时追求的目标。在他那里，伦理实体是我们的自由得以立足的根基。但我们还应给它追加海基·伊凯海莫所谓的“消极意义”，即“对每一种规范不断进行反思和协商的沉重负担”。在这里，我们遇到了一种我们不得不称之为“最低限度的异化”的东西，它是自由得以成立的前提。自由地思考和自由地互动只有一种方式。这样说不仅意味着我们依赖于共同的语言规则和礼仪规则，而且意味着我们接受这些规则，并把它们视为我们没有做过反思性思考的东西——如果我们总是对这些规则进行反思和交涉，我们的自由就会因其要求过多而自我毁灭。

但是，反讽式的自由、反讽性疏离（ironic distance）不也是一种以深刻洞悉规则为根基的积极自由的形式吗？诸如反讽性异化之类的东西不也是真正使用某种语言的那些人的固有之物吗？且以爱国主义为例：真正的爱国者不是盲目的狂热者，而是经常对自己的国家冷嘲热讽之人，充满悖论意味的是，这种冷嘲热讽证明，他对自己的国家怀有深情厚意（一旦国家有难，他就会挺身而出，为之战斗）。为了能够做出这样的冷嘲热讽，我必须比那些以完美无瑕的非冷嘲热讽方式说话的人更加深入地理解语言的规则。我们甚至可以说，真正掌握一门语言，不仅意味着熟知语言的规则，而且意味着熟知语言的元规则（meta-rules），因为只有语言的元规则才能告诉我们，如何违反显而易见的规则：这并不意味着不犯错误，而是要犯正确的错误。这道理同样适用于礼仪，礼仪使特定的封闭社区其乐融融。正是基于这个缘故，我们可以说，从前有些学校教导普通人，告诉他们如何在上流社会言谈举止大方得体，但这些学校通常是惨败的实例：无论传授多少行为规则，都无法传授行为的元规则，正是这些元规则调节着对规则的微妙逾越。而且，说到富有表现力的主体性，我们还可以说，主体性只有通过这种被调节的违规行为才会以言语的形式现身——没有这些被适度调节的违规行为，我们的言辞就会平淡无味。

如果我们以同样的方式设想共产主义，即把共产主义设想为新型道德实体（规则框架），而这种道德实体又能使积极的自由成为可能，那么，情形又会怎样？也许我们就应该以这种方式重新解读马克思把必然王国与自由王国对立起来的做法：共产主义并非自由本身，而是支撑着自由的必然王国之构架。当初我也应该以这样的方式回应泰勒·考温[101]对我的质疑。当年在挪威卑尔根市（Bergen）进行辩论时，泰勒·考温问我，为什么我坚持荒谬过时的共产主义观念，为什么不毅然决然地将其抛弃，欢欢喜喜地写我的反政治正确评论（anti-PC comments）。我那时应该这样回答他：准确地说，我需要以共产主义为背景，以共产主义为坚定的道德标准，以共产主义为对某项事业的庄严承诺，使我所有的越轨快感（transgressive pleasures）成为可能的正是这项事业。换言之，我们不应该把共产主义设想为没有异化的、自我透明的秩序，而是把它设想为这样的秩序：在那里，存在着“美好”的异化，我们也依赖于错综复杂的规章制度，以规章制度维系我们的自由得以立足的空间。在共产主义那里，我应该被引导着既“信任”这些规章制度，又无视这些规章制度，同时专注于能令我的生活充满意义的事情。

由于斋藤幸平一味关注劳动过程的新陈代谢，在他那里，符号性实体中的这种构成性异化（constitutive alienation）付之阙如。正是出于这个缘故，斋藤幸平是深邃的反黑格尔主义者。他的格言是，黑格尔的辩证法无力设想资本的自然极限。他强调，资本的自我运动永远不能完全“扬弃”/整合其预先设定的自然基础：

> 在解释“自然的普遍代谢”和“人与自然之间的代谢”的物理维度和物质维度是如何被资本的价值增值所修正并最终被瓦解时，马克思的生态学把社会代谢（social metabolism）的历史方面和超历史方面结合起来，加以处理。马克思的分析旨在揭示资本通过吸纳自然而占有自然所达到的极限。[102]

马克思不用抽象的形式术语谈论资本的吸纳问题。他感兴趣的问题是，何以这种吸纳不仅是形式性的吸纳，它还逐渐改变了物质基础本身：空气被污染，森林被砍伐，土地变得枯竭不再那么肥沃，等等。对马克思所做的这种在其他方面尚属正确的解读，存在三种指责。虽然斋藤幸平在资本形式的物质后果方面著述甚多，但奇怪的是，在资本不仅改变了物质生产力而且改变了自然本身的问题上，他尚未提及两个最为显眼的案例。首先是不计其数的动物。以其现存的形式而言，它们不仅是人类生产的结果，而且只能作为人类生产周期的一部分生存下去。牛和猪等动物无法在大自然中独自生存。其次，劳动力之所以能够发挥绝对核心的作用，是因为它以独特的方式把价值和使用价值融为一体：劳动力——劳动本身——的使用价值就是创造价值。

第二种指责的方向与第一种指责的方向几乎完全相反。斋藤幸平将古典“资产阶级”政治经济学的局限性定位于下列事实：它们只关注（价值）形式，而忽视内容，忽视下列问题：形式与其物质基础是以何种方式相互作用的。然而，马克思在《资本论》一个至关重要的段落中提出的看法几乎与此截然不同：资产阶级古典政治经济学关注的是价值的内容（来源），被他们忽视的是价值-形式（value-form）本身，即下列问题：何以内容（价值）会采取这种形式。

> 可是，劳动产品一旦采取商品形式就具有的谜一般的性质究竟是从哪里来的呢？显然是从这种形式本身来的。……政治经济学曾经分析了价值和价值量（虽然分析得不充分），但它从来也没有提出过这样的问题：为什么劳动表现为价值，用劳动持续时间计算的劳动量表现为产品的价值量呢？（引自《马克思恩格斯全集》，第43卷，人民出版社2016年版，第65-75页）

在这里，马克思以真正的黑格尔式方式逆转了寻常的形式观，即这样的观念：形式总是隐藏着某种神秘的内容。真正的神秘就在形式之中。就生态学而言，这意味着，仅仅保持资本主义的生产形式，用生态标准来调控它，使它不会过多地污染我们的环境，是不够的。终极威胁在于资本主义形式，它对自己的物质内容不闻不问。斋藤幸平是对的，因为他从这个裂痕中发现了资本主义的基本“矛盾”：一旦社会生产被纳入资本自我增值过程的形式，这个过程的目标就会变成资本扩展性的自我繁殖，导致累积价值的增长。而且由于环境最终只是作为外部事物，灾难性的环境后果被忽略了，它们不在考虑的范围之内：

> 一边是资本，一边是自然力量和自然资源的根本性的有限性，这两者是相互矛盾的。之所以如此，是因为资本追求无限的自我增值。这是资本主义生产方式最重要的矛盾，而且马克思的分析旨在发现，在一个物质世界里，这种无限的资本积累动力的极限在哪里。[103]

斋藤幸平在谈及资本主义与自然之间的“矛盾”时，仍然停留在下列两者之间相互对立的范围内：一者是爆炸性的需求，一者是我们所居住的有限世界受到的明显限制。整个世界根本不可能加入高度发达国家的行列，共同享受消费主义，因为我们可以支配的自然资源是有限度的和不可再生的。这种庸常见解忽略了与之截然相反的另一面，自然资源日益枯竭和日益短缺的另一面，即各种形式的废物的迅猛增加、极度充裕。从海洋中漂浮的数百万吨塑料垃圾到空气污染，莫不如此。（与这些直接的人为污染相伴而行的，还有一些理应更加令人忧心忡忡的东西，我们可以称之为自然污染。2021年5月，数以百万计的老鼠入侵了澳大利亚的农场；2021年6月，大量类似天外来客的黏液冲上了土耳其海岸，扰乱了沿海海域的整个繁殖周期；等等。[104] 尽管这些现象可能与人为原因有关，但两者之间的联系尚不清楚。）这种剩余的名称是“排放物”。被排放出去的就是这样的剩余：它无法被“回收利用”，无法重新融入大自然的循环；它作为“非自然”残留物持续存在，并因此打破了自然及其资源的“限度”（finitude）。这种“废物”是背井离乡、无家可归的难民的物质对应物，难民构成了某种“人类废物”（当然，从资本全球流通的角度来看，他们的确是废物）。[105]

因此，生态学处于马克思的政治经济学批判的核心地带。正是出于这个缘故，马克思在其生命的最后几十年里广泛阅读有关农业化学和农业生理学的著作。（马克思转向农业生理学和农业化学的原因是不言自明的：他想研究新陈代谢的生命过程，同时又不落入这样的陷阱——以浪漫主义的“生命力”来设想先于资本存在的生命。）斋藤幸平的核心前提是，不能用黑格尔的术语来把握这个“矛盾”。正是基于这个原因，他嘲笑西方马克思主义“主要研究社会形式（有时以对黑格尔的《逻辑学》的极端崇拜来研究社会形式）”[106]。但我们无法轻而易举地摆脱黑格尔。马克思说过，资本的终极障碍是资本本身［见《资本论》第3卷第15章“规律的内部矛盾的展开”（引自《马克思恩格斯全集》，第46卷，人民出版社2003年版，第269页）——“资本主义生产的真正限制是资本自身”（引自《马克思恩格斯全集》，第46卷，人民出版社2003年版，第278页）］。我们应该在黑格尔意义上把*Schranke*和*Grenze*严格区分开来：*Grenze*指外部限制，*Schranke*指某个实体的内在障碍，指该实体的内在矛盾。比如，在有关自由的经典案例中，对我的自由施与外部限制的，是他人的自由，但它真正的“障碍”是自由这个概念的先天不足——它把我的自由与他人的自由对立起来。黑格尔会这样说，这样的自由还不是真正的自由。马克思的整体看法是，资本不仅受到外部的限制（本质上，它不能被无限利用），而且受到内部的限制，即受到概念自身的限制。

在今天，以生态学为导向的马克思主义应该采纳哪种与黑格尔相关的模型？它是否应该把黑格尔的逻辑视为革命过程的神秘化/观念论模型（《政治经济学批判大纲》、青年卢卡奇），视为资本逻辑的神秘化的/唯心主义的模型，视为新的普遍本体论的神秘化的/唯心主义的模型？当克里斯·阿瑟（Chris Arthur）说“正是黑格尔逻辑的适用性把客体斥为颠倒的实在，而这样的实在是对客体载体的系统性异化”[107]时，他为“黑格尔逻辑即资本的逻辑”提供了最为简洁的概括。可以把黑格尔的逻辑应用于资本主义。这么说意味着，资本主义是一种变态的异化秩序。然而，正如我们看到的那样，在马克思的解读中，资本自我驱动的投机运动还表明，黑格尔式的辩证过程存在一个致命的局限，这是黑格尔所没有把握的。“好的无限和坏的无限的可怕混合。”[108]或许这也是马克思在《政治经济学批判大纲》中提到黑格尔辩证法时态度模棱两可的原因。那时，马克思在下列两者之间摇摆不定：一者把黑格尔辩证法视为对资本逻辑的神秘表述，一者把黑格尔辩证法当作革命性的解放过程的典范。首先，存在作为“资本逻辑”的辩证法：商品－形式的发展和从货币到资本的过渡，都能用黑格尔的术语清楚地表述出来［资本是一种货币实体，它变成了其自身繁殖的自我调停过程（self-mediating process），等等］。其次，存在黑格尔的无产阶级观——无产阶级是“非实体性的主体性”（substance-less subjectivity）。也就是说，存在黑格尔式的、从前历史社会向资本主义社会发展的宏大历史发展方案。黑格尔把这个历史进程视为主体与其客观条件逐渐分离的过程。如此一来，战胜资本主义意味着（集合）主体重新占有自己此前已被异化的实体。既可以把黑格尔的辩证法矩阵（dialectical matrix）当成资本逻辑的模型来使用，也可以把它当成以革命性方式战胜资本逻辑的模型来使用。

那么，不妨再问一遍，在今天，以生态学为导向的马克思主义应该采取哪种与黑格尔相关的模型？是把黑格尔辩证法视为对革命过程的神秘化表述，还是把它视为变态的资本逻辑的哲学表述，抑或是把它视为唯心主义版本的新型的辩证唯物主义本体论？或者我们应该像阿尔都塞那样，粗暴地断定马克思只是在“挑逗”黑格尔的辩证法，其实他的思想与黑格尔格格不入呢？还有另一种可能性，即对黑格尔辩证过程本身做出不同的解读，不把它视为“主体占有实体”的模式。正如弗兰克·鲁达（Frank Ruda）所言[109]，黑格尔的绝对之知（Absolute Knowing）并非全盘扬弃（*Aufhebung*），不是把全部现实天衣无缝地融入观念的自我调停。它更像是一种彻底的抛弃（*Aufgeben*）行为，一种放弃，即不再致力于强行抓住现实。绝对之知是一个放手（*Entlassen*）的姿态，是释放现实的姿态，是让它顺其自然和任其独立存在的姿态。从这个意义上说，它不再费尽九牛二虎之力，努力占有劳动的大他者性（Otherness），更何况，这种大他者性永远抗拒人类的掌控。劳动（以及普遍性的技术统治）正是黑格尔所谓“虚假无限性”（spurious infinity）的典型案例。占有劳动的大他者性是一种永远无法达到目的的追求，因为它的前提是，存在可被掌握的大他者，而哲学思辨悠然自得，不再为大他者所烦恼。

对黑格尔的这种解读意味着，不能把黑格尔的辩证法化约为在概念的自我中介中对所有偶然性的全部扬弃。这又把我们带回生态学。斋藤幸平反对黑格尔，因为黑格尔对他来说是否定自然的自主性的典范。难道黑格尔的理念不代表这样的生产过程，它不再需要依赖与某个大他者性进行代谢交换，而把每个大他者性化约为理念自我中介的从属时刻吗？但是，如果我们接受我们对黑格尔的解读，那么，黑格尔会不仅容忍，而且要求我们认可自然的不可约的大他者性。这是对自然的偶然性的尊重。它意味着，我们应该避免这样的陷阱，即把生态灾难解读为沿着明确的线性方式指向最终灾难的迹象。确切地说，我们应该高度重视生态威胁。就此而言，我们还要充分意识到，在这个领域，分析和预测是多么不确定——只有当为时已晚时，我们才能确切地知道正在发生什么事情。快速推断只会给否认全球变暖的人提供论据，所以我们应该不惜一切代价，避免落入“恐惧生态学”（ecology of fear）的陷阱。“恐惧生态学”是对注定发生的灾难的草率的病态迷恋。一边是对现实危险的正确认识，一边是我们期待发生的全球性灾难的幻象场景，两者只有一步之遥。生活在末日，生活在灾难的阴影下，会给人特殊的享乐。充满悖论意味的是，对于即将发生的灾难的过度沉迷，恰恰是避免真正面对灾难的一种方式。为了保持最低限度的可信度，必须把这样的构想与正在出现的糟糕消息绑在一起：这里的冰川正在融化，那里的龙卷风正在生成，别的什么地方热浪滚滚，这都被解读为即将到来的灾难的迹象。甚至在2019年底和2020年初在澳大利亚东南部地区发生的毁灭性火灾也不应该以这种简单化的方式来解读。蒂姆·布莱尔（Tim Blair）最近在英国周刊杂志《旁观者》（*Spectator*）上发表评论，为审视这场灾难开辟了新的视野：

> 有节制地焚烧过度生长的植物，曾是澳大利亚农村地区的标准做法。但现在，生态宗教原教旨主义（ecological religious fundamentalism）取代了常识。最近的司法裁决有很多惩罚在自家房产周围清理土地的人的案例。消防队队长布莱恩·威廉姆斯（Brian Williams）说道：“在过去的20年间，我们焚烧过的土地不到森林火灾易发地的1%，这意味着燃料负荷[110]每年都在增加。”出于善意但

无知地试图保护动物的自然生态系统，在一定程度上，是这些生态系统现在只剩下灰烬的原因。[111]

这一评论隐含的偏见是显而易见的，它针对的目标是全球变暖这一推测；因此，可以把它拒之门外，但我们应该从中吸取的，是预兆的模糊性（ambiguity of signs）。在这里，转向神学或许不无裨益，因为常常有人指责生态学家，说他们空怀一腔准宗教的狂热。我们不应拒绝这种指责，而应欣然接纳，然后对它加以限定。《约翰福音》开篇就展示了一整套有关预兆（或奇迹）的理论：上帝创造奇迹，或提供预兆。一旦发生了诸如澳大利亚大火那样骇人听闻之事，而且它打碎了我们有关现实的常识，我们就会这样说。但是，"若见奇迹而不信，我们将困在自己的罪中，变得刚硬"。[112]这些预兆是用来说服信徒，使他们相信奇迹的，但是，一旦这些预兆成真，这些成真的预兆会让那些不信耶稣的人更加反对耶稣，因为这种反对"变得更加激烈，更加残酷，更加公开，试图让他闭嘴；每一次反对都让他感受到来自那些针对他的势力的更深层次的威胁"。[113]应该按照神学的思路来解读蒂姆·布莱尔的言论。尽管它确实是为了让我们"困在我们的（否认全球变暖的）罪中，变得冷酷无情"，但不应把它视为一个腐化堕落的谎言而一笑置之，而应把它视为一个难得的机会，用它分析形势的复杂性，以便弄清楚，这种复杂性是如何使我们的生态困境变得更加危险的。自然是一个偶然性之域，在那里，理念存在于与其自身相关的外部性之中（Idea exists in the externality with regard to itself）。在自然中，我们当然处于模棱两可的预兆之域，处于复杂互动的"虚假无限性"之域。在那里，每一次出人意料且令人不快的事件的发生都可能是其对立物的标志。因此，每一次旨在恢复某种自然平衡的人类干预都可能引发意想不到的灾难，而每一次灾难都可能是佳音的前兆。

共产主义的最后出口

2021年6月底，一个“热穹”（heat dome）出现在美国西北部和加拿大西南部上空，致使当地气温接近50摄氏度。由此导致的结果是，温哥华的气温高于中东。“热穹”是一种天气现象：一股高压脊困住并压缩热空气，导致气温上升，并使处于“热穹”之下的地区热浪滚滚。这种天气病理不过是一个更加广泛的过程所达到的顶峰而已：近年来，斯堪的纳维亚半岛北部（northern Scandinavia）和西伯利亚的气温经常超过30摄氏度。根据西伯利亚的维尔霍扬斯克（Verkhoyansk）一个气象站的记录，2021年6月20日，当地气温高达38摄氏度。在此之后，世界气象组织努力核查有史以来北极圈北部最高的气温。俄罗斯的奥伊米亚康镇（town of Oymyakon）被认为是地球上最为寒冷的民众居住地，但它6月的气温高达31.6摄氏度，高于以往任何时候。雪上加霜的是，“西伯利亚野火产生的烟雾首次抵达北极”。[114]一言以蔽之，“气候变化正在使北半球饱受煎熬”。[115]

诚然，“热穹”只是局部现象，但它却是全球性模式紊乱的结果，而这种紊乱显然又是人为干预自然循环的结果。这场热浪对海洋生物造成的灾难性后果已经至为明显。有专家称：“‘热穹’可能已经在加拿大海岸杀死10亿只海洋动物。”来自加拿大不列颠哥伦比亚省的一位科学家称：“当时的气温已把贻贝煮熟，‘你走路时，岸边通常不会发出嘎吱嘎吱的声响’。”虽然天气普遍变得越来越热，但这一过程在局部极端情况下达到了顶峰。或早或迟，这些局部极端情况会在一系列的全球性临界点（global tipping points）上比肩连袂，浑然一体。2021年7月在德国和比利时出现的特大洪水是这些全球性临界点中的一个，谁知道接下来会发生什么。下面是在智利观察到的类似情形：

> 在西南太平洋，有一大片异常温暖的水域，其面积与澳大利亚相当，被称为“南部团块”（Southern Blob）。几千英里之外，随着雨水和水供应的减少，南美国家智利经历了十几载的特大干旱。表面看来，这两件事彼此之间风马牛不相及，但一项新的研究发现，

它们与全球大气压力和环流这个无形的力量有关。[116]

我们可以预料，在不久的将来，会有更多诸如此类的新闻。灾难不会始于不久的将来，而是始于现在；它也不在遥远的非洲或亚洲国家降临，它就在我们这里现身，出现在“发达的西方世界”的核心地带。不客气地说，我们将不得不习惯于同时面对多重危机。可能发生的全球性灾难的轮廓已经显现：“气候科学家已经看到墨西哥湾暖流崩溃的预警信号，这是地球上主要的潜在临界点之一。”[117]一旦出现这种情形，数十亿人的生活将深受影响。

热浪的出现，至少在一定程度上受到了工业生产对自然的肆意开发的影响。不仅如此，工业生产对自然的肆意开发所导致的结果还与社会组织有关。2021年7月初，伊拉克南部地区的气温飙升至50摄氏度以上。与此同时，电力供应完全中断（没有空调，没有冰箱，没有灯光），这使该地成为人间地狱。这种灾难性的冲击显然是由伊拉克巨大的国家腐败造成的，在那里，数十亿吨石油收入流入了私人的口袋。

如果冷静地处理这些（以及其他众多）数据，我们可以从中得出一个简单明了的结论：“只有彻底改变社会，才能避免灾难。”[118]对于每一个生命实体（living entity）——无论是集体性的生命实体还是个体性的生命实体——而言，最后的出口都是死亡。正是出于这个缘故，德里克·汉弗莱（Derek Humphry）于1992年把他的自杀干预书命名为《最后的出口》（*Final Exit*）无疑是正确的。最近爆发的生态危机为人类自身的最终出口（集体自杀）开辟了一个相当现实的景象。最近在意大利的一架本地航班上，预先录制的警告说，万一遭遇险情，乘客应该首先找到最近的出口，然后沿着地板上的“光明之路”（西班牙语为“*sendero luminoso*”[119]）快速逃生。我们现在已经登上一架遭遇险情的飞机，但我们的光明之路何在？在通往永劫不复的道路上，是否还有最后的出口？或者为时已晚，我们力所能及的，就是找到让自杀不那么痛苦的办法？

那么，在这种难以忍受的情况下，我们该做些什么？难以忍受，是因为我们必须承认，我们是地球上的物种之一，但同时我们又背负着一项无法完成的使命——管理地球上的所有生命。既然我们未能找到其他的——或许也是更加便捷的——出口（全球气温正在上升，海洋污染越来越重，等等），那么，在最后一个出口（人类集体自杀）出现之前的上一个出口，越来越像是以前所谓的战时共产主义的某种形态。但在这里，有关战争的谈论是骗人的。我们没有与敌人作战。我们唯一的敌人是我们自己，是资本主义生产力导致的毁灭性后果。不妨回想一下，在苏联解体后，古巴宣布进入“和平年代的特别时期”，即和平时期的战时状态。也许我们应该以此描述我们如今身陷其中的困境：我们正在进入和平年代里的一个非常特殊的时期。奥森·威尔斯[120]在被问及如何为自己的国家竭诚尽节时曾经做出尖刻的、正确的评论：“不要问你能为你的国家做什么，问你的午餐吃什么。”今天，数以亿计的人完全有权利这样说。问题在于，有时你只有改变自己的国家才能得到你想要的午餐。

在这里，我心里所想的，不是恢复或延续20世纪出现的任何形式的“现实存在的社会主义”[121]，更不是在全球范围内采纳其他类型的共产主义模式，而是根据形势的变化采取的一系列措施。当不是一个国家，而是我们所有人的生存都面临威胁时，我们就会进入战时紧急状态，而且这种状态至少要持续几十年。为了保证我们具备维持生存的最低条件，不可避免地要调动一切资源，以应对前所未有的挑战，包括由于全球变暖导致的数千万人——甚至数亿人——的流离失所。要解决美国和加拿大的“热穹”问题，就不仅要帮助受影响的地区，还要寻找导致“热穹”的全球性成因。正如伊拉克南部地区正在发生的灾难所表明的那样，能够在遭受灾害时维持最低限度的人民福祉的国家机器，是防止社会爆炸（social explosions）所必需的。

只有通过强劲有力和强制实施的国际合作，通过对农业和工业予以社会控制和社会监管，通过改变我们的基本饮食习惯（少吃牛肉），通过完善全球医疗保健，等等，我们才有希望实现上述所有目标。仔细观察后不难发现，仅仅依靠代议制政治民主显然不足以完成这项任务。一个能够肩负长久担当、兑现长期承诺的更加强大的行政权力机关，将不得不与地方人民的自我组织相结合，与能够凌驾于各执己见的民族国家的意志之上的强大国际机构相结合。

阿兰·巴迪欧（Alain Badiou）有一个论点，在自由主义者看来，这个论点“有失体面”，但它比以往任何时候都深入人心：“如今的敌人不是帝国或资本，而是民主。”[122]在今天，阻止对资本主义本身严加质疑的，正是下列信念：相信能以民主的斗争形式反抗资本主义。列宁反对“经济主义”（economism），反对“纯粹”的政治，这一立场当今至关重要：是的，经济是关键领域，战斗的胜负将在那里定夺，我们也不得不在那里打破全球资本主义的魔咒。但是，干预应该是政治性的，而不是经济性的。如今人人都在“反资本主义”，甚至好莱坞以“社会批判”为目的的阴谋片——从《全民公敌》（*The Enemy of the State*）到《惊爆内幕》（*The Insider*）——也是如此。在这些影片中，敌人总是那些追求利润最大化的大公司。这时，“反资本主义”的能指已经丧失其颠覆性的冲击力。我们应该质疑的，是这种“反资本主义”的不言而喻的对立物，即这样的信念：相信诚实的美国人能以其民主的实体粉碎阴谋。民主是当今全球资本主义世界的硬核（hard kernel），是它的主人能指（Master- Signifier）。这使得“民主社会主义”这个流行用语疑点重重。当有人问我，我是不是民主社会主义者时，我的回答是：“不是，我是不民主的共产主义者！”

这意味着，我们还应该养精蓄锐，揭穿“非暴力乃激进政治变革的有效手段”这一神话。安德里亚斯·马尔姆（Andreas Malm）令人信服地表明，“功成名就的解放运动都具有非暴力的性质”这一知名论点错得离谱：从反对奴隶制的运动，到妇女争取选举权的运动，再到印度的独立运动，直至南非的民权运动和非洲人国民大会（ANC），采用涉及财产损失的直接行动是战术军械库的重要组成部分。[123]马尔姆在这里还提到了赫伯特·海恩斯（Herbert H. Haines）详加阐述的“激进侧翼效应”（radical wing effect）[124]：运动中的激进派逼迫当局与温和派进行谈判，并满足温和派提出的要求。沿着“生态列宁主义”（ecological Leninism）的道路，马尔姆不可避免地得出了下列结论：正如大量数据显示的那样，以非暴力方式呼吁减少排放，这在很大程度上被漠然置之，职是之故，气候变化运动应该考虑有针对性的财产毁灭和财产破坏，摧毁“大力排放”二氧化碳的装置，如豪华游艇、私人飞机、化石燃料基础设施等。更加传统的非暴力抗议方式无法发挥必要的作用，而拼命地呼吁大家采取行动，通常也只是一个装潢门面的幌子而已。格蕾塔·通贝里曾经以嘲讽的口吻把注重环保的警告和政界人士的承诺斥为废话。她是对的。我们面对的都是些循规蹈矩的程式化抱怨，其功能是确保一切都不会发生真正的变化。

如此说来，这种全球合作会以何种面貌呈现？我并不是在谈论一个新的世界政府，这样的政治实体只会为巨大的腐败提供机会。我并不是在谈论废除市场意义上的共产主义，市场竞争应该发挥作用，尽管这种作用是由国家和社会调节和控制的。那为什么要使用"共产主义"一词？因为我们要做的事情包含了每一个真正的激进政权都具有的四个方面。首先是唯意志主义：必须做出变革，但变革并不基于任何的历史必然性，实现变革也与历史的自发趋势背道而驰。正如本雅明所言，紧要关头，我们必须刹住历史的列车。其次是平等主义：全球团结、医疗保健和所有人都能过上的最低限度的体面生活。还有一些元素，顽固的自由主义者情不自禁地将其视为"恐怖"。还有一种味道，我们在采取措施应对流行病时品尝了这种味道：限制诸多个人自由，实施新的调控模式。这种难以名状的选择已在世界各地被人提出。其中，女演员"乔安娜·林莉（Joanna Lumley）认为，类似于在战争年代看到的定量配给制度能够最终帮助解决气候危机，因为在这种制度下，人们可把有限的积分用于度假，或用于奢侈消费品"。[125]这是我们唯一的理性选择。这一点，我们接受得越早，受益就越多。最后是对人民的信任：没有普通人的积极参与，一切都将前功尽弃。

所有这些都不是病态的反乌托邦视境，而是在对我们面临的困境进行简单的现实主义评估后得出的结论。如果我们不选择这条道路，已在美国和俄国出现的疯狂情形将会重现：权力精英正准备在巨大的地下掩体中苟活，数千人可以在那里生存数月；他们这样做的托词是，即便遭此大难，政府也要行使其职能。简而言之，即使地球上已经无人幸免于难，政府还是要继续运转，继续对死去的人行使职权。我们的政府和商界精英已经在未雨绸缪。这意味着，他们已经知道，警钟即将敲响。

超级富豪想在地球之外的太空生活。尽管这一前景并不现实，但我们会不可避免地得出这样的结论：某些超级富豪——埃隆·马斯克、杰夫·贝索斯和理查德·布兰森（Richard Branson）——组织私人太空飞行的尝试展示了这样的幻象，即逃离已经危及我们在地球上生存的灾难。既然如此，等待我们这些无处可逃之人的，又会是什么呢?

注释

1. 参见：斋藤幸平，《卡尔·马克思的生态社会主义》，纽约：每月评论出版社（Monthly Review Press），2017年版。——作者注

2. 参见：费尔南多·卡斯特里永（Fernando Castrillon）和托马斯·马切夫斯基（Thomas Marchevsky）主编，《冠状病毒、精神分析和哲学》（*Coronavirus, Psychoanalysis, and Philosophy*），伦敦：劳特利奇出版社（Routledge），2021年版，第153–154页。——作者注

3. Jeff Bezos，美国互联网巨头亚马逊公司创始人，《华盛顿邮报》大股东之一，1999年度《时代》杂志年度风云人物，2019年首登全球富豪榜榜首。

4. 参见：www.cnn.com/2021/10/26/economy/musk-world-hunger-wfp-intl/index.html。——作者注

5. 脸谱网的报料人弗朗西丝·豪根呼吁对脸谱网进行紧急外部监管。详情请见：www.theguardian.com/technology/2021/oct/25/facebook-whistleblower-frances-haugen-calls-for-urgent-external-regulation。——作者注。弗朗西丝·豪根是美国数据工程师和产品经理，也是著名的报料人。2021年，她向美国证券交易委员会与《华尔街日报》披露上万份脸谱网的内部文件，轰动一时。

6. Great Recession，指2007年至2009年全球范围内的一场严重的经济衰退。衰退的主要表现形式为金融危机、失业率上升和经济增长放缓。

7. 私人交流。——作者注

8. 参见：彼得·斯洛特戴克，《20世纪发生了什么？》（*Was Geschah im 20. Jahrhundert?*），法兰克福：苏尔坎普出版社（Suhrkamp），2016年版。——作者注

9. Spaceship Earth，一种比喻性的说法，指地球就像宇宙飞船，需要依赖自身的有限资源生存。言下之意，地球上的每个人都应该像船员一样，精诚合作，同生共死。

10. fiction of reality，即对现实的虚构。英美经验主义者认为，任何虚构都是对现实的虚构，是基于现实的虚构，是源于现实的虚构，可以把现实与虚构严格区分开来，把虚构从现实中剔除。齐泽克反对这种幼稚的观点。

11. reality of fictions，意谓虚构本身即现实，现实与虚构水乳交融，相互支撑，合则两成，分则俱伤。欧洲大陆哲学（观念论哲学）大多采纳这一立场。

12. 参见：edition.cnn.com/2019/10/21/asia/china-hong-kong-chile-spain-protests-intl-hnk/index.html。——作者注

13. 可在“美国对抗美国”网站在线观看——DOKUMEN.PUB。——作者注

14. 参见：卡洛·金兹伯格，《羞耻之纽带》（“The Bond of Shame”），

《新左翼评论》（*New Left Review*），第120期（2019年11月/12月），第35–44页。——作者注

15. 参见：伊曼努尔·康德，《何谓启蒙？》（“What is Enlightenment?”），引自艾萨克·克拉姆尼克（Isaac Kramnick），《便携启蒙读本》（*The Portable Enlightenment Reader*），纽约：企鹅图书（Penguin Books），1995年版，第5页。——作者注

16. T. S. 艾略特使用的不是“non-belief”，而是“unbelief”。

17. mega-corporations，指规模庞大、实力雄厚的跨国公司，通常在全球范围内拥有巨大的市场份额和影响力。

18. 参见：《列宁全集》，第6卷，人民出版社2013年12月第2版，第1–183页。

19. 参见：玻利维亚前副总统阿尔瓦罗·加西亚·利内拉，《社会主义者如何获胜》（“How Socialists Can Win”）——jacobinmag.com。——作者注。阿尔瓦罗·加西亚·利内拉（1962—），玻利维亚政治家、社会学家、马克思主义理论家和前游击队队员，2006年至2019年担任玻利维亚第38任副总统。

20. MeToo，直译为“我也是”或“米兔”，是2017年10月美国哈维·韦恩斯坦（Harvey Weinstein）性骚扰事件后在社交媒体上广泛传播的一个主题标签，用于谴责性侵犯与性骚扰行为。社会运动人士塔拉纳·伯克（Tarana Burke）在此之前数年便开始使用这一短语，后经女演员艾丽莎·米兰诺（Alyssa Milano）的传播而广为人知。

21. 我的这个想法源于罗宾·达勒（Robin Dolar）。——作者注

22. 参见：《灾难男权制：流行病如何引发了一场针对女性的战争》（“Disaster Patriarchy: How the Pandemic has Unleashed a War on Women”），《卫报》。见：www.theguardian.com/lifeandstyle/2021/jun/01/disaster-patriarchy-how-the-pandemic-has-unleashed-a-war-on-women。——作者注

23. 尽管如此，我们应该补充说，有利于“辩证唯物主义”的一个论点是，它比西方黑格尔式马克思主义更适合讨论有关生态学的话题，因为它将自然视为一个具有全球性定律的自治领域，从而避开了黑格尔派马克思主义的陷阱，即将自然化约为社会范畴，就像青年时期的卢卡奇所说的那样。至于阿尔都塞，我们应该补充说，从他的晚期著作来看，他已经在黑格尔那里看到了某些元素，正是这些元素促成了马克思主义“没有主体的过程”的观念。——作者注

24. 参见：www.academia.edu/3035436/John_Rosenthal_The_Myth_of_Dialectics_Reinterpreting_the_Marx-Hegel_Relation。——作者注

25. 参见：www.marxists.org/archive/marx/works/1867-c1/appendix.htm。——作者注。要理解这段话，就要把下列概念严格区分开来：普遍（the universal）、特殊（the Particular）、抽象普遍性（abstract universality）、抽象的普遍（abstract Universal）、思辨性颠倒（speculative inversion）、特殊客体（particular objects）等。

在这里，普遍与特殊、抽象与具体、一般与个别既可以采取名词的形式，也可以采取形容词的形式，而且常常混用，容易造成理解上的困难。

26. 齐泽克几乎在每部著作中都引用黑格尔的名句："埃及人的奥秘对埃及人来说同样也是奥秘。"黑格尔真的说过这句话吗？为什么从未见人引用？经过一番探案，终于发现，黑格尔这个"名句"其实只是齐泽克对黑格尔下列言辞的"演绎"（齐泽克自己也承认这一点）："但是他们（古埃及人）不仅像这样自己创造了他们的文化实质（并且毫不感激地忘掉了外来的来源，把它置于背后——也许是埋藏在他们自己也模糊不清的神秘仪式的蒙昧中），不仅使他们的生活畅适自足，而且珍视他们这个精神的再生，——这种精神的再生才是他们真正的诞生。"（引自黑格尔，《哲学史讲演录》，第1卷，贺麟、王太庆译，商务印书馆1983年版，第158页）

27. 自由选择的意识形态，意谓"自由选择"本身就是一种意识形态。

28. 参见：热拉尔·勒布伦，《辩证法的另一面》（*L'envers de la Dialectique*），巴黎：门槛出版社（Éditions du Seuil），2004年版，第311页。——作者注

29."而在这里，商品的价值突然表现为一个处在过程中的、自行运动的实体，商品和货币只是这一实体的两种形式。"（引自马克思、恩格斯，《资本论》，《马克思恩格斯全集》，第42卷，人民出版社，2016年12月第2版，第141页）

30. 参见丽贝卡·卡森的博士学位论文《马克思的社会再生产理论》的第6章。该论文完成于2021年，未出版。——作者注

31. ex-timate，它是对"intimate"（隐秘）的改写：将其前缀"in-"（内或隐）改成了"-ex"（外或显）。意谓本是隐秘之物，但又暴露无遗。此词的原型是"*extimité*"，为拉康首创。他以此说明"实在界"和"意识"的结构：它们既是内在的，也是外在的，具有互为主体性的结构。

32. 我们还应该注意下列两者之间的同源性：一者是黑格尔所谓的异化过程以及对异化过程的克服，而对异化过程的克服是通过对被异化的实体内容进行主体性调停——通过反思性地重新占有来完成的；一者是弗洛伊德所谓的压抑过程以及对压抑过程的克服，而对压抑过程的克服是通过精神分析的过程完成的。在精神分析的过程中，病人被引导着在在他看来属于无意识的怪异构成（weird formations of the unconscious）中识别被压抑的内容。［关于这种同源性，有两个最为系统的阐发，一个是于尔根·哈贝马斯的《利益与人类知识》（*Interest and Human Knowledge*），另一个是赫尔穆特·达默的《力比多与社会》（*Libido and Society*）。］和黑格尔的反思一样，精神分析并不产生客观中立、不偏不倚的知识，它只产生"实用"的知识。这种知识一旦被主体采纳，就会彻底改变这种知识的承载者。我们应该补充说，拉康在倡导"重返弗洛伊德"时所

做的，就是重新制定精神分析的基本坐标。其制定精神分析的基本坐标的方式与我们试图在“主体占有实体”的范式之外提供一种对黑格尔的新颖解读的方式完全一致。——作者注。这里的“于尔根·哈贝马斯的《利益与人类知识》（*Interest and Human Knowledge*）”应为“于尔根·哈贝马斯的《知识与人类利益》（*Knowledge and Human Interest*）”之误。

33. 这段文字殊难理解，且英文版与中文版存在较大差异。此处放上英语原文，以供参照：The activity of dissolution is the power and work of the Understanding, the most astonishing and mightiest of powers, or rather the absolute power. The circle that remains selfenclosed and, like substance, holds its moments together, is an immediate relationship, one therefore which has nothing astonishing about it. But that an accident as such, detached from what circumscribes it, what is bound and is actual only in its context with others, should attain an existence of its own and a separate freedom—that is the tremendous power of the negative; it is the energy of thought, of the pure I.（引自G.W.F. Hegel, Phenomenology of Spirit, New York: Oxford University Press 1977, pp. 18–19）此外，还有一个中文译本可供参考：“分解活动就是知性（理解）的力量和工作，知性是一切势力中最惊人的和最伟大的，或者甚至可以说是绝对的势力。圆圈既然是自身封闭的、自身依据的东西并且作为实体而保持其环节于自身内，它就是一种直接的关系，因而是没有什么可惊奇的关系。但是，偶然的事物本身，它离开它自己的周围而与别的东西联结着并且只在它与别的东西关联着时才是现实的事物，——这样的东西之能够获得一个独有的存在和独特的自由，乃表示否定物的一种无比巨大的势力，这是思维、纯粹自我的能力。”（引自黑格尔，《精神现象学》，贺麟、王玖兴译，商务印书馆1979年版，第21页）

34. 参见：www.marxists.org/archive/marx/works/1867-c1/ch07.htm。——作者注。参考原文：A spider conducts operations that resemble those of a weaver, and a bee puts to shame many an architect in the construction of her cells. But what distinguishes the worst architect from the best of bees is this, that the architect raises his structure in imagination before he erects it in reality. At the end of every labor-process, we get a result that already existed in the imagination of the labourer at its commencement.

35. 有关前现代社会中的断裂，有一个典型的案例，它就是冰岛。挪威人8世纪到达那里时，那里完全被森林覆盖。但没过多久，森林就被砍伐一空。——作者注。参见：斋藤幸平，《卡尔·马克思的生态社会主义：资本、自然与尚未完成的政治经济学批判》，纽约：每月评论出版社，2017年版，第250页。

36. 薇拉·查苏利奇（1849—1919），又译“维·伊·查苏利奇”，俄国马克思主义作家和革命家，俄国社会民主工党的创始人之一，曾与列宁和普列汉诺夫一起参与《火星报》的编辑工作。马克思给薇拉·查苏利奇的信写于1881年3月8日，参见：马克思，《给维·伊·查苏利奇的复信》，《马克思恩格斯文集》，第3卷，人民出版社2009年版，第570−582页。

37. 参见：斋藤幸平，《卡尔·马克思的生态社会主义：资本、自然与尚未完成的政治经济学批判》，纽约：每月评论出版社，2017年版，第25页。

38. 参见：斋藤幸平，《卡尔·马克思的生态社会主义：资本、自然与尚未完成的政治经济学批判》，纽约：每月评论出版社，2017年版，第26页。

39. 参见：斋藤幸平，《卡尔·马克思的生态社会主义：资本、自然与尚未完成的政治经济学批判》，纽约：每月评论出版社，2017年版，第42页。

40. David Harvey，英裔美国马克思主义经济地理学家，纽约城市大学研究生中心人类学和地理学特聘教授，国际前沿社会理论家。

41. comparative advantage，一种经济学原理。按此原理，某些国家或地区在生产某种商品时常常比其他国家或地区具有较低的机会成本，因此能够更加有效地生产这种商品，继而在国际贸易中处于有利地位，这就是比较优势。但这里的“比较优势”不是就国家或地区而言的，而是就“阶级”而论的：富人比穷人更有比较优势。

42. 参见原文：“Poverty, if measured by the natural end, is great wealth; but wealth, if not limited, is great poverty.”“如果用自然所确立的生活目的来衡量，那么贫穷就是巨富了；相反，如果一个人不知限度，那么财富也意味着赤贫。”（引自伊壁鸠鲁，《自然与快乐：伊壁鸠鲁的哲学》，中国社会科学出版社2004年版，第54页）

43. 参见：杰森·摩尔，《生命之网中的资本主义》（*Capitalism in the Web of Life*），伦敦：左页出版社（Verso Books），2015年版。——作者注

44. colonization of the environment，一种比喻性的说法，指对环境的赢利性开发、破坏性拓展、非法占用和据为己有等恶劣行为。

45. Paolo Virno，1952—，意大利哲学家和符号学家，意大利马克思主义运动的代表人物。曾在20世纪六七十年代因涉嫌参与红色旅而被捕入狱，无罪释放后创办刊物《老生常谈》（*Luogo Comune*），宣传他在坐牢时形成的政治观点。目前在罗马第三大学任教。

46. 参见：艾蒂安·巴利巴尔，《走向新政治经济学批判：从泛化的剩余价值到整体的消费》（“Towards a New Critique of Political Economy: From Generalized Surplus-value to Total Subsumption”），载于《资本主义：概念·理念·形象》（*Capitalism: Concept, Idea, Image*），伦敦金斯顿大学：现代欧洲哲学研究中心出版社（CRMEP Books），2019年版。——作者注

47. 参见：艾蒂安·巴利巴尔，《走向新政治经济学批判：从泛化的剩余价值到整体的消费》，载于《资本主义：概念·理念·形象》，伦敦金斯顿大学：现代欧洲哲学研究中心出版社，2019年版，第51页。——作者注

48. 参见：艾蒂安·巴利巴尔，《走向新政治经济学批判：从泛化的剩余价值

值到整体的消费》，载于《资本主义：概念·理念·形象》，伦敦金斯顿大学：现代欧洲哲学研究中心出版社，2019年版，第53页。——作者注

49. 拉康的“性化表达式”（formulas of sexuation）极其复杂，限于篇幅，这里只能略示一二。拉康认为，“性化”（sexuation）不同于“性征”，前者属于精神领域，后者属于生物领域。“性化”意味着，男性和女性均非血肉之躯，而是两个不同的“能指”。无论男性还是女性，都是主体，而主体总是被铭记于男女两性的差异之中，并在无意识和阉割两个方面表现出来。就男人而言，阳具（phallus）是阉割的能指，因而也是（既抑制又激发）欲望的能指。有关阉割的律令（Law of castration）也是禁止乱伦的律令，它是欲望的根基。男人屈从于阳具的功能（阉割），但至少存在一个例外，弗洛伊德在《图腾与禁忌》设想的“原父”（primal father）和他在《摩西与一神教》设想的非犹太人“摩西”就是这样的例外。因为总是存在例外，所以才有了“并非全部”的逻辑。当然，这只是对拉康的“性化表达式”的简单介绍，像齐泽克这样善于进行“叠加定位”的理论大师，对此必有其与众不同的理解。

50. 参见：艾蒂安·巴利巴尔，《走向新政治经济学批判：从泛化的剩余价值到整体的消费》，第57页。——作者注

51. Cunning of Reason，黑格尔提出的重要历史哲学范畴。黑格尔认为，普遍历史是理性之理念（Idea of Reason）在一系列民族精神中的实现，但理性之理念在历史上并不以貌似理性的方式运演。它在不同阶段的实现并非人类有意识地确立理想并实现理想的结果，相反，它是以间接的、狡猾的、不可告人的方式实现的。说得具体些，它是通过调动人性中的非理性元素——激情——来实现的。当然，拉康和齐泽克对“理性的诡计”做了精神分析的补充：“激情”是无意识、欲望和驱力的代名词。

52. 不仅是实体，而且是主体。源于黑格尔的《精神现象学》中的一句话：“In my view, ...everything depends on conceiving and expressing the true not as substance, but just as much as subject.”［依我之见，一切的关键在于，不仅要把真实界（the true）设想和表述为实体，而且要把它设想和表述为主体。］对于不太了解黑格尔的人来说，这确为石破天惊之论。因为在此之前，实体就是实体，即使像斯宾诺莎那样称之为“神”，也无异于死物；主体就是主体，是笛卡儿所谓的“我思”，即使受到了谢林的强烈质疑，依然是有生命的、能动性的存在。但黑格尔消除了两者间的界限，认为实体是主体。这与他的“精神是骨头”“金钱即自我”“国家即国王”“上帝即基督”“存在即思维”等命题一道，体现了黑格尔关于认识论、本体论、辩证法同一的基本原则。

53. human nature，即人的天性；非人的自然（inhuman nature），即所谓的“大自然”。

54. 该书一般译为《文明及其不满》或《文明及其缺憾》。

55. 参见：蒂莫西·莫顿（Timothy Morton），《没有自然的生态学》（*Ecology Without Nature*），坎布里奇：哈佛大学出版社，2007年版。——作者注

56. 参见：蒂莫西·莫顿，《没有自然的生态学》，坎布里奇：哈佛大学出版社，2007年版，第35页。——作者注

57. 我的《为失败的事业辩护》（*In Defense of Lost Causes*）中有一章，题为"自然界中的不适"（Unbehagen in der Natur），我在那里对这个话题做了更加详细的讨论。该书由伦敦左页出版社于2008年出版。——作者注

58. 尤利乌斯·罗伯特·冯·迈尔（Julius Robert von Mayer，1814—1878），德国物理学家和医生，热力学的奠基人之一，热力学第一定律的提出者之一。

59. 格奥尔格·康托尔（Georg Cantor，1845—1918），出生于俄国的德国数学家，集合论的创始人。"关于数学无穷的革命几乎是由他一个人独立完成的。"

60. 参见：雅克·拉康，《著作选集》（*Écrits*），纽约：诺顿出版社（Norton），1997年版，第738页。——作者注

61. *Dialektik der Aufklärung*，参见：《启蒙辩证法》，曹卫东译，上海人民出版社，2020年版。

62. 这里突然冒出"我的嫉妒"，令人费解。其实这是齐泽克在很多地方引用过的一个著名的拉康命题：有一个妒火攻心的丈夫，总是怀疑自己的妻子红杏出墙，但即使事实证明他所言不虚，那也无法改变一个事实：他的嫉妒是一个病理性的、妄想狂的建构。

63. Greta Thunberg，瑞典青年活动人士、政治活动家和激进环保主义者，人称"环保少女"，2019年曾被提名为诺贝尔和平奖候选人。

64. 参见：斋藤幸平，《卡尔·马克思的生态社会主义：资本、自然与尚未完成的政治经济学批判》，纽约：每月评论出版社，2017年版，第109页。

65. 斋藤幸平，《卡尔·马克思的生态社会主义：资本、自然与尚未完成的政治经济学批判》，纽约：每月评论出版社，2017年版，第108页。

66. 参见：大卫·哈维，《马克思〈资本论〉阅读指南》（*A Companion to Marx's Capital*），伦敦：左页出版社，2010年版，第29页。——作者注

67. 参见：安森·拉宾巴赫，《从解放到工作科学：劳动力的两难之境》（"From Emancipation to the Science of Work: The Labor Power Dilemma"），未刊稿。——作者注

68. 参见：安森·拉宾巴赫，《从解放到工作科学：劳动力的两难之境》，未刊稿。——作者注

69. 参见：www.marxists.org/archive/marx/works/1867-c1/ch07.htm。——作者注

70. 参见：www.youtube.com/watch?v=MS4hoppZPG0。——作者注

71. 这段文字前面刚刚说过，不知道是作者的疏忽，还是有意为之。毕竟，

“重复”是他的重要策略之一。

72. 参见丽贝卡·卡森的博士学位论文《马克思的社会再生产理论》的第6章。——作者注

73. 原文为“pace Negri”，意谓“奈格里，对不起了，请允许我发表与你不同的看法”。

74. 参见：亚伦·巴斯塔尼（Aaron Bastani），《全自动豪华共产主义》（*Fully Automated Luxury Communism*），伦敦：左页出版社，2019年版。——作者注。他是英国青年记者，2011年与他人共同创办左翼媒体组织“诺瓦拉媒体”（Novara Media），主持或联合主持了许多播客和视频。2014起推广他所谓的“全自动豪华共产主义”理想，并于2019年出版了与之同名的著作《全自动豪华共产主义》。——译者注

75. 参见：www.nytimes.com/2019/06/11/opinion/fully-automated-luxury-communism.html。——作者注

76. 指我们所说的“封建主义”社会。

77. 又译作“虚拟资本”。由于作者在此探讨的是“虚构”问题，为了保持术语的一致性，这里译为“虚构资本”。

78. 顺便说一句，这道理同样适用于市场竞争。市场的参与者永远无法获得有关供应和需求的完整数据，正是这些数据将使他或她做出最佳决策。这种非完整性——个人被迫在没有充分信息的情况下做出决定——不仅是经验上的复杂性，而且（用黑格尔的话说）是“市场竞争”这一概念的一部分。——作者注

79. 参见：皮埃尔·巴亚尔，《如何谈论未曾发生过的事情？》（*Comment Parler des faits qui ne se sont pas produits?*），巴黎：午夜出版社（Les Editions de Minuit），2020年版。——作者注

80. Kitty Genovese，1935—1964，酒吧女招待。1964年3月13日凌晨，她在美国纽约市皇后区的公寓外遇害。谋杀案发生两周后，《纽约时报》声称有38人目睹或耳闻了事件的发生，却没人报警或提供救助。有人把他们的反应称为“旁观者效应”（bystander effect），把这种现象称为“责任扩散”（diffusion of responsibility）。但后来有人发现《纽约时报》对事件的报道存在夸大其词的缺陷，证明了王充早在2000年前的先见之明：公共舆论总是“言事增其实，……称美过其善，进恶没其罪，……誉人不增其美，则闻者不快其意；毁人不益其恶，则听者不惬于心”。

81. 巴亚尔的最后一个示例是奥森·威尔斯（Orson Welles）在广播节目中表演的《世界大战》引起的大规模恐慌：在这里，现实（数以百万计的人把广播里的故事当成事实，然后逃离家园）与真相相去甚远。——作者注

82. 参见：www.academia.edu/38109734/The_Logic_of_Capital._Interview_with_Chris_Arthur。——作者注

83. 参见：丽贝卡·卡森，《时间与再生产图式》（“Time and Schemas of Reproduction”），未刊稿。——作者注

84. GameStop，美国电子游戏、消费性电子产品与无线服务销售商。成立于1984年，总部位于得克萨斯州，不仅在美国、加拿大、澳大利亚、新西兰和欧洲经营6457家零售店，还持有网页游戏网站Kongregate、电子游戏杂志《游戏线人》（*Game Informer*）、苹果产品转销商Simply Mac，以及AT&T无线转销商Spring Mobile。

85. Reddit，一个娱乐、社交和新闻网站，注册用户可以将文字或链接发布于该网站，这使它基本上成了一个电子布告栏系统。注册使用者可以对这些帖文进行投票，结果将被用来进行排名和决定它在首页或子页的位置。网站上的内容分类被称为“subreddit”。

86. Robinhood，指罗宾汉市场股份公司。它是美国的一家金融服务企业，总部位于加州。该公司以提供主要面向散户的股票应用程序及网站著称。罗宾汉在网上提供的服务完全免费。截至2022年4月，它拥有2280万个账户和 1590 万名月活跃用户。

87. 参见：《在华尔街投注内部，Reddit大军震撼了华尔街》（“Inside WallStreetBets, the Reddit Army that's Rocking Wall Street”），CNN。见：www.cnn.com/2021/01/29/investing/wallstreetbets-reddit-culture/index.html。——作者注

88. 亚历山德里娅·奥卡西奥-科尔特斯（Alexandria Ocasio-Cortez），人称AOC，美国第116届众议院议员，美国历史上最年轻、最具争议的女议员，美国民主社会主义者组织成员。因常年批判白人在美国拥有的特权，声称白人天生有罪而闻名于美国政坛。

89. 亚历山德里娅·奥卡西奥-科尔特斯发布于推特（Twitter）。——作者注

90. Ted Cruz，1970—，美国共和党人，现为美国得克萨斯州联邦参议员。2016年曾经参加美国总统选举中的共和党初选。

91. Robert Reich，美国经济学家和政治家，曾在比尔·克林顿执政时担任劳工部部长。

92. 参见：《分析：对冲基金对Reddit的抱怨会让我泪流成河？》（“Analysis: Hedge Funds Bitching about Reddit Can Cry Me a River”），CNN。见：www.cnn.com/2021/01/29/investing/populist-uprising-reddit-wall-street/index.html。——作者注

93.《消灭所有规范》（*Kill All Normies*）。该书由纽约的零度出版社（Zero Books）于2017年出版。

94. 401（k）计划，又称401（k）退休福利计划，指美国于1981年创立的一种延后课税的退休金账户计划。美国政府将相关规定纳入国税法第401（k）条款中，故简称401（k）计划。

95. 参见:《分析:对冲基金对Reddit的抱怨会让我泪流成河?》。——作者注

96. local pockets，指某个地区或社区的资金流动和商品交易只在该地区或该社区内部进行，目的在于刺激当地经济的发展。

97. 罗伯特·布兰顿，《信任之精神》（*The Spirit of Trust*），坎布里奇：哈佛大学出版社，2019年版，第501页。——作者注

98. 罗伯特·布兰顿，《信任之精神》，坎布里奇：哈佛大学出版社，2019年版，第501页。——作者注

99. 当我们对美国前总统特朗普或印度总理莫迪（Narendra Modi）等政客的言辞感到震惊时，我们往往会七窍生烟、勃然大怒："这怎么可能？这是不可接受的，简直令人发指！"然而，以这种方式做出反应，我们会错过问题的关键：大他者（我们面对和仰仗的道德权威）化为乌有，我们的抱怨于事无补，也无人理会。大约30年前，波斯尼亚深陷战争泥潭。我现在还记得有关被强暴妇女自杀的报道：她们惨遭强暴，但她们活了下来；让她们活下来的是这样一种信念，那就是她们必须活着，以便把她们的故事告诉她们的乡邻。但结果常常是这样的：在她们居住的地方，无人愿意倾听她们的遭遇。人们待之以怀疑的目光，因为在人们眼中，她们要对自身遭受的羞辱承担共同责任。这样的经历使她们痛不欲生，于是自杀身亡。同样的事情还会发生在那些对当今的政治淫荡（political obscenities）暴跳如雷的人。——作者注

100. 参见：维多利亚·法雷尔德（Victoria Fareld）和汉内斯·库赫（Hannes Kuch），《从马克思到黑格尔，再从黑格尔回到马克思》（*From Marx to Hegel and Back*），伦敦：布卢姆斯伯里出版社（Bloomsbury），2020年版，第13页。——作者注

101. Tyler Cowen，美国经济学家、作家、教授，乔治·梅森大学经济学教授，主要研究领域包括公共选择理论、文化经济学、市场失灵等问题。

102. 参见：斋藤幸平，《卡尔·马克思的生态社会主义》，纽约：每月评论出版社（Monthly Review Press），2017年版，第68页。

103. 参见：斋藤幸平，《卡尔·马克思的生态社会主义》，纽约：每月评论出版社，2017年版，第259页。

104. 参见:《"要出大事了"：类似天外来客的黏液正在入侵土耳其水域》（"'Something is very wrong': Alien-like Slime is Invading Turkey's Waters"）（cnn.com）。——作者注

105. 我这一思路来自阿伦卡·祖潘契奇（Alenka Zupančič）。——作者注

106. 参见：扬尼斯·瓦鲁法基思，《另一个现在：来自一个另类此刻的报道》，伦敦：博德利·海德出版社，2020年版，第262页。

107. 参见：www.academia.edu/38109734/The_Logic_of_Capital._Interview_with_

Chris_Arthur。——作者注

108. 参见：热拉尔·勒布伦，《辩证法的另一面》，巴黎：门槛出版社，2004年版，第311页。——作者注

109. 参见：弗兰克·鲁达，《废除自由》（*Abolishing Freedom*），加拿大温尼伯（Winnipeg）：野牛出版社（Bison Books），2016年版。——作者注

110. fuel load，指自然环境中可燃物质的数量。

111. 参见：www.spectator.co.uk/2020/01/fight-fire-with-fire-controlled-burning-could-have-protected-australia/。——作者注。该文的网址已作更新，可访问下列网址：www.spectator.co.uk/article/fight-fire-with-fire-controlled-burning-could-have-protected-australia/。

112. 参见：https://bible.org/seriespage/lesson-63-believing-seeing-seeing-not-believing-john-1138-57。——作者注。关于这段引文，参见《圣经·以弗所书》第4章第18节："他们心地昏昧，与神所赐的生命隔绝了，都因自己无知，心里刚硬。"

113. 参见：www.raystedman.org/new-testament/john/gods-strange-ways。——作者注

114. 参见：www.theguardian.com/world/2021/aug/09/smoke-siberia-wildfires-reaches-north-pole-historic-first。——作者注

115. 参见：《气候变化正以前所未有的高温炙烤着北半球，数百人死亡，一座城镇被摧毁》（"Climate Change is Frying the Northern Hemisphere with Unprecedented Heat, Hundreds Dead and a Town Destroyed"），CNN。见：www.cnn.com/2021/07/04/world/canada-us-heatwave-northern-hemisphere-climate-change-cmd-intl/index.html。——作者注

116. 参见：https://edition.cnn.com/2021/08/26/world/blob-chile-megadrought-study-intl-hnk-scli-scn/index.html。——作者注

117. 参见：www.theguardian.com/environment/2021/aug/05/climate-crisis-scientists-spot-warning-signs-of-gulf-stream-collapse。——作者注

118. 参见：帕特里克·瓦兰斯（Patrick Vallance），《政府间气候变化专门委员会的报告非常明确：只有改变社会才能避免灾难》（"The IPCC Report is Clear: Nothing Short of Transforming Society Will Avert Catastrophe"），《卫报》。见：www.theguardian.com/commentisfree/2021/aug/09/ipcc-report-transforming-society-avert-catastrophe-net-zero。——作者注

119. sendero luminoso，一般译为"光明之路"或"光辉道路"，指秘鲁的一个左翼政党。该党于1980年开始武装反抗政府，被美国、欧盟、加拿大、日本等列为恐怖组织。其领导人阿维马埃尔·古斯曼（Abimael Guzmán）于1992年被秘鲁政府拘捕。从此之后，该党日渐式微。

120. Orson Welles，美国著名导演、编剧、演员和制片人，电影史上最伟大的天才之一。他执导的《公民凯恩》《战争世界》等影片享誉全球，对电影艺术的发展做出了卓越的贡献。

121. actually existing socialism，勃列日涅夫时代在东欧集团国家和苏联流行的短语，指那个特定时期东欧集团实施的、具有东欧集团特色的苏联式计划经济体制。这些东欧集团国家声称，虽然他们实行的政策与苏联的社会主义并不完全相同，但鉴于他们的生产力水平较低，所以他们实施的政策是切实的，也是可行的。这个短语源于苏联，后来成为东欧集团国家描述自身的政治经济制度及其社会模式的委婉语，并被广泛采用。它并无自嘲和反讽之意。

122. 参见：阿兰·巴迪欧，《意大利语版序言》（"Prefazione Alledizione Italiana"），收入《元政治学》（*Metapolitica*），那不勒斯：克罗诺皮奥出版社（Cronopio），2002年版，第14页。——作者注

123. 参见：安德里亚斯·马尔姆，《如何炸毁输油管道》（*How to Blow Up a Pipeline*），伦敦：左页出版社，2021年版。——作者注。他是瑞典作家，隆德大学人类生态学副教授，学术期刊《历史唯物主义》的编委，有人称他是气候变化方面"最具原创性的思想家之一"。——译者注

124. 参见：赫伯特·海恩斯，《激进侧翼效应》（"Radical Flank Effects"），收入《威利-布莱克威尔社会和政治运动百科全书》（*The Wiley-Blackwell Encyclopedia of Social and Political Movements*），美国霍博肯：布莱克威尔出版社（Blackwell Publishing），2013年版。——作者注

125. 参见：《乔安娜·林莉称战时式配给制度有助于解决气候危机》（"Joanna Lumley Says Wartime-style Rationing Could Help Solve Climate Crisis"），《卫报》。见：www.theguardian.com/environment/2021/oct/26/joanna-lumley-wartime-rationing-solve-climate-crisis。——作者注

2

非两极性差异？

精神分析、政治和哲学

对批判的批判

今天我们需要解读黑格尔，但与其说是直接解读他的文本，不如说是对他的文本进行想象性解读（imagined reading）。这是一种时空错乱、不合时宜的做法，因为它要想象黑格尔将如何回应那些提议取代所谓过时的黑格尔方法的新理论。这道理同样适用于拉康，他一直在与黑格尔进行批判性对话。在他的首部杰作《罗马报告》（*Le rapport de Rome*）中，拉康在让·伊波利特（Jean Hyppolite）的影响下，充分信赖下列两者之间的并行不悖：一者是在精神分析过程中出现的症状逐渐符号化（融入符号秩序），一者是黑格尔的辩证过程。他甚至把精神分析过程的终结与黑格尔的“绝对之知”加以比较。后来，他与黑格尔渐行渐远。他拒绝接受辩证的“综合”，因为在他看来，辩证的“综合”是对“不可能的实在界”（Impossible-Real）的否定。他还对将黑格尔视为终极的自我意识哲学家不予理会。

我并不准备直接为黑格尔辩护，而是通过展示拉康理论自身的非一致性，勾勒出一条重返黑格尔的道路。拉康学派经常责备我拒绝接纳拉康对哲学的批判性摒弃。他们是对的，因为从一开始，我就公开声称我仍然是哲学家，并对精神分析的诊疗敬而远之。我甚至断定拉康忽视了哲学的一个关键特征，而这意味着，他的事业存在严重的局限。我提倡这种东西，同时在某种意义上仍然属于拉康派，这是如何可能的？我要通过与加布里埃尔·图皮南巴的对话，以及他对拉康所做的拉康式批判，来阐述这一点。

图皮南巴的《精神分析的欲望》作为一部里程碑式的杰作，它的新奇之处体现在以下方面：在希区柯克的《惊魂记》中，第二起谋杀案——私人侦探阿尔博加斯特（Arbogast）在诺曼母亲家的楼梯上遇害——之所以比尽人皆知的淋浴杀人更令观众瞠目结舌，是因为正在发生的事情早在我们的意料之中。图皮南巴的著作不仅瓦解了几十年来在拉康圈子里占主导地位的意识形态游戏，使某种纯真永远丧失，更重要的是，他强迫我们以一种新的批判方式理解精神分析的哲学蕴含。

批判的话题，尤其批判拉康本人的话题，对我来说至为敏感。人们通常认为我是拉康式的黑格尔派（Lacanian Hegelian），而黑格尔为我们提供的基本教益是，批判应该永远是对批判本身的批判，或如马克思和恩格斯在其早期著作《神圣家族》的副标题中所辛辣地讽刺的那样，是“对批判的批判所做的批判”[1]。我们在批判一种现象时应该小心翼翼，留意我们的批判在多大程度上与被批判对象的基本前提毫无二致，不对它造成威胁，而是使其如鱼得水，如虎添翼。且举一个今天路人皆知的案例，即对由形形色色的所谓“政治正确”（political correctness）造成的社会压迫的抗议。（政治正确虽然最近颇有些江河日下之势，但在一些学术圈和公众圈里仍然生龙活虎，不可一世。）主流自由派和保守派中批判政治正确的人喜欢嘲笑它“走火入魔”（如荒唐地禁止使用某些表述方式，要求对古典文学作品进行审查，等等），声称它表面上反对男权制和人对人的统治，实际上却强化了新的极权统治。政治正确的坚定拥趸则反唇相讥，他们指出，批判政治正确的人关注政治正确的“走火入魔”，关注取消文化[2]和觉醒文化[3]发布的种种禁令，却对如火如荼的更加严厉的审查——对那些被认为危及既定体制的人的审查——熟视无睹：仅就英国而论，那里有军情六处，它负责审查国家机构和教育机构的所有雇员；有秘密警察，它控制着工会；有秘密的监管条例，它对媒体和电视上发表的内容予以审核；来自涉嫌与恐怖分子有联系的穆斯林家庭的未成年子女，受到监视；最后，还有像朱利安·阿桑奇（Julian Assange）被长期非法监禁这样的单一事件。虽然我同意这种批判，也认为与取消文化犯下的“罪孽”相比，如此严厉的审查可谓有过之而无不及，但我认为，这样说还是为反对觉醒文化和政治正确提供了终极论据：为什么政治正确左翼（PC Left）专注于规范我们如何说话的细节，而不提出上述更加严重的问题？难怪朱利安·阿桑奇（不止）受到了来自瑞典的某些女权主义者的攻击。这些人抨击他是因为瑞典政府对他发出了性行为不端的指控（这些指控后被取消），他们对此深信不疑。违反政治正确的法则显然比成为国家恐怖主义受害者更重要。但是，当觉醒文化触及霸权意识形态再生产的一个真正重要的方面时，既定体制的反应就会发生变化：先是嘲笑对手走火入魔，然后在一片张皇失措之中，试图对对手进行暴力性的司法镇压。我们经常在媒体上读到关于"性别和种族的批判性研究"的抱怨，说它们"走火入魔"，因为这些研究试图重新评估美国先前的霸权叙事（hegemonic narrative）。不过，我们应该始终牢记：

> 在这种重新评估大行其道的同时，另一种美国传统东山再起：一场反动运动，执意重述改头换面的美国神话。这些反动势力以诚实讲述美国历史和公开谈论种族主义的努力为靶子，在全国各地的州议会提议立法，禁止传授"批判性种族理论"[4]、《纽约时报》的1619项目[5]，以及曲尽其妙的"分裂概念"[6]。这场运动的特点在于，它幼稚而坚定地认为，应该向孩子们传授虚假版本的美国建国故事，这种故事更像是神话中的童贞生育[7]故事，而不是充满血腥与痛苦的现实。至少有15个州已经在考虑通过立法来限制教师谈论种族问题。……爱达荷州的州长比尔·利特尔（Bill Little）签署了一项法案，禁止公立学校传授批判性种族理论。它宣称，批判性种族理论将"激化和恶化基于性别、种族、民族、宗教、肤色、民族血统或其他标准的分裂，因而与国家的统一和爱达荷州及其公民的福祉背道而驰"。该州副州长珍妮丝·麦吉钦（Janice McGeachin）也成立了一个特别工作组，以"检查爱达荷州教育中的盲目灌输，保护我们的年轻人免受批判性种族理论等的祸害"。[8]

被禁止的理论真的是分裂性的吗？答案是肯定的，但只是在这样的意义上说的：它们反对霸权性的官方神话，把自己从中分裂出去。这个神话本身就具有分裂性：它把某些群体或立场排除在外，使它们处于从属地位。此外，显而易见，对于官方神话的坚定支持者来说，真相在这里无足轻重，重要的是"建国神话的稳定性"。有效地实践了"后真相立场"的是这些支持者，而不是那些被他们视为"历史主义的相对主义者"（historicist relativists）的人：这些支持者引用"另类事实"（alternate fact），但他们把另类建国神话排除在外。

真正的黑格尔派应该始终运用这样的双重批判法：在批判一种现象（种族主义和性别歧视的支配地位）时，要对这种批判本身采纳的主导形式（政治正确）予以批判，对既定体制力量（establishment forces）的反击进行反击。即使处理诸如性别歧视和种族主义之类的令人作呕的现象，事情也从来都不那么简单。为什么？因为正如拉康所言，根本不存在元语言：当我们做出选择时［就我们眼下的情况而论，在处于霸权地位的意识形态和对它进行的政治正确批判之间做出选择时］，选择从来不来自中立地带，选择这个行为本身改变了即将做出的选择。且以我们仍然身陷其中的流行病为例，在这里，我们面临着怎样的选择？在回答这个问题时，让-皮埃尔·迪皮伊（Jean-Pierre Dupuy）把反事实情形（counterfactual situations）视为现实本身的固有之物。在他看来，事物不仅仅是它们已经呈现出来的样子，事情的现实性还与这样的阴影相伴相依：如果当初采取不同的行动方案，现在的情形又会怎样？例如，我们在决定采取隔离措施，遏制流行病的传播时，我们的目的是减少感染和死亡。然而，这里要做出一个关键性的区别：

> 我有两个选择，A和B。我选择了A。就我选择A后的体会而言，我估计选择A优于选择B。但我不能保证，倘若我当初选择了B，我的情况会和我选择A后设想的选择B的情况完全一样。换言之，经济演算[9]的前提是，如果我选择了A，那么，我对B的"现实"（真实）的选择会把我置于与我对B的"反事实"（虚拟、"与事实相反"）的选择相同的世界。简而言之，隐含的假设是，"替代"世界（"alternate" worlds）与我们真正厕身其间的世界具有相同的现实性。[10]

我们理应舍弃这个假设，不仅出于显而易见的经验性原因。（倘若我们当初选择了A，结果会怎样？我们对此所做的反事实评估可能会被证明是错误的。还记得吗，在2020年夏天，英国当局禁止人们前往海滩，但这个禁令几乎无人理睬，海滩上人满为患，也几乎没有导致感染的增加）。之所以如此，主要原因在于我选择了B后，A就不再是原来的A了——我选择了B后，我会用促使我选择B的标准来衡量A。换句话说，我们做出某个选择，但我们做出这个选择的原因，并不出现在我们做出这个选择之前：我们为什么选择A或B？只有在做出选择之后，我们才知道做此选择的原因。且以某个决策为例说明之。在抗击流行病时，我们面对着选择，要么选择A，要么选择B。A优先考虑经济，B优先考虑健康。A的支持者声称，如果选择B，我们可能在开始时会拯救一些生命，但从长远看，经济上的损失将导致更多的贫困，甚至更多的健康问题。（这种推论存在的问题是，它在没有足够证据或信息的情况下不假思索地假设或推断，即使出现流行病，这样的经济体系依旧能持续进行下去。）B的支持者则声称，如果我们选择A，那不仅会导致更多的痛苦和死亡，而且由于长期的健康危机，经济也会遭受更大的损失。没有中立的方法用以比较这两个选项，所以，或许只有在做出选择（比如选择B）后才能找到解决问题的方案：站在假想出来的选项A的立场上审视选项B——就上述事例而论，就是从经济的角度来看，优先考虑健康是如何出现的。这把真正的问题引到了我们面前：现有的经济体系显然无法忍受对健康的优先考虑，既然如此，我们就应该考虑，如何改变我们的经济生活，以避免陷入“拯救生命还是发展经济”这个令人身心交瘁的两难之境？这道理同样适用于性别差异：对于一个男性来说，仅仅站在女性的立场上思考问题是不够的。他要扪心自问：我是如何选择成为男人的？因为做出了这样的选择，所以，作为一个男人，我能够避免压迫女性。

“它们全都更加糟糕！”

在使我们的社会现实充满活力的一切斗争中，这样的“对批判的批判”

实属当务之急。2021年秋，欧洲爆发了新的“历史学家大争论”[11]。一方面，阿基里·姆贝姆比（Achille Mbembe）、德克·摩西（Dirk Moses）等人认为，把纳粹大屠杀与人类历史上的其他暴力犯罪区分开来是欧洲中心论的表现，是对殖民主义恐怖行径的忽视。另一方面，索尔·弗里德兰德（Saul Friedländer）、于尔根·哈贝马斯等人坚称，纳粹大屠杀具有独一无二的特性。我认为，从某种意义上说，双方都是对的，也都是错的。在这里，我们不得不重复斯大林对于那个问题——左倾和右倾[12]哪个更糟——的答复：“它们全都更加糟糕！”

显然，西方发达国家的广大民众还没有完全意识到殖民主义及其副产品的惊人恐怖。只要想想（不仅由）大英帝国对中国发动的两次鸦片战争就可以了。统计数据显示，1820年前，中国一直是世界上最强大的经济体。从18世纪末开始，英国向中国出口大量鸦片，致使数百万中国人染上毒瘾，造成巨大的破坏。中国皇帝试图阻止这种情况继续发生，禁止进口鸦片，于是英国（与其他西方势力一道对中国）进行军事干预。结果是灾难性的：没过多久，中国经济萎缩过半。但我们应该关注的，是这种野蛮的军事干预的所谓合法性：自由贸易是文明的基础，中国禁止进口鸦片是对文明的野蛮威胁。我们无法想象今天会发生类似的一幕：墨西哥和哥伦比亚采取行动捍卫本国的贩毒集团，并对美国宣战，因为美国以不文明的方式阻止鸦片的自由贸易。类似的事情不胜枚举：比属刚果、英属印度经常发生饥荒，动辄造成数百万人死亡；南北美洲所遭受的毁灭性破坏。颇具残酷的讽刺意味的是，随着欧洲的现代化，奴隶制在下列时刻死灰复燃：在我们的意识形态中，核心话题是自由，是反对对妇女、工人和专制政权统治下的公民的奴役。奴隶制在各种隐喻的意义上随处可见，但在其字面意义上存在的地方却被忽视了。

殖民主义带来的后果，我们不得不称其为现代性之灾难，即现代化对前现代公共生活造成的（通常是）可怕的冲击。2016年初，位于安大略省北部地区的一个名为阿塔瓦皮斯基特（Attawapiskat）的偏远土著社区引起了媒体的注意。它的命运足以说明，加拿大原住民至今依然是支离破碎的部族，无法找到最起码的稳定生活模式：

自进入秋季以来，在只有区区2000人的阿塔瓦皮斯基特，已有100余人试图自杀。这些人中，最年轻的11岁，最年长的71岁。周六夜间，有11人试图自杀，于是精疲力竭的酋长宣布进入紧急状态。星期一，就在加拿大官员们匆忙向该社区派遣危机咨询师时，20人（其中包括一名9岁的儿童）被送进医院，因为有人无意中听说，他们订立了自杀协议。“我们正在大声呼救，”社区酋长布鲁斯·希瑟什（Bruce Shisheesh）说道，“几乎每天晚上都有人试图自杀。”[13]

在寻找造成这种灾难的原因时，我们不应该仅仅看到那些显而易见的因素（布满了霉菌的拥挤不堪的住房，滥用药物和酗酒，等等）。在众多制度性原因中，主要原因是寄宿学校制度这个极具破坏性的遗产，它破坏了几代人之间的联结：

几十年来，超过15万个原住民儿童被带离，被迫融入加拿大社会。根据最近成立的一个真相委员会的调查，这些学校充斥着虐待，而虐待孩子的目的是“杀死这些孩子体内的印第安人”。成千上万的孩子死于这些学校。学校缺乏饮食标准，导致许多人营养不良，使他们容易患上天花、麻疹和肺结核等疾病。他们中的数百人被匆忙埋在学校旁边没有任何标记的坟墓。在近三分之一的死亡事件中，政府和学校甚至没有留下死亡学生的名字。[14]

难怪我们能够逐渐了解寄宿学校的真实情况。几乎每周我们都会看到这样的新闻：“一个加拿大原住民团体周三表示，在一所先前由天主教会开办的寄宿学校附近的一个没有标记的墓地里，他们使用探地雷达进行了搜索，结果发现182具人类遗骸。该学校专门收容被从家中带走的原住民儿童。”[15]除此之外，我们还应该加上在教会开办的寄宿学校中发生的大规模的性虐待。在某些情况下，高达80%的儿童曾经遭受虐待。雪上加霜的是，这个将自己伪装成道德化身的机构犯下了这样的罪行，与在法国出现的情形毫无二致：“根据2021年10月5日星期二发布的一份措辞严厉的报告，在过去的70年间，法国天主教神职人员对大约21.6万名未成年人实施过性侵。该报告称，教会优先考虑保护自己的名声，而不是那些被迫保持沉默的受害者。”[16]真正令人瞠目结舌的是，这些罪行大多涉及恋童癖同性恋（paedophilic homosexuality），而对这些罪行承担罪责的机构却自称道德的守护者，并领导公众开展反对同性恋运动。可悲的是，我们无法重返前现代的常态：不难在前现代社会中找到这样的东西，它在我们的现代感性面前显现为对人类、妇女和儿童权利等的残酷践踏。

在承认这一切的同时，另一方强调纳粹大屠杀的独一无二的特性：纳粹大屠杀的目的不仅在于使犹太人屈服顺从，而且在于以精心策划的现代工业方式彻底消灭他们。在当时的种族等级体系中，犹太人并非低等种族，而是绝对的大他者，是腐败原则的化身。他们不是来自外部的威胁，用拉康发明的新词说，他们是“外隐”（*ex-timate*），即处于我们文明核心的外来入侵者。正是出于这个缘故，要想重建正常的文明秩序，就必须把他们根除。正是在这里，我第一次感到手足无措：若干年前，艾蒂安·巴利巴尔指出，在当今全球化的世界中，内部与外部的区别已经变得模糊不清，正是基于这个原因，所有的种族主义都越来越像反犹主义。半个世纪前，黑豹党[17]的创始人和理论家休伊·牛顿（Huey Newton）就清楚地看到了局部抵抗资本全球统治的局限性。他甚至迈出了关键的一步，拒绝使用“去殖民化”一词，因为在他看来，“去殖民化”一词并不恰当——人们无法站在民族统一的立场上与全球资本主义作斗争。1972年，他与弗洛伊德派精神分析学家埃里克·埃里克森（Erik Erikson）促膝而谈。以下便是他说的话：

> 我们黑豹党看到，美国不再是一个国家。它早就已经是别的什么东西，而不只是一个国家。它不仅扩大了领土边界，而且还扩大了控制范围。我们称之为帝国。我们相信，不再有殖民地或新殖民地。倘若一个民族被殖民，那对他们来说，去殖民化并恢复自己的原貌，必定是可能的。但是，当对原材料的攫取和对劳动力的盘剥出现在全球各地时，情形会怎样？当整个地球的财富急剧减少并被

> 用于养活帝国主义国家中庞大的工业机器时，情形会怎样？人民和经济已经高度融入帝国，已经无法“去殖民化”，无法恢复先前的生存状态。如果殖民地无法“去殖民化”，无法恢复民族的原初存在，那么民族已经不复存在。我们相信，民族已经永远不复存在。[18]

这不正是我们今天面临的困境吗？它岂不比牛顿时代面临的困境还要严峻？除此之外，一边是对以色列的合理批评，另一边是反犹主义，两者之间的边界已经模糊不清，很容易被人操弄。伯纳德·亨利–列维[19]声称，21世纪的反犹主义将是“进步性”的，倘非如此，那就再也没有进步性的事物了。最后，这个论点迫使我们推翻对反犹主义的陈旧阐释——反犹主义是一种神秘化的/被取代的反资本主义（不是把怒气撒在资本主义制度身上，而是把怒气撒在一个被指控为腐败资本主义制度的特定族群身上）：在伯纳德·亨利–列维和他的支持者看来，如今的反资本主义就是变相的反犹主义。今天以这种方式在批判资本主义的人中煽动反犹主义，我们还能想象比这更危险的事情吗？

但我们今天目睹的是一种奇怪的逆转，即对以色列进行的非反犹主义批判的逆转：对以色列反犹主义的支持。某些右翼反犹主义者支持以色列，有三个显而易见的原因：首先如果犹太人前往以色列，西方的犹太人就会减少；其次在以色列，犹太人将不再是一个我们无法充分信任的、无家可归的外来群体，他们将建立一个扎根于自家大地的正常的民族国家；最后（但同样重要的）是，他们将在那里成为高度发达的西方价值观的代表，反对东方的野蛮行为。简而言之，他们将对当地的巴勒斯坦人予以殖民化。为了赢得西方国家的支持，犹太复国主义者有时以殖民者自居。德雷克·彭斯拉（Derek Penslar）曾经说过，犹太复国主义和以色列内部存在名目繁多——有时相互矛盾——的意识形态和政治问题。他说：“犹太复国主义的政治方案把殖民主义、反殖民主义和后殖民建国方略融为一体，整个20世纪都全神贯注于一个蕞尔小邦。”[20]

西奥多·赫茨尔[21]在其倡导犹太复国主义的创始文本《犹太国家》（*Der Judenstaat*, 1896）中写道：“为了欧洲，我们将在那里（巴勒斯坦）建造抵御亚洲的城墙，我们将在那里提供抵御野蛮行径的壁垒。”早期的犹太复国主义者甚至使用了“殖民化”一词。不幸的是，这一立场与莱因哈德·海德里希[22]、安德斯·布雷维克[23]和特朗普等一众欧洲反犹主义者形成了诡异的共鸣。因此，犹太人独一无二的特性和欧洲殖民主义之间原本一望而知的区别变得不再清晰：犹太复国主义者玩弄殖民主义的把戏，以获得西方的支持，而反殖民主义斗争本身也冒险与反犹主义眉来眼去。关于阿拉伯国家和穆斯林中的反犹主义，所论甚多，著述甚丰，尽管我支持约旦河西岸巴勒斯坦人的抵抗，但我对此心知肚明。

基于上述所有原因，不应把有关大屠杀和殖民主义的全部争论视为极其淫荡的东西而漠然置之。纳粹大屠杀是独一无二的滔天罪行；殖民主义也造成了不可思议的苦难，不计其数的死亡。对待这两种恐怖的唯一的正确方式，是把反犹主义和反殖民主义的斗争视为同一场斗争之两面。有人认为殖民主义只是小恶，这是对纳粹大屠杀受害者的污辱，因为这无异于把闻所未闻的恐怖事件化约为谈判的筹码，用于地缘政治博弈。

有人把纳粹大屠杀独一无二的特性相对化，这是对殖民受害者的侮辱。大屠杀不是一系列罪行之一，它有其独一无二之处。其独一无二的方式与现代殖民完全一致：现代殖民是以教化他人的名义实施的独一无二、惊心动魄的恐怖行径。它们都是无与伦比的残暴行径，不能也不应该把它们化约为某物的示例。

对拉康意识形态的批判

那么，对拉康的著作进行“批判之批判”意味着什么？拉康1963年被逐出国际精神分析协会（IPA）后决定创办他自己的精神分析组织。这个决定产生了严重的后果。图皮南巴对此做了恰如其分的描述：

> 精神分析的诊疗在1963年后必须按照“无意识是外在的”（unconscious is outside）这一原则重新规划。同样，精神分析共同

体也必须接受下列观念：共同体仅由其外部（exterior）组成。也就是说，该共同体的机密核心与其最开放的材料——那些因自己的苦难而寻求精神分析的人的言语——完全吻合。[24]

尽管图皮南巴的概括——“共同体仅由其外部组成”——甚是美妙，但他的概括还是令人疑窦丛生。“外部”即无意识本身，但由于我们面对的是一个由单个主体组成的共同体，所以“外部”必须由共同体内的一个知晓无意识的主体来代表，由一个作为“理应知情的主体”（*sujet supposé savoir*）的精神分析师来代表，由一个注定占据主人（Master）位置的主体来代表。[25]这么说意味着，由精神分析师组成的共同体要想正常运行，就必须由某个移情人物（figure of transference）把众人凝聚起来，而这与“精神分析的终结即理应知情的主体的衰亡”的定义相龃龉。这个移情人物的出现意味着，加入精神分析共同体，成为精神分析共同体的一员，等于把作为精神分析师的自己化约为被精神分析者（analysand）。出于这个原因，我发现下列观念——精神分析师和被精神分析者因其对无意识的关心和关切而同心协力——问题重重：两者间的不对称过于强烈。是的，在拉康看来，只有在被精神分析者成为精神分析师时，精神分析诊疗才会真正结束。尽管我们至少可以把这想象成一个仅仅被经验性的障碍挫败的政治进程所要达到的理想目标，但精神分析诊疗出于形式性的原因而非经验性的原因排除了以下选项：精神分析师和被精神分析者的定位具有绝对的不可逆性。

虽然看起来充满同情心，也很“民主”，但桑多尔·费伦齐[26]的精神分析（一些目击者称，他有时会打断病人的自由联想，自己躺在本应由病人躺卧的沙发上，开始倾诉自己的自由联想）根本就算不上精神分析，因为它颠覆了分析师的地位，不再是“理应知情的主体”。一言以蔽之，谁将在这个共同体中占据主导地位？如果占据主导地位的是被精神分析者（如费伦齐治疗的病人），那么精神分析师将失去“理应知情的主体”的地位，不再是精神分析师。如果占据主导地位的是精神分析师，那么被精神分析者对精神分析师的移情性屈从（transferential subordination）将继续充分发挥效力。这在拉康式学会（Lacanian society）中司空见惯，那里不仅有纯粹的精神分析师和纯粹的被精神分析者，而且有至关重要的第三类别，即类似于步兵精神分析师[27]之类的人物。他们是精神分析师，接诊病人，同时接受“高级精神分析师”的精神分析，而这些“高级精神分析师”则不再接受精神分析。我甚至知道几个身陷异常窘迫的困境的精神分析师的案例：他们接受“纯粹的精神分析师”的无穷无尽的精神分析（他们这样做，通常只是为了保住自己在精神分析共同体中的岗位。拒绝接受精神分析，可能会让“纯粹的精神分析师”大发雷霆，毕竟他是他们的主人），有时也以精神分析师的身份工作，但这样做的目的只是赚取接受精神分析所需要的费用。

拉康有一句名言：不仅认为自己是国王的乞丐是疯子，而且认为自己是国王的国王也是疯子。不妨套用拉康的这句名言：认为自己是精神分析师的精神分析师也是疯子。精神分析师在其组织中就是这样行事的。我们应该朝这个方向，马不停蹄地追问下去：究竟是否存在精神分析师？精神分析师不就是这样的主体/被精神分析者——在精神分析的临床环境中装成精神分析师的样子，甚至直接扮演精神分析师的角色？一旦我们把精神分析师实体化，一旦我们把精神分析师想象成这样的主体——身处临床环境之外的“自在的精神分析师”（an analyst in itself），精神分析师就会变成一个出自特殊模具、由特殊材料制成的新群体（就像斯大林在描述布尔什维克时所说的那样[28]），全部的僵局——“如何与主人相处”的僵局——就会重新出现。

在宣布解散其学派的短文中，拉康对“那些爱我的人”致辞。这无可置疑地表明，在他的学派中，对他的移情依然行之有效——没有出现“理应知情的主体的衰亡”。这里的拓扑结构是莫比乌斯环（Moebius strip）的拓扑结构：在精神分析的过程中，你逐渐走向结束的时刻，即对认同的穿越（traversing of identifications），但在你最终得到认可，就要成为精神分析团体的一员时，你发现自己重新回到了极其原始的群体认同形式。在最近的一个文本中，雅克-阿兰·米勒（Jacques-Alain Miller）谈到了跨性别文化的兴起和对受害者身份的痴迷。在那里，他声称自己不仅是拉康“无法形容的、持续不断的滥用权威”的受害者，而且对此心悦诚服，乐在其中：

事情已经过去半个世纪，到了我要说出实情的时候。谈虎色变，毛骨悚然。说来惊心动魄。多年以来，我一直都是我岳父那无法形容的、持续不断的滥用权威的受害者。无论公开还是私下，都是如此。它构成了真正的道德和精神乱伦罪。我屈服于比我强大的力量。我甚至心悦诚服。真是可耻！就像阿黛拉·哈内尔[29]所说的那样，还从中获得了乐趣，获得了某种快感。我永远处于分裂状态。那个恶魔40年前即已去世，对于治愈我灵魂上的创伤和修复我那受到伤害的自尊，我要提起的诉讼只会产生符号性但又是决定性的影响。[30]

如何解读这段文字？显而易见，其中包含着浓厚的反讽意味：米勒的观点是，从今天的“政治正确”文化角度看，他与拉康的关系（拉康是他生命的枢纽，是真正的主人如何改变其学生的命运的至高案例），只能显现为一个难以言表的虐待的案例。但是上述引文中，还有一个更加强烈——当然也并非有意为之的——反讽意味：无论拉康是怎样一个人，他肯定不是提倡相互认可和相互尊重的自由主义者。如此一来，怎么会出现这样的情形：在过去的几年中，米勒提议把拉康解读为自由主义者，说他对1968年的学生运动做了详尽细致的自由主义评判？如果说，曾经有过一个凶狠残暴的主人，它竭尽所能地滥用自己的权力，毫不关心这会对他人造成怎样的影响，那这个主人就是拉康。自由主义的基本信条是相互尊重，是“己之所欲，方施于人”，但拉康对此格外陌生。关于拉康，流传着许多逸闻趣事，这些逸闻趣事清楚地表明，他对他人是多么漠不关心和粗鲁无礼：在靠近他人时，他会大声打嗝，排放胃部胀气；在餐馆用餐时，饭菜点好并被送达后，如果他更喜欢邻桌客人所点餐饮，他会强行与之交换；等等。但我对米勒的上述文字的基本反应是，归根结底，那些文字是无关紧要的，也没有任何特殊意味。如果非要从中找出什么意味的话，那就是，它向我们表明，因为拉康在其学派中历来无拘无束和率性而为，他在其学派组织工作方面必定一塌糊涂，这将促使学派中的成员终结与他结成的移情关系。在他的学派中，他不是符号性的主人（一个死去的父亲，但以他的名义实施统治），而更接近神话中的原初父亲（primordial father）。

有一个具体的特征能表明为何拉康依然是“理应知情的主体”：在他死后，米勒统治着拉康的学派；在米勒的统治下，学派里面所有的新发现，都呈现为拉康本人在生命的最后岁月里所发现与阐述之物的洞见——尽管他阐释自己洞见的方式让人不明就里。简而言之，所有的新发现都必须被说成是对拉康的终极秘密的深刻洞悉，说成是对他在临终之前的远见卓识的深刻洞悉。阿尔都塞曾经苦苦挣扎，要锁定马克思的“认识论断裂”（epistemological break）的方位，我们在这里得到的，正是阿尔都塞这一行为的新版本。他先是把马克思的“认识论断裂”牢牢定位于《德意志意识形态》，但就在他作为哲学家的职业生涯即将结束时，他又声称，马克思只是在他有关阿道夫·瓦格纳[31]的评论札记里的一段话中，真正看到了自己的伟大发现的轮廓。与此类似，拉康弥留之际，他最后一个“正式”情妇凯瑟琳娜·米约[32]陪侍在侧。在米勒的圈子里有一个传言，说拉康在咽气之前曾对她低声耳语，那里面包含着他对我们这个奥妙世界的终极洞悉。

与拉康结成的经久不衰的移情关系还有另一个方面：如果有人对拉康提出哪怕是谨小慎微的批评，那么，该批评不仅会被说成是对拉康的误解而遭到拒斥，而且经常被直接临床化，被当作一种症状，从精神分析的角度加以阐释。至少在我进入拉康的圈子时，情形的确如此。当我对米勒提出一些微不足道的批评时，我的遭遇也是如此。米勒的拥戴者对此做出的反应是：“你对米勒有什么意见？你为什么要抗拒他？你是不是还有没有治好的精神创伤？”拉康曾经断言，在他的研讨班上，他是被精神分析者，他的听众则是他的精神分析师。当我们考虑到拉康的这个断言时，情形就变得更加错综复杂：一边是被精神分析者，一边是精神分析师，两者之间的分裂贯穿于拉康的著作。如此一来，在他的研讨班上，他是被精神分析者，他围绕着理论性的话题展开自由的联想，随时回到出发点并改变航向，而在他那些晦暗不明的著作中，他是“理应知情的精神分析师”，发出的都是些含混不清的语句，但是这些语句注定会激励我们这些被精神分析者兼读者对这些语句做出阐释。

移情性的群体动力（transferential group dynamics）构成了拉康学派的特征。我们不得不把这种移情性的群体动力导致的结果称为真正的伦理大溃败

（ethical fiasco），因为一旦不同的群体（或者更确切地说，不同的派系）发生冲突，领导一个群体的精神分析师通常会把被精神分析者动员起来，号召他们公开支持自己，并攻击其他群体。这违反了我心目中的基本伦理法则，因为精神分析师这样做，无异于利用被精神分析者对他的（以移情为基础的）依恋和依赖，来达到在精神分析共同体中争夺权力的政治目的。我们能否想象出，如此这般把治疗与政治相结合，会引发怎样的个人危机?

拉康学派还有一个特征令我震惊，我要在此略略提及（它令我震惊的原因非常简单，那就是我想出版一本书）。大约30年前，米勒惜墨如金，著述不多，只是做些口头干预（spoken interventions）之类的工作，但有一条不成文的禁令在他的学派中不胫而走：你不能名正言顺地著书立说，你所能做的，充其量是收集少量的书面干预记录，集腋成裘。他的许多追随者为此深感绝望，因为他们渴望发表论文，而在米勒的圈子之外发表论文是非常危险的举动。

这并不意味着，我们应该拒绝承认，与扮演主人的人物结成的移情关系还会在理论领域具有非凡的生产能力。主人的基本功能并不在于充当理性推理的模型，为采纳某种立场提供终极论据。恰恰相反，主人的基本功能在于，通过说出与我们（以及主人自己）迄今为止接受的庸见（doxa）背道而驰的耸人听闻之语，让我们惊愕失色，也就是说，通过做出只能显现为专横跋扈的姿态，让我们瞠目结舌。我记得，在几十年前召开的一次学派代表大会上，米勒当场即兴发挥，大放厥词，在谈及S1（主人能指）和S2（知晓链）的对立时，说什么超我并不站在主人一边，而是站在知晓链一边。如此言论，令所有在场人士目瞪口呆，因为我们早就接受了那个显而易见的事实：发出超我禁令（superego injunction），恰恰是至为纯粹的主人姿态，是未经慎思明辨就肆意强加于人的行为。然而，经过一番思考，我不仅要为米勒的这番言辞背书，还发现它卓有成效：我以它为基础，把斯大林主义彻底理论化，即把斯大林主义视为大学话语（university discourse）的典范个案；我还以它为基础，解读了官僚体制在卡夫卡的世界中扮演的角色。

关于弗洛伊德对朵拉[33]的精神分析，图皮南巴提议因恰如其分地澄清下列问题：精神疾病治疗中的移情（把精神分析师提升为“理应知情的主体”）是如何与癔症问题联系起来的？这里的癔症问题是：“对大他者而言，我是一个怎样的客体？”“理应知情的主体”理应知道这个问题的确切答案：“朵拉不能直接认定，对于某个大他者而言，她究竟是怎样的客体，但她可以把这个难题委托给别人。”[34]图皮南巴精彩地论证了移情在分析治疗中的关键作用：“精神分析发现，就精神上的痛苦而言，‘理应知情的主体’理应知道精神痛苦的迹象，理应告诉病人‘你患了这样或那样的疾病’，理应将精神痛苦纳入将早期创伤与当前症状联系起来的因果链中，理应期望病人自我调整，以适应有关幸福或健康的某种常规标准。这样的‘理应知情的主体’是病理的一部分。”[35]卡尔·克劳斯[36]曾经充满反讽意味地声称，精神分析本身就是它试图治愈的疾病。诚哉斯言。但克劳斯没有抓住他道破的真相的关键之处：疾病与治疗疾病之间的这种重合不是对精神分析的指责，而是以精神分析治疗为前提，移情重复/重演了疾病。

因此，我们应该放弃下列观点：扮演权威人物的主人只是一味强制推行古老的智慧和既成的观点，而变化来自“底层”，来自对主人的智慧心存疑虑的人们。我们这些理论家都是癔症病人，因此我们需要主人。在理论发展中没有民主可言：新思想并不出自逻辑严密的推理，在绝大多数情况下，它出自孤注一掷的努力——努力在主人“随意”发出的、与普遍认可的理论庸见背道而驰的言辞中发现意义。当然，如此“随意”的言辞本身并不能旗开得胜：它们可能会徒劳无功，无法引发新的理论主张，而依然是无济于事的专断之论。但至关重要的是要牢记：主人言辞的最终结果如何完全取决于我们，取决于他那些患有癔症的弟子。主人就其自身而论并非天才，他只是通过我们的辛勤努力才成了天才。这意味着，主人在完成自己的使命之后应被无情地抛弃，只留下他的本来面目，即一个虚幻的移情点（illusory point of transference）。在这里，他的悲惨现实被最终揭示出来。这是否意味着，对于（扮演）主人（的那个人）来说，这一切都已经烟消云散？并非如此。但唯一能让他活下去的机会，就是使他本人再次癔症化，重新成为被精神分析者，就像拉康在开办研讨班时所做的那样。但是，即便拉康在其研讨班中扮演的角色是被精神分析者，那也不意味着他的听众是他的集体精神分析师（collective analyst）：在这里，作为移情点的精神分析师出现的单个人物已被

"去除蒙昧"的集体取而代之，而这样的集体理应享有共同的精神分析欲望。

精神分析师（恶毒）的政治中立

然而，在政治问题上，米勒并没有表现出一个真正的主人应有的这些特征，而是经常望而生畏，退避三舍，表现出自由主义特有的陈腐平庸。例如，在过去几十年间，他把拉康对1968年学生叛乱的批判阐释为对左翼所做的自由主义批判（更不必说他在自己的研讨班上对萨科齐[37]的大加称赞如何令听众大惊失色）。这种不幸转向的庸俗根源在米勒式论证的明显荒谬中暴露无遗——其反对任何激进政治变革的三段论如下：（1）只有在没有公众骚乱的稳定的公民秩序中，精神分析的诊疗才能繁荣兴旺；（2）左翼激进分子天生想要破坏稳定的社会秩序；（3）精神分析学家应该对左翼激进分子奋起反击，因为他们危及了社会秩序的稳定。（这样的论证方式还有一个犹太复国主义的版本：在动荡不安的年代，反犹主义会突飞猛进；既然激进的左翼导致了动荡不安，那我们就应该加以反对。）

在这里，图皮南巴名正言顺地指出了米勒派的下列活动的淫荡虚假性（obscene falsity）：在法国上次举行大选时，他们发动民众，反对玛丽娜·勒庞（Marine Le Pen），认为她的当选会给法国带来威胁。尽管米勒开展社会动员的公开原因（他的第一选择竟然是萨科齐！）是为了阻止种族主义-民粹主义的右翼当选，但一切立即变得昭然若揭，其真正的标靶是部分左翼人士，因为这些左翼人士没有屈服于这样的勒索："如果你不投票给马克龙，那你就是在客观上支持勒庞。"米勒甚至为那些拒绝支持马克龙的人创造了新词——"勒庞式托洛茨基主义者"（lepeno-trotskysts）。图皮南巴可谓一语中的，因为他指出，米勒发动民众反对勒庞的行动隐瞒了一个事实：即便勒庞胜选，精神分析行业仍会不受干扰地存续。总之，这场动员实质是一场伪装成反法西斯斗争的反左翼行动。

在马尔维纳斯群岛/福克兰群岛（Malvinas/Falkland）战争爆发前一年左右，拉康派代表大会在巴黎召开，我在会上目睹了一个与此类似的事件。

当时阿根廷仍然是军事强权国家。米勒提议下一届大会在布宜诺斯艾利斯召开，这令在场的人们惊愕失色。但他的提议获得了阿根廷人的支持。他们声称，如果大会不在布宜诺斯艾利斯召开，自己（作为最强的精神分析团体的代表）会被置于从属地位——“我们何必远赴他国参会？”众多流亡海外的阿根廷人（其中多数人为了保全性命不得不逃离阿根廷）立即指出，那些一直住在阿根廷的人至少可以去另外一个国家参加大会，他们却无法重返家园，因而实际上不得不被排除在外，无法与会（否则他们会锒铛入狱）。但米勒毫不妥协，坚持自己的决定。（万幸的是，一年过后，阿根廷军事强权土崩瓦解，民主政体死灰复燃。）显而易见，在米勒看来，只要容忍精神分析这个行业继续开业，军事强权就不是问题。

不幸的是，1934年，在奥地利，精神分析共同体做了同样可悲的选择。当时陶尔斐斯[38]解散议会，实施“柔性”法西斯独裁统治。当社会民主党进行抵抗并在维也纳街头奋起抗争时，精神分析共同体要求其成员不得参与任何斗争，并继续保持正常运作——这本质上是一个维持一切照旧的决定，即使这意味着默默接受法西斯的独裁统治。显然，重要的不是民主政治，而是照常营业。

图皮南巴正确地指出，尽管精神分析治疗原则上对所有人开放，但经济因素在此以极其残酷的方式介入：有相当多的民众不仅无法负担完整疗程（以被精神分析者转变为精神分析师告终），甚至无法负担任何治疗。在面对金钱的难题时，拉康学派通常把自己限制在每次会诊的付费角色上：被精神分析者向精神分析师支付费用，以确保精神分析师与被精神分析者保持适当的距离，使精神分析师一直处在符号性债务（symbolic debt）和符号性交易（symbolic exchanges）的范围之外。第一个引人注目的重要示例是弗洛伊德对狼人的治疗：十月革命爆发后，狼人家道中落，无力再向弗洛伊德支付治疗费用。弗洛伊德不仅决定免费继续为他提供治疗，而且对他予以经济援助。结果可想而知：面对弗洛伊德的“善意”，狼人报之以偏执狂病人的症状（paranoiac symptoms）。他开始追问自己，弗洛伊德为什么要做出这样的善举，他是否心怀鬼胎，包藏祸心——莫非是想让自己迎娶他的千金？穆里埃尔·加德纳（Muriel Gardiner）继续对狼人进行精神分析治疗，直到一切真相大白，这才让狼人过上了多少还算正常的生活。那么，被精神分析者为什么会获得报酬？精神分析师和被精神分析者之间的交易是一种非常奇怪的市场交易，因为在通常的市场交易中，我要求卖方提供我需要的物品，并准备付款，但“精神分析师的工作并不是满足病人的需求”。

类似的事情也曾发生在我的身上。我在接受精神分析的过程中，终于再也无法回避一个事实——我已无力支付继续接受精神分析的费用，我要养活失业的妻子，还要抚养一个儿子。继续接受精神分析意味着彻底剥夺他们最基本的生存权利，这当然是我无法接受的。于是我向精神分析师提议暂时中止。闻听此言，他立即对我的提议做出“内在”的阐释，将其视为我对继续接受精神分析的抗拒。他对我说，精神分析可以继续进行下去，我不必马上支付费用，但每次治疗的费用加在一起，也是一笔不菲的债务，他们可以等到我有钱时，再偿还债务不迟。我相当愚蠢地接受了这个建议，幸运的是，一笔意外收入从天而降，使我摆脱了经济危机。但我的局限在于未能进一步承认被精神分析者的经济匮乏是外在于精神分析治疗的内在逻辑的一个特征，是毫无意义的社会现实碎片，不应该直截了当地将其融入精神分析的内在逻辑。

图皮南巴在论及支撑货币在商品交换中的作用的信念假设问题时正确强调了该信念的非心理地位：在市场行为中，我们并不假设他人也天真地信奉商品拜物教，我们只是假设，系统本身信奉商品拜物教。也就是说，根据商品的“表现”来判断，好像商品真的相信市场能够正常运转。正是基于这个缘故，商品拜物教不是精神分析的范畴，不能将之化约为力比多动力（libidinal dynamics）；严格来说，它是政治经济学的范畴，属于“客观”社会关系。与此相关的是图皮南巴对欲望的两个层面的区分：第一个层面是决定性主体（精神分析学家、数学家等）的欲望；第二个层面是维持各个领域（精神分析、数学）的欲望。图皮南巴声称，拉康把第二个层面的欲望化约为第一个层面的欲望：“缺乏区分数学家的欲望和数学的欲望（力求在形式体系所能支持的范围内使尽可能多的数学结构保持一致的‘思维极大化’的欲望）的概念资源，这使得拉康同样无法区分仅关注有限分析序列的精神分析师的欲望，与参与精神分析理念建制的欲望。”[39]这种区分可谓正中要害：维持精神分析师作为精神分析共同体成员的欲望不同于“精神分析师的欲望”之谜，因为后者使被精神分析者遭受创伤，并推动精神分析的进行。前者则指向参与理论-临床集体实践的欲望，在那样的实践空间中，原则上不允许任何人占据高人一等的移情点。

让我们回到金钱在精神分析治疗中模棱两可的问题上。“关心社会”的精神分析师——我进入他们的圈子时曾反复听闻——的标准答案是，首先承认这是个难题，然后提出（并实施）一种“人道主义”的解决方案：我认识不少财大气粗且功成名就的精神分析师，他们自豪地吹嘘说，他们每周会预留一两个下午的时间接待来自下层社会的病人，并免费为他们治疗。图皮南巴正确地指出，借助这种“人道主义”的解决方案，阶级区分以一种残酷无情和直截了当的方式，在下列行为的掩护下再次出现：把被精神分析者划分为两种类型，一类是“财大气粗”的被精神分析者，他们能够定期向精神分析师支付费用，也能连续接受精神分析，最后得出“合乎逻辑”的结论，并成为精神分析师；另一类是囊中羞涩的被精神分析者，他们只接受短期治疗，没有机会接受完整的精神分析，因而无望成为精神分析师。

那么，政治是如何进入精神分析过程的？阿尔都塞曾经谴责拉康解散其学派，图皮南巴对此深以为然。拉康把他的解散行为视为一种精神分析行为，视为一种姿态，他要以此表明，精神分析的治疗已经结束。由于他的这一姿态影响了一个共同体，所以它是一个政治行为，该行为否定了自身的非民主性。我当时就在巴黎。我记得，当那些不同意学派解散的会员不同意解散时（他们认为拉康是因为年事已高，已经无力做出决定，解散宣言出自米勒之手），法院同意他们的意见，即个人无权解散一个组织。既然如此，米勒身边的人不得不发动其会员，结果（勉强）获得半数以上同意解散的会员的签名，继而“以民主的方式确认了拉康的行为”。我当时的看法是（现在依然如此），在拉康学派解散时，我们不应该假装我们在处理这样一个共同体——它的生命（或死亡）是受民主规则规范的，因为拉康学派得以立足的基础是，无条件移情于拉康其人。

而且（在某种程度上），这同样适用于政治组织：维系组织的核心的可能是一个扮演主人角色的个人，他或她提供超乎既定秩序的惰性再生产

（inert reproduction of the established order）的“剩余”。在这里，我们应该改变那个标准的观念：专横跋扈的主人维持现有的秩序，个人则往往揭竿而起，反抗这一秩序。如果情形是这样的呢：个人随波逐流，无所事事，他们必须被一个真正的主人惊醒，让主人告诉他们：“是的，你能够……（超越自我，改变现状）”也许——这是一个不再时髦的假说——（以列宁主义的政党为化身的）政党形式在此提供了第三种选择：既抵制民主的诱惑，又抗拒对权威的服从。只要这个政党的组织形式把下列两者相结合，就能做到这一点：一是对伟大事业的坚如磐石的“教条主义”忠诚；二是质疑包括这一伟大事业的形式在内的一切。

在这里，布莱希特给我们提供了一条线索。在《措施》[40]的赞美政党的颂歌中（此曲在很多人眼中最成问题），布莱希特提出了一些远比初看上去更为独特和精确的东西。也就是说，情形似乎是，布莱希特一味把政党提升为绝对知识的化身，提升为对历史形势了如指掌和洞若观火的历史代理人，提升为理应知情的主体（如果真有如此主体的话），因为那里面唱道：“你只有两只眼睛，但政党的眼睛成千上万！”然而，仔细聆听歌词，就会清楚地发现，情形并非如此：在对年轻共产党员的斥责中，合唱团说党并非无所不知，年轻共产党员对占主导地位的党的路线的不同意见可能是正确的：“告诉我们该走的路，我们/会像你一样阔步前行，但/没有我们，就不要踏上正确的道路/没有我们，那道路也是/错误的道路/不要与我们分道扬镳。”[41]这意味着，政党的权威不是确凿无疑的实证知识性的权威，而是知识这种形式的权威，是一种与集体性的政治主体（collective political subject）相联系的新型知识的权威。合唱队唱词的关键仅在于，如果年轻的政党成员认为自己正确无误，那他就应该在政党的集体形式之内，而不是在它之外，为自己的立场而战。用一种多少有些感伤的方式来说，如果年轻的政党成员是对的，那么政党就更需要他，而不是别的成员。政党所要求的是，成员必须认可一个原则——把自己的“我”建立在作为政党集体身份（collective identity）的“我们”之上：和我们一起战斗，为我们而战斗，为维护自己的真理和反对政党的路线而战斗，只是不要在政党之外单打独斗。要像拉康在概括精神分析者的话语时所做的那样，就政党的知识而言，重要的不是知识的内容，而是它占据着真理的位置这个事实。

在精神分析过程中存在着治疗的最后时刻（这时被精神分析者穿越了幻象）。最后时刻之后会发生什么？图皮南巴对此做了反思。或许，我们应该在这种“列宁主义”的背景下解读图皮南巴的反思。图皮南巴从字面上（并且比大多数研究拉康的学者更加严肃地）接受拉康的主张，即精神分析过程的最后时刻是以被精神分析者转变为精神分析师为标志的，并把这一主张与拉康的“过关”（*la passe*）观念相结合。“过关”（passage）是一个程序，它使某个主体成为该学派的精神分析师。在这个基础上，图皮南巴无畏无惧地描绘了拉康的主张和观念的后果。拉康宣称，一个精神分析师只能自己授权自己。但是，正如他随后语含讥讽地补充道，他必须确认，他是否真的已经自己授权自己（否则任何一个白痴都可以自称精神分析师）。在这里，一个新的集体性维度脱颖而出：我们不再处于被精神分析者和精神分析师之间的亲密关系中。被精神分析者公开自己要成为精神分析师的意愿，但首先被要求提供一份证词。证词的内容是，以向学派中通过抽签选出的两位普通成员——“通关者”（*passeurs*）——讲述自己的故事为幌子，阐述在接受治疗的过程中对自己的重新认识。简而言之，在（作为）理应知情的主体（的精神分析师）衰落之后，被精神分析者不得不成为他自己的“理应知情的主体”。

这里发生的巨变是，被精神分析者作为精神分析师头衔的候选人，不得不以这样的方式来组织他的证词，即在证词中抹除有关纯正的主体真相的所有痕迹，或者说得更确切些，在证词中使纯正的主体真相变得无关紧要。他的主观阐明立场荡然无存，真正重要的是被阐明的内容。被精神分析者不得不以这样的方式组织其证词，以便让那两个普通和中立的、对被精神分析者的主观挣扎（subjective struggles）一无所知的“通关者”能够理解证词，但理解之后又能如何？不过是径直将其转交由学派中的三名精神分析师组成的裁判委员会，然后由裁判委员会确认（或否决）候选人的精神分析师资格而已。既然如此，为什么不允许候选人直接向裁判委员会提交证词？为什么不允许他和裁判委员会直接接触？那是为了防止任何草草地结案，为了防止裁判委员会充当初选机构，因为如此一来，裁判委员会就会与候选人有深入的个人接触，也就有了接触真相的机会。一切都要在公共知识的层面上进行，而这样的公共知识完全可以由两个普通的白痴负责传送。（我们情不自禁地注意到，这与司法判决——在由自由主体组成的社会中形成的司法裁决——不乏相似之处。正如黑格尔所言，在那样的社会中，判定某人无罪还是有罪的人不是法官，而是通过抽签选出的陪审团，而且陪审团由被告的同侪组成，不由拥有某种特殊能力或特定资格的人组成。）

图皮南巴进一步指出，被精神分析者的证词所要达到的目的，不只是向陪审团证明，它符合早已确立的理论庸见，也就是说，证明被精神分析者能够用拉康理论的术语来阐释自己。理论和（临床）实践的关系错综复杂，所以理论从来不只是有关实践的理论，它还是有关实践的局限性的理论；实践从来不只为理论提供"实例"，它还生产实例，取代和转化理论的洞察力。这意味着候选人的证词具有促成和改变理论领域的潜力。套用T. S. 艾略特的至理名言来说，每个新的理论洞察力都会改变整个昔日的理论大厦。[42]

那么，"过关"的这一颠覆性内核是如何在拉康学派的实际运作中丢失的呢？拉康运动陷入困境，其根源在于"拉康意识形态"：明修栈道，暗渡陈仓（a double move）。图皮南巴将其描述为：（1）赋予精神分析者彻底的认识论特权——由于精神分析根植于独特的临床群集（clinical constellation），它能够看到科学（排除主体）、哲学（最终只是掩盖不可能之裂口的世界观）和政治（仍然局限于想象和符号性的认同以及群体形成的领域）的构成性匮乏（coustitative lack）或构成性盲目。（2）悄然切断精神分析理论与临床场域的具体根源，通过意识形态将其提升至一种普世地位，默认其本质上优于一切其他话语。如此一来，能指的逻辑（logic of the signifier）或话语的理论（theory of discourses）实际上变成了一种新的本体论。如此明修栈道，暗渡陈仓的典型案例是米勒在其政治运动——国际精神分析运动（Zadig）——中对精神分析所做的政治化。在这场政治运动中，借助于拉康的术语，自由-民主的选择被直接合法化。

图皮南巴难道不正是在代替拉康践行其书中盛赞的分析治疗终决时刻吗？也就是：穿越幻象，并在证词中对支撑着移情的非符号化障碍进行命名和叙述。通过指出拉康的致命局限，我们能够摆脱对拉康的移情：我们不再陷入拼命破解拉康的终极奥秘的无止无休的过程；我们终于知道，拉康本人是如何陷入那个难以捉摸的过剩得以浮现之空间的公式。我们没有破解那个谜团，套用黑格尔关于古埃及人谜团的那句名言[43]来说，我们终于明白，拉康呈现给我们的谜团，我们在阐释拉康时试图破解的谜团，对拉康来说也是谜团。我们还明白，这个谜团脱胎于一个精确的理论僵局（precise theoretical deadlock）。

为了打破“拉康意识形态”的围墙，图皮南巴调用了柄谷行人精心阐述的“视差”概念。且以赤裸的人体为例：我们可以把它视作色情客体，这意味着我们强行从生物学或医学的角度剥离所有有关它的事实（皮肤下的腺体及其分泌物，内脏器官的平稳运行）。为了注意这些生物学或医学的事实，我们必须对赤裸人体予以去色情化处理。上述两个视角互不相容，两者之间不可能形成更高级的综合。精神分析的治疗也是如此：把成双配对的被精神分析者和精神分析师人为地割裂开来，创造了它自身的现实。但精神分析的治疗还有其他方面（比如金钱的作用），这些方面无法用移情动力学（transference dynamics）固有的术语予以解释。因此，在面对精神分析时，我们应该把它的三个维度——理论维度、临床实践维度、组织维度——视为由三个不可化约的维度组成的波罗米结[44]：“我们并不赋予它的任何组成部分以特权，将其视为对整个模型的起决定性作用的因素。”[45]这道理同样适用于精神分析如何在其全部维度上与社会生活相联系的问题。当拉康派以实际行动将精神分析理论的地位提升为一种普世密钥，使他们能够对政治现象和经济现象拥有最终决定权时，他们就会深陷意识形态的泥潭而无力自拔。就这样，他们甚至忽略了正在他们的组织中发挥作用的政治动力（political dynamics）。

我的批判性观点是，由三个维度组成的波罗米结并不能充分有效地运作，因为整体总是由整体中的某个组成部分过度决定的。要考察这种过度决定，就需要一个特定的理论。在这里，只有精神分析理论是不充分的。我认为——我必须以一种非常传统的方式承认——这是哲学的妙用之所在。所以还要给波罗米结添加一个维度，使之形成3 + 1的形态。也就是说，还要用哲学来补充由科学（理论）–临床–组织组成的这辆三驾马车。哲学不是古老的普遍形而上学（metaphysica universalis），即对宇宙的总体看法。哲学自己很清楚，没有中立的普遍性，每个普遍性都是被特定的领域全然决定的，只有在这个特定的领域里，普遍性才能得以阐述。但哲学自己也知道，每一个具体的情形都必须根据一个更加普遍的维度来阐释，具体的情形也出现在这个更加普遍的维度上：历史的相对化（historical relativization）不能将其自身相对化，因为它预先假设自己具有普遍有效性。

一边是精神分析的诊所，即人为的精神分析机构；一边是脱胎于这些诊所的普遍性理论，如能指的理论、四种话语的理论等。两者之间的关系矛盾重重，让我们来处理分析。是的，弗洛伊德的理论根植于人为的临床经验，但精神分析理论的任务不只以这种方式相对化自己，还要从人类陷入的普遍困境的角度来解释临床经验等事物的可能性：我们如何建构符号空间，才能使被精神分析者和精神分析师按照其自身的方式运作，尽管这样的运作与主体间交流的标准形式相抵触？这个深不可测的循环是真正的哲学反思话题。沿着这样的思路，弗洛伊德都看到了什么？他将精神分析列入了“无法从事的职业”名单，这本身清楚地展示了他对上述问题的答案：精神分析理论不仅是临床实践的理论基础，还能解释临床实践注定失败的原因。正如弗洛伊德曾经简明扼要地阐明的那样，精神分析只有在不再需要它的情况下才是可能的。

历史化之局限性

精神分析临床的历史化具有怎样的蕴含？哲学的方法使我们能够以适当的方式回答这个问题。图皮南巴在这里恰当地引用了康德对下列两者的区分：一者是否定判断（negative judgments），即否定“某个谓词”（predicate）的判断，如“他不是死的”（he is not dead）；一者是无限判断（infinite judgment），即肯定“否定谓词”（non-predicate）的判断，如“他是不死的”（he is undead）。沿着同样的思路，图皮南巴提议把下列两者区分开来：一者是对积极普遍的否定，一者是对消极普遍的肯定：

> 仅从其结构方面考虑，弗洛伊德的研究可能看上去只是对积极普遍的否定——一场坚定不移地把临床实践和元心理学理论（metapsychological theory）绑在一起的运动——因此看起来像是一个静如止水的过程，只涉及精神分析师及其颠覆性的立场，同时不断地重申主体性的潜在僵局。但这个画面所缺少的，是一种基本的动力，通过这种动力，先前被人信奉的普遍主张蕴含的矛盾丰富了我们对“如何倾听新病人的倾诉”这一问题的理解：这是对可能性之空间中存在的、被人们认为是不变之物的改变，因而也是对消极普遍的肯定。之所以这么说，是由于性化的结构性僵局（structural impasse of sexuation）的加剧与我们能够倾听的个人主观解决方案在空间上的扩展密切相关。[46]

在这里，我们看到了问题的症结之所在：虽然完全赞同这一思路，但我只是想做个稍微不同的解读。“对积极普遍的否定”仍然陷入黑格尔所谓的“坏的无限性”（bad infinity）之中：它的过度动态化本身就是“静态性”的，它作为一个过程在“后现代”的历史主义相对主义那里达到了顶峰。积极的普遍性均被“解构”，其普遍性是如何有所侧重的，它是如何神不知鬼不觉地特权化、永恒化一个实为偶然历史变量的内容，均被揭露。但我们应该始终牢记，历史化本身也可能是意识形态，这不仅是因为它把明显根植于我们时代的历史化的步骤（procedure of historicization）应用于所有的时代，而且更重要的是，它还把某个领域的基本特征化约为一个历史变量。

沿着这样的思路，弗雷德里克·詹姆逊拒绝接受曾经风靡一时的“另类现代性”（alternate modernities）的概念，即拒绝接受这样的主张：我们西方的自由资本主义的现代性只是通往现代化的途径之一，而其他途径可以避开我们的现代性所陷入的僵局和存在的对抗。一旦我们意识到，“现代性”归根结底是资本主义的代号，就不难发现，对我们的现代性所做的历史主义相对化，实则是由一种试图规避资本主义构成性对抗的意识形态幻梦所维系的——法西斯主义不就是另类现代性的典范个案吗？以与此极其类似的方式，把性征的僵局（impasses of sexuality）化约为一个特定的历史星丛（如西方男权制）就会为这样的乌托邦——存在着既不陷入僵局又不变态的充分性征（full sexuality）——开辟空间。正如弗洛伊德已经证明的那样，僵局和变态就栖居在“性征”这一概念的内部。

且以影片《卡萨布兰卡》的著名结尾为例：里克（Rick）让他的挚爱伊尔莎（Ilsa）和她的丈夫一起逃往里斯本，而他却决定与雷诺上尉（Captain Renault）一起加入抵抗纳粹的队伍。可以把这个结局解读为在困境中的道德抉择：当需要团结起来，共同反抗法西斯主义时，人们不得不牺牲个人的前程。然而，我们也可以在此援引拉康的格言“根本不存在两性关系”（*Il n'y a pas de rapport sexuel*），并对上述结局做出截然不同的解读：两性关系极其混乱，摆脱这一混乱僵局的唯一方法是组建一个完全由男性构成的战斗群体。这一解决方案蕴含的讽刺意味极其强烈：男人只能通过逃往真正的战场来逃避两性之间的“战争”（对抗）。

摆脱这种意识形态僵局的出路，是用“对消极普遍的肯定”来补充“对积极普遍的否定”，即用“构成整个领域的不可能性”来补充“对积极普遍的否定”：是的，所有的“积极普遍”都是相对的、不稳定的、可被转化的，但之所以如此，并不仅仅因为现实的形式是动态的和变化的。积极的构成多次尝试解决相同的潜在对抗，但真正引发变化的，却是在尝试解决这种对抗时遭遇的最终失败。拉康的消极普遍之一就是提出“根本不存在两性关系”。这么说意味着，仅仅指出传统性别二元对立具有的内在不稳定性和历史特性是不够的，我们还应该补充说，性别关系的每一种确定形式，无论这种形式有多么开放和灵活，都无法克服构成人类性征的不可能性。

也许蜜蜂之间存在着某种性关系。雄蜂（drone）作为雄性蜜蜂，它与雌性工蜂不同，它没有螫针，既不采集花蜜也不收集花粉，没有工蜂的帮助，就无法觅食。雄蜂的唯一作用就是与尚未受精的蜂后交配。交配发生在飞行之时。如果雄蜂成功交配，发生的第一件事情是雄蜂体内的所有血液都涌向其内生殖器，这会使它对整个身体失去控制。于是它的身体脱落，只留下一部分内生殖器黏附在蜂后身上，以便引导下一个雄蜂顺利找到蜂后。对于充分的性关系来说，这是不是付出了过于高昂的代价？难怪拉丁文把雄蜂称为“*fucus*”，它还有“假装、伪装、佯装”之意，而“*fucum facere*”的意思并非交媾，而是“要诡计”。难怪“drone”一词今天被广泛用于遥控飞机，即无人机。[47]无人机不就是从人体上脱落下来并被遥控的阳具吗？

因此，至关重要的是，要密切关注意识形态局限是如何沿着两个完全相反的方向运作的。意识形态不仅把特定历史情境永恒化，而且把历史情境化约为构成整个领域的某种事物的特定偶然属性。一方面，意识形态赞美资本主义，将其视为最适宜、最合理的经济秩序。另一方面，对危机和对抗——正是危机的对抗构成了资本主义的特征——不屑一顾，认为它们只是由于发生了特殊的偶然情况才偏离了正确的道路，同时认为另外一种资本主义——完全避开危机和对抗的资本主义——是完全可能的。

说到意识形态局限的这种两栖性（amphibian status），我认为图皮南巴对“结构辩证法”的批判是有问题的，这一批判基于他将现实历史化的尝试：“能指的逻辑”，作为结构辩证法的核心，将陷入围绕其构成性不可能性的自我指涉运动的差异结构本体论化为一个普遍框架，而现实在这个框架内作为这种结构的“不可能”出现，并因此作为一种非历史的限制——作为定义结构本身的难以捉摸的过剩。不过，这种能指的逻辑本体论化忽视了下列事实：能指的逻辑根植于人工制造的精神分析情境，产生于由精神分析师和被精神分析者构成的“临床空间的闭合”（enclosure of the clinical space），而实在界是被排除在这种情境之外的“不可能性”，是可以作为另外的广泛现实的一部分加以分析的历史变量。

我们现在能够理解，对图皮南巴而言，可以在何意义上说，拉康的局限性最终应该归咎于他的“哲学承诺”。拉康提升能指的逻辑地位，认为它是先天本体论性的。这时，他的局限性已经昭然若揭。能指的逻辑——我们应对现实的终极框架——当然不是同质性（homogeneous）的逻辑框架，它以自我反思的方式被扭曲，被挫败，并围绕着它内在的不可能性被建构。不过，由于它为我们应对现实提供了一种先验的框架，所以躲避它的东西本身不能通过概念化成为另一种现实，而只能显现为一种有限现象（limit-phenomenon），一种难以捉摸的虚拟参照点，而这样的虚拟参照点最终只能由下列事实来界定：我们对它可望而不可即。出于对退回到天真的实在论的恐惧（这种实在论假设存在一个符号框架永远无法完全捕捉的外在现实）拉康提出了他自己特有的维特根斯坦式格言："我们的语言的局限就是我们的现实的局限。"[48]我们的符号空间围绕着一个难以捉摸、无从把握的点位（point）循环，不应该把这个事实加以简化，把它视为我们的认知受到限制的标志，这种不可能性也必须适用于现实本身。我们想把握实在界是不可能的；不仅如此，实在界本身就是不可能的。它与其自身的不可能性完全一致。图皮南巴相当鄙夷地提到这个双重的不可能性——拉康主张：试图把握实在界的企图注定会失败；只有通过这种失败，我们才能触及实在界。图皮南巴把拉康的这些看法视为"无能的证明"："模型的无能被视作证据的强劲"。[49]

正是在这里，我不同意图皮南巴的看法。我认为他不费吹灰之力就抛弃了"无能的证明"具有的颠覆性力量，因为它展示了一个至关重要之处。在这个至关重要之处，拉康的母题（motif）与黑格尔式母题遥相呼应。拉康的母题是把两种匮乏（主体的匮乏和大他者的匮乏）相互叠加，黑格尔的母题是把难题/僵局当成解决自身问题的方案。在我先前的著作中，我鬼使神差般地不断回到这个母题，借助各种示例——如阿多诺对社会观具有的对抗性特征所做的著名分析——来说明问题。在第一种方法中，存在着两种社会观：一种是盎格鲁-撒克逊的个人主义-唯名主义的社会观，另一种是埃米尔·涂尔干的有机主义的社会观（根据这种社会观，社会作为一个整体先于个人而存在）。这两种社会观之间的分裂似乎是不可化约的，我们似乎面对着一个真正的康德式的二律背反，它无法通过更高的"辩证综合"来化解，因而把社会提升为一个不可接近的物自体。然而，在第二种方法中，我们不应仅仅谈论这个激进的二律背反，这个似乎阻止我们理解"事物已经是事物自身"（the thing already is the thing itself）的二律背反。今日社会的基本特征就是总体与个体之间不可调和的对抗。这意味着，归根结底，实在界的地位是纯粹平行性的，因而也是非实体的：它本身没有实体性的密度（substantial density），它只是两个透视点（points of perspective）之间的鸿沟，只有从一个透视点转到另一个透视点，我们才能感知它的存在。职是之故，视差实在界（the parallax Real）与标准的（拉康式的）实在界的观念截然相反。根据标准的（拉康式的）实在界的观念，实在界"总是回到它当初的位置"，也就是说，在所有可能的（符号性）宇宙中都一成不变。与此相反，视差实在界恰恰用来说明，同一个潜在的实在界具有种类繁多的表象。它不是始终如一的硬核，而是争论不休的硬骨，它把同一（sameness）粉碎成众多的表象。

在图皮南巴看来，就"无意识是实在界的称谓之一"而论，如此这般地拒绝思考实在界自身，如此这般地把实在界化约为"其自身不可能性"之标志，也是"拉康在迫不得已的情况下，认为必须把无意识理解为一个'伦理'实例，而非一个精神分析概念的原因"。[50]但我认为这是一个错误的替换："伦理"在这里是一个精神分析概念，指的是弗洛伊德的那个表达式——"无论本我去了哪里，自我都要紧随其后"——中的应然维度。这指向拉康拒绝将无意识本体论化为主体心理生活的实质性基础。我们在这里遇到了货真价实的"无能的证明"：无意识的可望而不可即不仅是我们认识论局限的标志，是我们无法涉足另一个场所（无意识在那里"充分存在"）的标志，而且无意识"本身"并不充分地存在，因为它栖身在既非存在亦非不存在（neither-being- nor-not-being）的领域。

性化表达式

图皮南巴批判拉康依赖于"无能的证明"，这激发了他对拉康的性化表达式（formulas of sexuation）的解读。他声称：

> 拉康在这里默默地重新引入了下列两者的区别：一是精神空间这个实在界，它是"他者中的他者"（other-in-the-other），充当着欲望的结构性不满的成因；一者是弗洛伊德在其理想理论（theory of ideals）中用"×"标记的实在界，它是对"物"（thing）彻底改变，而"物"则超越了其再现性理解（representational apprehension）。倘若不暗示存在着"前符号性"的能指，这种差异是"结构辩证"（structural dialectics）的语法很难维持的。[51]

果真如此？让我第20次重返我的经典示例之一，即克洛德·列维-斯特劳斯（Claude Lévi-Strauss）在其《结构人类学》中对北美洲五大湖部落之一的温尼贝戈（Winnebago）部落的建筑空间布局所做的典型分析。在这里。该部落分成两个子群体（“一半”），一个“高高在上”，一个“低三下四”。当我们要求某人在纸上或沙上画出他/她所在村庄的平面图（村舍的空间布局）时，我们会得到两种截然不同的答案。具体是哪一种答案，取决于他/她属于哪一个子群体。他们都把村庄感知为一个圆圈，但对于其中一个子群体来说，在这个圆圈之内，还有另一个圆圈，它的里面是位于中心地带的房屋。如此一来，我们就有了两个同心圆。对于另一个子群体来说，这个圆圈被一条清晰的分界线一分为二。换言之，第一个子群体的成员——不妨称之为“保守的-社团的”成员（conservative-corporatist）——把村庄的平面图感知为一个圆圈，里面的房屋或多或少地、对称性地分布在中央寺庙周围，而第二个子群体的成员——不妨称之为“革命的-对抗的”（revolutionary-antagonistic）成员——则把他/她的村庄感知为由一条无形的边境线[52]分隔开来的两组截然不同的房屋群。[53]

列维-斯特劳斯想要说的是，这个例子绝不应该使我们陷入文化相对主义。根据文化相对主义，对于社会空间的感知取决于观察者的群体归属：这两种“相对”感知的分裂，暗示了对某个常数（constant）的隐含指涉。这个常数不是客观的“实际”的建筑布局，而是一个创伤性内核，是一个根本性对抗，村民无法将其符号化，无法对它做出解释，无法将其“内在化”，无法通过达成妥协来接受现实。这是一种社会关系的不平衡，因此社区无法获得自身的稳定，更无法成为和谐的整体。对平面图的两种感知，也只是两种相互排斥的努力。它们都在努力应对创伤性的对抗，努力打起精神，强行画出平衡的符号性结构，以此疗伤。

我们在此看到了下列两者间的明确区分：一是外部的现实，是“实际”的、“客观”的房屋布局；二是在两种不同的符号化的冲突中宣告自身确实存在的实在界，而这两种不同的符号化以变形的方式扭曲了实际的布局。这里的“real”[54]不是实际的布局，而是某种社会对抗的创伤性内核，它扭曲了部落成员对村内房屋实际布局的看法。我们可以毫不费力地从当代政治生活中举出许多类似的例子。比如，如果让特朗普的坚定支持者或自由主义的中间偏左派（liberal center-Left）的坚决支持者来描述美国政界的基本坐标，那我们会得到截然不同的描述（特朗普会把自己描绘成勤劳人民的代言人，说自己反对腐败堕落的、不爱国的“人民的敌人”，而自由主义的中间偏左派会把自己描绘成人权和自由的最后堡垒，说自己反对法西斯主义的煽动行为）。这种对立就是实在界，它并不来自对社会现实的如实描述，而是来自对抗，对立的双方都以各自的方式模糊了这一对抗。[55]

所以我认为，不仅图皮南巴批判性地称之为“结构辩证”的东西可以把精神空间这一实在界与外在的实在界区别开来，而且它们之间的区别正是“结构辩证”的基本特征。“一边是从有限的观点来看，什么是难以企及的，一边是外部世界的无限性，把这两者区别开来”[56]，对于拉康来说易如反掌。因此，当图皮南巴声称“在结构辩证中，无限只能被认为是难以企及的，只能是有限的绝对他者（absolutely other），因此只是虚拟的在场，只是间接的补充”[57]时，他似乎忘记了真正的无限哲学家（philosopher of actual infinity）——黑格尔——给我们提供的教益：真正的无限并不是对有限的外在的超越，而是对有限自身所做的内在的自我中介。

现在我们进入了图皮南巴在批判拉康时展现出来的另一个核心主题，即他做出下列行为所采取的方式：他先是责备拉康，说他的“结构辩证”不能积极地思考真正的无限自身，而只能从有限的立场出发，把真正的无限视为一个永远难以企及的极限点，然后把他的责备扩展至对拉康的性化表达式的批判性解读。为了稍加简化论证的思路，图皮南巴将“阳具崇拜”（phallicism，性化表达式的男性一面）等同于闭合的逻辑（有限集合的整体化）。闭合的逻辑将所排除之物生成为不存在之虚拟剩余（virtual excess，逃离语言的剩余）。尽管拉康以表达式中女性化的一面来避开这个闭合的逻辑，但他最终依然按照男性面显现自身的方式来构想女性面（无限女性享乐，*jouissance feminine*），把女性面视为一种因为处于语言（能指）之外而没有自身积极实在的剩余。但是，既然拉康的“结构辩证”（其核心是能指的逻辑）归根结底是对言语在精神分析中发挥作用的方式所做的非法普遍化（illegitimate universalization），那我们就不应该把女性享乐设想为“结构上难以企及”的东西，而只能把它设想为“目前处于我们的控制范围之外”的东西：如果我们以一种新的方式来界定精神分析的场景，用能指的逻辑范围之外的公理来补充它，那我们也可以把"'女性享乐'与精神分析领域本身的公理转换（axiomatic transformation）联系起来"[58]。图皮南巴很清楚，弗洛伊德通过倾听女性（癔症）主体的心声，通过倾听她们破坏"阳具"权威的故事，获得了精神分析的奠基性经验，但他同时又限制了这种经验的整体范围：

> 有一个"领域"，阳具崇拜即其功能。如果这个"领域"就是语言自身，那么这个无法通过Φ（阳具能指）或通过否定Φ而获得的无限补充物，就只能处于语言自身之外——这会使精神分析的原则矛盾重重。然而，如果正如我们在整个研究过程中反复论证的那样，这里利害攸关的领域只涉及精神分析中的言语，那么假定存在不确定的延伸——这是我们不能通过简单地进行自由联想的过程来断定的——并不需要指向结构上难以企及的东西。这还可能意味着，它目前处于我们的控制范围之外，但它可以通过一个公理性机构（axiomatic institution）进入临床工作。简而言之，通过认识到言语在精神分析中的区域地位，我们将能够平等地认识到"女性享乐"与精神分析领域本身的公理转换之间的联系——事实上，这种联系在精神分析思想史上的记载远远不止这些。[59]

因此，阳具逻辑（phallic logic）的认识论蕴含是明确的：因为它只能把处于符号空间之外的激进他者性（radical otherness）想象为这个空间本身的内在过剩（immanent excess），且没有自己的地位，而且因为这种内在过剩是我们的力比多（精神）现实的一部分，它必须"概括精神实在界的属性，将其置于冷漠的他者性之上：'非能指之物'只有当它在示意链（signifying chain）中被标记为绊脚石，且绊脚石被替换为一个并不实际存在的幻象性例外时，才能存在"。[60]女性享乐（非全体逻辑）似乎能规避这种僵局：它"优先考虑弗洛伊德图式的'外部未知物'（external x），使符指（signification）本身的封闭空间沉入世界对符指的外在化中。在这个图式中，我们总是处于外部：没有地方存放符指的例外（exception to signification），但也无法确认处于这种功能之下的空间的封闭一致性”。[61]然而，这种突破阳具领域的努力受到了致命的限制：拉康性化表达式的致命限制是：

> 正是源于未能以自身术语思考无限性，亦即未能接受实际的无限性不仅是有限性的极限点，更是向Φ之外诸多功能的敞开——这些功能界定了可数无限集与不可数无限集之上可能的转型。[62]

这么说经得起推敲吗？没错，拉康在《再来一次》（*Encore*）中的某些表述的确有些含糊（他确实认为女性享乐的特征是处于语言之外的过剩），但他论证的核心部分是清清楚楚的：无需借助“Φ之外的功能”把女性特质（femininity）概括为女性特质“本身”，而不只是阳具功能的剩余。要看到这一点，我们只需一心一意、逐字逐句地阅读拉康的著作。说“女性享乐”既不能通过Φ，也不能通过对Φ的否定来获取，显然是无稽之谈，因为拉康就是这样阐述这个问题的：在性化表达式中，女性特质是依据它（毫无例外地）完全沉浸于阳具功能来界定的。正是基于这个原因，颇具反讽意味的是，女性地位更多（而不是更少）地沉浸于“阳具崇拜之域”。我在解读性化表达式时，情不自禁地得出了与之完全相反的结论：拉康的女性性化表达式不正是精确地实施了对任何类型的“他者性的原始身份的承诺”的征服吗？把“未被阳具崇拜封闭的东西”外化为一种深不可测的他者性，这不正是男性表达式（男性化表达式）的一部分吗？或者说得更传统一些，那种试图在男性符号性秩序之外构想一个实体化女性存在的理念，其本身难道不正是男性意识形态的固有成分吗？

图皮南巴当然明白，拉康的性化表达式远远超出两性之间的关系。作为一种澄清其他关系的手段，它是卓有成效的。例如，一边是（作为经典无产阶级之残余的）无产阶级和蒲公英族[63]发挥的功能与拉康表达式中的男性和女性发挥的功能毫无二致。无产阶级显然是一个基于例外（失业这一永恒的威胁）建构的全部（充分就业与被剥削者），而蒲公英族则内化了这个外部限制：他们失业（没有固定的工作），一直在寻求与人签订短期劳动合约，从这个意义上说，他们“并非全部”，因为他们的身份分散在多个临时身份之中。[64]此外，鉴于图皮南巴如此坚持历史性（historicity），我们应该挑明，性化表达式也能用来把握真正的历史性与纯粹的历史主义（historicism）之间的差异。

历史主义显然是男性化的：所有的社会现实归根结底都是偶然性的，都是在特定的历史环境中构建起来的，根本不存在超历史的要素，意识形态的基本形式就是使某个特定的历史内容永恒化。然而，这种历史主义的做法使自己的立场得以豁免，使自己的立场不受历史相对主义（historical relativism）的限制。历史主义的立场被不声不响地普遍化。也就是说，历史主义把相同的历史概念应用于所有历史时代。当我们就反本质主义的论点——所有形式的社会身份都是偶然的建构物——提出一个简单问题时，我们就能看到这种例外。比如，当性别理论（gender theory）的支持者声称每一种性别都是偶然的历史建构物时，这是否同样适用于我们的晚期资本主义社会，以及史前的部落社会或狩猎社会？如果答案是肯定的，那我们就不得不做出这样的推测：我们生活在一个特权化的时代，在这个时代，每个身份的历史偶然性都是一目了然的，也就是说，我们被人抓了现行，因为我们在赋予自己的时代以特权。

恰恰相反，从拉康的性化表达式的角度看，真正的历史性的基本特征是女性化的：它废除了这个例外，也就是说，它先是把自己的立场相对化，继而把自己的历史性概念历史化。正是从这个意义上说，黑格尔是彻头彻尾的历史主义者：对他来说，随着历史时代的发展，普遍的历史观也在变化。因此，这种做法不允许对历史性额外开恩，因此它“并非全部”：根本不存在单一的、普遍的历史性概念，因为这个概念本身就处于历史变化的过程之中。历史主义还不够彻底，因为它没有顾及下列事实，即每一次历史断裂都不只是历史内部的断裂，它还改变了历史这个概念本身。正是出于这个缘故，我们不要认为弗朗西斯·福山在20世纪90年代提出的历史终结论荒诞无稽，并一弃了之。在全球资本主义大获全胜之后，历史的感知方式已经发生变化。而且，从某种真正的形而上学意义上说，我们已经完全沉浸于全球数字网络，这使我们的整个传统立刻触手可及，也标志着我们此前熟知的历史经验的终结。我们已经“感到”，在某种意义上，网络空间“更加真实”——比外部的物理现实更加真实：它是柏拉图式理念领域（the Platonic realm of ideas）的一个复杂版本，在这个版本中，所有已经发生和正在发生的事情都被刻在一个与时间无关的共时秩序（an atemporal synchronous order）上。在我们通过感官所体验的物理现实中，事物永远处于流变，万物注定消逝，唯有当现实被记录于网络空间时，它才获得完整的存在。

真理的变幻莫测

我们现在清楚地看到，黑格尔并非单纯描述不同真理-话语（truth-discourse）的历史主义相对主义者。在这一点上，他与福柯之间有关键的区别。在黑格尔看来，每个话语都蕴含着它自身的真理观，但每个话语都是前后矛盾的，都陷于内在的对抗；辩证运动则揭示了一种话语如何通过其内在的“矛盾”过渡到另一种话语。然而，在福柯看来，不同的话语只是共存而已，彼此漠不关心。可以把福柯的真理观概括为：真理/非真理并非我们的陈述（statement）的直接属性；在不同的历史条件下，不同的话语各自产生自己特定的真理-效应（truth-effect），也就是说，它们蕴含着它们自身用以判断“何种价值为真”的标准：

> 问题并不在于为下列两者划定边界：一者在话语中属于科学性或真理的范畴，一者属于其他的范畴。问题在于历史地考察，真理的效应是如何在既非真亦非假的话语中产生出来的。[65]

科学以其自身的术语来界定真理：一个（可用清晰的、明确的且最好是正式的术语来表述的）命题的真理，可以通过人人皆可重复的实验程序来确定。宗教话语以与此不同的方式运作：它的“真理”是通过复杂的修辞方式确立的，复杂的修辞方式派生出这样的体验——我们生活在一个充满意义的世界中，而这个世界被一个更高的力量仁慈地控制着。［彼得·斯洛特戴克在其最后一部著作中分析了神诗（theo-poetry）的不同模式，即“让诸神开口说话”的复杂修辞形式。[66]] 此外，像是传统神话、艺术、日常生活等每一种话语都有自己的真理–效应。但是，话语本身“既非真亦非假”，这究竟是什么意思？话语领域在何种意义上可以成为真理的中立背景？显而易见，这里需要元理论：福柯关于话语的真理–效应理论本身处于何种地位？在某种（何种？）意义上，它显然旨在成为真理：他对此进行论证，提供论据和示例，等等。

此外，科学不只是一种话语，它还以与众不同的方式触及实在界（在科学知识的基础上，我们可以改变生物基因，可以利用原子能，等等）。职是之故，只说它是带有特定真理–效应的一种话语是远远不够的。这又把我们带到了科学和精神分析之间暧昧不明的关系问题上。弗洛伊德本人仍然是一位科学家。他认为他的精神分析只是权宜之计，一旦神经生物学能够最终解释我们心灵的功能，精神分析就会被无情地抛弃。

但在拉康看来，精神分析并非科学，至少不是现代意义上的正规的自然科学。为了阐明科学的身份，他援引了亚里士多德对四种因果模式的区分，它们分别是质料因（material cause）、形式因（formal cause）、目的因（final cause）和动力因（efficient cause）。如果一个木匠做了一张桌子，那他做桌子所用的木料就是桌子的质料因；他用木料实现了自己的构想，这个构想就是形式因；他的劳作就是桌子的动力因；桌子的用途即其目的因，也就是他制作桌子的原因。拉康把因果律的这四个方面应用于他的真理观。正如黑格尔所言，真理即我们的理念/判断对于客体的适当性[67]，它应当由一个更高的真理形式加以补充：真理即客体本身对其理念的适当性[68]。如果隔壁房间真的有张桌子，那么“隔壁房间有张桌子”的理念就是适当的；不仅如此，如果这张桌子本身是一张有用的桌子，即与其理念相符，那它“真的就是一张桌子”。黑格尔那个备受非议的断言的真正内容就在这里：如果事实与理论不符，“那错在事实”。如果一张桌子不符合桌子的理念，那错在桌子。也许事实/理论、桌子/理念的对立与亚里士多德关于质料因和形式因的对立完全一致：当我们参照物质现实来验证某个陈述，并据此认定它为真时，作为质料因的真理在发挥作用，而下列事实——经验客体与有关该客体的理念相符——则涉及形式因：一张用质料做成的桌子，只有当它与有关它的形式/理念相符时，才是一张“真正的桌子”。科学是在经验主义和理念建构这两个极端之间摇来荡去。当然，数学不在此列。不妨以量子物理学为例：虽然它是理念性的，但它成立与否最终取决于测量的结果，尽管我们必须在此说清楚，要把实在界与现实区分开来：一者是可做经验检测的现实，一者是难以表征的量子宇宙的实在，而且后者从我们的角度看，也是一种建构物。

与科学相反，精神分析是把真理视为有效因所导致的结果。真理的直接的有效因不正是魔法思维[69]的特征吗？在魔法思维中，你只要念念有词（祈祷或诅咒），现实中就会发生某些事情（天降大雨、身强体壮，或者敌人气绝身亡）。萨满教化的主体（shamanizing subject）只在结构和能指的范围之内行事：“正是以能指的形式，预期在自然中必然发生的事情终于发生了：雷雨、流星和奇迹。”[70]因此，在魔法中，作为原因的真理的概念只以有效因果性的伪装形式出现：符号界直接跌进实在界。宗教中的因果律与此不同：“宗教中的真理被贬为所谓的‘末世论’的目的，也就是说，真理只能显现为目的因。在某种意义上说，真理被推迟到世界末日的审判时显现。”[71]正是出于这个缘故，宗教是信仰而不是知识：相信存在美好的远方，我们对它只能翘首以待，上帝住在那里，所有的知识都能在那里得到清晰的阐发。

那精神分析的情形如何？我们在此应该注意，虽然弗洛伊德早年天真地相信，真理具有直接的因果力量（如果精神分析师能对病人的症状做出正确的阐释，这些症状就会自动消失或自行消解），但他很快就遇到了一个令人讨厌的意外：阐释即使正确无误，依然效力不佳，症状不会消失。这个发现把弗洛伊德带到了移情和时间性（temporality）的主题上：为了提高效率，真相（也可译作真理）只能在适当的时刻道破。不仅要在病人向精神分析师移情之后，而且要在移情把病人带入恰当的精神状态并体验那些蹂躏其主体性的对抗时，说出真相。后来，弗洛伊德又添加了两个更复杂的因素。首先是主体的自由决定：“成功”的精神分析的“成功”并不在于让病人重新过上没有冲突的生活，而是使他意识到，在他的精神生活中究竟都发生了什么事情，然后自己决定走向何方。其次是所谓的“负面治疗反应”（negative therapeutic reaction）：因为病人对自己的症状爱不释手并尽情享乐，症状的消失可能会导致毁灭性的抑郁症。

所有这些复杂的情况都证明，判断阐释是真是假，要根据阐释对主体的影响来判断。如此一来，我们面对的不是真理–效应，因为在这里，真理是产生效果的原因。这不只是实用主义的观点（“精神分析师对症状的解释是否真实无关宏旨，是否有效才举足轻重”），这倒不是因为拉康假定症状的真理早已存在于无意识深处，等待被人发现，而是因为——正如拉康所言——症状的存在先于疾病，在阐释症状之前，症状没有确凿的意义。在这里，拉康令人想起科幻小说的那个母题——从未来穿行到现在的母题：症状就像是从病人的未来发送给现在的信息，而信息的意义有待确定。

至关重要的是，为了解释真理在精神分析中扮演的特定角色，我们需要将拉康与马克思主义进行类比：现代科学的力量来自它“不想知道有关作为原因的真理的任何事情”[72]这一事实。或者，正如拉康所言，科学把主体排除在外：在科学文本中，阐明的主观位置被完全中和了。是谁说的并不重要，因为任何人都可以重复实验，并验证其真假。精神分析在这里引入了主体性真理的维度。且举一例：

> 在蒙特利尔经营“戴阿姨”中餐馆的费飞刚（Feigang Fei）的做法与众不同，他的菜单对他所提供的每道菜肴做了令人耳目一新的诚实描述。在“陈皮牛肉”的条目下面，他这样写道：“跟我们家另一道左宗棠鸡比起来，这道菜没那么好吃。”在“口水鸡”的下面，他写道：“我们对它还没有100%满意，正在改进中。说实话，我对一些人还在点口水鸡很意外。”[73]

如此“实话实说”当然是终极谎言：真理在这里成为最有效的自我宣传方式。于是乎，我们又回到了主观性真理和事实性精确的势不两立上：弥天大谎恰恰出现于我们陈述中的所有数据都与事实相符之时。而且，与科学的中性化（scientific neutralization）形成鲜明对比的是，马克思主义与精神分析一起“严肃地启用”了科学不得不忘记的那个维度——主观性真理的维度。科学之所以如此，是因为“它一旦形成，就会忽略使它得以形成的迂回之路”[74]。（注意，拉康关于科学和真理的文本出现在1965年，就在卢卡奇的《历史与阶级意识》法语译本出版后不久。卢卡奇的法译本出版于1960年。）真理的这一维度在正统马克思主义中已经消失，正统马克思主义把自己的教导化约为客观科学——或者，引用斯大林在《论辩证唯物主义和历史唯物主义》中的话：

> 在19世纪80年代，在马克思主义者和民粹派斗争的时期，俄国无产阶级同当时占人口绝大多数的个体农民比较起来，还是占极少数。但是无产阶级是一个发展着的阶级，农民则是一个日趋瓦解的阶级。正因为无产阶级是一个发展着的阶级，所以马克思主义者就指靠无产阶级。他们没有错，因为大家知道，无产阶级后来从一个不大的力量发展成了历史上和政治上的头等力量。［引自联共（布）中央特设委员会编，《联共（布）党史简明教程》，人民出版社1975年版，第122页］

由此观之，马克思主义者首先客观地分析社会进程，发现工人阶级在夺取政权时向着共产主义的方向发展；在确定这是一个客观的科学事实之后，他们投身于工人阶级，站在工人阶级一边，从而支持赢者。正是基于这个原因，他们把马克思主义科学与马克思主义意识形态区别开来：首先，马克思主义作为一门客观科学，确立了真理；其次，这个真理被设置成发动群众的意识形态，告诉他们，如果他们想赢，应该如何行动。对于真正的马克思主义来说，必须填平这道鸿沟：马克思主义理论暗示了一种主观介入的立场——只有建立介入的局部立场才能踏上通往普遍真理的道路。拉康在这里引用了列宁的著作：

> 列宁曾经说过："马克思的理论是万能的，因为它是真实的。"这时，他提出了问题，却对这个问题的艰巨性只字未提：如果我们把唯物主义的真理置于"辩证"和"历史"——它们其实是同一个事物——的掩护之下，让它保持沉默，那么，如何通过将其理论化来壮大其力量？在我看来，用无产阶级的觉悟和马克思主义

的政治行动来回答这个问题，是不够的。[75]

诚然，拉康理解的列宁是模棱两可的：可以把列宁的主张解读为“马克思主义立足于真正的社会科学知识，因而是无所不能的”。其无所不能的方式，与现代物理学制造核装置无异。但是拉康提出的关键问题——“如何通过将其理论化来壮大其力量”——却不难回答：无产阶级的自我意识会改变无产阶级学到的知识，改变无产阶级意识的客体（无产阶级自身），从而使无产阶级成为革命的主体。而且，从这个意义上说，无产阶级的自我意识没有迫使拉康（以及列宁）“默默”地错过由卢卡奇理论化的下列观点：不能说，尽管马克思主义有所偏颇，尽管只有站在特定的主体立场上才能理解它，但它依然是“普遍正确的”；而要说，正是因为马克思主义有所偏颇，正是只有站在特定的主体立场上才能理解它，它才是“普遍正确”的。这道理同样适用于精神分析。

跨性别者与顺性别者[76]

图皮南巴在此持何种立场？他指示我们“既要从历史的角度，也要从结构的角度来看待‘实在界’，因为思考一个既定的操作领域也就是把‘难以企及’（the inaccessible）这个概念相对化——它可以充当极限点，但这并不要求将其固守为一种非历史的‘形式化僵局’（impasse of formalization）”。[77]我认为，在如此批判拉康所谓的“阳具崇拜”时，图皮南巴与朱迪斯·巴特勒（Judith Butler）对拉康的实在界的批判可谓比肩而立，也就是说，他们都过于重视外部现实的丰富特性，而这种丰富特性总在瓦解每一个固定的符号结构。我发现这里的问题出在下列核心主张上：避开阳具领域的东西“并不需要指向结构上难以企及的东西。这还可能意味着，它目前处于我们的控制范围之外”[78]。图皮南巴在其著作（手稿）的最后一段——他在此处所发出的恳求，是他必然在他要走向何方的问题上具备了最终声明的地位——恳求道：“一边是跨性别和女权主义批评，一边是精神分析，要在两者之间建立某种新型的共存关系"[79]，要以之作为一种积极表达的方式，而不仅仅是作为一种极限个案，作为"未被阳具崇拜封闭的东西"。面对这个恳求，我很想提出与之相反的主张：就像图皮南巴想把"拉康意识形态"与拉康教学的激进内核分割开来一样，我们今天的任务是把跨性别、女权主义意识形态与女权主义运动的激进内核分割开来。只有这样，这个运动才能获得拯救。只有（与马克思主义的社会分析相结合的）拉康式精神分析才能完成这项使命。这又使我们回到下列两者的区别上来：一者是对积极普遍的否定，一者是对消极普遍的肯定。跨性别和女权主义意识形态的主导形式断然否定积极的普遍（强调性别二元是一个历史变量，而不是一种先验的先天人类特征），却忘记了肯定消极的普遍，肯定早已构成人类性征的不可能性/对抗，同时对于性征又提出了一种意识形态性的视境（ideological vision）。依据这个视境，性征可以摆脱男权制/二元制的束缚，成为我们真实自我的快乐表达，成为非二元制的可塑性（non-binary plasticity）实践。在这种实践中，主体永远自我实验，永远自我重构，永远游戏般地扮演不同的身份，从异性恋到同性恋，从双性恋到无性恋，等等。

这里不妨简要地提及恩斯特·刘别谦（Ernst Lubitsch）执导的影片《妮诺契卡》（*Ninotchka*）中那个著名的笑话："不加牛奶的咖啡"不同于"不加奶油的咖啡"，"不加牛奶的咖啡"和"不加奶油的咖啡"又不同于"纯咖啡"，尽管三者使用的材料成分毫无二致。[80]这个事实使我们能够重新认识女权主义者之间最近爆发的冲突，它是由跨性别运动（transgender movement）引发的。冲突的一方是顺性别者，另一方是跨性别者。前者是生理上的女性，同时认为自己的社会符号身份是女性；后者是生理上的男性，但认为自己的精神身份（psychic identity）是女性，有时甚至经历苦不堪言的手术，以使自己的身体特征符合其精神上的女性特质（psychic femininity）。在某些顺性别者看来，跨性别者是变装表演者，是有阴茎的女性，是穿着和行为都像女性的男性。也就是说，他们如同表演黑人艺术的白人艺术家，是文化挪用者。跨性别者对这种排斥做出了同样激烈的反应，指责顺性别者犯了生物本质主义的错误（相信"解剖就是命运"），并将他们称为TERF（"排除跨性别的激进女权主义者"）。不管怎么说吧，他们同样受本质主义的影响：在他们中的一些人看来，“做一个女性”是性别身份的深切的、内在的形式，与身体特征或社会习惯性做法无关。这场冲突的社会政治风险很高，因为顺性别者不想允许跨性别者参加女权主义会议以及其他形式的女性活动，这无异于把跨性别者视为外来的入侵者。另外，并不是所有的跨性别者都想得到他人的认可，被视为真正的女性：他们中的一些人坚称自己具有特定的身份。

跨性别者想在与自己的生理特征保持一定距离的情况下塑造自己的精神性别身份，不仅要像女性那样穿着和行动，而且要让自己的身体特征与自己的真实身份相符。但当他们这样做时，他们已被重新配置的身体与“天然”的女性身体之间的距离仍然存在。因此，直接用他们的生物学名称来称呼他们通过手术重建起来的器官，会让他们感到坐立不安。面对这个难题，他们提出的解决方案是使用更加中性的称谓来代替大家习以为常的称谓：把阴道说成“前孔”（front hole），把母乳喂养说成“胸部喂养”（chest-feeding）。他们想以这种方式表明，顺性别者只是跨性别者中的一个类型，归根结底，我们都是跨性别者。尽管如此，人们仍然觉得他们的“前孔”只是一个可怜的人工阴道。顺性别者要在这里表明的观点是，女性的身体，母性的身份，包括由此涉及的所有的细节（月经、怀孕等），都会对女性的自我体验产生重大影响，而且这个维度能否被跨性别者获得，尚是未知之数。

现在我们该何去何从？所有显而易见的选项都是错误的。无论是倡导一种含糊其词的综合，还是鼓吹所有形式的女性斗争的团结，都是错误的。这些选项避重就轻，回避了真正的问题。支持跨性别者，坚称所有形式的性别身份都是偶然的社会建构物，也是错误的。这是避实就虚，回避了真正的问题。但是永无休止地思考这个问题，同样也是错误的。唯一正确的做法是认识到，这种张力本身——顺性别者和跨性别者之间的张力——是女性所特有的。值得注意的是，在男性与男性之间，在“真正”的男人和跨性别男人之间，我们未曾遇到这样的冲突。何以如此？因为从某种意义上讲，男性身份（masculine identity）本身早已是“跨性别”的，是建立在例外的基础上的。当然，我们在这里所指的是拉康的性化表达式：男性身份被定义为普遍性与其构成性例外的结合，而女性身份则被定义为“并非全部”与“没有例外”

的结合。所以，男性的身份建立在例外之上，而例外否定了普遍的秩序。顺性别者和跨性别的分裂自有其蕴含，这蕴含便是，根本没有例外（正如跨性别者所言，跨性别者和顺性别者均为女性，概莫例外），但女性依然是“并非全部”（正如顺性别者坚称的那样，并非所有的女性都是女性）。因此，解决方案是某种类型的“两方面的思辨性统一”：女性是“并非全部”，但对于“成为女人”（being-woman）而言，根本不存在构成性例外。

这把我们带回到那个“不加咖啡”的例子上：如果男性就像加奶/阴茎的咖啡，那跨性别女性在某种意义上就是“被阉割了的男性”，是“并非男性”的女性，是无奶/阴茎的女性，但这并不能使顺性别者成为“天然”的真实女性。拉康声称“并不存在女性”所要达到的目的就在这里：虽然女性不是通过否定“成为男性”（being-man）来定义的，但也不存在实质性的女性身份（feminine identity）。拉康在其关于女性性征的研讨班上声称，可以独出心裁地把男性界定为“非女性”（not-woman），但与此相反的情况并不成立：不能把女性定义为“非男性”（not-man）。这并不意味着女性在与男性的关系之外，还拥有实质性的身份：在与男性形成关系之前，女性的特征就是“不”，就是只与自我相关的否定性（self-relating negativity），而作为“非女性”的男性意味着，男性就其自身的存在而言，只是拒绝那个用来界定女性主体性的“不”，而不是拒绝实质性的女性本质。同样，“不加牛奶的咖啡”的存在状态暗示着：并不存在某种简单肯定的、“什么都不缺”的纯咖啡：没有“无”（without a without）的“纯咖啡”已被打上否定的标志，只是这种否定还不够确定而已。

跨性别主体是如何融入这个框架的？“跨性别者”的多重复杂含义构成了一个清晰的黑格尔三段式（Hegelian triad），即对起点逐步激进化的否定。在零级女性主义中，我们仍然完全处于男性和女性的标准对立之中，我们的任务就是以一种更公正的方式重塑它（把更多的权利和平等赋予女性，拒绝一切形式的统治和剥削）。首先，我们屏气凝神，全力关注所有偏离标准异性恋的立场（和做法）。从这个意义上说，男女同性恋者也是跨性别者。但在这里，虽然标准的男女性别对立依然存在，但只是男性与男性的结合、女性与女性结合（确切地说，这里的对立完全依赖于标准的男女性别对立）。

其次，有些人身先士卒，逾越了界限：男性变成了女性，女性变成了男性（从单纯的变装到通过手术改变性器官，方式不一，均在此列）。请注意，在这里，两性对立仍然占据绝对优势（你要么是男性，要么是女性），只是你可以越过界限，从一个极点走向另一个极点。最后，出现了真正的跨性别者：他们采纳的身份与那两个极点不符，也就是说，他们既非男性，亦非女性。而且，从正统的黑格尔的意义上说，只有到了最后，通过三重（或者更确切地说，四重）的否定，我们才终于明白，起点（两性差异）实际上是一种不可能性—实在，它隐藏在其占主导地位的异性恋形式之下。真正的跨性别者远远没有消除性别的差异，反而代表着差异本身：它是与差异自身——两种性别身份的既定差异——不同的差异。[81]在那些被等同于某个特定性别角色的人看来，跨性别者与任何身份都不相符，它突兀地显现，它本身就是差异。

两性差异并非二元性的

黑格尔的“和解”看上去就是这样的：与差异和解，但差异有其创伤性的维度，即不可能性—实在。正是基于这个原因，性别差异并不是作为“二元”双体来运作的，而是作为颠覆任何二元身份的东西来运作的。在性征领域，勇于与“二元”逻辑斗争的典型案例，是把性伴侣（sexual couple）视为压迫性限制的一种形式。萨沙·罗森尼尔的一篇评论文章的标题——《结束伴侣暴政的时候到了》（“It’s Time to End the Tyranny of Coupledom”）——把一切和盘托出：尽管近几十年来世界在“向全体人民传播平等、自由和自我实现的理想”方面做了大量工作（离婚变得更加容易，平等法律使更多妇女能够自食其力，同性婚姻已经合法化），但是：

> 在亲密关系的文化排序中，有一个亘古不变的方面，而且变得越来越清晰：我们的生活仍然深受伴侣规范（couple norm）的影响。这是一种强大的、无处不在的力量——既是社会性的力量，也

是精神性的力量。这种力量坚定地认为，成为伴侣是自然的、最佳的生活方式。……它在很大程度上没有受到社会运动的挑战，虽然这些运动促使性别和性征发生了天翻地覆之变；事实上，其他的亲密关系规范和家庭生活规范正在逐渐走向衰亡，但这种力量却如日中天。伴侣规范规定，亲密关系 / 性的两分体（the intimate/sexual dyad）是社会生活的基本单元。它通过法律和政策来发挥作用，而这些法律和政策认可伴侣关系，并赋予伴侣关系以特权。它在获得福利、养老金、遗产和住房方面产生了形形色色的经济影响。它通过针对家人、朋友和同事而展现的禁令、期望和非正式的社会制裁来大显神通，鼓励和哄骗单身人士寻找自己的伴侣。它通过把伴侣生活描绘成美好生活的文化表征得以永存，使人们难以想象传统伴侣生活之外获得满足的可能性。伴侣规范被内化，融入我们的自我意识。它构成了我们“规范性无意识”（normative unconscious）的一部分。如此一来，如果自己不合主流，单身人士就会感到羞耻、内疚、失望和焦虑。尽管这样，越来越多的心直口快、信心十足的人在主动挑战这种伴侣规范。……我们要问，如果社会不再把伴侣关系看得高于一切，而是努力降低伴侣规范的消极影响，那会意味着什么？我们提议对福利国家进行反思，以使其“对单身人士更加友好”；我们提议考虑扩大国际人权公约的范围，使享有充实的单身生活的权利与享有家庭生活的权利并驾齐驱。[82]

还记得马克思是如何语含讥讽地赞美资本家和工人签订的“自由”契约的吗？马克思说它是“实现劳动力的买卖的商品流通领域，确实是天赋人权的真正伊甸园。那里占统治地位的只是自由、平等、所有权和边沁”（引自《马克思恩格斯全集》，第43卷，人民出版社2016年版，第176页）。在“自由、平等、所有权和边沁”这个系列中，“边沁”可谓独树一帜，它标志着功利主义的利己主义（utilitarian egotism）。它为资本主义的唯利是图赋予了自由和平等。这与罗森尼尔的评论开头提到的“平等、自由和自我实现”的三段式不差毫厘。“自我实现”令人想到自由主义个人主义的人类观，根据这种人类观，人不是作为一个主体，而是作为一个实体存在的，人的最终目标是表现和实现自己的内在潜力，但外部社会环境阻碍了这些潜力的表现和实现，因为它没有空间容纳个人需求方面的矛盾和张力。如果一个人因为没有伴侣而心生愧疚，那也是“社会秩序这个暴政”导致的结果；如果一个人觉得这种张力属于内在的张力，那也只是表明，它是一种内在化的社会压力，而不是固有的颠倒。如果是固有的颠倒，人就会在内疚中寻求快乐。

但我想提出更加激进的观点：说人总是希望实现自己的潜力，这种人类观最终把爱情排除在外——反对伴侣暴政（the tyranny of coupledom）的论战所要达到的真正目标，仅仅为了获得具有激进特征的爱情。如果我们在自己的性爱生活中只想实现自己的潜力（我们的潜力通常是多重的，甚至是自相矛盾的），并为实现自己的潜力而奋斗，那当然就打开了通往多伴侣（polyamory）的方便之门：只有一个伴侣，不能满足我们所有的需求，组成一对一的伴侣关系必然显现为一种“暴政”，因为它压制了我们的力比多驱力（libidinal strivings）的重要组成部分。但是，爱情自然要另当别论：就其概念而言，爱情是排他性的。当我真的坠入爱河时，对唯一者（心上人）的束缚会被体验为它的反面——一种真正的解放。我坠入情网，不是因为我的心上人最能满足我的需求，而是爱的降临本身重新界定了我的存在、我的需求和潜力。从这个意义上说，爱情超越了移情性的重复：不能用我以前的隐密幻象来解释我的爱情，说什么我的心上人和我的幻象完全匹配，就像庸俗的伪弗洛伊德主义者所说的那样：“我爱上了她，因为她与我母亲的无意识特征相呼应。”

对意识形态的批判迫使我们在此提出一个简单问题：伴侣关系是从哪个意识形态角度被体验为“暴政”的？答案是显而易见的：从“后现代”的自由个性观这一角度。这种自由个性观今天在发达国家处于霸权地位，它强调流动，反对固恋（fixation），要求抵制固定身份，不断寻找新的身份，等等。如果我们被“困”在同一个伴侣身上，那我们就会真的“感到内疚”——甚至一些精神分析学家把永久伴侣关系归类为“病态”的固恋。如今真正的“暴政”是不断寻找新身份的暴政，所以真正的越轨是充满激情的爱情纽带，而且某些理论家已经迈出了这一步，认为爱情是彻底自由性爱的最后障碍。[83]因此，所有旨在反对当代享乐主义利己主义（hedonist egotism）的保守的原教旨主义运动都是假的，因它只是一种与当代享乐主义利己主义逆动的现象（reactive phenomenon），已被它所反对的东西所污染（所“调停”）。唐纳德·特朗普本是恣意妄为的享乐主义者，却伪装成保守价值观的支持者，这难道不是证明上述观点的终极证据吗？无独有偶，苏珊娜·摩尔（Suzanne Moore）最近在《卫报》发表专栏文章，称赞朱迪斯·巴特勒把性（sex）化约为性别（gender）：

> 巴特勒写道：“如果性的不可变性受到质疑，那么，也许这种被称为‘性’的建构物就和性别一样，也是通过文化建构起来的；的确，性也许一直都是性别，由此导致的结果是，性和性别根本就没有什么区别。”根本就没有什么区别。这是何等壮丽的解放呀。正如珍妮特·温特森（Jeanette Winterson）在《弗兰肯斯坦：一个爱情故事》（*Frankissstein: A Love Story*）一书中所写的那样：“我是女人，也是男人，这就是我的存在方式。我装在我更喜欢的身体里。”[84]

在摩尔看来，“性”指一成不变、坚如磐石的二元身份（男性或女性）；它是偶然的社会建构物，只是这种偶然性由于涉及生物学（性是我们自然身份的一部分），或者得到了意识形态的辩护，才变得模糊不清。相形之下，“性别”（性别身份）也是一种偶然的社会建构物，倘若能够体验到这种偶然性，那就是“壮丽的解放”：它为不同身份之间的自由转换开辟了空间，而且这种转换是平稳运行的永恒转换，不涉及对抗和张力。所以她的想法是，一旦性别游戏（gender games）的开放空间屈从于“性”的暴政，屈从于二元对立的男权秩序时，对抗和张力就会不请自到。男权秩序事关权力，事关权力的行使和统治的实施，而维持从性别到性的过渡的，正是权力。简而言之，性别身份是在自由选择这个自由主义空间（liberal space）中移动的，而且这个空间本质上是“安全”的（那里没有人控制我，没有人想把不属于我的身份强加于我）。与此不同，性——或性征（sexuality）本身——则涉及虐待、暴力、统治，而且它本身就是一个对抗的空间，所以拉康才说“没有性关系”，但在不同的性别身份之间，却存在自由协商的关系。性稳如泰山，结构清晰，但与此同时又充满对抗和张力，因为性的秩序是一种强加于人的秩序，它束缚着性别身份这个开放空间。

当性被消解于性别之中时，我们丧失的并非某种抵抗社会建构游戏的基础性、自然性的稳定根基（即性差异中不可化约的实体）；真正被消解的是构成性征的本质性不可能、对抗性和裂痕。性征不只是被对抗所横穿，它本身就是对抗的代名词，是一种“非关系”的代名词。在性征中，存在一种基本的不满 / 不安，而从传统的男权秩序转向如今的多重性别身份，归根结底也只是从一种掩盖这种不满的模式转向另一种。传统的男权制把性差异提升为一种稳定的自然秩序，并想通过把张力视为对自然秩序自身的背离，来掩盖其对抗性。性差异是男女两极之间的创造性张力，男女两极通过相互补充而形成一个和谐的整体；一旦其中的一极超越了它所扮演的正常角色的边界（如一个温文尔雅的女人表现得像个好勇斗狠的男人），灾难就会降临。性别理论把对抗和暴力定位于性差异本身，并努力在这种差异之外为各种身份创造空间。

被多重性别身份排除在外的，不是作为稳定等级秩序的性差异，而是界定性差异的对抗、不安和不可能性。传统的异性恋二元秩序承认，存在与性差异有关的潜在攻击和张力，并试图借助有关两性和谐的意识形态观念来遏制它们。性对抗在这里被压抑了，但它仍然是潜在的威胁。在多重性别身份的空间里，被压抑物必定卷土重来。这时，所有的性变态，所有违反异性恋规范的行为，不仅被允许，而且被激励。然而，自相矛盾的是，当被压抑物回归时，压抑会变得更加强烈：与先前的传统异性恋相比，性征固有的对抗被加倍抑制。所以我们应该同意某些人的看法，即任何性身份（sexual identity）都是社会建构物，根本不存在天生的性身份。但我们应该补充的是，众多的建构物都在尝试应对贯穿整个性征领域的不可能性这个实在界。多重性别身份并非起点，而是一种尝试——尝试把性的对抗 / 不可能性稳定下来。[85]所以，作为不可能性—实在的性差异具有的结构是“失败的否定”具有的结构：它不是两项之间的差异关系，其中的每一项都有自己的身份，每一项都否定对方的身份，但均以失败告终，然后，每一项都赋形于自身在否定对方时遭遇的失败。正是基于这个原因，在看到凯瑟琳·安吉尔的《明天之性会再次美好》时，我觉得它唯一的问题就是它的书名。[86]这个书名似乎暗示我们，性曾经是美好的（非对抗性的），它还会再次美好。（当然，开始阅读该书后，我立即发现，该书名其实是对福柯明确的反讽引用。）我鲜少能读到与我的基本前提如此契合的著作。由于该书的广告对该书的前提做了简明扼要的概括，我就厚着脸皮照搬原文：

> 女性陷入了困境。以同意和授权的名义，她们必须清楚而自信地表达自己的欲望。然而，性研究人员认为，女性的性欲往往是缓慢出现的。男性则热衷于坚称自己知晓女性——以及她们的身体——想要什么。与此同时，性暴力比比皆是。在这种环境下，女性怎么可能知道自己想要什么？**我们又凭什么期待她们知道呢？**面对我们对女性欲望的假设，凯瑟琳·安吉尔发起了挑战。她问道，为什么女性必须知道自己的欲望？**无论是对于色欲还是对于人格来说，我们想要什么乃关键之所在。如果不知晓这一点**，我们如何严肃地对待性暴力？[87]

以我的立场来看，字体加粗的部分至关重要。任何女性主义理论都应顾及“不知晓”作为性征的关键特征。女性主义理论反对性关系中的暴力，但不应该把这种反对建立在人们耳熟能详的“说是才算同意”的基础上，而是时刻牢记这种“不知晓”。正是在这个基础上，那句格言——女性“必须清楚而自信地表达自己的欲望”——不仅是对性征的暴力性强迫，而且是对去性化/“无性之性”[88]的货真价实的推广。正是基于这个缘故，在某些情况下，女性主义恰恰强化了它试图反对的那种对女性性征的“羞辱和消声”。使男性的性冒犯变得更具暴力性的，不只是直接的肉体（或精神）暴力，还有这样的假设：他知道“迷惑不解”的女性所不知道的东西，并由此获得基于此认知行事的合法化。因此，即使男性毕恭毕敬地对待女性（同时自以为是、高人一等地假设他知晓……），他也是暴力性的。这绝非在暗示，在某种意义上说，与男性相比，女性的欲望存在缺陷（男性被认为更清楚自己想要什么）。在拉康看来，分裂的主体之所以是分裂的，恰恰是因为在下列两者之间存在构成性鸿沟：一者是我（知道我）所渴望（want）的，一者是我所欲望（desire）的。布莱希特于1929年在《个体与大众》（*Individual and Mass*）一书中写道："要强调个人的可分裂性（将其视为属于若干个集体的成员）。"诚哉斯言。我们只需补充一点：被分裂的个体——"可分裂物"（dividual）——的专有名称是主体。解释主体与个体的差异易如反掌：顾名思义，个体是不可分裂的[89]，是一个整体，是一个无法分裂成更小部分的统一体（如果继续分裂，就再无个体可言），主体则是分裂的——不是分成两个或更多的部分，而是分成最小的二分体（minimal dyad）。主体的分裂，其典型案例是下列两者之间存在的鸿沟：一者是欲望，一者是渴望。这种分裂有两个版本。一个版本是：主体不仅欲望某物，而且经常想在不提明确要求的情况下得到该物，好像我不渴望得到它，好像它是强加给我的——直接要求得到它，会毁掉欲望。另一个相反的版本是：主体渴望某物，朝思暮想，夜不成寐，但并不欲望得到它——他的欲望是让他的渴望一直处于得不到满足的状态，因为它整个的主体一致性（subjective consistency）都依赖于这种"欲而不得"：直接的"欲而得之"会让主体性分崩离析。我们应该永远牢记，一旦我们偷偷渴望或幻想（但在现实生活中还没有准备去做）的事情突然从外部强加于我们，最为残酷的暴力形式就会发生。

即使政治正确的拥护者承认主体是分裂的，那他们也是以自己独有的方式承认的：把性经历提升为终极性的创伤（ultimate trauma），谈论"性侵犯的幸存者隐瞒其创伤——甚至对自己也要隐瞒"。那么，像强奸这样残暴的行为，怎么会有人不认为那是强奸，不把它体验为强奸呢？当出现下列情形时，这类事情就会发生：在性接触的过程中，"在内心深处，我知道，发生的事情让我觉得自己受到了侵犯，人格受到了污辱，这不是我想要的。然而，我花了整整十年时间才意识到，那时候究竟发生了什么：我被性侵了"。为什么过了这么长的时间，直至MeToo运动兴起，我才恍然大悟？"我当时对同意（发生性行为）和性暴力的理解有限，而且我在性方面缺乏经验。这意味着，我相信我要为发生的一切负责，也许我根本就不知道'性通常是怎样的'。"直到十几年之后，当我的治疗师告诉我"那是创伤"

时，“我才深切感受到我19岁时所承受的痛苦，明白为什么焦虑搅得我心神不定。我脑海里终于发出一个声音：‘这是性侵。’现在，33岁的我如梦初醒”。所以说，“一些幸存者可能需要数年甚至数十年的时间才能意识到或者承认，她们那时的经历相当于性侵或强奸”。[90]

这样的事情肯定会发生。不难想象，一个年轻的女性在性接触的过程中感到不安，觉得自己受到了虐待，但她又认为这样的感觉源于她幼稚的性观念——她根本不知道性是怎么回事。在主流意识形态的影响下，她决定隐忍不发，忍气吞声。因此，我们不应将“创伤可能在十年后才被识别”的认知斥为可笑的政治正确的回溯性投射（retroactive projection）。随着对女性权利与自由标准的提升，我们有充分的权利透过这个新框架来解读往昔发生的事件。我们在此要严词拒绝虚假的历史主义，即认为在前现代时期，压迫妇女、种族主义和奴隶制被视为常态，我们不应该以今天的标准予以评判。

尽管如此，还有个更加深入的观察需补充。上述案例并非严格的弗洛伊德意义上的压抑：它是一种（完全清醒的）厌恶感和耻辱感，只是因为（男性沙文主义的）社会价值观在作怪，才与它保持距离。那么，什么才是真正的压抑和创伤呢？答案之一是：与上述女性的创伤完全相反，也就是说，真正的创伤是这个女人秘密地享受被虐的过程，而且绝对没有做好承认这一点的准备。她的厌恶感和耻辱感只是一种伪装，只是一种注定要用来掩盖不被承认的享乐的伪装，但这比她被性伴侣虐待更具创伤性。不要误解。这么说，绝不意味着男性的施虐是理直气壮的，说什么既然女性享受被虐，那“她也算是如愿以偿”。恰恰相反。正如我们已经指出的那样，我们都有秘而不宣的肮脏幻想，也许我们最可耻的经历是有人从外部强行帮助我们实现了自己的秘密梦想。正是基于这个缘故，一个女人暗地里梦想着被人强奸，但如果真的被人强奸，就会遭受严重的创伤——其创伤的严重程度大于一个坚强自主的女性被强奸后遭受的创伤。当然这只是极端的个案。

这些悖论已经指明，要想获得解放，应该何去何从。不要把男人描绘成暴戾恣睢的压迫者，而要把他们描绘成软弱无力的存在（weak beings），其阳刚威猛的外表掩盖了他们的脆弱和无能。女性也应该学着这样看待男性。强壮威猛的男性是硕果仅存的真正的女性主义者——他不需要为了自以为是而压迫女人。

没有对抗，就没有性征。所以，不应在“已被异化”的对抗之性（“alienated” antagonist sex）和非对抗的和谐之性（non-antagonist harmonious sex）之间做出选择，换言之，不应在乌托邦式乐观主义的和谐性征观与注定陷入僵局的悲观主义的性征观之间做出选择。对抗依旧存在，但它可以被重新表述，它的身份可以彻底改变。在某种程度上，这与19世纪发生在虚数（-1的平方根）那里的事情有点相似（虚数i仅由其平方为-1的性质来定义；通过这样定义i，可以直接从代数中得出：i和-i都是-1的平方根，也就是说，i与正负无关）。如此一来，它的地位便从荒诞无稽的想法变成了可以操作的东西：现代建筑就是在涉及虚数的复杂计算的基础上建造起来的。这与资本主义何其相似？其存在条件恰在于无法达致平衡的状态。这样的不可能性，必须进行永久的自我革命。这又与民主政体何其相似？对其它政治体制而言最具创伤性的时刻——“王座空置”，最高权力之位虚悬——恰恰构成民主政体常规运作的根基：权力的位置原则上永远空置，只能由民选官员暂时占据。

从狭义酷儿论到广义酷儿论

这意味着性征本身就是酷儿的（queer）。这是在何种意义上说的？我之所以觉得科林·里普利（Colin Ripley）的《偷取家园：论建筑的盗窃狂遗传特性》（*Stealing Home: On the Klepto Genetics of Architecture*）极具诱惑力，是因为它是一部拉康式的崇高之书：里普利把有关酷儿的著述提升到了“元质”[91]（Thing）的层面。这种情况意味着，在这里，普遍的形式理论形成了。该书从其话题的独特性起步，中经特定的社会意义，最后上升到我们不得不称之为广义形式本体论（general formal ontology）的层面，可谓稳扎稳打、步步为营。它的话题是酷儿性征（queer sexuality），即偏离了异性恋规范的性征。其社会意义在于，酷儿行为是稀奇古怪、异乎寻常、出乎意料甚至注定一败涂地的行为。关于这一点，参见英国俗语“queer the pitch”，意谓“摧毁成功的机会”。在广义形式本体论的层面，酷儿指现实本身的失衡、偏离、不对称、不连贯，仿佛现实脱胎于某种宇宙已被破坏的平衡或对称。通常的看法是，宇宙本是平衡的，只是由于出现某种过剩才暂时偏离常轨，一旦克服过剩，平衡就会重新建立。但从酷儿的角度来看，过剩是现实的构成性要素，因此消除过剩就会打破其所对应的平衡状态。

在事关阶级关系的社会政治领域，平衡方法的典范就是法西斯主义：在法西斯主义者看来，只有当一个阶级以其过剩的行为（工人对资本家提出了过多的要求，资本家过分地剥削工人）扰乱了阶级合作时，阶级斗争才会出现。在上述两种情况下，导致不和的都是犹太人（他们以金融手段盘剥产业资本家，煽动工人造反），所以我们应该清理犹太人，重建公正的阶级平衡。与之截然相反，在马克思主义者看来，阶级与阶级的关系当然是不和谐和不平衡的关系，而消除阶级对抗的唯一途径就是消灭阶级自身。最近在德国以及其他国家，一种时尚正在兴起，那就是所谓的“阶级主义”（classism）。它是身份政治在阶级维度的变体。有人教导工人们，要他们维护和强化自己的社会文化习俗和自尊，知道自己在社会再生产中发挥的关键作用。工人运动于是成为身份链（chain of identities）中的另一个元素，就像特定的种族或性取向一样。如此解决工人的问题，已经构成了法西斯主义和民粹主义的特征：他们尊重工人，承认工人经常遭受盘剥，他们还（常常诚恳地）希望在现有体制的框架内改善工人的地位。特朗普就是这么干的。他这样干，据说为的是保护美国工人，使其免遭银行和外国不公平竞争之苦。

赵婷（Chloé Zhao）执导的《无依之地》（*Nomadland*, 2020）不就是这种“阶级主义”的终极例证吗？它描绘的是“游牧无产者”的日常生活——没有永久住所的工人们住在拖车里，打着短工，云游四方。他们为人正派，天性善良，相互团结，生活在自己的世界里，遵守自己的习惯性做法和礼仪，享受着微薄的快乐。[92]即使偶尔在亚马逊的包装中心卖苦力，他们的日子也过得非常惬意。这样的工人，正是我们的霸权意识形态所乐见的，难怪这部电影是奥斯卡的大赢家。虽然电影描绘的生活相当悲惨，但电影用一种特定生活方式的迷人细节诱使我们去享受这种生活，所以它的副标题本可以是：“身为游牧无产者，尽情享乐吧！”

拒绝成为身份链中的这样一个元素，才是真正的工人运动的定义。在印度，我遇见了贱民阶级中最底层群体的代表，一群干厕清洁工。当我问他们行动纲领的基本前提是什么、他们有何诉求时，他们应声而答："我们不想再当现在的自己。"用雅克·朗西埃（Jacques Rancière）的话说，工人是社会身体中的"非部分的部分"（part of no-part）。他们在社会身体中没有适当的位置，是对抗之化身（antagonism embodied）。如果我们期盼电影讲述我们社会中的"非部分的部分"的生活，那我们对好莱坞的要求是不是太高了？但奉俊昊（Bong Joon Ho）的《寄生虫》（*Parasite*）做到了，托德·菲利普斯（Todd Phillips）的《小丑》做到了，尼尔·伯格（Neil Burger）的《分歧者》（*Divergent*, 2014）做到了，而且还可以再来一次。

《分歧者》以未来主义的反乌托邦的芝加哥（futuristic dystopian Chicago）为背景。那里的社会被分为五个派系：无私派（Abnegation）、友好派（Amity）、诚实派（Candor）、无畏派（Dauntless）和博学派（Erudite）。孩子们一旦长到16岁就要接受血清诱导的心理能力测试，以确定他们最适宜的派别，但他们也可以在随后的选择仪式上自行选择派别，作为他们永久隶属的团体。影片的女主角翠丝（Tris）出生于正在执政的无私派。她接受了测试。测试结果显示，她具有多个派系的属性，且比例相同。这意味着她是分歧者。有人警告她，必须对结果保密：分歧者能够独立思考，并且知道他们被注入了何种血清，政府无法控制他们，认为他们是对现存社会秩序的威胁，会将其杀害。在这个新法西斯主义式的新企业秩序中，分歧者正是它的"非部分的部分"：他们不仅有特殊的身份，而且背离了为社会团体中的每个成员配置适当位置的原则。[93]

当然，科林·里普利的核心主张是，性征也是如此。弗洛伊德的正统理论也可以充分证明此言不虚。弗洛伊德的《性学三论》的基本前提是，变态同样存在于正常人中，存在于对性目的（sexual aims）的形形色色的偏离中，还存在于这样的倾向中：在准备发生性行为时徘徊不定，犹豫不决，只是看一看，摸一摸，等等。弗洛伊德概括了婴儿性征（infantile sexuality）的"前快感"（fore-pleasures）和成人交媾的"终快感"（end-pleasure）之间的区别；儿童自始便有性冲动，成人性征则要通过一定的性心理发展过程，方能逐步形成。所以说：

> 变态倾向是人类性本能的一种原始倾向和普遍倾向，而且……这种公设化的构成（postulated constitution），包含了所有变态的萌芽，只能在儿童身上得到证明。[94]

这里需要百尺竿头，更进一步：我们（或其中的一些人）只有通过偏离才能进化，最终符合异性恋规范，而这条偏离之路并非有机的"自然"过程，而是残酷的符号性切割（symbolic cuts）、禁止和强制的过程。这是人类性征的基本悖论：所谓"自然"的性取向，即繁殖（生物性的交配功能）所采取的方式，是一个复杂的社会-符号化过程（socio-symbolic process）的最终结果。从婴儿性征到异性恋规范，这个"进步"的过程并不遵循自然发展的模式。那婴儿性征何以恶名昭彰？即便被假定纯真（presumed innocent）的儿童也已性化了，这还不是唯一的事实。它的恶名远扬表现在两个方面（这两个方面当然是同一枚硬币之两面）。首先，婴儿性征是一种奇怪的实体，它既不以生物学为根基，也不是符号/文化规范的一部分。然而，这种过剩并没有被成人的"正常性征"所扬弃——后者还总是被扭曲、被替换：

> 说到性，人受制于最大的悖论：通过驱力获得的东西，先于先天和本能的东西而存在。这种"先于"的机制是这样的：当适应性的本能性征出现时，它的位置早已被始终潜伏于无意识中的婴儿驱力占据。[95]

"自然"形式是一个复杂的符号过程的产物：起点（婴儿性征）还没有完全变成"文化"性的，但也不是"自然"性的，如此一来，变态（其模式是婴儿性征）不会销声匿迹，不会简单地留在正常的成年异性恋中。它们仍然以亲吻、抚摩和对身体非性器官的部分的色情化的形式存在："正常"性征只有透过这些元素的阴影和残余，才能以色情化的方式运作，否则它就只是原始的交配行为，就像《使女的故事》[96]中的人工授精一样。变态的"偏离”是不可或缺的，我们只有通过变态的“偏离”才能抵达规范。如此一来，用黑格尔的话说，所谓“规范”也不过是终极自我扬弃的变态（ultimate self-sublated perversion）而已。我们在此邂逅了黑格尔所说的“绝对反冲”（absolute recoil）：作为对规范的偏离，变态预设了规范，变态之所以产生快感，是因为变态逾越了规范；不过，作为最终的偏离，这个规范自身是通过偏离形成的。换言之，偏离的过程回溯性地构建了它所偏离的东西。黑格尔会这样说，变态是这样一种行为，它设定了自身的前提；变态也是这样一种结果，它回溯性地设定了自己的原因。[97]

克里斯·谢里丹（Chris Sheridan）的电视连续剧《外星居民》[98]中的男主角是被派往地球执行秘密使命的天外来客，他的肉身和名字全都来自被他杀掉的人类。他对人类的习俗与潜规则一窍不通：他虽然通晓明文规则，却对由异常和影射等因素组成的复杂肌理毫无所知。而使明文规则变得可行的，正是这个复杂的肌理。他唯命是从，因为“非我族类”。这种不和谐的最具讽刺意味的例子来自他第一次做爱的场景：他不知道如何解下和他在一起的女人的胸罩，于是用手撕，用嘴咬。等他进入之后就立刻高潮，还伴随着可笑而怪异的声音，完全不同于我们所认知的“正常”的性高潮体验。简而言之，他还没有机会学习如何在做爱时“自发”地行动。

科林·里普利的著作并不是专论酷儿性征的仿佛存在两种类型的性征，即异性恋和酷儿。他要论证的是，性征本身如何就是酷儿的。这时，酷儿性（queerness）的身份发生了变化，从谓语变成了主语，具有了普遍的本体论特征。正是基于这个缘故，里普利在他的著作中探讨了建筑的酷儿性，并特别垂青于让·热内（Jean Genet）的作品：[99]不是在建筑中发现酷儿性征的痕迹，而是在更加普遍的层面上，在建筑中发现“扭曲”性征的酷儿性。他在解读建筑时分析了纯粹形式的酷儿扭曲（queer distortions）：“正常”的建筑处理外部和内部的明确划分，要用直墙把空间分隔开来，“酷儿性”则在偏离这种直线空间（straight space）的一切事物中粉墨登场。这些事物包括：弧形墙和椭圆形结构（它们模糊了清晰的空间界限）、虚假的外部（只有从里面看时，它才存在）、内部（一旦我们进去就会发现，它比从外面看时要大很多）、中间存在空隙的双层墙壁（像电缆、老鼠、蟑螂和幻想中的巨魔这样的实体居住在那里）和下水道空间（通过它，我们冲完水后，排泄物立即从我们的现实中销声匿迹）等。

与此类似，有一种酷儿性与禁止性律令（prohibitive law）的核心密切相关：它谨慎地鼓励它所禁止的东西，以维持其统治。我们已经在《摩奴法典》（*The Laws of Manu*）中发现了这种酷儿性。《摩奴法典》是古印度文本，也是整个人类历史上最具代表性的意识形态文本之一。虽然它的意识形态涵盖整个宇宙，包括宇宙的神话起源，但它全力关注的还是作为意识形态的直接物质性（immediate materiality of ideology）的日常实践，包括我们如何吃饭、排泄、做爱、走路、进楼、上班、开战，何时、何地、与谁一道做这些事情，等等。这个文本运用了一套复杂的诡计组合，其基本表达式则是具有例外的普遍性：原则上是可以的，但是……《摩奴法典》在完成这项任务时展现出惊人的独创性，其中的示例往往极其荒唐可笑。例如，僧侣应该学习《吠陀经》，而不应学习做生意。不过，在极端情况下，僧侣也可以做生意，但仍然有些东西是不能交易的，比如芝麻。如果真的想从事芝麻交易，那也只能在特定的情况下才行。最后，如果他违规交易，那他就要转世投胎为狗屎中的臭虫。这里的结构岂不与有关婚姻的那个著名的犹太笑话如出一辙？在那个笑话中，介绍人重新阐释女方的所有缺点，把缺点说成优点。“她很穷……”“穷点好，这样她就会勤俭持家，物尽其用。”“她真丑……”“丑点好，这样丈夫就不用担心她会出轨。”“她有口吃……”“没毛病，这样她就会安静从容，不会喋喋不休，惹丈夫生气。”等等。直到最后，“她臭不可闻！”“臭点又怎样，你想让她尽善尽美、白玉无瑕吗？”这种做派的一般公式是陈述一条一般的规则，紧随其后的整个论证则由一系列越来越具体的例外构成。具体的禁令比一般禁令更加有效。

换言之，《摩奴法典》给我们提供的精彩教益是，律令真正的调节力量并不在于它的令行禁止，不在于把我们的行为分为“可行”的和“不可行”的，而在于它对违反禁令的调节。律令暗中承认，我们可以违反基本禁令，它甚至谨慎地鼓励我们这么做。然后，一旦我们发现自己因为违反禁令而惴惴不安时，它就会告诉我们如何调和违反禁令和律令之间的关系，而调和两者关系的方式则是以一种经过调节的方式违反禁令。律令的全部意义在于调节对律令的违反：没有对律令的违反，就不需要律令的存在。这些调节告诉我们，律令将如何应对违反律令的行为。归根结底，这些调节是某种形式的仁慈：好吧，你可以这样做（违反我的一般禁令），但要按我规定的方式去做。在莫扎特的《狄托的仁慈》（*Clemenza di Tito*）的压轴曲中，我们看到了一场极其崇高的仁慈大爆发。就在最后的赦免之前，狄托严厉谴责泛滥成灾的叛国行为，但这样的行为又使他扩大仁慈的行为：

> 就在我要赦免一个罪犯之时，我又发现了另一个罪犯。……我相信，群星密谋，迫使我变得残忍，尽管我无意于此。不！他们不能如愿以偿。我的美德已经承诺继续论辩。让我们看看，更持久的，是别人的背叛，还是我的仁慈。……让罗马知道，我还是原来的我，我无所不知，赦免每个人，忘掉一切。

我们几乎可以听到狄托在以费加罗的风格大发牢骚：“*Uno alla volta, per carità!*”[100]——“别急别急，一个一个地来，排队等待赦免！”狄托言而有信，忘掉了每一个人，但那些被他赦免的人注定要永远牢记此事：

> **塞克斯图斯：**你真的原谅了我，皇帝。但我的心不能赦免自己；它将为犯下的错误哀叹，直到丧失记忆。
>
> **提图斯：**你所能做的真正的忏悔，比永远的忠诚更有价值。

最后的这个对唱道出了《狄托的仁慈》的淫秽秘密：赦免并不能真正消除债务，反而使有限的债务变成无限的债务——我们永远亏欠赦免我们的人。难怪狄托喜欢忏悔胜过喜欢忠诚：忠诚只会使我出于尊敬而追随主人，忏悔则用无穷无尽、不可磨灭的内疚使我依附主人。在这一点上，狄托是不折不扣的基督教主人。人们通常把严酷的犹太教的正义与基督教的仁慈对立起来，其实基督教的仁慈是一种没有是非对错的不可解的宽恕：我们人类生来有罪，永远无法清偿自己的债务，也无法通过行动来自我救赎。我们唯一的救赎之路是上帝的仁慈，是他至高无上的牺牲。基督教借着莫名其妙的慈悲行动，打破了正义之链（chain of justice），代我们偿还债务，却使我们背负了更加沉重的债务：我们永远亏欠基督，我们永远无法报答他为我们付出的一切。对于这种我们永远无以回报的过剩压力，弗洛伊德给出的称谓当然是超我。我们不应忘记，“仁慈”的概念与“最高统治权”的概念息息相关：只有拥有最高统治权的人才能施以仁慈。因此，犹太教被认为是（人类屈从于嫉妒、强大、严厉的上帝的）超我的宗教，与基督教的仁爱的上帝形成鲜明对比。不过，基督教的酷儿性恰恰在于下列事实：正是通过不要求我们为自己的罪孽付出代价，而是由基督亲自出马，代我们付出代价，基督教的慈爱之神才将自己确立为至高无上的超我动能（superego agency）——“我为你的罪孽付出了至高无上的代价，所以你永远蒙恩于我。”[101]如果还有什么捷径来浓缩律令的酷儿性，这就是了。

所以说，律令的酷儿性在基督教中可谓登峰造极。在基督教中，我们人类被先验地假定为堕落之人，终身生活在罪恶之中。如此一来，整个律令的统治是由下列规则构成的：如何处理我们违反律令的行为？答案是，通过忏悔以及其他仪式化的悔罪模式。正是基于这个缘故，正如许多见多识广的神学家所知道的那样，堕落是*felix culpa*，即幸运的过失/有福的堕落，或者如圣奥古斯丁所言：“上帝断定，从恶中引发出善，胜于不允许任何恶的存在。”（引自《论信望爱》，许一新译，生活·读书·新知三联书店2009年版，第9页）我们必须把这个推理向前推进一步：为了从恶中生出善来，善本身——上帝——必须把恶从自己身上带出来。正是基于这个原因，我们应该改变基督教（或者更准确地说是天主教）对“何以世界上存在恶”这个问题的标准解释：上帝赋予我们自由，自由就是选择我们自由决定之物的自由，包括选择作恶的自由。情形不是正好与此相反吗？上帝（不仅让我们暴露在邪恶的诱惑下，而且）把我们推向邪恶，这样一来，我们就会发现我们的自由。没有恶就没有自由，因为正如黑格尔非常熟悉的那样，一个人要想在善与恶之间做出选择，就必须首先处于恶中。

柏拉图曾经描述过这样一个过程：从个人身体之美开始，中经身体之美自身，逐渐上升到美之理念自身。里普利为这样的上升提供了唯物主义的解释：从酷儿性征开始，中经较为正式的建筑酷儿性和法律酷儿性，逐渐上升到作为普遍本体论范畴的酷儿性。从这个角度看，那个基本形而上学问题——为什么会有某物存在，而不是一无所有？[102]——便有了新的答案：只是因为宇宙不平衡、不协调，这才有了某物的存在。一言以蔽之：因为酷儿，某物得以持存。

为什么说没有背叛就没有真爱

生物化学是否为我们开辟了一条摆脱这种酷儿性征（queerness of sexuality）的康庄大道？据媒体报道，科学家们目前正在致力于一项研究——利用女性身体制造精子。倘能成功，女同性恋伴侣可以拥有自己的孩子，甚至单身女性可以自行怀孕。制造人造子宫的技术也在开发之中，因此把生殖与性交完全分离开来的时刻即将到来——不再需要精子捐献者，等等。如果这项技术得到广泛应用，尤其是，如果把它与显而易见的下一个选项——转基因胚胎——相结合，那会导致怎样的结果？到了那时，谈论“双亲”会变得毫无意义，孩子可以直接生产出来，仅剩的“单亲”将是把他们创造出来的科学家。可谁来负责这些孩子的教育？

某些女权主义者为这一前景欢呼雀跃，把它视为女性的胜利，认为这表明她们完全可以独立于男性。但我们应该牢记，女性也会因此被剥夺自己的身份。这将在女性之间引发新的冲突，其冲突的严重性会超过跨性别者和顺性别者之间的冲突，超过欣然赞同女性特征销声匿迹的人和抓住女性特质不放的人之间的冲突。最后，这一切将如何影响性征？它是否将作为一种微不足道的娱乐活动而存在，或者别的什么？

但人类的性征命名了一个一味寄生于生物学事实的符号性僵局。约翰·休斯顿（John Huston）执导的影片《巫山风雨夜》（*The Night of the Iguana*，1964）改编自田纳西·威廉姆斯（Tennessee Williams）的一部戏剧。在这部影片中，在一家破旧的墨西哥旅馆里，由理查德·伯顿（Richard Burton）饰演的香农（Shannon）与众多女性之间出现了性张力。尽管如此，喧宾夺主的一幕出现在这样的时刻：由黛博拉·克尔（Deborah Kerr）饰演的清纯少女汉娜对香农栩栩如生地描述她所谓的与澳大利亚内衣推销员在一起的“爱情经历”：

汉娜：我注意到他变得越来越……

香农：越什么？

汉娜：嗯……亢奋……那时落日的余晖在水面上渐渐消失。嗯，最后，终于，他向我靠了过来……我们在舢板上面对面地看着。……他神情紧张又激情澎湃地看着我的眼睛。他对我说：“杰尔克斯小姐？你能帮我个忙吗？你能帮我做点什么吗？”我问他：“帮什么忙？”他说：“嗯，如果我转过身去，看向别的什么地方，你能脱下几件衣服，让我拿着，只是拿着，可以吗？”

香农：真是不可思议！

汉娜：然后他说：“只需要几秒钟。”我问他：“用这几秒钟干什么？”他没有说干什么，但是……

香农：你满足他了吗？

汉娜：满足了。

香农：在那种情况下，你做了什么？

汉娜：我……我满足了他的要求！我真的这么做了！他也遵守了诺言。他一直背对着我，直到我说，准备好了，然后把我的衣服……扔给了他。

香农：他拿衣服做了什么？

汉娜：他一动不动，只是拿着他想要的衣服。他心满意足，我看向另外一个方向。[103]

性征就是这样运作的：这是一个没有任何身体接触的荒谬场景，但它引发的强烈体验，即便最露骨的身体互动也无法企及。使身体动作变得性感的，是它的符号性语境。如此说来，性爱能够达到从根本上解决这个僵局的效果吗？拉康声称，爱情是对“性关系不存在”的补充。这么说是否意味着，爱情是模糊了“性关系不存在”的幻象构成？答案是否定的。在爱情中，使性关系变得不可能的那道鸿沟以另一种形式重现，即爱情与事业之间的鸿沟。也许这种鸿沟的最高示例，莫过于那些因奉命监视对方而“喜结良缘”的夫妻的命运。冷战时期最不寻常的爱情故事发生在菲拉·绫丝菲尔德（Vera Lengsfeld）和克努德·沃伦伯格（Knud Wollenberger）之间。两人结婚，还生了两个孩子。若干年后，菲拉得知，克努德原来是奉命和她结婚生子，目的在于报告她的行踪。她闻讯后立即离婚，此后二人再无联系。克努德后来给她写过一封信，辩称自己当时只想保护她，还说自己的背叛实际上是一种爱情行为（act of love）。只是由于他患上了进展迅速的帕金森综合征并奄奄一息，菲拉才说“我已经原谅了他”。难怪好莱坞曾经考虑拍摄一部影片，并让梅丽尔·斯特里普（Meryl Streep）饰演菲拉。[104]背叛是一种爱情行为，这一主题已由约翰·勒卡雷（John le Carre）在其杰作《完美的间谍》（*A Perfect Spy*）中提出。

不过，在现实生活中，做特工的往往是女方。第二次世界大战期间发生过几个真实的故事，在那里，女人引诱男人，为的是监视他。战后真相大白，但他们仍然生活在一起。在间谍类虚构作品中，不妨回想一下电视剧《国土安全》（*Homeland*）上一季最后一集的最后几分钟。它是从一个闪回开始的，展现的是两年后发生的事情：由克莱尔·丹尼斯（Claire Danes）饰演的女主角、中情局特工卡莉·马西森（Carrie Mathison）似乎彻底改变了立场，与此前的对头、俄国间谍叶夫根尼（Yevgeny）住在俄罗斯，还出版了一本揭露自己叛国行径的回忆录。但最后，转折还是发生了。卡莉给她的中情局上司索尔（Saul）发送了一条信息，用的是索尔和他在俄罗斯的其他线人传递信息时使用的方式——她现在已经是一名全职间谍，在俄罗斯境内开展工作。卡莉和叶夫根尼的关系到底是真的，还是假的？她是否只是在玩弄他？《国土安全》联合制片人亚历克斯·甘萨（Alex Gansa）是这样回应的：

> 我的感觉是，这段关系对凯莉而言是真实的——以她特有的方式真实存在。她天生就喜欢表里不一。所以，她可以对这个男人情真意切，同时又对他忘恩负义。这些都是卡莉的拿手好戏。这种情况让她心满意足、近乎幸福。结局时她脸上绽放的笑容足以证明。[105]

没错，《国土安全》的结局是一个少有的大团圆结局。也许，卡莉和叶夫根尼之间的双面关系是我们所能得到的最接近幸福的关系——幸福正是在凯莉所处困境的根本性矛盾之中形成的。若她做出任何非此即彼的明确抉择（因为爱叶夫根尼，所以向他坦白一切；或者为了掩饰中情局特工的身份而虚情假意），都将摧毁她的爱情，而且第一种选择比第二种选择的后果更加严重。献身事业并不是爱情的外在障碍，而是爱情的内在构成因素——说得残酷些，没有背叛就没有真爱。

值得注意的是，与男性相比，女性（卡莉）被这道鸿沟贯穿得更加彻底。虽然传统观念认为男性总会陷入爱情与事业的两难抉择，但男性通常会被迫做出选择，只有女性能够享受这种两面性。至于这道鸿沟的男性版本，翻看好莱坞最好（或最糟）的情节剧，或许不无裨益。金·维多（King Vidor）执导的影片《狂想曲》（*Rhapsody*）[106]给我们提供的基本教益是，要想得到心上人的爱，男性必须证明，没有她，他照样活得下去，他爱自己的使命或职业胜过爱她。存在两种直接选择：（1）事业至上，女性只是消遣；（2）女性就是一切，我甘愿为她放弃尊严。事实上，这两者均不成立，都会招致女性的拒绝。真爱要传达的信息是，即使你是我的一切，没有你，我也能活下去，而且我已经做好准备，为了我的使命或职业，放弃你。因此，女性要检验男性是否真的爱她，正确方式就是在他事业发展的关键时刻（第一场公开音乐会、关键的考试、决定他成败得失的商业谈判）“背叛”他——尽管她的抛弃会给他造成深深的伤害，但只有当他能够经受考验，成功地完成任务时，他才配得到她的回心转意。这里潜在的悖论是：作为绝对的爱情不应该被设定为直接的目标，而应保持其副产品的身份，如同一个不期而遇的恩典。男性版本和女性版本存在双重区别。男性开诚布公地选择事业，（也许）得到了作为副产品的爱情；女性光明正大地选择爱情，同时暗中忠于自己的事业。男性做出了痛苦的选择；女性两个都要，享受着分裂本身。

现在我们看到了问题的症结：与性征有关的不可能性/对抗不是历史的和可变的吗？为什么我们不能设想（和实践）一种不同的性征，一种不再打上“构成性对抗”之烙印的性征，一种不是“结构上难以企及”的，而只是“目前超出我们的能力范围”的性关系？顺便说一句，看到阿兰·巴迪欧跌入这个陷阱，是很可悲的：面对我们的性困境（sexual predicament），他提出的解决方案[107]是，为男性和女性创造全新的符号空间，使之不仅超越传统的男权等级制度，而且超越违反律令之实在的资本虚无主义。只有借助真正的哲学姿势，创造全新的基本能指（basic signifiers），重构性的符号体系（让女性成为科学家、政治家、艺术家，男性参与生育），才能创造全新的符号空间。不过，从拉康的观点来看，当务之急不是去寻找性别差异的新符号体系的痕迹，而是质询：此时此地，除了男权传统的符号体系，性征中还有什么？没有这种质询，对于性征的全新符号空间的梦想就会只是一个空洞的梦想，一个回避人类性征根本对抗的意识形态空想。

不过，我们还是要问，这种对抗/不可能性是一种无历史的先天（ahistorical a priori）吗？在我看来，拉康的答案是显而易见的：它当然不是永恒的，但它构成了人类的性征。我们当然可以设想无性繁殖，或者具有不同快乐模态的生活，但在这种情况下，我们只是不再处理性征问题而已。它与另类现代性颇为相似：一件事情是从一种形式的“现代性”转向另一种形式的“现代性”（资本主义的政治权力），比如，从自由民主政体转向法西斯主义或威权民粹主义（authoritarian populism），但这也只是以不同的方式处理对抗问题而已，而界定资本主义的，正是对抗；另一件事情是彻底突破现代性领域本身及其内在的构成性对抗。这一点，我们应该坚持：当我们实施彻底的改变，走出由其构成的不可能性/对抗所定义的整个领域时，我们并非以“历史化”的方式消解这种不可能性——即并非通过超越它使得“不可能转化为可能”，亦非通过揭示这种不可能性/实在界只是遮蔽另类现实的迷障。我们要做出更加激进的举动：“不可能性”之所以销声匿迹，是因为供它运作的整个领域已经不复存在。

就像优秀的吸血鬼总是避开大蒜一样，我们在此应该避开任何形式的进化经验主义（evolutionary empiricism），避免提及“真实”的外部世界。处于永恒的变化之中的“真实”的外部世界会逐渐瓦解所有的符号结构。谁知道那里都有些什么东西。我们唯一可以肯定的是，还有无数的事情我们一无所知，而且这个“无限的外部世界”异常冷漠，它本身就是平庸、平淡甚至是愚蠢的代名词。我们的未知仅意味着未知本身，这里不存在神秘性，不存在真正的表象辩证法，也没有严格辩证意义上的结构性幻觉（structural illusion）。两性关系的不可能性则与此迥然不同：性征的“奥秘”——我们通过幻象性补充物来填补固定性关系表达式之匮乏的结构性需求——恰恰构成性征的本质特征，正是它将动物的交配行为转化为人类的情欲。在这个幻象的幽灵背后，并不存在等待我们发现的外在现实。这里唯一的“奥秘”是形式自身的奥秘（正如马克思所言，商品-形式的奥秘就是这一形式自身的奥秘，即奥秘形式的兴起）。

在这里，我们可以看到，对拉康来说，不可能之物的实在界与冷漠的外在现实之间存在本质差异：形而上学神秘化恰恰源于把这两者相混淆，也就是说，把“来自内在空间的力比多元质”等同于现实的终极奥秘。我们甚至可以用康德的方式说，这种“等同”是必不可少的先验幻觉。外部世界并无奥秘可言，它只是外部世界而已，只有陷入了我们的力比多经济的僵局，它才显现为“一个奥秘”。[108]我们可以再次说说拉康反复提及的有关宙克西斯（Zeuxis）和帕拉修斯（Parrhasius）这两位古希腊画家的那则逸事。他们比赛，看谁能画出以假乱真的幻觉来。[109]宙克西斯率先出场，画了一串碧绿青翠的葡萄，引得飞鸟前来啄食。随后，帕拉修斯在自己的屋墙上画了一块门帘，赢得了比赛。他把自己的画拿给宙克西斯看，宙克西斯问帕拉修斯：“好了，现在请掀开门帘，让我看看你画的是什么！”在宙克西斯的画中，这种错觉活灵活现，令人信以为真；在帕拉修斯的画中，错觉之所以为错觉，并不在于它惟妙惟肖，而在于观众在自己面前看到的只是一块用来掩盖隐含真相的门帘。奥秘就是这样在符号空间中运作的：门帘的后面没有奥秘，唯一需要解释的“奥秘”是，如何栩栩如生地画出一块门帘，让它创造这样的幻觉，仿佛在它后面隐藏着什么东西。

这则有关宙克西斯和帕拉修斯的逸事也让我们看到了“面向客体的本体论”（object-oriented-ontology）存在的致命弱点。这种本体论提出了一种现实主义的客体本体论。这样的客体，我们人类作为宇宙中的客体之一，只知其一，不知其二：我们只能看到（我们的科学只能测量）事物的现象性外表，即事物显现给我们的外貌，但在这外貌之下，存在着隐含的“自在”，即事物独立于我们的存在方式。当帕拉修斯展示他的画作时，宙克西斯问他：“好了，现在能请你打开遮挡你画的门帘，让我看看你究竟画的是什么吗？”此处的表象并非通过遮蔽来暗示隐藏内容，而是制造了“表象帷幕背后存在某物”的幻象（实际上背后空无一物）。用黑格尔的话说，这意味着我们面对着两种“自在”：一种是事物的真正（独立于我们而存在）的“自在”，另一种是事物显现给我们的“自在”。也就是说，每种表象都暗示（或创造）了它自身的“自在”，它通过遮蔽暗示了帷幕背后存在着实体性的现实之维。而且在黑格尔看来，当我们意识到门帘后面一无所有，唯有我们（这些观察的主体）放置在（或者更确切地说，投射到）那里的东西时，我们就从实体转为主体。“面向本体论的客体”忽视了这种二元性，把这两种“自在”等同起来。因此，它的“超验性”（transcendence）——自在的现实——是内在的，是先验构成的。也就是说，“面向本体论的客体”的眼中的“自在”是主观构成的，这样的“自在”出现在既定的意义视域之内。

概而言之，我认同图皮南巴对拉康哲学承诺问题性质的基本判断，但我对拉康局限性的诊断方向是相反的：问题不在于拉康总是把冷漠的外在实在界纳入内在的精神–力比多性的实在界–元质（psychic-libidinal real-thing），而在于他在晚年依然过度沉迷于如何思考“自在”的实在界问题，思考绝对外在于想象界／符号界的“自在”的实在界的问题，同时拒绝从他的下列洞视中得出充分的结论：因为实在界是符号界所固有的自我妨碍（self-impediment），所以它没有自在的实体性的现实。图皮南巴的基本洞视是，精神分析理论并没有提供关于他者的普遍真理，没能使我们囊括其他话语不得不忽略的东西：我们生活的某些维度，比如政治经济学，是精神分析话语默不作声和充耳不闻的。在这里，米勒的个案是典范性的：为了张扬精神分析话语的特权，他不得不把政治降低到想象性认同和符号性认同的层面。于是，真正的社会–政治对抗之维被（错误地）视为对精神经济及其力比多投入的干扰。哲学反思由此开始：哲学探究某个领域的“可见”和“不可见／被排除”之间的关系。例如，它展现了现代科学为了看到它所看到的东西而不得不忽略的东西。这意味着，拉康的问题并不在于他过于注重哲学（或如阿尔都塞所言，他只是创建了精神分析哲学而没有把精神分析发展为充分的科学），而在于他对哲学的重视还远远不够。

透过刘别谦的镜子……*kurc te gleda*

也许精神分析对哲学的最大贡献是揭示了构成无意识之核的反思性（reflexivity）。这种反思性甚至在日常粗俗用语中雁过留痕。斯洛文尼亚语中的“*kurc te gleda*”就是如此。本节的标题只能用（对读者来说的）外语印刷，以确保读者无法理解。在斯洛文尼亚语中，这是一个非常粗俗的常用语，表示怒气冲天，可以把它粗略翻译为“老二[110]看你呢”。在日常语言中，意思是“去你的”。但是，如果我们从字面意义上理解呢？在何种意义上，老二能够看着你？另一个表述——“透过镜子”——在这里可能会有所帮助。“透过镜子”是刘易斯·卡罗尔（Lewis Carol）的《爱丽丝梦游仙境》（*Alice in Wonderland*）续集的标题，指的是爱丽丝穿过一面镜子时看到的奇怪世界。[111]在那个世界里，事物不再是本来的样子。通常情况下，你在镜子里看到的是现实的镜像和你的镜像。但是，只有穿过镜子，你才会迈入那个怪异的世界。在那个世界里，镜像会反过来看你。在这里，我们找到了那个位置：透过这个位置，“老二看你呢”。（为什么会这样？我们会在最后看到原因。）刘别谦的电影就是这样的。在他的电影中，仿佛你透过镜子看到了我们的（也是你的）现实——怪异的现实。那时我们才会明白，这个现实是如何审视我们的，我们是如何被暗含在这个现实中的，如何被铭刻在这个现实上的。既然如此，那通过刘别谦的镜子，我们看到了我们的社会中的哪些东西呢？

西奥多·阿多诺推翻了贝内代托·克罗齐居高临下的历史主义问题：“在黑格尔的辩证法中，什么是死的，什么是活的？”（这是他的主要著作的标题[112]。）如果黑格尔作为思想家还活着，那么今天他要提出的问题就不是历史主义的问题——“黑格尔的著作与今天的群英荟萃有何关系？我们怎样去阅读他的著作，才能继续从中获得有益的启示？”，而是“在黑格尔的眼中，我们今天的处境如何？”这道理同样适用于刘别谦——问题是：“我们的当代性（contemporaneity）在刘别谦的眼中会是什么样子？”虽然我已经借助（或者更确切地说，通过）刘别谦对我们当代这个颠三倒四的世界做过这样的解读，[113]但我在这里要提出一种不同的方法来讨论这个话题：第三因素将插在刘别谦和我们当代社会之间，那就是黑格尔的思想。从黑格尔的角度看，思想必须怀着宽容回忆的精神，带着这种精神产生的所有的恐怖来占据现实。刘别谦会补充说，这种宽容必须以喜剧的精神来完成，他就是以这种精神处理有关性征的话题的。刘别谦清楚地看到，使性征具有内在喜剧性的，正是它的“被中介”这一品格。“被中介”是在这样的意义上说的：相爱的情侣永远不会孤单，第三因素总是以幻象的形式插足其间，与其同乐，而喜剧效果就来自现实与幻象的混淆，来自把两者分割开来的鸿沟。意识到这道鸿沟的存在，会引发一套与世界密切相关的特殊的形而上学，这套形而上学贯穿于刘别谦的全部作品之中。

且以刘别谦的辉煌巨作之一《你逃我也逃》（*To Be or Not to Be*）为例。影片讲述的内容是德国对波兰的野蛮侵略和波兰对纳粹的顽强抵抗，但这些事件是通过滑稽的宽恕这面镜子呈现出来的。在那里，即便是德国坏蛋也比我们这些好人机智，甚至希特勒也身陷混乱的闹剧。纳粹依然恶贯满盈，消灭他们的任务依然迫在眉睫，刘别谦也不玩那种因为“他们也是人”就原谅他们的把戏。关键在于，在这部电影中，没有谁属于真正的人类。刘别谦所做的，只是避开严格的道德谴责而已。我们如今比以往任何时候都更加需要这种立场，因为少数几个成功地避开这种危险的艺术家之一是拉里·大卫[114]。

但是，刘别谦在其电影中所做的一切仅仅是戏谑性地承认性征固有的变态吗？不妨回想一下我们开始时提及的那个斯洛文尼亚粗话：如果这就是他所做的一切，那他将停留在这种粗俗性（vulgarity）指定的领域内，反复提醒我们“一个老二是如何回头看我们的”，也就是说，我们是如何陷入性征的循环游戏（circular game）的。

让我们仔细看看“老二”是如何“看着我们”的。[115]这个斯洛文尼亚粗俗用语摆出的是无礼的姿态，表示拒绝某个深恶痛绝的要求——与其说它是“Fuck off!”或“Fuck it!”，不如说它是“Fuck you!”[116]，总之是拿出某人的“老二”以示不敬。在一个修养较好的群体中，人们可能也会说“*falus te okulira*”——“让老二看看你吧”（let the phallus oculate you）。“oculate”的意思是有眼睛，或者更准确地说，有类似于眼睛的斑点或孔洞。当某种动物被描述为“ocellated”[117]时，它的意思是它有像眼睛一样的斑纹。拉康在评论弗洛伊德的“驱力”概念时极其幽默地说道，当某个主体突然注意到他的“老二”很高兴被看到时，这个主体就有效地在他的刚健的“老二”身上看到了他自己。

拒绝对方的要求，这个维度至关重要。今天，世界范围内的抗议活动是由一种特定的要求引发的，但这种要求并非真的要求得到什么。因此，一旦当权者对这种要求做出让步，我们的回应应该是“*kurc te gleda*”。拒绝要求也是所谓“去你妈的疗法”（F**k It Therapy）的核心。这种疗法是由约翰·帕金和盖亚·帕金夫妇（John and Gaia Parkin）发明的。某天早晨，在伦敦，他们一觉醒来，说道：“去你妈的！”然后辞去工作，离开家门，搬到意大利，开始静修，自我治疗。[118]但是，“*kurc te gleda*”与“fuck it”并非毫无二致。在斯洛文尼亚语中，还有其他的类似表述，如“*jebi se*”或“*odjebi*”，它们的意思更像“fuck off”。英语中最接近“*kurc te gleda*”的是“up yours”，尽管两者之间存在显著的差别：“up yours”是一个主动姿势（直接竖起中指或在爆粗的同时竖起中指），而“*kurc te gleda*”则是被动的姿势，没有任何动作与之相伴。这句用以发泄满腔怒火的斯洛文尼亚粗话，完美地再现了返回凝视的客体[119]具有的结构。拉康在《研讨班第十一卷》（*Seminar XI*）中提到的沙丁鱼罐头就是这样的客体。客体返回凝视的位置是变形的位置（霍尔拜因[120]），变形恰恰是在阴茎勃起之时开始的：只有在阴茎勃起时，它才“看着你”。

> 有一天，我乘坐一条小船。陪同我的，是一家人。他们是渔民，住在一个小小的港口上。……就在我们等待收网时，一个叫小让（Petit-Jean）的人……指给我看水面上漂着的一个什么东西。那是一个小罐头，沙丁鱼罐头。它漂浮在阳光下。它是罐头工业的见证，而且事实上，我们是应该供应罐头的。它在阳光下闪闪发光。小让对我说，你看到那个罐头了吗？你看到了吗？嗯，它没有看到你！……如果说小让对我说的话——罐头没有看见我——真的有意义，那也是因为从某种意义上说，它在看着我。[121]

看见一个男人阴茎勃起，且不加遮掩地走来走去或岿然不动，这本身就是一件荒谬绝伦的事情。它奇峰兀立，像一个丑陋的瘤子。它自命不凡，像一个变形的污物。[122]或用拉康的话来说："你看到那个阴茎了吗？你看到了吗？嗯，它没有看到你！"意思是它在看着你呢！从这个意义上说，感知主体（perceiving subject）被铭刻在"一个阴茎勃起的男人"这一场景上：当一个女人看到一个阴茎勃起的男人屹立在她的面前时，她可以假设自己是这个男人阴茎勃起的客体成因。尽管如此，勃起的阴茎并没有看到你——你导致了它的勃起，但这并非主体间的相互认可，从某种意义上说，你被客体化了，至少是非人化了，也就是说，作为主体，你被无视了。

我们应该在此强调阴茎和阴道的区别：即使在标准的老套性诱场景（一个赤身裸体的女人仰卧着，慢慢地张开双腿）中，阴道也不同于阴茎，它没有看着你，尽管它明显地"看到"了你。所以我们必须抵制把阴道视为眼睛的粗俗联想：阴道没有被看成眼睛，因为在这样的场景中，是女人本人在积极地看你，她仍然是能动者；相形之下，阴茎勃起的男人沦为一个可笑的白痴，目瞪口呆地看着自己的身体蠢蠢欲动的那一部分，无可奈何。刘别谦从某些场景中榨取了很多乐趣。在这些场景中，主体高贵的理想-自我扮演着勃起的阴茎的角色。（主体的理想-自我是主体希望别人看到的他的样子，是他想给别人留下的印象。）但他以如此荒诞不经的方式扮演这个角色，以至于当他被困在游戏中时，也只能无助地看着自己：他表现得像个白痴，但他无能为力。正是在这里，我自己的"老二"在回头看我：面对自己的愚蠢行径，我只能一筹莫展地看着，无法挣脱理想-自我的束缚。那么，我们是否有可能打破这个让我们沦为束手无策的白痴的循环呢？在阿努伊的《安提戈涅》[123]的开篇，女主角一大早去花园里散步，回来时，奶妈问她："你刚才去哪儿了？"她是这样回答的：

"刚散步来着，奶妈。真美呀。一切都是灰蒙蒙的。你不会知道的，现在，一切都已变成玫瑰色、黄色、绿色的了。变成了一张明信片。奶妈，如果你想看看没有颜色的世界的话，你就得起得更早才行。……花园还在睡觉，我就闯进去了，奶妈。我在它不知道的时候看见了它。当一座花园还没有想到人的时候，那可真美。……田野一片湿润，在等待着。一切都在等待着。我一个人在路上弄出很大的声音，我感到难为情，因为我知道它们等待的不是我。于是，我就脱了鞋，在田野没有觉察到的时候，溜进去了。”（引自让·阿努伊，《安提戈涅》，郭宏安译，人民文学出版社2019年版，第22—23页）

我们应该仔细阅读这几行文字：阳光把灰色的世界变成了明信片上的庸俗艺术作品（kitsch），而在这之前，安提戈涅看到是灰色的世界。这时，她陷入的困境不是众所周知的唯物论者陷入的困境，因为唯物论者通常突然转过头来，要看看世界在被看到之前的样子。她没有看到世界在她看到它之前的样子，她在世界回头看她之前看到了世界。用拉康的话说，安提戈涅黎明前在花园散步，这时，她在世界回望她之前就在看世界。用那句斯洛文尼亚粗话说，没有“老二”回头看她——没有人在等她，她害怕弄出声音，不是因为她觉得那样可能会扰人清静，而是因为她知道世界没有等待她，如此一来，世界不会对她的打扰做出回应。当黑格尔说哲学用灰色描绘灰色的现实时，也许他要表达的就是这个意思。[124]

进一步说，黎明前的安提戈涅和在科罗诺斯的俄狄浦斯之间存在某种联系[125]。用黑格尔的话说，俄狄浦斯在他生命的尽头把灰色颜料涂在灰色现实上。但安提戈涅和俄狄浦斯的这种联系清晰地展示了这两个人物的鲜明对比：安提戈涅对黎明前的生活的体验，把阳具维度（phallic dimension）悬置了起来；俄狄浦斯对生命的最后诅咒，是对这一维度至为纯粹的庄严肯定。我们可以把《俄狄浦斯在科罗诺斯》中的俄狄浦斯的命运解读为萨缪尔·贝克特的下列母题的另一种变体：“再尝试，再失败，更好地失败。”在展示自己的死亡时，在科罗诺斯的俄狄浦斯做到了“更好地失败”。给他带来毁灭的，正是他的“更好地失败”，而不是他的乱伦行为和弑父行为。

让我们详细阐明这一点。《俄狄浦斯在科罗诺斯》是一部独一无二的戏剧。在那里，后人类主体性（post-human subjectivity）的轮廓第一次被清晰地勾勒出来。也就是说，如果从人类向后人类的过渡就是从俄狄浦斯向在科罗诺斯的俄狄浦斯的过渡，情形会怎样？如果说人类的主体是俄狄浦斯式的（所有这一切都意味着，通过符号性的阉割来构成主体，通过符号性的律令来调节欲望，等等），那么后人类的主体就如同在科罗诺斯的俄狄浦斯，即“反俄狄浦斯”，或如拉康所言，即对俄狄浦斯的超越，这时他已经沦为能指链的排泄性残余（excremental remainder of the signifying chain）。[126]正如黑格尔所言，罪责（guilt）是悲剧英雄的最高荣誉——如果我们剥夺了他的罪责，我们就会使他遭受彻底的羞辱。俄狄浦斯甚至被剥夺了这种罪责的荣誉，这意味着“他甚至不被允许按自己的欲望介入自己的命运”。[127]在他身上，根本不存在“无意识欲望”，而驱使他行动的，正是这种“无意识欲望”。正是基于这个原因，他在得知自己的所作所为后拒绝充当悲剧英雄，也拒绝承担罪责。正如拉康反复指出的那样，与我们所有的人相反，俄狄浦斯是唯一没有俄狄浦斯情结的人。在通常的俄狄浦斯场景中，我们通过屈服于符号性律令（symbolic Law）在欲望的问题上委曲求全，放弃真正的（乱伦性的）欲望客体。

与我们相反，在科罗诺斯的俄狄浦斯坚韧不拔，矢志不移，直至最后都完全忠于自己的愿望，没在自身欲望的问题上忍气吞声。自相矛盾的是，在科罗诺斯的俄狄浦斯还是一个悠然自得的主体：他不是一个知道欲望本是一场空的明智老人，而是对欲望照单全收。拉康在他的第一个研讨班上清楚地看到了这一点。关于在科罗诺斯的俄狄浦斯，拉康写道：“所以俄狄浦斯确实存在，而且他完全意识到了自己的命运，甚至到了这个地步：那不过是一种严格意义上的自我打击、自我撕裂、自我了断——他绝对不再是任何东西。就在那一刻，他说出了我上次引用的那句话——难道我是在我不再是人的那一刻起才成为人的吗？”俄狄浦斯说这句话的确切时刻，是他知道自己的死亡会使当地住户受益，而且权贵们不再把他视为排泄物一般的弃儿，而是请求他伸手相助：“他们追赶他。俄狄浦斯听说有人要来拜访他，这些人包括各种使节、智者、政客、狂热者和他的儿子，于是说道：难道我是在我不再是人的那一刻起才成为人的吗？”他不再是人，这是在什么意义上说的？“当先知的预言（诺言）完全实现，当俄狄浦斯的一生已经彻底转换为他的命运，俄狄浦斯还能剩下什么？这就是《俄狄浦斯在科罗诺斯》向我们展示的——命运本质的戏剧性，还有仁慈、博爱以及任何与我们所谓的人类情感有关的东西的匮乏。”[128]

拉康在这里援引的是埃德加·爱伦·坡小说中的瓦尔德马先生说过的话。当他从死亡中被唤醒时，说出了那句令人困惑的骇人之语：“快！让我重新入睡！我已经死了。”[129]但是正如特里·伊格尔顿所言，正是因为被排除在所有人类情感和慈善之外，俄狄浦斯成了一个政治人物，他建立了一个全新的强大城邦——雅典：在科罗诺斯的俄狄浦斯

> 成了新政治秩序的基石。俄狄浦斯被污染的身体，象征着城门处的恐怖。城邦如果要想获得重生的机会，就必须认识到自己丑陋的畸形。悲剧的这一深刻的政治维度，在拉康的沉思中被轻描淡写，一笔带过。……俄狄浦斯变成了社会的渣滓和垃圾，变成了“大地上的狗屎”（圣保罗在生动地描述耶稣的追随者时所言），或变得“人性彻底丧失”（马克思在描述无产阶级时所言）。俄狄浦斯被剥夺了身份和权威，因此可以把他那被撕裂的身体充作新社会秩序的基石。乞丐国王大声问道：“难道我是在我不再是人的那一刻起才成为人的吗？”（或者也许“只有当我一无是处 / 不再是人的时候，我才能被算作某物吗？”）[130]

基督这个后来的乞丐国王，死时一无所有，甚至被自己的门徒弃如敝屣，却通过自己的死亡建立了一个全新的信徒团体。俄狄浦斯和基督都是通过沦落到排泄性残余这个零级才东山再起的——简而言之，在“*kurc the gleda*”这一姿态之后出现的，是一种全新的社会政治秩序。这里给我们提供的重要教益是，革命不是以俄狄浦斯的方式反叛父亲一般的人物，并杀死他而告终，而是在后俄狄浦斯空间中发生的事件（event），它由一个经历了零级主体性匮乏并接受了排泄物认同（excremental identification）的能动者引发。

对于电影《摩托日记》（*The Motorcycle Diaries*），保罗·伯曼（Paul Berman）批判性地宣称：

整部电影在概念和基调上都散发着对殉难的基督论崇拜（Christological cult），对精神上优越但又正在走向死亡之人的崇拜。这正是拉丁美洲天主教会几个世纪以来所倡导的那种崇拜，导致了悲惨后果的崇拜。影片中对反动天主教的反叛本身就是反动天主教的一种表现形式。在拉丁美洲的传统教堂里，到处都是可怕的流血圣徒的雕像，而你能在电影的许多场景中感受到这些雕像饱含的受虐魅力。[131]

对此，我们只需做出简要的回应：你说得没错，但那又如何？为什么不能以革命的政治（revolutionary politics）取代天主教的殉教崇拜？将格瓦拉与在科罗诺斯的俄狄浦斯对比可知，重要的不是殉道本身造成的痛苦，而是走出符号性的循环（symbolic circuit），正是这种符号性的循环界定了我们的身份。我们在此邂逅了历史和永恒巧相逢的独特时刻：排泄物认同绝非单纯地退出历史，进入内心生活的深渊，对于彻底的历史变革来说，排泄物认同是必不可少的，它使真正的革命行动需要付出的高昂的主观代价变得清晰可见。当然，我们要特别注意，从悲惨的死亡走向荣誉加身，这个逆转并不是直接的：两者之间有天差地别——耶稣之死（且举这个众所周知的例子！）本来会是一个无关紧要的、被人遗忘的细节。关于这一点，最极端的表现形式可在《这是给你的》的歌词中关于基督论的内容中找到。这首歌是琼·贝兹写给恩尼奥·莫里科内的。[132]它把基督在十字架上经历的最后痛苦描述为“胜利”。它使用了一段被北美报业联盟记者菲利普·斯特朗（Philip D. Strong）归在巴托洛梅奥·万泽蒂名下的一段话：“要不是因为这些事情，我可能一辈子都会在街角和讥诮的人们聊天。我可能会死去，默默无闻，不为人知，一败涂地。现在我们不是失败者。这是我们的事业，我们的胜利。在我们的一生中，从来没有想过，能像现在这样，出乎意料地为宽容、正义和人与人之间的理解而从事这样的工作。我们的言语——我们的生命——我们的痛苦——一无所有。我们的生命被夺走了——一个优秀的鞋匠和一个可怜的卖鱼小贩的生命被夺走了——一切都被夺走了！最后的时刻属于我们——苦难就是我们的胜利。”[133]我们在此应该抵制的，是对这一席话的变态解读：万泽蒂自觉地选择了苦难（死亡），以便获得胜利。这样的操纵不会成功。只有当主体实际上接受其排泄物身份时，穿越零点才算是新的开始。胜利作为某种“附带损害”（collateral damage）是后来发生的。以基督为例，倘若保罗没有把他在十字架上的死阐释为胜利，他就只能是一系列早已被人遗忘的宗派殉道者中的一个。

难怪在艺术史上的某个独特时刻，奄奄一息的基督本人也被人以类似的方式描绘出来：他给了圣父本人一个“up yours”。沃尔弗拉姆·霍格勒布（Wolfram Hogrebe）提议这样解读米开朗琪罗未曾完成的画作《十字架上的基督》（*Christ on the Cross*）：米开朗琪罗先是把这幅画送给了他的红颜知己维多利娅·科隆纳（Victoria Colonna），随后又莫名其妙地要求她完璧归赵。这个要求被她拒绝，因为这幅画令她激情澎湃。据说她用镜子和放大镜对它做了细致的研究，仿佛这幅画包含着某种禁止别人知道的半隐蔽细节，而米开朗琪罗又害怕被人发现这个细节。[134]这幅画画的是基督大惑不解和万念俱灰的“关键”时刻，即“我的神，我的神，你为何离弃我？”[135]的那一时刻。在绘画史上，这是首次有艺术家试图捕捉基督被圣父遗弃的画面。当基督的眼睛向上翻转时，他的表情显现出来的不是对苦难的虔诚接受，而是融合了蔑视的绝望痛苦。在这里，一些令人不安的细节表明了一种潜在的愤怒和反叛的态度。他的两条腿并不平行，而是一条腿略高于另一条腿，仿佛基督试图解放自己，站立起来，但最终功亏一篑。真正令人震撼的细节在右手：那里没有看到钉子，食指也伸了出来。这是一个粗俗的手势。根据米开朗琪罗可能知道的昆提利安[136]的手势修辞学，这象征着魔鬼的反叛性挑战。基督的“为何？”不是听天由命，而是咄咄逼人，是指责非难。更确切地说，在这幅画中，在基督的面部（绝望和痛苦）和手势（反叛和蔑视）之间存在隐含的张力，仿佛手势表达了面部不敢表达的态度。不妨回想一下歌德的警句：“唯有神能反叛神”（*Nemo contra deum nisi deus ipse*）。由是观之，我们在米开朗琪罗的画中看到的，是圣子向其父亲出示的“up yours”。当然，这还不是基督的临终遗言：在绝命之前，他说道：“成了！”[137]然后又说：“父啊，我把我的灵魂交托在你手中。”[138]（又是手！）不要把这两句话解读为从攻击性的“up yours!”走向虔诚的顺从，而要解读为从攻击性的

“up yours!”走向更具挑衅性的“*Kurc te gleda!*”。

激进政治行动的这一宗教维度是建立在一个非常精确的事实之上的：革命的胜利出现于这样的时刻——我们通过悬置现有经济和社会秩序的成文和不成文的规则跳出现有的经济和社会秩序，也就是说，我们（试图）去做在这个秩序的内部看似不可能完成之事。有些事情，霸权意识形态的反应是“但你不能这样做！”。我们要做的，就是这样的事情。我们要做布莱希特在赞美共产主义时所说的“很难做的简单事情”——把银行和大公司收归国有，扩大免费的教育和医疗服务，为穷人提供住房，使“LGBT+”的权利合法化，等等。大家可还记得，1970年，也就是智利的阿连德（Allende）政府执政的第一年，政府为学校提供免费膳食，把铜矿收归国有，积极参与工人住房的建设，做了许多诸如此类的“简单事情”。我们必须按照当时的具体条件，坚持到底。在美国的支持下，当地的资产阶级进行了残酷的抵抗。在这种形势下，他们注定失败，随之而来的是通货膨胀的飙升，等等。他们的失败不仅由于既定秩序势力的反扑，而且有其内在原因：他们的失败（以领导人的暴死为标志）提供了一个排泄认同点（point of excremental identification），这将为运动注入全新的力量。一味谴责革命者不够务实是没有意义的——这恰恰是他们接管政权后采取的行动，即违反现有的“务实规则”。无论导致了多少新问题出现，阿连德政府把智利变成了“解放的领土”，在那里，从某种意义上讲，即使人们呼吸的空气都不同于过去。它所面临的问题恰恰证明，在既定秩序下，即使做“简单事情”，比如为工人提供免费的膳食和住房，也是不可能的。随后革命者当然应该变得务实，但他们必须从疯狂的简单行动开始。这就是说罗伯斯庇尔的下列行为完全正确的原因：在热月8日[139]，罗伯斯庇尔做了最后一次演讲，他指出，只把革命视为一系列的实际事件，而不关注维系革命的崇高理念（或者，正如巴迪欧所说，不关注事件的革命性维度），意味着这场革命只会变成“摧毁另一种犯罪的乱糟糟的犯罪”：

> 但是，我可以向你们保证，确实存在有感情的、纯洁的灵魂，存在温柔体贴的、飞扬跋扈的、不可抗拒的激情，存在宽宏大量的

心灵产生的痛苦和快乐，存在对暴政的深切恐惧，存在对被压迫者的悲悯热情，存在对祖国的神圣之爱，存在对人类的更崇高、更神圣的爱。没有这些，伟大的革命只不过是摧毁另一种犯罪的乱糟糟的犯罪而已。确实存在在地球上建立世界上第一个共和国的雄心壮志。[140]

我们现在可以看到，抽象的道德观——“忘记所有的意识形态性的东西，忘记在革命中不断回响的梦想，牢记革命中实际发生过的事情，并对这些事实做出道德判断”——是如何掩盖了它的对立物，即彻底的犬儒式冷漠的。这在刘别谦的电影中是如何呈现的呢？刘别谦的许多电影中都有这样的时刻，使我们能够看到类似的立场。它们并不是某种神秘的内心宁静的、表明我们脱离现实的时刻。让我们重读一遍让·阿努伊撰写的关键台词：湿润的田野“一切都在等待着。我一个人在路上弄出很大的声音，我感到难为情，因为我知道它们等待的不是我”。所以，这个世界在等待发生什么事情，只是等待的不是我。正是基于这个原因，安提戈涅不想制造噪声：不是为了打破世界内在的宁静，而是因为她制造的噪声不会引发共鸣。牢记甘地那句名言：“要想看到世界上发生变化，首先要成为那个变化。”[141]我们现在所处的时刻，正是我们意识到我们无法改变的时刻：我们只是不得不接受这个痛苦的事实，即我们不是现实正在呼唤的事件的一部分。

此外，不妨回想一下《天堂里的麻烦》（*Trouble in Paradise*）中一个著名的不和时刻（moment of discord）。那时，加斯顿（Gaston）不再像从前那样文质彬彬，对玛丽埃特（Marietta）大发雷霆（玛丽埃特正准备告发那个像他一样的小偷，而不是那位一直偷她钱的经理，因为她和经理属于同一个阶层）。在这一刻，现实被渲染成灰色，被剥去了所有的性感色彩，这里没有“刘别谦式触动”（Lubitsch touch）。加斯顿的愤怒不仅是针对玛丽埃特的，也是针对他本人的：世界正在等待的噪声、消除他所谴责的腐败所需要的变革[142]，就是一场社会革命的轰鸣。但他知道，由于自己谋生的方式较为特殊（他是骗子和小偷），他只能寄生在现有的社会秩序上。类似的不和时刻还出现在《妮诺契卡》和《你逃我也逃》中，尤其出现在刘别谦生前完成的最后一部电影《克卢妮·布朗》（*Cluny Brown*）中。整体而言，在刘别谦的宇宙中，这部电影发出了不和谐的音符。它讲述的故事是，第二次世界大战爆发前，捷克人亚当·贝林斯基（Adam Belinski）试图发动公众舆论反对法西斯威胁，无奈最后逃往英国，沦为难民。他的一位颇为富有的英国朋友邀请他前往自己的乡村庄园散心。在那里，他遇到了克卢妮·布朗，一个特别痴迷管道的普通女孩，并为她的朴实和清新所倾倒。长话短说，最后他们喜结连理并搬到了美国，贝林斯基在那里出版了一部销量极佳的侦探小说，这使他们一夜暴富。反对法西斯主义的斗争从电影中销声匿迹，也就是说，这对恋人制造了大量的噪声，目的是不让他们自己（以及我们这些观众）听到全世界都在等待的东西：反对法西斯主义的战争。

情爱本身亦非世界所等待之物，它只会为恋人制造噪声，而不会在社会现实中制造回响。爱情的幻象在于，世间万物皆应与之共振——仿佛天地回眸凝望，眷顾着幸福的恋人。不过，社会现实仍然是灰色的，不受爱情色彩的侵袭。也许这就是刘别谦的影片——尤其是直接处理这个话题的《妮诺契卡》——为我们提供的隐含教益。弗洛伊德给我们提供的教益也在于此：并非一切都是性的（都已性化），还有一个无性的普遍事业（a-sexual universal causes）的空间。在这里，我们应该借助拉康来解读“无性”一词：处于性领域之外的是客体小a，即欲望的客体成因，它支撑着我们的事业。

注释

1. critique of critical criticism，参见：马克思、恩格斯，《神圣家族，或对批判的批判所做的批判。驳布鲁诺·鲍威尔及其伙伴》，《马克思恩格斯全集》，第2卷，人民出版社1957年版，第3页。

2. cancel culture，又称“取关文化”，是由某些群体发出的抵制行为或放逐行为。之所以有如此行为，是因为被抵制者或被放逐者的言论与这些群体信奉的“政治正确”不符。抵制行为或放逐行为主要的表现形式为，发动舆论战进行讨伐，将其驱逐出其所属的社交媒体、专业领域，关停其线上活动，使之失去原有的社交平台，等等。

3. woke culture，美国左翼政治运动近期倡导的文化，旨在反对种族歧视和种族偏见，反对社会不平等、性别歧视和性取向歧视，等等。“觉醒”（woke）本为美国黑人俚语，指从“昏睡”中醒来，关注重大社会事件和社会议题，尤其是种族平等和社会正义问题。

4. critical race theory，起源于美国的跨学科理论（主张）。根据该理论，美国现有的文化、知识、伦理、法律等均以种族主义为根基，均为白人至上主义张目。所有的白人都直接或间接通过压迫有色人种而获益，所有的价值中立都是骗人的诡计，是造成社会不公的原因。白人应为自己拥有“白人特权”（white privilege）而羞愧，并加入反对白人至上主义的斗争。

5. 1619项目，由《纽约时报》和《纽约时报杂志》的作者妮可尔·汉娜-琼斯（Nikole Hannah-Jones）在2019年提议确立的一个项目，它旨在“通过将奴隶制的后果和美国黑人的贡献置于国家叙事的中心，重新构建国家的历史”。1619年，第一批被贩卖的黑人奴隶抵达弗吉尼亚殖民地，因此该项目要把这一年视为美利坚民族的诞生之年。

6. divisive concepts，源于美国新罕布什尔州众议院和乔治亚州众议院分别于2021年和2022年制定的法案，这些法案禁止学校传授包含“分裂概念”的课程内容。“分裂概念”主要涉及种族歧视和性别歧视的概念或观念，如“一个种族或性别天生优于另一个种族或性别”“一个人，由于他的种族或性别，天生就享有特权”“一个人的道德品质是由他的种族或性别决定的”。

7. virgin birth，指在未经过性行为的情况下，女性自然怀孕生子的现象。在宗教和神话传说中，这种现象通常被认为是神奇的和神圣的。

8. 参见：茱莉亚·凯莉·黄（Julia Carrie Wong），《为粉饰美国历史而战：“你只需要一滴毒药”》（“The Fight to Whitewash US History: ‘A Drop of Poison is All You Need’”），《卫报》。见：www.theguardian.com/world/2021/may/25/

critical−race−theory−us−history−1619−project。——作者注

9. economic calculus，指在经济学中对资源的分配和利用，对成本和效益的演算和比较的过程。

10. 参见：让-皮埃尔·迪皮伊，《灾难或生命：疫情期间的感想》（*La Catastrophe Ou La Vie: Pensées Par Temps de Pandémie*），巴黎：门槛出版社，2021年版，第16页。——作者注

11. 历史学家大争论（Historikerstreit），20世纪80年代后期在西德发生的一场争论。争论的一方是保守派，另一方是左翼知识分子。争论的焦点在于，如何将纳粹德国和大屠杀纳入德国史学，融入德国人民对自身的总体看法。保守派认为，纳粹大屠杀在人类历史上司空见惯，德国人不应该为屠杀犹太人承担任何特殊的罪责。左翼知识分子认为，不能把对纳粹时代的记忆“正常化”或“常态化”，更不能把它视为民族自豪的源泉，那样必定与纳粹的宣传息息相通。

12.“左倾”和“右倾”，分别指托洛茨基及其团伙和布哈林及其团伙。

13. 参见：www.theguardian.com/world/2016/apr/16/canada−first−nations−suicide−crisis−attawapiskat−history。——作者注

14. 参见：www.theguardian.com/world/2016/apr/16/canada−first−nations−suicide−crisis−attawapiskat−history。——作者注

15. 在加拿大另一家安置土著儿童的学校附近发现了无名墓地（More unmarked graves found near another school that housed Indigenous children in Canada），哥伦比亚广播公司CBS新闻频道。参见：cbsn.ws/3qC2A1f。——作者注

16. 一份严厉的报告发现，法国天主教神职人员性侵了20多万名儿童（More than 200,000 children sexually abused by French Catholic clergy, damning report finds），美国新闻电视网CNN。参见：www.cnn.com/2021/10/05/europe/france−catholic−church−abuse−report−intl/index.html。——作者注

17. Black Panther Party，1966—1982年间在美国形成的黑人民族主义组织和政党。

18.参见:《寻找共同基础：与埃里克·埃里克森和休伊·牛顿的对话》（*In Search of Common Ground: Conversations with Erik H. Erikson and Huey P. Newton*），纽约：诺顿出版社，1973年版，第69页。——作者注

19. Bernard-Henri Lévy，BHL，法国哲学家，1976年“新哲学家”运动领导人之一。2015年，《波士顿环球报》说他“也许是法国当今最杰出的知识分子”。

20. 参见:《西奥多·赫茨尔和犹太复国主义的轨迹》（*Theodor Herzl and the Trajectory of Zionism*），开放民主网站：www.opendemocracy.net/en/north−africa−west−asia/theodor−herzl−and−trajectory−of−zionism/。——作者注

21. Theodor Herzl，1860—1904，奥匈帝国的一名犹太裔记者，现代政治犹太复国主义的创始人，现代以色列国父。

22. Reinhard Heydrich，1904—1942，德国纳粹党党卫队的高级官员，地位仅次于希姆莱，也是纳粹大屠杀的主要执行者之一。

23. Anders Breivik，挪威2011年7月22日发生的恐怖袭击事件的实施者。这一恐怖袭击先造成8人死亡、30人受伤，随后又造成69人死亡、66人受伤。

24. 参见：加布里埃尔·图皮南巴，《精神分析的欲望：拉康思想的演练》，伊利诺斯州埃文斯顿：西北大学出版社，2021年版。来自布里埃尔·图皮南巴的引文，均出自此书。——作者注

25. 在我的批评性评论中，我引用——在我看来是——图皮南巴论证的简单化核心，因而通常忽略其复杂性，以及他用来阐述自己立场的图表和表达式。另外，我必须补充一点，我认为我的这些评论是一场正在进行的对话的一部分：图皮南巴在其著作中对我颇为尊重，甚至有些过头，但我觉得我是他批判性地称之为“结构辩证法”所针对的隐含目标，所以我想把我们的分歧公之于众。——作者注

26. Sándor Ferenczi，1873—1933，匈牙利精神分析学家，精神分析学派重要理论家，与弗洛伊德关系密切。

27. foot-soldier analysts，指在精神分析共同体中处于底层的精神分析师。在英语中，“步兵”通常指积极从事某些日常琐碎工作的人，类似于军队中的普通士兵。

28.“我们共产党人是具有特种性格的人，我们是由特殊材料制成的。”参见：《斯大林全集》,《悼列宁》，第6卷，人民出版社1956年版，第34页。

29. Adèle Haenel，法国女演员。2019年11月4日，有法国媒体报道说，哈内尔在12～15岁之间曾被年近40岁的导演克里斯朵夫·卢基亚（Christophe Ruggia）性侵。她很快打破沉默，控制“社会本身对女性遭遇暴力的无视和不屑”。

30.《对跨性别者俯首贴耳》（*Docile to Trans*），拉康评论网（thelacanianreviews.com），www.thelacanianreviews.com/docile-to-trans/。——作者注

31. Adolph Wagner，1835—1917，德国政治家、经济学家、财税学家，著有《政治经济学教程》《财政学》等。

32. Catherine Millot，法国拉康派精神分析家，巴黎第八大学精神分析学教授。她最初研习哲学，后转向精神分析。1971年，她开始接受拉康的精神分析，为时长达8年，故与拉康过从甚密。

33. 朵拉（化名）曾经接受过弗洛伊德的精神分析治疗。那时她只有16岁，却患有癔症，呼吸困难，经常咳嗽和失声。在接受弗洛伊德治疗的过程中，她透露了令其厌恶的生活经历（包括父亲的婚外情以及自己被人强吻），揭示了其欲望和恐惧。弗洛伊德以这个病例为题，出版了《朵拉：癔症病案分析札记》（*Dora: An Analysis of a Case of Hysteria*）。

34. 作者没有注明这段文字的出处。经查，它出自加布里埃尔·图皮南巴，《精神分析的欲望：拉康思想的演练》，伊利诺斯州埃文斯顿：西北大学出版社，2021年版，第116页。下同。

35. 参见：加布里埃尔·图皮南巴，《精神分析的欲望：拉康思想的演练》，第190页。引文与原作略有差异。

36. Karl Kraus，1874—1936，奥地利记者、作家，以一针见血地讽刺社会现实而闻名，故有众多名言传世，如："今日之文学乃病人开出的处方。""我用笔不停地戳着奥地利这具尸体，因为我固执地相信那里面还有生命。""人生的伟大目标之一，就是把行动变为思想。""我的语言是公娼，我把她变成处女。"

37. 尼古拉·萨科齐（Nicolas Sarközy），法国第23任总统（兼安道尔亲王），2007—2012年在任。

38. 恩格尔伯特·陶尔斐斯（Engelbert Dollfuß，1892—1934），1932—1934年担任奥地利总理，领导一个脆弱多数联合政府。1933年3月，陶尔斐斯解散国会，取缔反对党，走向专制，但反对德国吞并奥地利。1934年5月被维也纳纳粹分子杀害。

39. 参见：加布里埃尔·图皮南巴，《精神分析的欲望：拉康思想的演练》，第187页。引文与原作略有差异，这里按原作翻译。

40. *The Measures Taken*，布莱希特于1929年创作的一部短剧，也是他创作的一系列教育剧中最富争议的一部短剧。它讲述了一个颇为离奇的故事：五人小组被派往某国组织暴动，结果只有四人返回，另外一人已被他们合谋杀害。四人必须对此做出合理的解释。布莱希特在剧本中为导演制定了演出的"措施"，要以极其简易的方式——更换简单的服饰——让这四人轮流出场，扮演那个被他们处死的人。如此"措施"，显然是为了追求他所谓的"疏离效果"（*Verfremdungseffekt*）。

41. 经核对，这段唱词并不出自本书作者所说的"合唱队"（the chorus），也不出自布莱希特剧本中的"控制合唱队"（the control chorus），而是出自"三位鼓动者"（the three agitators）。

42. 作者在这里间接引用了T. S. 艾略特的著作论文《传统与个人才能》（*Tradition and the Individual Talent*）。在该文中，艾略特提出一个著名的论点：往昔的艺术作品构成一种秩序或"传统"，但新作品总在改变这样的秩序或"传统"。"过去应该被现在改变，就像现在受过去的影响一样。"

43. "黑格尔关于古埃及人奥秘的那句名言"是"埃及人的奥秘对埃及人来说同样也是奥秘"。

44. Borromean knot，又称"波罗米环"或"三不互扣环"。它由三维空间中的三条简单的闭合曲线组成，三线闭合曲线以拓扑学的方式相互连接，彼无法此分开。如果切断或移除其中的一环，另外两环即可分开。

45. 参见：加布里埃尔·图皮南巴，《精神分析的欲望：拉康思想的演练》，第89页。

46. 参见：加布里埃尔·图皮南巴，《精神分析的欲望：拉康思想的演练》，第77页。引文与原作略有差异，这里按原作翻译。

47. 所有这些内容都来自维基百科。——作者注

48. 维特根斯坦的名言是："我的语言的局限意味着我的世界的局限。"（The limits of my language mean the limits of my world.）见其《逻辑哲学论》（*Tractatus Logigo-Philosphicus*）。

49. 图皮南巴多次提及"以无能为证"（proof by impotence），分别参见：《精神分析的欲望：拉康思想的演练》，第155、161、168、227页。"可以把模型的无能算作证据的强劲。"一语出自上书，第155页。

50. 参见：加布里埃尔·图皮南巴，《精神分析的欲望：拉康思想的演练》，第156页。引文与原作略有差异。

51. 参见：加布里埃尔·图皮南巴，《精神分析的欲望：拉康思想的演练》，第160页。引文与原作略有差异。

52. 在说到这条线时，作者前面称之为"一条清晰的分界线"（a clear dividing line），这里称之为"一条无形的边境线"（an invisible frontier），两者似乎略有矛盾。

53. 参见：克洛德·列维-斯特劳斯的《结构人类学》（第1卷）中的第8章"有二元组织这回事吗？"，张祖建译，第140-173页；图画在第142页。

54. "real"，一般而言，它既指"耳听为虚，眼见为实"的"实"，也指实在界的"实"。

55. 进一步的例证是由下列众所周知的事实提供的：当酷刑、强奸或类似创伤的受害者被要求报告他们的经历时，他们的报告总是含糊其词、模棱两可，甚至自相矛盾。然而，这种不准确性，这种与客观事实的局部不符，本身证明他们的报告真实可信。倘若他们的报告对所发生的事情描述得当和精确，那反而十分可疑。——作者注

56. 参见：加布里埃尔·图皮南巴，《精神分析的欲望：拉康思想的演练》，第168页。

57. 参见：加布里埃尔·图皮南巴，《精神分析的欲望：拉康思想的演练》，第168页。

58. 参见：加布里埃尔·图皮南巴，《精神分析的欲望：拉康思想的演练》，第168页。

59. 参见：加布里埃尔·图皮南巴，《精神分析的欲望：拉康思想的演练》，第165-166页。引文与原作略有差异。

60. 参见：加布里埃尔·图皮南巴，《精神分析的欲望：拉康思想的演

练》，第160页。引文与原作略有差异。

61. 参见：加布里埃尔·图皮南巴，《精神分析的欲望：拉康思想的演练》，第165–166页。

62. 参见：加布里埃尔·图皮南巴，《精神分析的欲望：拉康思想的演练》，第166–167页。

63. precariat，法国社会学家在20世纪80年代创造的新词，由“precarious”（摇摇欲坠的）的前半部分和“proletariat”（无产阶级）的后半部分组成，指饱受风雨飘摇、岌岌可危之苦的人组成的阶级。

64. 参见：伊西克·巴里斯·菲达内尔（Işık Barış Fidaner）：zizekanalysis.wordpress.com/2019/07/06/exigency–and–enjoyment–isik–baris–fidaner。所以说，选择什么团体作为无产阶级斗争的代表，是一个战略决策问题。智利的摇滚乐队——囚犯乐队（los Prisioneros）——创作的《被遗弃者的舞蹈》（*El Baile de Los Que Sobran*）几十年来一直是智利社会抗议的圣歌。它的特点在于，巧妙地选择那些代表无产阶级立场的人，选择那些代表“被遗弃者”的立场的人，选择那些在社会大厦中没有适当地位的社会群体。他们不是领工资的工人，甚至不是一般的失业人员，而是那些已经完成学业，但又找不到工作的人。如此一来，他们只好到处寻找工作，东奔西走，来去匆匆。他们忙碌一天，一无所获，到了晚上，只是漫无目的地闲逛，这种闲逛在音乐的层面上得到了神奇的协调，最后变成一种集体舞蹈。它不是在审美化（aesthetization）意义上的舞蹈——我们在舞蹈节奏造成的集体恍惚中忘却烦恼，而是一种严格意义上的政治姿态——利用个人的绝望建立一个集体。这种选择是政治正确的（politically correct）：在许多由“被遗弃者”组成的群体中，它选择了最能揭示当今全球资本主义危机的群体。所以，也许我们应该在更加字面化和简单化的意义上重新设置“政治正确”的含义，把它理解为在某个既定的形势下做出的政治决策。从这个意义上说，大多数政治正确在政治上并不正确，因为它降低了解放斗争的有效性。——作者注

65. 参见：米歇尔·福柯，《真理与权力》（*Truth and Power*），收入《权力/知识：访谈选及其他著述选集》（*Power/Knowledge: Selected Interviews and Other Writings*），纽约：兰登书屋，1980年版，第118页。——作者注

66. 参见：彼得·斯洛特戴克，《让天说话：论神权》（*Den Himmel zum Sprechen bringen: Über Theopoesie*），苏尔坎普出版社，2020年版。——作者注

67. 我们的理念/判断对于客体的适当性（adequacy of our notion/judgment to object），意谓我们的理念或判断是否正确，是否能够成为真理，取决于它与客体是否一致。也就是说，客体是检验真理的标准。

68. 客体本身对其理念的适当性（adequacy of the object itself to its notion），意谓对于真理的检验，不仅要看理念与客体是否相符，还要看客体与理念是否一致。

69. magic thinking，一种非理性思维，认为单纯通过想象或期待某种结果，而无须采取实际行动，就能实现目标，达到目的。

70. 参见：雅克·拉康，《著作选集》，纽约：诺顿出版社，1997年版，第740页。

71. 参见：雅克·拉康，《著作选集》，纽约：诺顿出版社，1997年版，第872页。——作者注。作者把英文版的页码与法文版的页码弄混了，应为第741页。——译者注

72. 参见：雅克·拉康，《著作选集》，纽约：诺顿出版社，1997年版，第874页。——作者注。应为第742页。——译者注

73. 参见：《"没那么好吃"：蒙特利尔餐厅的菜单非常诚实，吸引了很多顾客》（"'Not that Good': Montreal Restaurant's Brutally Honest Menu Pulls in the customers"），《卫报》。见：www.theguardian.com/world/2021/jan/15/montreal-chinese-restaurant-canada-customers-aunt-dai。——作者注

74. 参见：雅克·拉康，《著作选集》，第869页。——作者注。应为第738页。——译者注

75. 参见：雅克·拉康，《著作选集》，第738页。——作者注

76. 跨性别者与顺性别者，原文为"Trans vs Cis"，这里的"Trans"是"Transgender"的缩写，"Cis"是"Cisgender"的缩写。"顺性别者"指认同自己出生时的生理性别的人，"跨性别者"指不同于自己出生时的生理性别的人。

77. 参见：加布里埃尔·图皮南巴，《精神分析的欲望：拉康思想的演练》，第173页。引文与原作略有差异。

78. 参见：加布里埃尔·图皮南巴，《精神分析的欲望：拉康思想的演练》，第166页。引文与原作略有差异。

79. 这段文字在图皮南巴正式出版的《精神分析的欲望：拉康思想的演练》中不复存在。

80. 那个笑话是这样的：有个客人在餐厅点了一杯咖啡，但嘱咐服务生"不加奶油"。服务生调皮地回应道："对不起，先生，我们刚好没有奶油了，只有牛奶，我可以给你来一杯不加牛奶的咖啡吗？"还有类似的笑话：一个男人送一个女人回家，女人邀请男人进屋喝杯咖啡，男人则说自己不喝咖啡，女人机灵地回应道："没事，反正我屋里也没有咖啡。"这里的关键在于"不要奶油"和"不喝咖啡"，在于"无"。在齐泽克看来，所有的概念都包含这个概念的"反概念"，虽然"反概念"并不在场；同理，所有的"反概念"都预先假设了"概念"的存在，虽然"概念"并不在场。

81. 这段文字颇令人费解，但细读之下，不难明白：首先是男性与女性的标准对立，即男女对立；然后是男人变成女人，女人变成男人，虽非男女对立，但依然是两性对立；最是跨性别者的出现，此时男非男，女非女。只是到了第三个

阶段，蓦然回首，才发现，其实最初的男性与女性的标准对立只是表象，在它下面，隐藏着男女截然二分的不可能性（实在界）。跨性别者也无法消除这种不可能性，它也是一种差异，但它这种差异与男女之间的差异、两性之间的差异亦不相同，是与上述两种既定差异不同的差异。

82. 参见：www.theguardian.com/commentisfree/2020/nov/14/coupledom-couple-norm-social-change。——作者注

83. 作为一个例证，参见：劳拉·基普尼斯（Laura Kipnis），《反对爱情》（*Against Love*），纽约：兰登书屋，2005年版。——作者注

84. 参见：www.theguardian.com/commentisfree/2020/mar/10/i-wish-everyone-strength-however-they-identify-suzanne-moore。——作者注

85. 此外，正如阿伦卡·祖潘契奇所言，在今天的许多社会理论中，存在类似于“从性向性别转变”的转变，即从政治到权力的转变——政治对抗的话题在很大程度上已被“无政治权力游戏”（apolitical power games）概念所取代。——作者注

86. 参见：凯瑟琳·安吉尔（Katherine Angel），《明天之性会再次美好》（*Tomorrow Sex Will Be Good Again*），伦敦：左页出版社，2021年版。——作者注

87. 参见：www.versobooks.com/en-gb/products/2564-tomorrow-sex-will-be-good-again。着重号为我所加。——作者注

88. sex without sex，指没有性行为的性行为。比如，即使没有真正实施性侵，可能也会导致同样的伤害。

89. 作者在这里玩了一个文字游戏：“个人”（individual）与“可分裂”（dividual）的原文只差一个表示否定的前缀“in”。

90. 参见：《未被承认的强奸：性侵犯幸存者隐藏创伤——甚至对他们自己隐藏》（“Unacknowledged Rape: The Sexual Assault Survivors Who Hide Their Trauma—Even from Themselves”），《卫报》。见：www.theguardian.com/society/2021/aug/26/unacknowledged-the-sexual-assault-survivors-who-hide-their-trauma-even-from-themselves。——作者注

91. Thing，弗洛伊德创造的精神分析术语，指一个东西，一个物件，虽然人们对它难以理解，但它支配着人的精神生活。有时它是无意识的别名，有时它是力比多的代称。康德并不单独使用“thing”这一概念，他用的最多的是“thing-in-itself”，即我们所谓的“物自体”“物自身”或“自在之物”。

92. 当然，这绝不意味着在这些日常仪式中没有解放的潜力。关于联合国教科文组织开列的世界文化遗产名单，我唯一喜欢的，是那些没有归入“大型”往昔古迹（大教堂等）的文化遗产，如那不勒斯披萨、骆驼比赛和芬兰桑拿。阿尔加是西班牙南部一座约有1400人的小城，它想把自己的文化传统列入世界文化遗

产名录：几乎每天晚上，在太阳落山后，邻居和家人都坐在自家门外狭窄的街道旁，分享他们一天的故事——这一传统被称为“露天闲聊”（charlas al fresco）。见：www.npr.org/2021/08/14/1027689265/a-small-town-in-spain-launches-unesco-bid-for-its-outdoor-chats?t=1629259768042。在我看来，这是真正的文化——小仪式被织进了日常生活。只有在这个层面上，我才同意我们应该保留我们的生活方式。——作者注

93. 我们还应该注意，电影情节的焦点是博学派（知识分子）企图发动政变，即利用无畏派（“勇敢”的士兵）夺取政权，推翻统治社会的无私派。用拉康的话说，这是大学话语取代主人话语的尝试。何以大学话语比主人的统治更具压迫性？在这个情节的背后隐藏着对上述问题的洞悉：“极权主义”具有大学话语的结构。——作者注

94. 参见：西格蒙德·弗洛伊德，《性征三论》（*Three Essays on the Theory of Sexuality*），纽约：基础图书出版社，1962年版，第155页。——作者注

95. 参见：让·拉普朗什（Jean Laplanche），《元心理学中的性征与依恋》（“Sexuality and Attachment in Metapsychology”），收入维德洛彻（D. Widlocher）主编的《婴儿的性征与依恋》（*Infantile Sexuality and Attachment*），纽约：另类出版社（Other Press），2002年版，第49页。——作者注

96. *Handmaid's Tale*，美国于2017年开始推出的一部反乌托邦科幻电视系列剧。改编自玛格丽特·阿特伍德（Margaret Atwood）的同名小说。该剧讲述的故事是，在不久的未来，美国因为战乱不断以及其他天灾人祸而土崩瓦解。于是，极权主义的基督教重建主义（Christian Reconstructionism）取而代之，建立了基列国。那时多数女性因丧失生育能力而沦为杂役，少数仍具备生育能力，因而被选为“使女”，成为权贵的生育工具。

97. 在电影领域，不妨回想一下查尔斯·维多（Charles Vidor）执导的《吉尔达》（*Gilda*）。电影情节错综复杂，充满了“酷儿”式虐待狂和同性恋性暗示，却以一个令人难以置信的幸福结局收关。这时，所有的变态都神奇地消失得一干二净。这个在力比多方面令人难以信服的结局，才是真正的酷儿性的。——作者注

98. *Resident Alien*，2021年由克里斯·谢里丹提供创意并担任主要编剧，由黑猩猩制作公司（Jocko Productions）、环球内容制作公司（Universal Content Productions）、黑马娱乐公司（Dark Horse Entertainment）和安培林电视公司（Amblin Television）制作。原创网络：幻想频道（Syfy，2021）。——作者注

99. 由于知识有限，我无力在此讨论这一话题。——作者注

100. 参见法国作家博马舍于1775年创作的歌剧《塞维利亚的理发师》（*Le Barbier de Séville*），意谓“看在上帝的分儿上，一个一个地来”。

101. 但是，这种不朽的超我是基督教的终极真相吗？除此之外，还有另外一

种选项，一个界定了我所说的基督教无神论/唯物主义的选项：如果我们不把基督死在十字架上设想为故意牺牲的行为，而是设想为对死亡和无能为力的认可，情形又会怎样？基督的死使我们获得自由，因为它使我们丧失了任何超验的支持（transcendent support），使我们面对一个懦弱无能的神，一个对我们的苦难只能报以同情的神。——作者注

102. 原文为："why is there something instead of nothing?"海德格尔称之为"形而上学的基本问题"。西方自巴门尼德以来，很多重要的哲学家都或隐或显地追问过这个问题。

103. 参见：《巫山风雨夜》（*The Night of the Iguana*），PDF文档，Academia.edu。可在线获取：www.academia.edu/16895775/The_night_of_Iguana?sm=b。——作者注

104. 参见：罗杰·博伊斯（Roger Boyes），《为斯塔西监控妻子的间谍最终得到宽恕》（*Final forgiveness for spy who betrayed his wife to the Stasi*），《泰晤士报》，2007年1月6日。——作者注

105. 制片人解释《国土安全》大结局，collider. com。——作者注

106. 此处有误。《狂想曲》的导演是查尔斯·维多（Charles Vidor），不是金·维多。

107. 参见：阿兰·巴迪欧，《真实生命》（*La Vraie Vie*），巴黎：法亚尔出版社，2016年版。——作者注

108. 尽管如此，这里必须提出的问题是德国观念论者首次明确提出的那个旧问题：如何构建人类存在以前的"外部现实"，以使具有自我挫败的循环结构（self-thwarted circular structure）的符号秩序能够从中脱颖而出？我在2019年由伦敦的布鲁姆斯伯里出版社出版的《性与失败的绝对》（*Sex and the Failed Absolute*）中此做了详细阐述。——作者注

109. 参见：雅克·拉康，《精神分析的四个基本概念》（*The Four Fundamental Concepts of Psychoanalysis*），纽约：诺顿出版社，1998年版，第103页。——作者注

110. "老二"（prick），男性生殖器的俗称。

111. "透过镜子"，一般译为"爱丽丝镜中奇遇"或"镜中奇缘"。这里保留作者强调的"字面意义"，故有此笨拙的直译。

112. 参见：克罗齐，《黑格尔哲学中的活东西和死东西》，王衍孔译，商务印书馆，1959年版。

113. 见我下列著作的第4章：《就像光天化日之下的小偷》（*Like a Thief in Broad Daylight*），伦敦：企鹅图书，2018年版。——作者注

114. Larry David，犹太裔的美国喜剧演员、编剧和电视制片人，艾美奖得主，美国著名情景喜剧《宋飞正传》的两个创作人之一。2017年，拉里·大卫在

主持《周六夜现场》（*Saturday Night Life*）时开了个不合时宜的玩笑：“我一直对女人很着迷，我一直在想，如果我在希特勒掌权的波兰长大，然后被送进集中营，我还会在集中营里打量女人吗？我想我会的。”此举立即遭到以色列大屠杀幸存者组织的谴责。可见，他没有过于强烈的道德观。

115. 在使用斯拉夫语中的“kurc”一词时，还发生了其他千奇百怪的事情。有句塞尔维亚粗话，叫“Boli me kurac!”，直译就是“我的老二好痛！”当某人告诉我“但是你应该做点什么，帮帮我们！”时，我回他一句：“Boli me kurac!”，意思是“滚开，我不在乎！”。在日常生活中，这句话不分性别，男女通用。所以当我听到一个女人说这句话时，我的本能反应是责备她产生了幻肢感觉（phantom limb sensation）：否认阉割，仿佛她（仍然）拥有自己的阴茎。（当然，从严格的拉康的角度看，这样的解读是错误的：阳具就是这样的幻肢，它的运动是不可控制的。）顺便说一句，斯洛文尼亚的女权主义者现在的确拥有了自己的版本的“Boli me kurac!”：“Puca mi muca!”，意谓“我的女阴快爆了！”。——作者注

116. 这三句脏话的意思大致相同，都是“滚开”“滚蛋”“玩去吧”和“去你的”之类的意思，但语气的强硬程度略有差异。

117. “ocellated”与“oculate”同义。

118. 参见：www.mamamia.com.au/fk-it-therapy-because-nothings-really-worth-worrying-about/。——作者注

119. object returning the gaze，即回过头来看你的客体。这里的“凝视”是“看”（look at），却未必“看到”（see）。

120. 小汉斯·霍尔拜因（Hans Holbein der Jüngere，约1497—1543），德国画家，最著名的作品是《死神之舞》。拉康曾经分析过他的油画《大使》。这是一幅双人全身像，画的是法国驻英大使及其朋友。在画的底端，有个变形的客体，难以辨认。只有离开正面，站在非传统的观画位置，通过所谓的“变形透视技巧”，才能发现，原来那是一个人头骷髅。拉康认为，这种观画方法与精神分析治疗完全相同：在对病人进行治疗时，精神分析师不能面对病人，而要躲在病人的视野范围之外，倾听其话语，辨析其无意识。

121. 参见：雅克·拉康，《精神分析的四个基本概念》，第95页。——作者注

122. 斯蒂芬·霍金所患疾病证实了这种勃起的特殊地位：他完全丧失了能力，患有ALS（肌萎缩侧索硬化），但他能够勃起。ALS影响运动神经元，但性活动/性器官是由副交感神经系统控制的。ALS病人（以及许多四肢瘫痪病人）通常完全能力有进行性生活。——作者注

123. 让·阿努伊（Jean Anouilh）的话剧《安提戈涅》（*Antigone*）。该本创作于1944年，于1944年2月6日首演。

124.“当哲学把它的灰色绘成灰色的时候，这一生活形态就变老了。对灰色绘成灰色，不能使生活形态变得年青，而只能作为认识的对象。”参见：黑格尔，《法哲学原理》，范扬、张企泰译，商务印书馆，1961年版，第14页。齐泽克对黑格尔的这两句话做了全新的解读。普遍的共识是，黑格尔这两句话是针对歌德在《浮士德》中的名言“一切理论都是灰色的，唯生命之树常青”而发的，并无深意。

125. Antigone before dawn，指让·阿努伊的《安提戈涅》中的安提戈涅；在科罗诺斯的俄狄浦斯（Oedipus at Colonus），指古希腊悲剧作家索福克勒斯的《俄狄浦斯在科罗诺斯》中的俄狄浦斯。《俄狄浦斯在科罗诺斯》是《俄狄浦斯王》的续集。

126. 参见：阿伦卡·祖潘契奇，《俄狄浦斯或能指的排泄物》（*Oedipus or the Excrement of the Signifier*），见斯洛文尼亚语的《俄狄浦斯在科罗诺斯》（*Ojdip v Kolonu*），卢布尔雅那:《论语》，2018年。——作者注

127. 参见：阿伦卡·祖潘契奇，《俄狄浦斯或能指的排泄物》，见斯洛文尼亚语的《俄狄浦斯在科罗诺斯》，卢布尔雅那:《论语》，第171页。——作者注

128. 参见：https:// nosubject.com/Oedipus_at_Colonus。——作者注

129. 参见埃德加·爱伦·坡的短篇小说《瓦尔德马先生病例之真相》（*The Facts in the Case of M. Valdemar*）。瓦尔德马的原话是：“For God’s sake! — quick! — quick! — put me to sleep — or, quick! — waken me! — quick! — I say to you that I am dead!”（“看在上帝的分儿上！——快！——快！——让我安睡——快啊！唤醒我！——快！——我告诉你，我死了！”）

130. 参见：特里·伊格尔顿（Terry Eagleton），《与陌生人相处的烦恼》（*Trouble with Strangers*），牛津：威利-布莱克威尔出版社（Wiley-Blackwell），2008年版，第201页。——作者注

131. 可在线获取：www.slate.com/id/2107100。——作者注

132.《这是给你的》（*Here’s To You*）是电影《死刑台上的旋律》（*Sacco And Vanzetti*）的片尾曲。它由意大利著名作曲家恩尼奥·莫里科内（Ennio Morricone）作曲，美国民谣歌手琼·贝兹（Joan Baez）填词。这部影片记录的是尼古拉·萨科（Nicola Sacco）和巴托洛梅奥·万泽蒂（Bartolomeo Vanzetti）被审判和被处决的经历：这两位意大利裔无政府主义者因在1920年 4 月 15 日谋杀一名警卫和一名收银员而被判处死刑。半个世纪后，美国法院复审此案，并于 1977年7月17日宣判二人无罪，恢复名誉。

133. 参见：https://en.wikipedia.org/wiki/Here%27s_to_You_（song）。——作者注

134. 参见：沃尔弗拉姆·霍格勒布，《思想之现实》，海德堡：冬季出版社（Winter Verlag），2007年版，第64-72页。——作者注

135. 参见:《圣经·马太福音》，第27章，第46节。

136. 马库斯·法比尤斯·昆提利安（Marcus Fabius Quintilianus），罗马帝国西班牙行省的雄辩家、修辞家、教育家、拉丁语教师、作家，著有《雄辩家的培训》以及《长篇雄辩术》、《短篇雄辩术》。

137. 参见:《圣经·约翰福音》，第19章，第30节。

138. 参见:《圣经·路加福音》，第23章，第46节。

139. 热月8日，即1794年7月26日。是日，罗伯斯庇尔在国民公会发表讲话。翌日，热月党人发动政变，推翻了罗伯斯庇尔领导下的雅各宾政府。不久国民公会决定把罗伯斯庇尔等政府成员送上断头台，法国大革命中最激进的恐怖统治时期也随之告终。

140. 参见：马克西米连·罗伯斯庇尔（Maximilien Robespierre），《美德与恐惧》（*Virtue and Terror*），伦敦：左页出版社，2007年版，第129页。——作者注

141. 此语是对原文“Be the change that you wish to see in the world”的直译，其大意谓：“欲改变世界，先改变自己”或“欲改变世界，从自己做起”。

142. 这句话的意思是，他谴责腐败，他要消除腐败，但消除腐败需要社会变革。

3

剩余享乐，

或，

为什么我们享受压迫

维京人、索拉里斯星、卡特拉：大他者及其盛衰

拉康所谓的“大他者”指的是一个维度，这个维度超出了（或者说次于）现实的领域，享乐主义者信奉的快乐原则，以及为无情地达到目标而进行的背信弃义的算计和操纵。在某种意义上，这个维度也超越了善与恶。但是，这个维度还可能打着相互尊重的友情这个“肤浅”的联结的幌子出现，而且不能把这种联结化约为利己主义的算计。且举一个可能出人意料却又极其恰当的例子。在电视剧《维京人》（*Viking*）中，拉格纳·罗斯布洛克（Ragnar Lothbrok）对能预测未来的半盲老海盗“先知”（the Seer）说：“我不相信神的存在。人才是自己命运的主宰，神不是。神是人创造出来给自己提供答案的，因为人常常过于胆怯。”拉格纳充当自己命运的主宰，在这方面至高无上的案例是他策划了自己的死亡，并将自己的死亡转化为最大的胜利。在第四季中，拉格纳感到疲惫不堪，有些灰心丧气：他输掉了在英国和法国的战役，回到故乡，丧失了往日的光环——被视若草芥，被不屑一顾，甚至他的儿子们都不再信任他。他开始痴迷于策划自己的死亡。他先是向儿子们发起挑衅，让他们刺死他并夺走他的王冠，却被他们拒绝。后来，他想把自己吊死在一棵树上，也以失败告终（说来真是神奇，绳子竟被一只落在树上的乌鸦咬断）。最终他苦心孤诣地制定了一个复杂计划，要以自己的死亡构陷他的敌人，为儿子们铺就胜利与荣耀之路。他宣布了再次袭击英格兰的计划，却没有志愿者愿意与他生死相依。为了给那些被屠杀的维京人报仇，他挖出了自己的秘密宝藏，贿赂了一群老武士，让他们与维京人一起战

斗。其中就有他的瘸腿儿子“无骨者伊瓦尔”（Ivar the Boneless），他是唯一的志愿者。不过刚一登陆，拉格纳和伊瓦尔就杀死了所有的维京人，然后一道前往威塞克斯国王埃格伯特（Wessex king Ecbert）的城堡（罗马别墅），向他投诚。他们为什么要这样做?

在英格兰，拉格纳有两个死对头，一个是埃格伯特，一个是诺森比亚国王埃拉（king Aella of Northumbria）。他抢劫了他们两人的土地，但在埃格伯特那里，情况更加复杂。拉格纳曾与他签订过一项协议，迫使他交出一些肥沃的土地，转给想在那里耕种的北欧人，作为维京人的定居点。但在拉格纳返回挪威不久，埃格伯特就动手屠杀了所有的维京定居者，这使拉格纳在他的人民心目中变成了无能的统治者。于是拉格纳必须报仇雪恨。不过，由于年迈体衰，他无法动员维京人再次攻入英格兰，所以做了一个冷酷的算计：唯一能发动维京人报仇雪恨的，是他惨死在英格兰。于是他带着儿子伊瓦尔向埃格伯特投降。他知道自己必被杀害，但他的瘸腿儿子会毫发无损，还会返回家乡，向维京人报告他的惨状，这将发动他所有的儿子甚至所有的维京人，齐心协力攻入英格兰。他欺骗埃格伯特，让他相信，他的罪行——屠杀维京定居者——已被原谅，还想与他做个交易：让埃格伯特把自己转交给埃拉（Aella）执行死刑，同时放走伊瓦尔，这样一来，维京人的入侵就不会针对威塞克斯，也便于威塞克斯全力以赴地摧毁埃拉。（埃拉对拉格纳恨之入骨，他无疑会用一种残忍的方式处死拉格纳，而这必会激怒维京人。）在和伊瓦尔道别时，拉格纳悄悄告诉伊瓦尔，维京人不仅要报复埃拉，而且要更加猛烈地报复埃格伯特，而这正是后来发生的事情。（但有迹象表明，埃格伯特并不真的相信拉格纳的诡计，知道维京人也会拿他出气，所以当他们到来时，他独自在别墅里等待他们，准备像拉格纳那样死去。）拉格纳之死的基本目标——毁灭埃格伯特和埃拉，并在英格兰建立庞大的维京人定居点——就这样实现了。[1]

不过，拉格纳和埃格伯特性格相似，也都喜爱埃塞尔斯坦（Athelstan），这位在维京异教和基督教之间摇摆不定的基督教僧侣。这意味着，他们彼此之间相互敬重。两人之间存在着友谊的纽带和真正的思想交流。拉格纳向埃格伯特投降后，两人长时间饮酒作乐，讨论存在主义问题。拉格纳承认，他是一个无神论者。奥秘之处不仅在于拉格纳何以重返埃格伯特那里并向他投降（这可以用拉格纳的复仇阴谋来解释），还在于埃格伯特何以毫不惊讶地接受了他的投降："你怎么这么晚才来？"在这里，埃格伯特并没有把拉格纳的重返视为报复行为——他早已预料到，拉格纳会独自回到他的身旁。所以，说拉格纳只是为了实现其阴谋才假装与埃格伯特交好，失之于简单化：他们相遇之后表现出来的喜悦之情是真诚的。[2]

拉格纳还有另一种过剩不能用狡猾的阴谋来解释，那就是他希望自己死去（加上之前的试图自杀，一共两次）。拉格纳死后，埃格伯特又表现出同样的过剩。拉格纳临刑之前，埃格伯特出现在刑场，悄悄地隐身于旁观者中，深感震撼。维京军队在击败并杀死埃拉后，向威塞克斯的权力中心（"别墅"）进发。那里所有居民被疏散到维京人无法抵达的安全地带，只有埃格伯特独自留在宫中，等待拉格纳的儿子们前来复仇。（作为一种特殊的恩典，他们没有像伊瓦尔所希望的那样，让他接受血鹰之刑[3]，而是允许他选择自己的死亡方式。他选择在罗马泳池里割腕自尽。但作为交换，他必须指定一个维京人作为他的王位继承人。）他本可以和其他人一起逃之夭夭，为什么要只身向维京人投降（就像拉格纳独自向他投降那样）？

虽然可以把拉格纳为他的壮观死亡策划的阴谋解读为异教对基督教献祭的挪用，但处于对手的狡猾操纵之上的两个过剩却指向了另一个维度。尽管它们看上去风马牛不相及（一心向死的愿望与真正的思想交流和友情能有什么关系？），但两者之间确实存在联系：它们全都超越了快乐原则及其增补物——现实原则，也就是说，两者都不能用追求实现权力和统治的政治或社会目标来解释。问题的关键并不在于，拉格纳和埃格伯特超越了彼此之间的相互操纵，真诚地爱着对方，而在于不能把他们互动的形式化约为内容（复仇等）：尽管对于他们两人来说，彬彬有礼的互动只是形式，只是用来掩饰他们无情地达到自身目的（包括摧毁对方）的面具，但更能揭示真相的恰恰是这种形式（面具），而不是处在这种形式之下的原始粗糙的利己内容。[4]

这个形式自带真理，优先且独立于它所传达的内容。它就是拉康所谓的"大他者"。举例说吧，如果我毕恭毕敬地称呼我的伴侣，毕恭毕敬这种形式本身就会确立某种主体间关系（intersubjective relation），即使我这样做的目的只是欺骗我的伴侣，这种主体间关系依然会持续存在。大他者就其自身而言，就是这样一个纯粹的虚拟身份：它不包含有关我的任何更深层次的真相，它的真相就是它的形式自身。不过，正如拉康所坚持的那样，“根本不存在大他者”。这不仅意味着大他者是虚拟的，没有任何实体性的现实，而且它本身是不一致 / 不完整的，自身存在着鸿沟。这些鸿沟被另一个版本的大他者弥合。它就是大他者的幻影般的幽灵，而幻影般的幽灵又在所谓的本我机器（Id-machine）的伪装下，显现为实在界的元质（real Thing）。也就是说，它是直接实现我们未被认可的幻想的机制。它传统悠久，即使这一传统并不总是令人肃然起敬。在电影中，这一切都始于弗雷德·威尔科克斯（Fred Wilcox）执导的《禁忌星球》[5]（1956）。该影片把莎士比亚的《暴风雨》的故事框架发送到一颗遥远的星球上：一个疯狂的天才科学家和他的女儿（她从未见过其他男人）独自生活在一个岛上，一群太空旅行者的到来打破了他们宁静的生活。一个隐形怪物很快开始发动怪异的攻击。在电影即将结束时，一切都变得昭然若揭：这个怪物不过是父亲对那些入侵者怀有的破坏性冲动的物化而已。父亲有此冲动，是因为那些入侵者破坏了他乱伦的温馨生活。在不为父亲所知的情况下派生出破坏性怪物的本我机器，就是隐藏在这颗遥远星球表面之下的一个庞大机器装制。这颗遥远的星球是某个往昔文明的神秘遗迹，它成功地开发了这样的机器，以直接实现人的意图，结果却最终毁灭了自己。在这里，本我机器被牢牢地置于弗洛伊德式的力比多语境之中：它所派生的怪物实现了原始父亲（primordial father）的乱伦性的破坏性冲动。这种冲动针对的目标是危及他和女儿共生关系的其他男人。[6]

可以说，本我机器的终极变体是安德烈·塔可夫斯基（Andrei Tarkovsky）执导的影片《索拉里斯星》[7]。它是根据波兰科幻小说家斯坦尼斯瓦夫·莱姆（Stanislaw Lem）的同名小说改编的。在那里，这个元质也与两性关系陷入的僵局有关。[8]《索拉里斯星》讲述的是航天局的心理学家克里斯·凯文（Chris Kelvin）的故事。他被送到一艘半废弃的宇宙飞船上。这艘飞船位于新近发现的索拉里斯行星的上空。飞船上最近发生了一些稀奇古怪的事情（科学家们开始发疯，产生幻觉，自杀身亡）。索拉里斯星是一颗表面覆盖海洋流体的行星，上面的流体不停地移动，时而模仿可以清晰识别的形体，这形体不仅包括精心设计的几何结构，而且含有巨大的儿童身体或人类建筑。尽管与这颗行星通信的所有尝试均告失败，但科学家们还是怀有这样的假设：索拉里斯星是一颗巨型大脑，能以某种方式读懂我们的心思。凯文抵达那里不久，就发现被他抛弃后自杀多年的妻子哈莉（Harey）出现在他的床边。他现在无法摆脱哈莉，所有的尝试都惨遭失败（他用火箭把她送入太空，结果她翌日再次现身）；对她的肌肉组织的分析表明，她与正常人不同，不是由原子组成的——在某个微观的层面之下，只有虚空（void）。到最后，凯文终于明白，哈莉是他内心深处的创伤性幻象的物化。这就解释了哈莉记忆中奇怪的空白之谜——她当然不知道一个真正的血肉之躯理应知道的东西，因为她根本没有这样的血肉之躯，她只是在他心目中产生的幻象形象的物化，充满了极度的矛盾。问题是，正是因为哈莉没有自己的实体性身份，她才获得了实在界的地位，而实在界永不放弃自己的存在，永远坚守自己的位置：就像大卫·林奇（David Lynch）电影中的火焰一样，她永远“与英雄同行”，坚守在他身边，从不让他离开。哈莉这个脆弱的幽灵，这个纯粹的外表（semblance），永远无法被彻底抹除——她是永远在介乎两次死亡之间的空间中反复出现的“不死族”。在这里，我们岂不是回到了标准的魏宁格式的反女性主义观念，认为女性是男性的症状，是男性因为堕入罪恶深渊而生出的罪恶感的物化，女性只能通过自杀来拯救男性（和她自己）吗？[9]《索拉里斯星》依靠科幻小说的规则，在现实自身之内实现了“女人只是男人幻象的物化”这一观念，把这一观念作为物质性事实（material fact）呈现出来。哈莉的悲惨之处在于，她知道自己已被剥夺所有的实体性身份，她自己什么都不是，她只是作为大他者的梦幻而存在的。正是这种困境把自杀作为她的终极道德行为强加于她：哈莉在意识到凯文因为她的永恒存在而痛不欲生后，吞下一种能够阻止自己重生的化学物质，从而最终毁灭了自己。[在索拉里斯星上，哈莉首次自杀没有成功，她幽灵般地苏醒过来，影片的终极恐怖场景就发生在这个时候。吸入液态氧后，她躺在地板上，一动不动；突然间，她开始扭动，她的身体在性感的美丽和极度的恐怖的混合中抽搐，忍受着难以言喻的痛苦。当我们沦为淫荡的黏液，而且这种黏液违背我们的意愿，持续不断地出现在画面中时，还有比失败的自我抹除更悲惨的场景吗？]魏宁格式的本体论贬低女性，把女性仅仅视为男性的“症状”，视为男性幻象的体现，视为对真正男性主体性（male subjectivity）的歇斯底里式的模仿，这种观念一旦被公开承认和完全接受，比对女性自主（feminine autonomy）的虚假的直接肯定更具颠覆性。也许，女权主义的终极宣言是：“我本身并不存在，我只是大他者的幻想的体现。”

因此，我们在《索拉里斯星》中看到的是哈莉的两次自杀：第一次发生于她早年在地球上的“真实”的生活中，那时她是凯文的妻子；然后是第二次，即英勇地抹除其幽灵般的不死存在这一行为。第一种自杀行为只是为了逃避生活的重负，第二种自杀行为则是一种真正的伦理行为。换句话说，如果说第一个哈莉在地球上自杀之前是一个“正常”的人，那么第二个哈莉是最为激进意义上的主体。之所以如此，是因为她被剥夺了她实体性身份的最后一点痕迹（如同她在电影里所说的那样：“不，这不是我……这不是我……我不是哈莉……告诉我……告诉我……你是不是觉得我的存在令人恶心？”）出现在凯文面前的哈莉与出现在吉巴里安（Gibarian，凯文在太空船上的同事，此情节存在于小说而非电影中——塔可夫斯基在电影中将其替换为一个天真无邪的金发小女孩）面前的“可怕的阿佛洛狄特”（monstrous Aphrodite）之间的区别在于：吉巴里安面前的幽灵并不来自他对“真实生活”的记忆，而是来自纯粹的幻象：“一个体型巨大的黑色女人迈着平稳而摇摆的步伐，悄悄朝我走来。我从她的眼白中看到了一丝光芒，还听到她赤脚走路时发出的轻轻的拍击声。她只穿了一条用稻草编成的黄色裙子。她那丰满的乳房自由地摆动着，她那黑色的胳膊像大腿一样粗。”[10]吉巴里安无法与他的原初幻象幽灵对抗，最终羞愧而死。

故事是围绕这颗行星展开的。这颗行星是由某种神秘物质构成的。这种神秘物质似乎能够思考，也就是说，在某种程度上，它是思想本身的直接物化，而不是拉康式元质的典范个案，不是作为“淫荡的果冻”[11]的元质，不是作为创伤性实在界的元质，不是作为下例位置的元质：在这个位置上，符号性距离（symbolic distance）分崩离析，那里不需要言语，不需要符号，因为在那里，思想直接介入了实在界。果真如此吗？这个巨型大脑，这个大他者-元质，涉及某种精神上的短路：通过使问与答、要求与满足的辩证发生短路，它甚至在我们提出问题之前就提供了答案，或者说得更确切些，在我们提出问题之前就把答案强加于我们，直接实现了我们内心深处的幻象，而幻象支撑着我们的欲望。索拉里斯星是一种机器，它在现实自身内部产生/物化我最终的梦幻般的客体性的补充/伴侣。在现实中，我永远不会接受这样的补充/伴侣，尽管我的全部精神生活都是围绕它运行的。

雅克-阿兰·米勒[12]把下列两种女性区分开来：一种女性接受了自己的不存在（non-existence），接受了自己的构成性匮乏，也就是说，接受了她心中的主体性之虚空；一种女性是他所谓的“戴假发的女性”（*la femme à postiche*），即以假充真的女性。“戴假发的女性”不是庸常的保守智慧所说的那种女性：不相信自己天生的魅力，拒不履行抚育孩子、服侍丈夫、照顾家庭的义务，沉迷于奢侈的时尚服饰和化妆，沉溺于放浪不羁的淫荡生活，沉湎于自己的事业，等等。“戴假发的女性”与此几乎截然相反：她们处处躲避处于其主体性之核心地带的虚空，躲避标志着她存在的“不拥有”（not-having-it），而这种“不拥有”通常以虚假肯定的“拥有”（having it）的形式表现出来，如认可自己的角色，充当家庭生活和抚育子女的稳定支柱，接受自己真正的激情，等等。这种女性给人的印象是，她是坚定的锚定式存在（anchored being），过着自我封闭的日子，满足于日常生活的周而复始——她的男人必须疯狂地跑来跑去，忙前忙后，而她过着恬静舒适的生活，充当安全保护岩石或安全避风港，她的男人则可以随时倦鸟归巢，而她对此感到虚假的满足。对女性来说，最基本的“拥有”形式，当然是生个一男半女。正是基于这个原因，在拉康看来，女人和母亲之间存在着终极的对抗：与“不存在”（*n'existe pas*）的女性相反，母亲绝对存在。这里值得注意的有趣特征是，与常识性的预期相反，“拥有”的是女性，她否认自己的匮乏，是心满意足的“戴假发的女性”；她不仅不对男权制的男性身份构成任何威胁，而且充当它的防护盾和支撑物。与她相反，倒是那些到处炫耀自己的匮乏（“阉割”）的女性，那些充当覆盖虚空的外表的癔症复合体的女性，对男性身份构成了严重威胁。换句话说，这里的悖论在于，女性越是被视若无物，越是被化约为一个外观围绕着虚空构成的不一致的、非实体性的复合体，她对男性的牢固的实体性的自我身份就越具威胁性。奥托·魏宁格的全部著作都是围绕着这个悖论展开的。另外，女性越是成为坚定的、自我封闭的实体，那她就越是有利于男性的身份。

《索拉里斯星》用一个关键特征补足了这个标准的男性场景，尽管影片对此予以否认。作为男性症状的女性所具有的这一结构，只有在男性面对他的“大他者元质”（Other Thing）时才能奏效。“大他者元质”是一个去中心化的不透明机器。该机器“解读”他内心最深处的梦想，并把这些梦想作为他的症状，作为有关他自己的信息返回于他。这种信息是以梦想这一真实形式展现出来的，也是主体无意承认的。在这里，我们不应该以魏宁格的方式解读《索拉里斯星》：该片的意义并不在于，它是（男性）主体拒不承认的内在推力（inner impetuses）的投影和物化。更加重要的是，如果要出现这个“投影”，那个难以穿透的“大他者元质”必定已经出现在那里——真正的难解之谜是这个元质的出场。塔可夫斯基的问题在于，他本人显然选择了荣格式的解读。根据这一解读，外在的旅程只是进入一个人的心灵深处的启蒙旅程（initiatic journey）的外化和/或投影。关于《索拉里斯星》，他在一次采访中说道：

> 实际上，也许凯文在索拉里斯星上只有一个使命，只要达到一个目标：表明爱他人对于所有的生命来说都是不可或缺的。无爱之人不再是人。整个“索拉里斯学”（solaristic）要达到的目的，就是表明人性必须就是爱。[13]

与此形成鲜明对比的是，斯坦尼斯瓦夫·莱姆的小说关注的是索拉里斯星的惰性外部存在，关注的是这个“会思考的元质”的存在。（“元质”是拉康的用语，用在这里恰到好处）：这部小说的重点恰恰在于，索拉里斯星仍然是无法穿透的大他者，它不可能与我们交流。没错，它让我们回到了我们内心深处，让我们面对我们拒不承认的幻象，但在这一行为之下的“*Que vuoi?*”（你究竟想怎样？）仍然是完全不可穿透的。（它为什么会这样做？只是一个纯粹的机械反应？还是要跟我们玩恶魔游戏？帮助或迫使我们面对我们拒不承认的真相？）没有什么地方比小说和电影的不同结尾更能彰显小说和电影的差异了：在小说的结尾处，我们看到，凯文独自坐在宇宙飞船上，凝视着索拉里斯星海洋的神秘表面，而影片则以塔可夫斯基的原型幻象（archetypal Tarkovskian fantasy）收尾，即把下列两者纳入同一个镜头：一者是大他者性，即索拉里斯星的混乱表面，主人公被抛到了那里；一者是主人公怀旧式渴望（nostalgic longing）之客体，即他渴望回到故乡的dacha（俄罗斯木制乡村别墅）。最后别墅的轮廓被索拉里斯星表面的可塑性黏液包围。我们在彻底的大他者性中发现了我们内心深处最为渴望且业已丧失的客体。

最近致力于描绘本我机器的作品是冰岛电视剧《卡特拉火山》（*Katla*）。[14]该电视剧使本我机器变得复杂化，在道德上更加模棱两可。故事发生在坐落于卡特拉火山峭壁上的冰岛小城维克镇（Vik）。卡特拉火山是一座活火山，已经活跃了一年有余，所以维克镇被连绵不断的火山灰覆盖得严严实实。大多数村民已经迁出了这个不祥之地，但也有些顽固之人固守在那里。当被认为已经死去的人们突然身披火山灰和黏土的混合物，从火山附近的某个地方归来时，好戏开始了。这是怎么回事？他们为什么归来？在第7集中，来自冰岛首都雷克雅未克（Reykyavik）的地质学家达里（Darri）来到冰川下，专门研究火山中的陨石。在收集了一些岩石样本后，他推断，一颗很久以前坠落到地球上的陨石里面，含有一种古里古怪的、来自异域的、能赋予生命的元素。这种元素使陨石具备了这样的能力，即探测到每个小镇居民最强烈的情感感受，并利用这些感受让失踪者重新现身。重新现身的这些复制品是通过人们对失踪者的思念塑造出来的。与真人相比，这些复制品显得更加夸张，但保持了真人的主要特点，因而更加直接地实现了有关人的柏拉图式理式。他们的归来是有原因的，这原因是由当地的民间传说提供的。根据当地的传说，幻形灵[15]的出现是有目的的，目的一旦达到，他们就会销声匿迹。

以下是该剧第一季的主要剧情。警察局长吉斯利（Gisli）的妻子躺在医院里，卧床不起，但她创造了自己的幻形灵：利用自己先前尚未卧床不起时的记忆，她创造了一个类人（humanoid），这让这对意懒情疏的夫妇和好如初。该剧的主人公格里玛（Grima）失踪的姐姐阿萨（Asa）的幻形灵出现了。阿萨失踪后，格里玛长期处于抑郁状态，对阿萨的悲惨命运的记忆挥之不去，并为之所苦。于是她创造了阿萨的幻形灵，以帮助自己应对她的失踪

（死去）这一难题。这是阿萨重新现身所要达到的目的。但随后格里玛自己的幻形灵出现了，那是她丈夫凯斯登（Kjartan）创造出来的，目的是再次感受到格里玛的温馨。他根据自己的记忆，让格里玛恢复了她在阿萨失踪前的样子。格里玛的幻形灵更加喜气洋洋和情深意切，因为那时她还没有遭受悲剧的打击。真正的格里玛意识到了这一点，所以她向自己的幻形灵发起挑战，问她敢不敢玩俄罗斯轮盘赌。真正的格里玛没能赢得胜利，于是她的幻形灵满怀热情地取她而代之，也没人发现情形有异。格里玛的尸体被灰烬覆盖，埋在她家的房子外面。

冈希尔德（Gunhild）创造了年轻20岁的自己，即她自己的幻形灵。她把儿子比约登（Bjorn）的遗传缺陷归咎于自己。她想回到过去（20年前她怀孕之时），彻底逆转由于她的粗心大意和堕胎的念头给孩子带来的痛苦。最后，她的丈夫托尔（Thor）告诉她，这不是她的过错：这种综合征是遗传的，冈希尔德对此无能为力。她最后一次去医院看比约登时，得知自己的幻形灵已经消失。这时，冈希尔德看着镜子，笑了。她终于摆脱了悔恨，创造幻形灵的目的已经到达。

那么，为什么达里和拉凯尔（Rakel）的儿子米凯尔（Mikael）会再次现身？因为陨石是根据最亲近的人的思念和感受创造变种人（mutants）的，所以米凯尔只能记住处于达里和拉凯尔记忆中的事情。达里一直认为他的儿子米凯尔是个危险的疯子，那个幻形灵更符合达里的阐释而不是真正的米凯尔的阐释。父母都知道，他们真正的儿子已经死去，站在他们面前的这个幽灵只是反常现象，所以他们牵着他的手步入大海，使他溺水而亡，而他则恳求他们不要这样做。这一行动使他们更加亲密，也间接地实现了达里的想法，因为他把自己的离婚归咎于米凯尔。

那么，以幻形灵为幌子从卡特拉火山那里返回的是什么？回想一下拉格纳对先知说过的话："神是人创造出来给自己提供答案的，因为人常常过于胆怯。"从这个意义上说（也只有从这个意义上说），卡特拉火山是神圣的：它正在把留在维克镇的人们"由于胆怯而不敢给自己提供答案"返还他们。换言之，卡特拉火山揭示了神圣者具有的阴暗面：幻形灵出现在主体面前时，主体并没有崇高地面对幻形灵的内在真理；这种表象是以残酷的自私自利的算计为根基的。在达里和拉凯尔那种情形下，这对父母杀死了幻形灵，尽管幻形灵作为一个有自我意识的生命依然活着。他们轻而易举地忽略了这一事实，犯下了冷血谋杀之罪，仅仅为了重建他们的关系。以同样的方式，凯斯登冷酷地接受了幻形灵，把她当成了自己崭新的旧妻子（old-new wife）：她更符合他的目的，因为她只是他想象的物化。

这是否意味着，我必须学会把我的伴侣的现实与我对他/她的幻象区分开来，如此一来，我就能够直面我的伴侣的现实，而不把我的幻想投射到他/她身上？使事情变得愈加复杂的是，我们每个人也是别人认为我们所是的东西，是别人梦想我们所是的东西。换言之，只说我的伴侣和其幻形灵之间的分裂是我的伴侣和我有关他/她的理念或对他/她的投影之间的分裂是不够的，因为这种分裂是我的伴侣所固有的。在《卡特拉火山》的一个关键场景中，凯斯登在家里东奔西走，与两个版本的格里玛（一个是真正的格里玛，她20年前从瑞典归来；一个是格里玛的幻形灵，她就像20年前的格里玛）交谈，却没有意识到实际上有两个格里玛——这事不是也常常发生在我们身上吗？当一个普通的反犹主义者和一个犹太人交谈时，他不是在做同样的事情吗？在他的感知和互动中，站在他面前的犹太人之现实与他对犹太人的幻象难解难分地纠缠在一起（比如，如果犹太人数了一些钱，然后把钱递给我，我会把这视为犹太人对金钱的强烈立场的表达）。然而——这才是关键的一点——我们不能把"真正"的犹太人与其他人对他们的看法一蹴而就地区分开来：几千年来对犹太人的排斥和迫害，以及所有投射到犹太人身上的幻象，都不可避免地影响了他们的身份。他们的身份是在对有关他们的幻象的回应中构成的，而幻象又支撑着对他们的迫害。

这里要提出的总体观点是，我与我的符号身份之间的鸿沟并不处于我的外部。这意味着，从符号的角度看，我已被阉割。我们应该小心翼翼，不要把我在别人眼中的形象视为一种异化的形式，一种为了实现真正的自我而必须放弃的东西。很容易想象这样的情形，在那里，别人信任我，把我当作英雄，但我那么不自信，觉得自己浑身都是弱点，所以我要竭尽全力，消除疑虑，克服弱点，并按照别人对我的看法和期望行事。

在《卡特拉火山》中，幻形灵之所以在道德上含糊不清，是因为他们并不是简单地服务于一个精确的目的或目标：元质-卡特拉火山是盲目地实现我们幻象的机器，我们人类投机取巧，利用它来达到我们自私自利的目的——我们忽略了幻形灵本身的主体性。在这里，我们应该借助《索拉里斯》来解读《卡特拉火山》，并把注意力集中在幻形灵实现主体化的时刻。幻形灵没有自主权，因为它的心目中只有他人对它的看法。别人认为它是什么，它就是什么。米勒曾经把“戴假发的女性”（冒牌货）与接受自身的不存在这一虚空的女性区分开来。依据这种区分方法，只有幻形灵才能显现为丧失了其实体性的纯粹主体——前提是它接受了自身的非存在，而“真正”的女性仍然是冒牌货。换句话说，真正的本真性立场属于意识到自身仅是他者幻想实体化的幻形灵——它的存在全然维系于他者的幻想投射。还有何种存在境遇比“意识到我的存在毫无实质支撑，仅因成为他者梦境碎片而苟存”更令人焦虑？正如德勒兹数十年前所言：若困于他者之梦，你将万劫不复。

如此说来，幻形灵是否符合贝克莱的主观唯心主义的标准——它们之所以存在，只是因为它们存在于另一个心灵之中？我们必须在此引入一个更为关键的复杂问题：如果存在本身意味着某种不知晓，情形会怎样？一者是普通的唯物主义，在它看来，事物的存在独立于我们对它的知晓；一者是相信存在即感知（*esse*＝*percipi*）的主观唯心主义，在它看来，事物只有在被心灵知晓或感知时才存在。两者之间的对立是标准的对立。存在与知晓之间的这种悖论性关系为上述标准的对立引入了第三种观念：事物只有在它们不为人知时才存在。关于存在与不知晓的联系，最为诡异离奇的案例是弗洛伊德曾经阐释过的那个最为著名的梦，即有关“不知道自己已经死去的父亲”的幽灵之梦。在弗洛伊德看来，这个梦的完整表达式是：“父亲不知道（我希望）他已经死去。”能指（“我希望”）的省略已把主体（做梦者）的欲望记录在册。不过，这样的标准解读丧失了“父亲不知道自己已经死去”这一场景具有的诡异离奇效果：该实体之所以还活着，只是因为它还没有意识到自己已经死去。

弗洛伊德还曾解读过一个梦，一个有关死去的儿子的梦。这个儿子出现在父亲面前，厉声斥责道：“父亲，难道你没有看见，我身上着火了吗？”如果我们按照拉康的重新解读来解读这个梦，情形会是怎样？如果我们不把期待父亲死去的愿望阐释为被压抑的无意识愿望，而是阐释为困扰做梦者的前意识问题（pre-conscious problem），情形会是怎样？梦的动力机制（dynamic of the dream）是这样的：做梦者发明了这个梦，以平息他（前意识）的愧疚，因为他在照顾父亲时曾经希望他早日死去。但他在梦中遇到的，是比他的前意识的死亡愿望更具创伤性的某种东西：一个父亲一般的人物，他还活着，只是因为他不知道自己已经死去；一个不死父亲的淫荡幽灵（obscene specter）。拉康把焦点从"不知道自己已经死去"的父亲这个迷人的人物转向隐藏在背景之下的问题，即转向另一个主体（在这个例子中，这一主体就是梦见父亲出现在他面前的做梦者），他知道父亲已经死去，却通过不告知父亲已死，悖论性地维持着父亲的"存活"。不妨回想一下卡通片里出现的：一只猫走出悬崖的边缘，飘在悬崖的上空，依然闲庭信步，只有当它向下望去，意识到自己脚下没有支撑物时，它才会一头栽下——做梦者就像一个把猫的注意力引向它脚下深渊的人，如此一来，当父亲获悉他已经死去时，他竟然当场倒地而死。这个结果当然被做梦者体验为终极灾难，所以他的整个策略都指向保护他者/父亲，不让他知道他已经死去。这样的保护甚至会上升到自我牺牲的地步："哦！但愿这样的事情永远不会发生！我宁愿死去也不愿意让他知道。"这使我们想到牺牲的基本功能之一：通过牺牲自己来阻止大他者知道。这不就是罗伯托·贝尼尼（Roberto Benigni）的《美丽人生》（*La vita è bella*）的主题吗？父亲牺牲了自己，这样儿子就不会知道（他们住在一个死亡集中营里），也就是说，父亲的推理可以再次以拉康的话语来呈现："我宁愿死去也不愿让他知道我们住在一个死亡集中营里！"

精神分析的"症状"概念表明存在着这样一种现实：只有在某些事情不被道破的情况下，在它的真相没有在符号秩序中得以阐明的情况下，才能存在。正是由于这个缘故，真正的精神分析的阐释只有在实在界中才能奏效，才能消除症状。虽然这样的现实观似乎是展示唯心主义疯癫（idealist madness）的典范个案，但我们不应该错失它的唯物主义之核：现实并非单纯地处于思想/言语之外，处于符号空间之外。现实从内部横穿这个空间，使它变得不完整和不一致——把实在界与符号界分割开来的边界既处于符号界之外，又处于符号界之内。

问题是，我们如何思考结构（大他者），从而使主体从中脱颖而出？拉康的回答是：使结构（大他者）成为围绕着一个构成性的虚无/不可能性（constitutive void/impossibility）链接起来的非一致的、并非全部的的符号结构。更确切地说，主体通过结构的反思性自我关联而出现，这种关联将结构自身的构成性匮乏铭刻进结构内部——在结构中刻写其构成性排除之物，即"为其他能指代表主体的能指"（the signifier which represents the subject for other signifiers）。

但是，如果说只有当我是另一个人的幻象时我才存在，只有当我避开了他人的控制时我才存在，我们岂不是陷入了矛盾的泥潭？解决这个问题的方案是：一块石头在无人想到它时，它就已经存在，而石头对是否有人想到它漠不关心。就主体而言，它的存在与被想到有关，但只被想到还不够完整。我是大他者之思中（Other's thought）的匮乏，这种匮乏是大他者之思所固有的。我们必须从字面上理解这一主张：我并非大他者（符号秩序）无法完全整合/符号化的实体性存在，大他者不可能整合我，这种不可能性正是我自己。因此，拉康谈论的主体都是被禁止的主体，即$。只有在大他者不知道主体时，主体才能存在。主体已经通过$这个主人能指被刻入大他者。主人能指反射性地标志着能指的匮乏。这意味着，主体不是符号面具后面的真人，而是与真人保持距离的面具本身的自我意识。

这还可以用来解释，何以主体与主体在进行交流时需要的最小数目不是二而是三：当两个人相遇时，他们都被分裂成自我体验和符号身份，这个由一而二的倍化只有在不可被化约的第三要素——大他者奏效时才能运作。不妨回想一下阿尔方斯·阿莱（Alphonse Allais）讲过的那个老故事：拉乌尔（Raoul）和玛格丽特（Marguerite）被安排在一个化装舞会上见面，在彼此认出对方的面具后，他们退到一个隐蔽的角落，摘下了面具，令人吃惊的是，他发现她不是玛格丽特，她发现他不是拉乌尔。这种双重误认的相遇从逻辑上讲当然是无稽之谈：如果他不是拉乌尔，他怎么会期待看到玛格丽特，还因为没有看到她的真面孔而感到诧异？对玛格丽特来说，又何尝不是如此？只有当其中一方以这种方式被骗时，惊愕才会出现。然而，诸如双重欺骗之类的事情在现实生活中不会发生吗？我要去见一个人，我认识他，他也认识我，一阵唇枪舌剑之后，我发现他非我所预期之他，他亦发现我非他所预期之我。在这里，真正感到惊愕的应该是我：别人没认出我来，这意味着我亦非我。

但我们仍然能彼此认出对方，因为我为别人戴的面具（体现别人对我的看法）和别人为我戴的面具（体现我对别人的看法），在某种意义上比面具后面的东西更诚实。这怎么可能呢？大他者之维（dimension of the big Other）由此进入：彼此间的“别人怎么看我”（我怎么看他，他怎么看我）已被“大他者（一个由我们双方预设的虚拟性实体）怎么看我和他”所取代/扬弃。

让我们回到《卡特拉火山》。我们可以说，在本我机器那种情况下，对其他人来说，幻形灵代表的不是其他人，而是我自己（它的创造者）——尽管它的形象是另一个人的形象，但它代表着我，代表着我的幻象世界。就其自身而论，幻形灵的出现标志着符号性大他者（symbolic big Other）失灵：大他者不再是一个虚拟的符号空间，而是一个真实的元质，一个巨大的客体。在形式方面，它不再拥有自己的真相，只是对我们已被压抑的内容的物化而已。正是由于这个缘故，本我机器比大他者更加真实，因为本我机器是现实的一部分。与此同时，本我机器比专属于大他者的主体间空间（intersubjective space）更加主观，因为元质映射/实现了我们的主观幻想。本我机器是迈向连线大脑的第一步。连线大脑是充分的存在，它使我去主体化（desubjectivize），因为在它那里，外部现实的边界轰然倒塌。

这方面最著名的计划是“神经连接”（Neuralink）。这是一家由埃隆·马斯克和其他八人联合创立的神经技术公司，致力于开发可植入大脑的脑机接口（BCIs）。脑机界面又称神经控制接口（NCIs）、思维-机器接口（MMIs）或直接神经接口（DNIs）。所有这些术语都指向同一种核心理念：建立直接的通信路径，最初是在强化或连线大脑与外部设备之间，最终实现大脑与大脑之间的直接连接。把我们的大脑与数字机器直接连接起来，打开了所谓的“后人类”的前景，但这样的前景又会导致怎样的世界末日景象？是新纪元蒙昧主义者所谓的奇点（Singularity），即那个神圣的全球性的共享意识空间吗？我们不应轻易宣称连线大脑的前景只是幻觉，认为这仍遥不可及且无法真正实现：这种观点本身就是对威胁的逃避，是对某种全新事物正在切实浮现这一事实的否定。我们应该冷静地对待这一威胁，并提出问题：是否存在逃避其魔掌的维度？雅克·朗西埃提出“做梦的我思”（dreaming cogito）[16]这一范式很好地把逃避神经连接的完全客体化（total objectivization of neuralink: cogito）的两个维度汇集在一起：一个维度是我思，一个维度是梦的领域。在梦的领域中，无意识持续存在。当拉康振聋发聩地宣称我思是无意识之主体时，他所指的正是这样一个“做梦的我思”。它是被合乎理性的、自我透明的我思（rational self-transparent cogito）隐藏起来的、与这种我思对立的那一面。[17]

有一件事是千真万确的：我们不应低估集体共享经验（collectively shared experience）的巨大影响力——即使与奇点这个如今堂而皇之的视境相比，它实现自身的方式更加温和，但一切都会随之改变。[18]为什么这么说？因为有了神经连接，大他者就不再是处于我们之外的神秘元质（如索拉里斯星或卡特拉火山）：我们直接处于元质之内，漂浮其中，丧失把我们与外部现实分离开来的距离。

这就是《卡特拉火山》的主题：一个小镇的社区由于自然灾害而处于危机之中，只有少数居民留在那里，他们的符号性连接（symbolic links）受到了严重的干扰；他们不能再依赖大他者，不能再把大他者当成中立性的符号交换空间（neutral space of symbolic exchanges），而且为了弥补这一失利，他们日益陷入相互幻象的蛛网，而相互幻象侵入了他们的现实，使现实丧失其一致性。当然，本我机器是个虚构，但它是具有实际效果的虚构，我们可以通过检视有多少人对流行病、热穹和洪水做出反应，来观察和衡量这些实际效果：在阴谋论和其他偏执狂构想（paranoiac constructs）中，像幻形灵那样的实体被视为现实的一部分。幻形灵的出现有一个潜在的解放性维度，那就是，在我们寻常的经验中被混为一谈的东西（一个是人，他站在我们面前；一个是我们的幻象，我们把它投射到这个人身上）仿佛楚河汉界一般，被分得清清楚楚，这使得批判工作更加轻松一些。

本我机器的存在标志着虚拟大他者（virtual big Other）的失败，这并不意味着本我机器的出现只是例外：大他者本身是失灵的，是不一致的，这意味着，它总是以这种形式或那种形式生成本我机器，以之作为自己的增补。一旦大他者失灵，本我机器就会变成一种防御病理学（defense-pathology），一种病理性构成（pathological formation），用以防止主体完全退化成精神病。从这个意义上说，大他者与本我机器之间的关系，类似于符号性律令和超我之间的关系：超我还是律令的结构性缺陷，是病理性构成，用以阻止律令的分崩离析。

超我诞生于律令的破损

当弗洛伊德阐述自我、超我和本我［我们应该加上不同于自我的“我”（I），以及不同于超我的“道德律令”（moral Law）］之间的复杂互动时，他的出发点是“无意识的负罪感”这种奇怪现象，这种现象

> 产生了新的问题，特别是当我们逐渐发现，在大量的神经症里，这种潜意识的罪疚感起着决定性的实际作用，并在疾病恢复的道路上设置了最强大的障碍物。”（引自弗洛伊德，《自我与本我》，《弗洛伊德文集》，第6卷，车文博主编，长春出版社2004年版，第127–128页）

或者，正如弗洛伊德后来在同一文本中所言：“如果有人想提出这种矛盾的假设，即正常的人不仅远比他所相信的更不道德，而且也远比他所知道的更道德，那么，该论断的前半句是以精神分析的发现为依据的，精神分析对剩下的那后半句则不反对人们提出异议。”（引自弗洛伊德，《自我与本我》，《弗洛伊德文集》，第6卷，车文博主编，长春出版社2004年版，第145–146页）（在这里，我们应该注意“相信”和“知晓”之间的对立：一个正常人比他所相信的更不道德，比他所知道的更加道德。）这倒不是说超我是道德的代理人，本我是黑暗“邪恶”驱力的蓄水池，也不是说超我代表内在化的社会压迫，本我代表理应被解放的驱力。弗洛伊德总是坚持认为，

超我和本我之间存在着黑暗的隐秘联系：不仅来自本我的能量支撑着超我那令人难以承受的压力，而且我们也可以比我们所知道的更加道德。不妨想象一个典型的后现代的放荡不羁之人，他认为自己是一个宽宏大量的自我主义者，醉生梦死，纵情声色，但仔细观察就会很快发现，他的行为受到了连他自己都没有意识到的禁忌和禁令的调节。

然而，这种没有意识到的道德并不限于对我的自我没有意识到的东西进行病态的禁止（pathological inhibitions），它还包括伦理奇迹（ethical miracles）。比如，我拒绝做我认为不可接受的事情，即使我要为此最终付出代价，也在所不惜。想想安提戈涅吧，记住拉康吧。拉康在解读安提戈涅这一形象时，没有做人们预期精神分析学家要做的事情［寻找病态的执念（pathological fixation），寻找乱伦欲望的痕迹，等等］，而是试图拯救她对克里翁（Creon）说“不”这一行为体现出来的伦理纯洁性。或者，想象这样一个人吧，他觉得自己肩负难以抗拒的天命，要做出自杀式的英雄行为——他这样做仅仅是因为他不能不这样做（冒着生命危险参加公共抗议活动，加入抗击侵略者的抵抗运动，在发生天灾人祸时勇于救助他人）。在这里，我们应该再次抵制明显的伪精神分析诱惑，寻找“更深层次”的病理动机，然后根据这样的动机（如死亡驱动与自恋的结合）来解释这些行为。想想今天成千上万的医护人员吧，他们拿着微薄的薪水，却勇于救助病人，深知自己冒着生命危险，也在所不辞。正是由于这个缘故，拉康声称，弗洛伊德所谓的无意识是伦理性的。相形之下，在拉康看来，康德的道德律令倒是至为纯粹的欲望。

只有在这样的背景下，我们才能回答下列问题：无性的社会空间是如何逐渐把自己与以力比多为引导的互动之域区分开来的？我们应该把这个问题置于弗洛伊德对第一次世界大战的反应这个语境之内。今天，我们容易忘记这次世界大战带来的创伤性冲击：它打碎了欧洲对进步的信任基础，催生了法西斯主义等现象。尽管弗洛伊德有关无意识力比多过程（unconscious libidinal processes）的理论似乎为“非理性”暴力的爆发做好了准备，但他还是感到有必要从根本上调整他的基本理论前提。他是分三步走的。首先，他在《超越快乐原则》（1920）一文中引入了“死亡驱动”（death-drive）这一概念，以之解释那些只令人感到痛苦而不感到快乐的梦和行为。其次，他在《群体心理学与自我分析》（1921）中分析社会群体，认为社会群体的形成致使个体放弃“理性”行为，屈从于自我毁灭的暴力。奥地利著名法律哲学家汉斯·凯尔森（Hans Kelsen）指责弗洛伊德，说他的群体形成理论无法说明通过规范结构（normative structures）将之维系起来的社会形态。作为对凯尔森的回应，弗洛伊德写了《自我与本我》（1923），直接解决了我们提出的问题：社会空间的非性化的操刀者是超我。

艾蒂安·巴利巴尔在其出色的论文《超我的发明》中探讨了弗洛伊德与汉斯·凯尔森之间的对话[19]。具有讽刺意味的是，从某种意义上讲，《自我与本我》这个标题具有欺骗性：这个小册子引入了一个至关重要的新词，即“超我”，它与“自我”和“本我”一道，构成了一个三元组。弗洛伊德所做的详细分析的主要观点是，虽然“超我”在我们精神生活中扮演着自我批判的良知一角，内化了社会规范（这些规范大部分是从父母和老师那里学来的），但它从本我最黑暗的虐待狂和受虐狂的深渊中汲取力比多能量。不过，拉康已经令人信服地表明，弗洛伊德的思想有些混乱：自我和本我的第3章的标题是“自我和超我（自我理想）”，所以弗洛伊德往往把“超我”与“自我理想”当成同义词来使用（把自我理想视为超我的前身）。另外他还把“自我理想”（Ego-Ideal）和“理想自我”（ideal ego）当成可以互换的词语来使用。拉康澄清弗洛伊德思想的前提是在享乐（*jouissance*）与超我之间画上等号：享乐不是随心所欲和随波逐流，而是某种奇怪而扭曲的道德责任。

基于这个等式，拉康把三个术语严格区别开来。一个是“理想自我”，它代表主体的理想化的自我形象（我希望自己是什么样子，我希望别人看到我是什么样子）。一个是自我理想，它是一种动能（agency），我想用我的自我形象给这种动能的凝视留下深刻印象；它是大他者，它监视我，激励我全力以赴；它是理想的我（ideal I），我想追随它，实现它。一个是超我，它也是一种动能，表现为报复、虐待和惩罚等。这三个术语的潜在构成原则显然是拉康的三元组——“想象界–象征界–实在界”。理想自我是想象界，它是拉康所谓的“小他者”（small other），是我的自我的理想化镜像。自我理想是符号界，是我的符号性认同点，是大他者中的一个点位，我从那里观察

（和判断）我自己。超我是实在界，是残酷无情和贪得无厌的动能，它用谁也无法满足的要求对我密集攻击。如果我无法满足那些要求，它又对我冷嘲热讽。在这个动能的眼中，我越是想压抑我“罪恶”的欲望，我越是想满足它的要求，我就越是罪孽深重。有个古老的犬儒式格言，说的是那些在公审中自称无辜的被告：“他们越无辜，就越应该被枪毙。”这就是至为纯粹的超我。所以在拉康看来，超我“只会提出极具强制性的要求，与道德良知无关”[20]。与此相反，超我是反伦理的动能，它总在污蔑我们违反了伦理道德。[21]

在批判弗洛伊德的群体概念时，作为新康德派的凯尔森暗中依赖于自我理想（匿名的大他者，就其身份而言，它是非精神性的符号性秩序，也就是说，无法把它化约为经验性的精神过程）与超我（在个人与他人互动时形成的经验性精神动力所导致的结果）的区别。[22]简言之，他对弗洛伊德的指责是，弗洛伊德只是提供了被领导者团结起来的群众的经验性精神起源（empirical psychic genesis）。在他的理论中，大他者没有容身之地，支撑着单个主体的理想符号秩序没有容身之地，制度性国家权威没有容身之地，而制度性国家权威使我们成为双重意义上主体（自主的主体和服从律令的个人）。[23]更准确地说，弗洛伊德描述的是对律令的病态扭曲，是向神话般的群体心理层面的回归。弗洛伊德描述的是群体病理学，用拉康的话说，这样的群体病理学是通过使“I”和“a”短路构成的。由于弗洛伊德缺乏“符号界”这一概念，他没能看到正常-规范的大他者的存在。也是基于这个原因，从拉康的角度看，在弗洛伊德的自我-本我-超我这个三元组中，没有“纯粹”的/被禁止的主体（$）——能指的主体（subject of the signifier）——的容身之所，没有下列主体的容身之所：它不是精神性和经验性的，而是笛卡儿的我思或康德的先验统觉（transcendental apperception）。拉康的主体不是自我。在拉康看来，自我是由想象性认同（imaginary identification）界定的。

正是在这一点上，艾蒂安·巴利巴尔重新回到弗洛伊德那里，并为他辩解：作为一个精神过程，超我不只是作为偶然的病态扭曲出现的；它是一个过程，能使主体内化律令，把律令融入其精神生活。作为一种动能，主体的精神生活对主体行使权威。如此说来，超我是必然与律令形影相随、并肩同行的“病态”增补，因为公开律令（public law）只能作为主体的内化之物存在。这意味着，只要仍然陷入尚未消除的俄狄浦斯式的张力（涉及权力和从属人际政治的表现形式），主体就是律令的臣民。这些持续存在的张力使主体臣服律令的权威——它们促使主体将律令的权威视为外部的（非精神的）动能，视为可以缓解内在精神张力的稳定的参照点。

当然，弗洛伊德描述的张力不只处于主体之内，还是人际（家庭）政治、权力斗争的一部分。正是基于这个原因，巴利巴尔才指出，弗洛伊德在描述群体的形成和超我的起源时，没有提供“政治的精神分析”（通过力比多的过程来解释群体的政治动力机制，而力比多过程本身是非政治的）；他提供的是它的对立物，即精神分析的政治（通过家庭“政治”权力斗争来解释自我-本我-超我的三元结构的兴起）——或如拉康所言，弗洛伊德的无意识是政治性的。

但是，正如拉康反复指出的那样，如果主体要把符号性律令这个大他者视为中立的外部空间，那么它首先得存在才行。在这里，我们应该百尺竿头，更进一步：具有非精神身份的公共权威是如何出现的？拉康的回答是：不能把大他者化约为一个精神动能（psychic agency），但只有当它被主体“外化”时，它才存在。律令的“内在化”实际上是它的外在化，是被（预先）假设为非精神的符号空间。律令是非精神性的，但只有当有主体认为它存在时，它才存在。在这里，我们必须不差毫发：拉康并不认为大他者起源于精神动力（psychic dynamics），他的论点是，主体是通过分裂构成的，只有存在着大他者，存在着既疏离了主体又疏离主体相关的空间时，精神上的隐秘关系（psychic intimacy）才会存在。（只有在精神病中，这种疏离才被悬置起来。）大他者的主体关联物（subjective correlate）是空洞的、“被禁”的主体（$），它比所有的隐秘关系——包括最深层的精神过程的亲密关系——都更“隐秘”。因此，我们应该扭转那个寻常的观念，即“纯粹”的抽象主体——笛卡儿式“我思”——是意识形态的幻觉，其实它是被精神对抗所围困和撕裂的、实际存在的、具体的个人：个人“内在生命”的全部财富都是用来填补纯粹主体的空白的内容。正是在这个意义上，拉康说自我是“我的东西”（stuff of the I）。

然而，如今的父亲表现得越来越像理想自我，竟然与孩子进行自恋竞争。

他们再也不敢以一个父亲的“权威”自居。自相矛盾的是，这个过程严重地阻碍了解放的过程。且以智利为例。那里正在进行的斗争遇到了困难，这困难不仅源于皮诺切特的暴虐独裁专制所留下的遗产，而且源于他的独裁政权的逐渐（虚假）开放所留下的遗产。尤其在整个20世纪90年代，智利的社会经历了我们可以称之为快速后现代化的过程：消费主义的享乐主义、肤浅空泛的恣情纵欲、好勇斗狠的个人主义等勃然爆发。当权者意识到，在反对激进左翼计划方面（激进左翼仰仗社会团结），这种原子化的社会空间比直接的国家压制更加有效：阶级继续“自在”地存在，而不是“自为”地存在，人人都把来自同一个阶级的他人更多地视为竞争对手，而不是利益一致的同一团体的成员。直接的国家压迫往往使反对派团结起来，并促成有组织的抵抗形式，但在“后现代”社会中，即使极端的不满也只会以胡乱反抗的形式出现，从占领华尔街到“黄背心”运动[24]，莫不如此。这些反抗很快就会失去动力，无法走到有明确纲领的组织力量这一“列宁主义”阶段。[25]

在更普遍的层面上，这意味着，如果符号性律令（父神）失去了权威，也就是说，如果没有了禁令，那（由违反禁令来支撑的）欲望本身就会销声匿迹。之所以说毫无节制的放纵情欲会杀死欲望，原因就在这里。沿着同样的思路，皮埃尔·勒让德（Pierre Legendre）以及其他拉康派学者声称，今天存在的问题是父神的衰落，是父亲的符号权威的衰落：没有了它，病态的自恋就会迸发，原初的真父（Real Father）就会被唤醒。因此，我们应该试着恢复某种形式的律令，使之成为禁令的代理人。

虽然这种观点遭到了拒绝，但它还是正确地指出，主人的衰落绝对无法自动地保证我们能够获得解放，倒是很可能催生更多压榨性的统治人物。不过，恢复由律令支撑的禁令是唯一出路吗？已入迟暮之年的拉康似乎意识到了这个问题，于是提出了另一个解决方案，米勒在解读拉康时，称之为“犬儒式”的答案：我们无法恢复律令的权威，但我们能做的就是，表现得就像我们在维护律令。我们应该在必要时维护律令的权威，尽管我们知道它并不真的存在。阿德里安·约翰斯顿（Adrian Johnston）指出了这个解决方案的复杂性和含混性：

在对“主体性匮乏”的最后体验中，自我层面的认同以及诸如大他者和理应知情的主体之类的参照点，会摇摆不定或完全消失。穿过对“主体性匮乏”的最后体验，的确是拉康精神分析过程的必不可少的准确时刻。尽管如此，拉康并不认为永久停留在这样的贫穷状态是可能的或可欲的。他认为，在对他/她做了精神分析之后，自我、大他者、理应知情的主体等将使被精神分析者得以重新构成，这既是适当的，也是不可避免的。但愿那些在精神分析之后或在回应精神分析时复以重新构成的人成为更好的和更宜于相处的人。[26]

我们在这里得到的是某种“后现代”的拉康：我们只能在难得的清醒时刻直面实在界，但这种极端的体验无法持久，我们必须重返我们的普通生活，沉浸在表象之中，陶醉在符号性虚构之中。因此，不是把上帝从画面上抹去，唯一的出路是学着“‘利用’作为父亲之名的上帝”。那么，从何种确切意义上说，“不被迷惑则必犯大错”（*les non-dupes errent*）之人，也就是那些自称未被宗教错觉欺骗的人，是错误的呢？阿德里安·约翰斯顿指出：

拉康曾把陀思妥耶夫斯基的警句改写成：“假如上帝死了，那什么都不被允许。”[27]拉康的这一改写似乎传达了这样的感觉，根据拉康对欲望的严格定义，永恒激进的无神论是不可欲的。德其素[28]声称，在拉康眼中，宗教享有维持欲望的美德。倘若果真如此，拉康版本的精神分析真的是在寻求废除有神论、宗教狂之类的东西吗？……以欲望（欲望有其基本幻象，而幻象涉及小客体）为中心无意识的力比多经济是由作为死去的父亲和/或作为父亲之名的上帝的律令来支撑的。如果这个上帝死了，那么由这个上帝支撑的整个经济就会土崩瓦解（即“什么都不被允许”）。拉康在《电视》（*Télévision*）中谈到了俄狄浦斯情节的问题。他说：“即使有关家庭抑制的记忆并不真实可信，那也要创造这样的家庭抑制，而且这的确已经大功告成。”我们可以改写拉康的这句话，这样说，根据拉康的看法，如果上帝已经死去，那么，至少出于力比多的缘故，我们也必须让他复活——而且这的确已经大功告成。[29]

我们也要以这样的方式解读阿甘本的下列观点：假如没有上帝，理性就会消失。说“如果上帝不存在，那么一切都是被禁止的”，这岂不是意味着，为了避开“一切都被禁止”这一僵局，必须存在一个大禁令（big Prohibition），它调用例外，也就是说，它为派生享乐（generate *jouissance*）的越界打开空间？或者，为了维持我们的欲望，我们需要上帝之类的东西，即便它只是以一种更为中立的非宗教的形式——如理应知情的主体——存在，也未尝不可？如何将这种说法与拉康的“无神论是精神分析经验的顶峰”的论断相融合？拉康的“父神不应该被废除，而应该被利用”的思路是我们唯一的出路吗？米勒英勇无畏地阐述了这一立场的政治含义：精神分析“揭示了社会理想徒具表象的本质，我们可以补充说，它的表象与实在界有关，而实在界也只是享乐之实在界。这是一种犬儒式的立场，因为在它看来，享乐是唯一诚实可靠之物”。[30]

这意味着，精神分析师要装模作样，这样一来，表象就会依旧各得其所，同时确保他所照料的主体不以表象为真。……我们应该以某种方式让自己继续为之迷惑（为之愚弄）。拉康会说“不被迷惑则必犯大错”：如果我们不表现得好像这些假象是真的，如果我们不保持它们的功效不受干扰，事情就会出乎我们的意思，变得更糟。那些认为权力的所有迹象都只是表象，并依赖于反复无常、独断专行的主子话语的人是坏人：他们被异化得更加厉害。[31]

这是一种犬儒式的智慧，它的格言是：“我们应该保护权力的表象，这是有充分理由的——只有这样做，我们才能继续享乐。关键并不在于使自己依附于现存权力的表象，而在于把表象当成必不可少之物。‘这就是伏尔泰模式的犬儒主义的定义。伏尔泰要让人们明白，上帝是我们创造出来的，为了使人们品行端庄，上帝是不可或缺的。’社会是单靠表象维系的。‘这意味着，没有压迫，没有认同，尤其是没有常规，就没有社会。’”[32]但这种犬儒式立场是唯一的出路吗？这引发了一系列问题。

首先，如果只有当信徒知道“上帝是我们创造出来的，为了使人们品行端庄，上帝是不可或缺的”，上帝这个神圣的权威才能真正发挥用呢？波德莱尔对此一清二楚。他写道：“上帝是唯一不需要存在就能实施统治的存在。”[33]因此，我们应该拒绝那个淫荡的推论，根据这个淫荡的推论，我的行为合乎道德，只是因为我感受到了上帝惩罚的威胁——如果看到一个孩子溺水，我决定跳进水里救他，我这样做，只是因为我担心，如果不这样做，我会下地狱。这是最为寡廉鲜耻的算计之案例。有道德的人以宗教规定的方式行事，即使他知道没有上帝，也是如此。一旦把上帝纳入这个局面，我们面对的就不是信仰，而是算计。正是基于这个原因，我们必须接受下列悖论：只有无神论者才有真正的信仰。

如果一个信徒死心塌地地“真正相信”，那他就会滑入原教旨主义的泥潭。每种真正的宗教都知道自己的权威是拜物教赝品（fetishist fake）：我知道那不是真的，但我依然信以为真。原教旨主义的对立物就是这样的“知道”：知道我们所称的权威并没有真正的基础[34]，它以自我指涉的方式建立在深渊之上。且举一个或许令人感到惊讶的例子。瓦格纳的《莱茵的黄金》的终曲是以下列两者的对比收尾的：一是水仙子（Rhinemaidens）哀叹失去的纯真，一是诸神庄严地进入瓦哈拉宫殿（Valhalla）。这是对律令统治的有力肯定。大家通常认为，水仙子情真意挚的抱怨清楚地表明，众神得意扬扬地进入瓦哈拉宫殿，这一景观是何等虚假和空洞。不过，倘若把本真性的伟大赋予诸神进入英灵殿这个景观的，正是水仙子的歌声这个悲伤的背景，情况会怎样？诸神知道自己注定失败，但仍然毫不畏惧地继续其表演仪式。正是由于这个缘故，我们在这里谈论的不是通常的拜物教否认（fetishist disavowal），而是无视自身局限的英勇冒险行为。它遵循的路线是康德的“你能够，因为你应该”的路线！——我知道我力有不逮，但我依旧竭尽全能，全力以赴。这一姿态与犬儒主义截然相反。

让我们从另一个起点为这个结论奠定基础。权威对其持有者具有符号性的阉割作用。比如说，如果我是一个国王，我必须接受下列观念：授位仪式使我成为国王，我的权威体现在我佩戴的徽章上。如此说来，在某种意义上，我的权威处于我之外，而我也只是一个悲惨的存在。正如拉康所言，一个精神病患者是以为自己天生就是国王的国王（或以为自己天生就是父亲的父亲），仿佛自己就是国王（父亲），而无须符号性的授位仪式。正是基于这个原因，为人父当然必定一败涂地：没有一个“经验性”的父亲能够不辜负自己的符号性功能，不辜负自己的头衔。如果我被授予这样的权威，如果我不像精神病患者那样把我的现实等同于我的符号性身份，进而模糊我的现实与我的符号性身份之间的鸿沟，那我如何活得下去？米勒对此问题的解决方案是保持犬儒式的距离：我知道符号性头衔只是表象、幻觉，但为了不扰乱社会秩序，也不破坏我自己的欲望能力，我要表现得仿佛它们都是真的。

以亚伦·舒斯特（Aaron Schuster）添加的三种模式，来处理以权威行事的不可能性［正是因为这种不可能性，弗洛伊德才把权力行使（exercise of power）算作三种不可能的职业之一］：“假装好像根本没有大他者似的，使自己成为大他者的喉舌，将大他者等同于自己的魅力人格。”[35]第一个选项的例子是后现代式的热情友好的老板，他表现得好像他就是我们中的一员，是团队的一部分，随时准备和我们分享黄色笑话，和我们一起饮酒作乐，等等。但他在这样做的同时，依然保留了他全部的符号性权威，能以更残忍的方式对待我们。第二个选项是以专家的形象人格化的，专家是媒介，非人格的科学（或律令）通过它高谈阔论。这样的人物假称，发号施令的不是自己，他只是在说科学应该做的事情而已（就像声称市场机制不应该受到干扰的经济学家一样）。他因而避免占据权威的位置。第三个选项的例子是像唐纳德·特朗普这样的魅力型领导者，他把他本人及其全部个人怪癖当成大他者的直接化身——他的权威不是基于他的知识，而是基于他的意志：“我说是就是了，因为我说了算。”在这一点上，亚伦·舒斯特有个至关重要的观察：

> 那些有能力且精于算计的领袖，总是退居幕后，借用大他者的名义发声；这正和那个过度抛头露面、将个人意志作为权威的根基

且公然藐视知识的领袖，构成了一组奇异的对照——正是这种反叛的、反体制的闹剧，成为了民众身份认同的焦点。[36]

因此，淫荡的魅力型领导者是专业知识这个“被压抑物的回归”，他假装自己的行动没有获得扮演主人的人物的支持：被压抑的主人（使律令人格化的权威）以其近乎精神病的形式回归，成了一个无法无天的淫荡主人。这样的主人“过度抛头露面”：不能把他化约为他的符号性尊严（symbolic dignity），他虽有种种怪癖，却代表权威。随着淫荡主人的崛起，知识会有怎样的遭遇？正如我们耳闻目睹的那样，中立的专业知识被转化为其（内在的）对立物，即“只有入门者才会接受的特殊的阴谋论知识”（全球变暖是骗局，流行病是国家机器和医疗公司发明的，等等）。

那么，有什么办法打破这个僵局？最显而易见的一种方法可能是，权力的持有者向他的臣民公开承认，他没有资格行使权威，然后立即下台走人，让他的臣民竭尽全力地应对现实。亚伦·舒斯特引用了汉娜·阿伦特的言辞。对与父母权威（parental authority）相称的那种姿态，阿伦特做了这样的概述：

> 现代人要表达他们对世界的不满，表达他们对事物的本来面目的厌恶，但他们表达的最清晰的，还是他们的拒绝——他们拒绝在抚育孩子时为其承担责任。好像父母每天都在说：“在这个世界上，即使我们在家里也感到不安全：如何在家中行事，要知道些什么，要掌握什么技能，对我们来说，也是个谜。你必须竭尽全力，力争最佳。无论如何，你无权要求我们承担责任。我们也很幼稚，我们洗手不干了。”[37]

尽管想象出来的父母的答案或多或少是正确的，但从生存的角度看，它是错误的：家长不能就这样洗手不干了。（这同样适用于下列说法：“我没有自由意志，我做出的决定都是大脑信号的产物，所以与我无关，我对我犯下的罪行不负任何责任！”即使这是事实，但以之作为我的主观立场，是错误的。）这意味着，“我们获得的伦理教益是，父母应该假装（知道该做什么，知道这个世界是如何运转的），因为没有解决权威问题的出路，只能接受它，接受它的虚构性，以及由此带来的所有困难和不满”。[38]但这与米勒的犬儒式的解决方案又有何不同？颇具悖论意味的是，尽管主体完全知道他/她没有能力行使权威，却没有与它保持犬儒式的距离，而是极其真诚地接受它，甚至准备在必要时为它献出生命。为了掌握这个差异，我们还应该考虑到力比多经济，以及不同的享乐模式。政治并不总是发生在表象和认同（想象界和符号界）层面上的，它总是涉及享乐这个实在界。政治表象和政治认同深深地浸透着不同模式的享乐。我们能够想象不诉诸享乐的种族主义或反女权主义吗？我们总是把享乐归诸另一个种族或女性，在攻击和侮辱他们时，我总是能够乐在其中，等等。正是由于这个缘故，热拉尔·米勒在详细分析维希法国的贝当主义话语时谈到了贝当的统治本质是一种“享乐驱动（甚至是‘抵达高潮的驱动’）”[39]同理，如果我们不考虑特朗普的“享乐驱动”，又怎能真正理解他的政治现象？

这道理同样适用于具有解放目标的组织。且以拉康自己的精神分析组织为例（他解散了这个组织，因而承认了它的败北）：它还是那个“单靠表象维系”的组织吗？踏出表象只需一步，这一步发生于精神分析过程中的“穿越幻象”那个时刻吗？它当然本来不该是这样的：拉康企图组建一个组织，他的这个企图不就是“列宁主义”的企图——创建一个并不“单靠表象”，而且依靠事业这个实在界凝聚起来的组织吗？（正是由于这个缘故，拉康在解散了他的学派之后又成立了一个新的学派，人称“弗洛伊德事业学派”，一个关于“事业本身”的学派。但它最后还是以失败告终。）

如果我们把拉康的反陀思妥耶夫斯基的表达式扭转过来，是否有助于使这一团混乱变得秩序井然：如果上帝真的存在，那就没有什么是被禁止的？显而易见，这只适用于所谓的“原教旨主义者”。他们可以为所欲为，因为他们充当着上帝及其意志的直接工具。我们可以看到，政治正确的严酷主义（PC rigorism）和宗教原教旨主义是同一枚硬币之两面：在上述两种情况下，不存在例外——要么什么都不禁止，要么什么都禁止。为了使这幅图画更加清晰，我们也许应该启用拉康所谓的性化表达式：以例外为基础的普遍性，与不蕴含例外的非普遍性（“并非全部”）两组辩证关系。

从权威到放纵……再从放纵回到权威

在后现代的放纵（postmodern permissiveness）中，所有的一切都被无限的政治正确所禁止。那么，后现代放纵的身份是什么？它们是男性的（所有的一切都是允许的，除了……），还是女性的（没有什么东西是不被禁止的）？第二种说法似乎是正确的：在一个放纵的社会（permissive society）里，违反规定（据说规定确保了性的放纵）本身是被真正禁止的，而不是被暗中容忍的。这意味着，我们应该把拉康的论断转换成女性的形式：如果上帝不存在，那么就没有什么是不被禁止的。这意思就是，“并非全部”也被禁止，而这种“并非全部”是在普遍放纵的掩护下存在的：原则上，一切都是允许的（所有不同形式的性征都是允许的），但每个具体的个案都是被禁止的。因此，任何宗教都是被允许的，但任何一种具体的现存宗教（佛教、基督教等）都是要“绝对禁止”的。[40]正如杜安·鲁塞尔所描述的那样，电影行业还有另一个版本，那就是“从严厉禁止转向宽松监管”：

> 在20世纪30年代，《海斯法典》[41]为电影行业制定了一系列禁令或规则。它明确禁止在屏幕上展示或呈现性征。但我们今天看到的是什么？随着奥斯卡制定的最新规则出笼，明显的转变开始：它不再普遍地禁止性征，而是具体地或有选择地肯定性征（到最后是实行配额制度）：你必须在屏幕上具体地呈现性征。正是由于这个缘故，我一直在强调新文化逻辑的重要性，它把对享乐的具体肯定强加于人。[42]

很容易找到这方面的例子：人们对《爱乐之城》（*La La Land*）的反应之一是，虽然好莱坞的同性恋比例相对较高，但故事中没有一个人被描绘成同性恋。今天的出版业也是如此。向出版商推荐某个话题的读本时，出版商的第一反应是“作者中是否有足够多的女人、黑人、亚洲人”？一个最低限度的严肃研究应该提出与此不同的问题：为什么在女性、黑人和亚洲人中没有出现更多的优秀作者？可以在这个层面上促成变化吗？强行要求相同的比例

（足够的女人、黑人等），只会适得其反和滋生怨恨。到了最后，组织学术讨论会变成了对“政治正确”规则的遵循：去找些女人、黑人、亚洲人、拉丁裔、同性恋、变性人等。

把属于特定身份的享乐进行均衡的分配，这整个过程是错误的。在《海斯法典》那种情形下，至少有成文的方式告诉我们如何违反禁令：提到同性恋是被禁止的，但如果一个男人在电影中被人看到在使用香水，那就表明他是同性恋；从事卖淫活动是被禁止的，但是如果一个女人被描述为来自新奥尔良，那就表明她是妓女。有了政治正确的“正义”加持，审查制度在某种意义上变得更加糟糕，因为禁令已被监管指令（regulatory injunctions）取而代之。借用本·布尔吉斯（Ben Burgis）的著作的标题说，取消文化的代理人是“世界熊熊燃烧时的喜剧演员”：他们强制实施新规则，这远非“过于激进”，而是伪行动（pseudo-activity）的典型案例之一，即通过假装一直为变革而战来确保什么都不会真正改变[43]。沿着这些思路，萨罗依·吉里提请大家注意所谓的“觉醒的资本主义”（woke capitalism）[44]。这是资本主义的一种新形式，在反特朗普的科技资本家（谷歌、苹果、脸书）那里尤为得宠，还与反种族主义和亲移民的斗争交织在一起。一味制定旨在确立表面“公正”平衡的措施，而不打击造成不平衡的根本原因，并不能真正改变现状。下面是最近的一个例子：

> 加州教育部宣布，必须消灭表现优异的学生和能力较差的学生之间存在的差距。教育部同时表明，光靠言语是不行的，学校必须在课堂上实现“公平”。这样的努力可能会导致教师阻止表现优异的学生走得太快，同时推动能力较差的学生阔步向前（好像他们在能力方面确实是平等的）。提案中写道：“我们反对有关天赋和才能的观念。”提案坚持认为，“判断哪个孩子有‘天赋’，哪个孩子没有‘天赋’，没有捷径可走”。该提案还希望“用‘每个学生都走在成长的道路上’这种认知取代天生的数学‘才能’和‘天赋’的观念”。[45]

这是虚假平等主义的典型案例，它注定只会滋生嫉妒与仇恨。显而易见的问题是，我们需要优秀的数学家来从事严肃的科学研究，而提案提出的措施肯定无助于此。出路何在？为什么不让每个人都有接受良好的教育的机会，让穷人有更好的生活条件？不难想象，向着虚假平等主义的方向前进的下一步将是：有些人在性的方面比其他人更有吸引力，这难道不也是一种极度不公平吗？我们是不是也要发明一种推动公平的办法，减少更有吸引力的人的吸引力，因为判断哪个人在性方面有吸引力，哪个人在性方面没有吸引力，没有捷径可走？实际上，性征是一个极度不公正和不平衡的领域。平等地分配享乐是虚假平等主义的终极梦想。

那么，当前的防疫规定的情况又如何呢？它们是否也会招致诸如私人狂欢和聚会，甚至暴力迸发之类的逾越行为？它们并非法律，而是有科学依据的规定，属于大学话语的范畴。科学家和卫生管理人员乐于向我们解释，何以我们需要它们，何以它们不像深不可测的法律那样运作，不像不容置疑的条例那样发挥作用。因此，注重享乐的享乐主义（hedonism of *jouissance*）是大学话语统治的另一面吗？如果那些抵制流行病禁令和规定的人把有科学依据的规定与没有科学依据的专横禁令——这种禁令会引发逾越行为——相混淆，那又该怎么办？当然，我们应该补充一句：如果这种“混淆”早已存在于事物自身之内呢？难道大学话语的“真相”不就是主人吗？或者如同我们今天所说的那样，那些强行实施防疫禁令之人（并没有什么秘密可言）的秘密议程不就是为了重新肯定社会控制和社会支配吗？

为了深化认识，我们应该在这里引入另外两条轴线。第一条轴线：被允许与被禁止（令行禁止）。拉康的论点是，享乐一旦被允许，迟早不可避免地变成禁令——你必须享乐，这时享乐主义变成了极度残酷的超我。这就是当今纵情声色的真相：我们感到内疚，这倒不是因为我们违反了禁令，而是因为我们不再能够享乐。正是基于这个原因，精神分析的目标不是让患者具备充分享乐的能力，而是限制超我的力量，把享乐从“禁止”状态变成“允许”状态（你可以享乐，但这不是你要履行的义务）。

第二条轴线：可能性和不可能性之轴。正如拉康反复宣称的那样，禁令在这里的目的是创造一种幻觉：享乐本身并不是不可能的，我们可以通过违反禁令而获得享乐。精神分析的目标恰恰是从禁令走向内在的不可能性。所以禁令主要是禁止一些本身不可能的事情。但这是不是有些言过其实？当一个饥肠辘辘之人被禁止夺取不属于他的食物时，这个禁令岂不是在禁止本身极有可能发生的事情吗？换句话说，意识形态的基本运作也不同样把由于阶级利益和统治需求而禁止的事情说成是本身不可能的事情吗？比如，不提供全民医保，因为这是不可能的，提供全民医保会破坏经济的发展。

这里出现了更多的悖论。有些禁令不仅允许我们违反，而且强迫我们违反。因此，严格遵守禁令的规则，才是真正的逾越。这就是我所说的内在的逾越：如果你不参与一个封闭共同体的秘密逾越仪式，那你被逐出门外的速度远远快于你因违反其明确规则而被逐出门外的速度。还有一些禁令，它们本身是被禁止谈论的。人们遵守它，但不得宣布它的存在。表象这个大他者在这里粉墨登场：你遵守禁令，但你公开表现得好像违反禁令毫无意义，好像这只是给你提供了一个机会，让你不做那些违反禁令的事情，好像如果你想违反禁令，你可以不费吹灰之力就做到。另外，你可以违反禁令，只是不以公开的方式违反而已。（特朗普和今天的新右翼民粹主义者打破了这一规则：他们在公共场合公开违反禁令。）

更加复杂的是，如果我们享受压迫本身，而不只是享受对压迫的反抗，那该怎么办？这岂不是剩余享乐的基本形式？例如，关于流行病，达里安·利德（Darian Leader）说过，遵守当局因流行病而强制实施的规则，可以带来强迫性的满足感。同样，政治正确带来的享乐也源于下列过程：发现自己在不知不觉中违反了政治正确的规则（“我现在发现我使用的那个短语具有种族主义的一面……”）。回想一下前面提到的那个笑话。媒人试图说服年轻人和他代表的女人结婚，他的策略是把每个反对意见都转化为积极的特征。这个笑话的结构和另一个笑话颇为相似。在那个笑话中，心胸开阔的丈夫原则上允许妻子找个情人，但他反对每一个特定的选择（“为什么你非选这个讨厌的家伙不可？谁都行，就他不行”）。妻子又提出一个情人，丈夫找不到任何理由证明此人不合适，这时关键时刻降临了：和弗洛伊德笑话中的那个媒人一样，这位丈夫无缘无故地一口否决，只是为了阻止他成为妻子的情人。与弗洛伊德的笑话相反，他之所以是“不完美”的（与一系列的理由不相符），恰恰是因为他就是完美的。而且，某些以政治正确的方式积极反对性盘剥的激进的工作者不也持有类似的立场吗？他们聚在一起，只是为了性的欢愉，不受任何约束，但前提是不为权力关系服务，也不在权力和统治的压力下进行。但在实践中，这意味着每个可能的性接触（尤其是异性接触）都将遭到拒绝，因为他们通过批判性的分析，会从中发现权力关系的痕迹（这个男人比你富有，他可以影响你的事业……）。最终或许会有一个完全可以接受的伴侣，不过到了那时，如果他不得不被拒绝，倒不是因为他的任何具体属性，而是因为性本身与权力关系密切交织在一起。这一关键操作的剩余享乐就在于，发现每一种情况都涉及权力，反反复复，乐此不疲。（如此一来，就不得不放弃性快感。）

在这里，最糟糕的解决方案是像赫伯特·马尔库塞那样，把下列两者对立起来[46]：一者是必要的压抑，即为了生存下去，放弃对我们的某些欲望的满足；一者是剩余压抑（surplus-repression），它是为了剥削和统治才实施的。出于概念上的原因，不能做这样的区分。第一，统治和剥削的运作方式通常与我们为了生存而必须放弃对我们的某些欲望的满足方式完全相同，两者都是以力比多为引导的。第二（这一点与第一点明显矛盾），制造剩余享乐的，正是剩余压抑，即没有明显理由的禁止。正如拉康所言，享乐不服务于任何东西。第三，我们应该在这里做另一个区分，即把压迫和压抑区分开来。压迫（残酷地行使权力）不是压抑：压迫被直接体验为压迫，但（在弗洛伊德的意义上）我们通常意识不到压抑的存在。当我受到压迫时，被压抑的往往是我对这种压迫的享乐（包括由此涉及的东西：我的抱怨等）。

所以我们在这里得到的不只是符号学矩阵的两条轴线（不可能-可能、禁止-允许），还有一个复杂的肌理，包括允许-禁止的轴线，甚至包括由压迫-压抑-抑郁（oppression-repression-depression）组成的三角形。米勒对这个画像做了简化，他声称，压迫是必不可少的。他的意思是，没有压迫（阻止满足欲望的障碍、禁令），就没有享乐。压迫的反面不是随心所欲的自由，而是抑郁，即欲望自身的丧失。难道压迫是拯救我们欲望的不二法门？是避免陷入抑郁的唯一出路？在这一点上，我们应该提出的问题是：压抑在哪里？拉康强烈反对传统的弗洛伊德主义的论点，即压抑是一种内化，它使外部的压迫沉入受害者的心灵（我错误地把社会压迫视为破坏我的欲望的精神力量）——压抑（在弗洛伊德所谓的“原始压抑”的掩护下）率先出现，它指向内在的不可能性，即构成了人类主体性的不可能性。这种“原始压抑”是我们所谓的“自由”的另一面：它开辟了虚空，在自然原因链（chain of natural causes）上打开一个裂口，使我们自由。作为禁令的能动者的外在符号性律令的形象模糊了欲望的这种内在的不可能性。

正是由于这个缘故，精神分析的目的不是解放我们的欲望，不是让我们可以自由地欲求我们的渴望之物。我们的渴望之物并非我们的欲求之物：我们内心最深处的欲望通常表现为我们不想要的东西，表现为让我们感到恐惧的东西。更确切地说，我们只能在下列严格的意义上解放我们的欲望：完全接受那种不可能性，即我们的欲望能力建立在其上的那种不可能性。精神分析致力于以一种新的方式把这种不可能性标记出来。它的前提是，我们无法摆脱构成性的不可能性，但我们可以以不同的方式重新铭刻它。

正是由于这个缘故，我们理应坚决拒绝下列观点：精神分析治疗的目标是使患者能从（发生在他的有意识的自我和无意识的欲望和禁令之间的）内在精神冲突转向外在的障碍，即阻止他感到快乐的障碍。如此一来，他／她可以感到快乐而无须破坏内在的冲突。这个想法，弗洛伊德不会感到陌生。他早在其初期的《癔症研究》［1895，与约瑟夫·布洛伊尔（Josef Breuer）合著］中就致函某个他假想出来的读者／患者：“如果我们能够成功地把癔症给你们带来的痛苦转化为共同的不幸，那将收益良多。有了得以康复的精神生活，你能更好地武装自己，抵御那些不快。”[47]不过，到了后来，死亡驱动这一新话题和所谓的“负面治疗反应”的出现，都清清楚楚地指向构成我们精神生活的内在冲突。

没有不可能性就没有自由

因此，精神分析完成的运动是黑格尔式的运动，即从外在的对立走向内在的不可能性的运动。这道理同样适用于对某些社会的看法：没有不可能性就没有自由，这种不可能性不仅是外部现实强加于我们的限制（满足我们需要的物体数量有限），而且是我们欲望的内在的“自我矛盾”。然而，这里潜伏着另外一个陷阱：把这种不可能性与我们的有限性混淆起来。如此一来，为我们的自由奠定基础的不可能性，乃是下列事实：我们凡人的生活充满了风险和不透明性。所以，永生是没有自由的。

这方面典型的例证是马丁・哈格隆德（Martin Hägglund），他通过重新解读黑格尔、马克思、海德格尔和马丁・路德・金，提出了连贯一致的全球视野。这种全球视野把唯物主义、存在的有限性和反资本主义融为一体。[48]他的出发点是拒绝宗教理想——永恒：我们拥有的唯一生命就是今生，就是我们的社会存在和身体存在，它不可避免地以死亡和不确定性为特征。相信存在另外的世界或更高的存在，说它们确保了我们拥有怎样的命运，都是幻觉。所以，必须从世俗的角度来重新认识信仰：它表达了我们的实际承诺，由于我们生命的有限性，这种承诺让我们直面偶然性，并且总是涉及失败的风险。然而，正是因为我们是有限的存在，而我们又必须在没有任何更高保证的情况下做出决定，所以我们才是自由的：自由和死亡是同一枚硬币之两面。

哈格隆德专注于我们有限的现世生命这个“今世”。在其著作的第二部分，他转而阐释他的这一“关注”的社会经济蕴含和政治蕴含。因为作为有限的终有一死之人，我们并不拥有可供自己支配的无限时间（而且如果我们长生不死，那我们的生活会变得毫无意义：选择一个决定我们的参与度的人生规划，只能发生在有限的生命时间之内），所以我们关注的核心问题是拥有我们自己的时间，得到尽可能多的时间，以便自由地发展我们丰富多彩的创造能力。然而，在资本主义社会，这显然是不可能的。在资本主义社会，我们为了生存，不得不把大部分时间花在挣钱上，把时间“浪费”在我们根本不关心的事情上。如果我们想克服这种异化，那我们就要重新评估我们的价值观，用我们可以支配的自由时间的价值取代以金钱为形式的价值。达到这个目的的唯一出路是用后资本主义的民主社会主义（post-capitalist democratic socialism）取代资本主义的生活方式。在后资本主义的民主社会主义中，生产资料的私有制，以及调节我们生活的、已被异化的国家机器将销声匿迹。如此一来，我们将不再为占有以货币为形式的价值而相互竞争，而是不由自主地致力于公共利益——公共利益和个人私利之间的对立将会消失。

哈格隆德没有详细说明如何实现这种激进的社会变革，许多批评他的人也把这种模糊性视为他的主要败笔。我们也可以推测，正是这种模糊性，使得《今生今世：何以终有一死能让我们身获自由》（*This Life: Why Mortality Makes Us Free*）不仅受到学术界的好评，而且得到各大媒体的赞扬。主张消除异化（disalienation），主张人人直接行使自己的权力，是它的特色。正是这个特色，把哈格隆德和特朗普连在一起，尽管他们存在着根本性的差异。

但我从中发现了更大的问题。用一种极度简单的方式说，就是在哈格隆德的世界里，根本没有弗洛伊德的立足之地。他怎么能声称，在后资本主义社会，人们会不由自主地致力于公共利益呢？人们为什么这样做？构成人类欲望的嫉妒在哪里？弗洛伊德描述过的人类欲望的全部基本“变态”在哪里？（他的“死亡驱力”概念也在集中探讨人类欲望的全部的基本“变态”问题。）哈格隆德的人文主义信念使他相信，人类能做的所有可怕的事情——自我破坏，在痛苦和屈辱中寻找悲伤和快乐的复杂行为——都可以归结为特定的、被异化的社会形态所导致的结果。这使他的著作对更广泛的公众产生了巨大的吸引力。我试图建立的是这样的共产主义视境：它与所有这些可怕的事情和谐相处，与语言本身暗示的“异化”和谐相处，与人类欲望的所有反射性扭曲（reflexive twists）——如对欲望的压抑必然转变为对压抑的欲望——和谐共处。凯文·贝肯（Kevin Bacon）曾经说过：“有人告诉我，我很出名是因为我很出名，而不是因为我出演过的任何角色。”[49]这就是语言的反身性，或者用黑格尔的话说，在一种语言中，一个“属”可以是它自身的一个“种”：“因某事而出名”有很多“种”，其中的一个“种”是“因出名而出名”。这道理不仅适用于金·卡戴珊[50]，更具而且适用于爱：你完全可以——也总是这样——爱某人只是因为爱本身，而不是出于某种理由而爱他/她。[51]这种反身性就是黑格尔对实际无限性（actual infinity）的称谓。实际无限性与无穷无尽的虚假无限性（spurious infinity）截然相反。由于这种反身性是弗洛伊德所谓的死亡驱力的组成部分，我们在此遇到了哈格隆德下列主张具有的致命局限：人类生存条件是极端有限的。至少从我的弗洛伊德-拉康的视角看，的确如此。

注重有限性的哲学的格言是，一个人无法逃避有限/死亡，因为它是我们的存在无法超越的地平线；拉康的格言则是，无论一个人多么努力，他都无法逃避永生。要么选择前者，要么选择后者。但是如果这种二选一是错误的呢？如果有限和永生，就像匮乏和过剩一样，也形成了一对视差，它们是从不同的角度看到的同一个事物呢？如果永生是一种客体，而这个客体是对有限的剩余/过剩呢？如果有限是一种逃避不朽之过剩（excess of immortality）的尝试呢？克尔凯郭尔也理解这样一种说法，即我们人类只是终有一死的存在，我们会在生物性死亡后销声匿迹，以之作为逃避不朽灵魂所带来的伦理责任的简易手段。如果克尔凯郭尔的理解是对的，但他给出的理由是错误的呢？之所以说他是对的，但给出的理由却是错的，是因为他把永生等同于人类存在的神圣部分和伦理部分——还存在着另外一种永生。格奥尔格·康托尔为无穷[52]做过什么，我们就应该为永生做什么，同时还要肯定永生的多样性。作为事件展开之产物的巴迪欧式的高贵的永生/无限（与人类这种动物的有限性完全相反）追求更基本的永生形式，而这种永生形式居于拉康所谓的萨德[53]式基本幻象一边：对于一个虚无缥缈的受害者的肉体的幻象而言，它可以在遭受无穷无尽的折磨之时奇迹地维持着自己的美丽。（不妨回忆一下萨德笔下那个年轻女孩的形象，她忍受着卑劣虐待者无休无止的羞辱和残害，却能神乎其神、完好无缺地存活下来，就像《猫和老鼠》以及其他卡通中的主人公一样，在经受所有荒诞不经的考验之后，毫发无损地幸存下来。）在这种形式下，令人捧腹的滑稽和令人作呕的恐怖联结在一起，难解难分。回想一下通俗文化中不同版本的“不死族”——僵尸、吸血鬼等，自然明白这个道理。同样的永生还为下列直觉奠定了基础：在真正的彻底之恶中存在着某种横冲直撞、坚不可摧的力比多，也就是弗洛伊德所说的“死亡驱力”。我们应该牢记，自相矛盾的是，“死亡驱力”是弗洛伊德对它的对立物的称谓，是对精神分析中出现的永生的称谓。它指的是一种离奇诡异的生命的过剩（excess of life），一种“虽死犹生”的推力，它持久地存在，超越了生与死、创世与腐烂的（生物）循环。弗洛伊德将死亡驱力等同于所谓的“强迫性重复”，即重复往昔痛苦经历的不可思议的冲动。往昔的痛苦经历似乎超越了受其侵袭的生物体的自然限制，甚至在生物体死亡之后仍然不屈不挠，矢志不渝。

马修·弗里斯菲德尔注意到，有两个特征可以把20世纪60年代的“理论上的反人类主义”[54]和如今的后人类主义严格区分开来：“上世纪60年代的反人类主义者宣告了主体的死亡，而今天我们遇到的是令人寝食难安的人类的死亡。反人类主义者只是试图解构话语中的主体，如今的后人类主义者则更加野心勃勃，他们要重返物质和客观性。他们声称，在此之前，物质和客观性已被人类的垂直性（verticality of humanity）取而代之。”[55]因此，在20世纪60年代，随着福柯和阿尔都塞的出现，主体的概念（我们作为主体的自我感知）被“解构”成了一种历史上特定的话语构成（尽管在阿尔都塞看来，主体的概念更像是一种普遍的意识形态误认）。此外，这种解构的终极视域是话语，也就是说，话语被设定为一种先验的先天，被设定为在我们面对现实时总是已经存在着的东西。与此相反，今天的后人类主义并不处理“主体的死亡”，而是处理人类的“死亡”。它断言，我们对人类的自我认知——把人类视为自由的负责任的存在——是虚假不实的。这表明，我们对人类的自我认知并不基于某种被忽视的话语机制，而是基于我们对“我们到底是什么东西”的无视——我们就是“盲目”的神经元过程，它在我们的大脑中运行。与20世纪60年代的反人类主义相反，如今的后人类主义依赖于直接的唯物主义化约主义（materialist reductionism）：我们对自由和个人尊严的感觉只是一种“用户幻觉”[56]，我们实际上只是一个由与环境互动的身体过程（bodily processes）构成的复杂网络。

从反人类主义转向后人类主义所产生的一个讽刺性后果是，在面对把人类彻底自然化这个后人类主义挑战时，一息尚存的反人类主义者或他们的追随者（如雅克-阿兰·米勒）突然开始（几乎）像人类主义者那样大放厥词。他们强调，人类的自我体验是独一无二的（尽管它已被“去中心化”），把人类的自我体验完全化约为“客观”的神经元过程是绝无可能的。两者进一步的区别是，话语解构并不直接影响我们的日常生活（在日常生活中，我们可以继续把自己体验为自由的、负责任的能动者），后人文主义则承诺干预我们的现实（在某种程度上它已经兑现这一承诺），这将彻底改变我们的自我认知：一旦我们完全被数字控制，一旦我们的大脑变成连线大脑，一旦我们的基因变成转基因，一旦药物可以改变我们的行为和情感，那就会从根本上影响我们的自我体验和行动方式。

2021年7月，调查新闻取得的一项巨大成就令公众震惊不已。以色列网络武器公司NSO集团开发的间谍软件飞马（Pegasus）被人发现。它可以秘密地装入手机（以及其他设备），用来读取短信，跟踪电话，收集密码，定位跟踪，访问目标设备上的麦克风和摄像头，并从应用程序中收集信息。飞马一直被许多国家用来控制异议人士、反对派政治家、记者等。当然，我们相信飞马这样的东西是有效的，所以我们才获悉了我们已经知道的东西。然而，重要的是我们获得了具体的数据——如果它仍然是一个模糊不清的普遍怀疑，那我们被控制的程度可以忽略不计，但现在我们不能佯装不知，像以前那样优哉游哉地进行下去了。

让我们回到马修·弗里斯菲德尔那里。我与他唯一的区别是，基于这些洞视，他主张建立一个全新的普遍的人类主义，用它为今天迫在眉睫的全球解放斗争奠定根基。归根结底，他的论证是一个新版本的先验反思：当我作为一名神经科学家证明我只是一组神经元过程和生物过程时，我总是在以理性论证的形式来做此论证的。我在试图使他人相信，他们也是科学共同体的一部分。在这个共同体的空间里，我作为一个对理性心悦诚服的、自由理性的存在者对他人说话（或行事）。这时，这个共同体的空间总是已经存在在那里，并使我的活动奏效。它不是抽象的笛卡儿式的我思，而是一个人类共同体。所以，为了对这个画面稍作简化，可以这样说，弗里斯菲德尔准备牺牲的是主体，而不是人类，不是我们成为人类的基本维度，但我情不自禁地要反其道而行之：我准备牺牲（我们迄今为止所认为的）我们成为人类的基本特征，而不是主体的基本特征。“人类”是与人格（personality）——我们灵魂的“内在财富”等——处于同一层面上的概念。归根结底，它是一种现象形式（phenomenal form），是一个面具，它填补了那个空白，而那个空白“就是”主体。主体所代表的是作为人类的非人类内核，黑格尔称之为自我相关的否定性（self-relating negativity），弗洛伊德称之为死亡驱力。因此，就像康德将先验统觉的主体与人的灵魂及其财富区分开来一样，就像弗洛伊德和拉康把无意识主体与荣格式的充满深情厚意的人格区分开来一样，身陷独特困境的我们应该坚守主体性之非人类核心，抵制成为人类的诱惑。主体是处于人类之内的东西而不是人类本身，是长生不死的死亡驱力，它使人类成为超越生死循环的活死人。

死亡驱动的本体论蕴含充满了悖论意味。如果——就像我们在《俄狄浦斯在科罗诺斯》中读到的那样——我们遇到的最美好的事情就是当初未曾降生，那么我们的降生就已是一种失败，它失败于未能达到最佳的状态，即未曾降生的那种状态。失败了的存在不是存在的匮乏，而是我们的存在自身。未能获得非存在的，正是我们的存在本身。[57]换言之，我们的存在是由反事实的假设——假设我们不存在——来内在地衡量的。我们不应该害怕从这个逆转中得出激进的本体论结论。根据标准的本体论配置，实体追求完美，其目标是实现自身的潜力，成为真正的自己。存在的匮乏标志着事物的失败——失败于未能充分实现其潜力。我们必须把这个本体论配置扭转过来：存在本身——“成为一个确定的实体”这一意义上的存在——标志着失败。任何事物，只要成了具体的实体，就会被打上失败的标志，而臻于完美的不二法门就是让自己沉浸于非存在这个虚空之中。

从某种意义上说，柏拉图意识到了这一点：一切存在皆源于至善，至善超越一切存在。它就像一个黑洞（姑且借用这个已被滥用的隐喻），我们把自己的幻象建构——对处在事件视域之外的自在所做的幻象建构——投射到黑洞的事件视域的表面上。我们无法抵达“虚空”，无法抵达自在，因为正如黑格尔在《现象学》中清晰表明的那样，处于现象的面纱之外的，只是我们（主体）放置在那里的东西。每个存在都是失败——失败于未能变成非存在。存在是失败的非存在，这个论题通常被解读为从激进的否定行为（radical negative act）向滑稽的失败（comic failure）的逆转：“在深深的绝望中，你想毁灭自己，结果就连这事，你也有心无力。”——补充一句，这种类型的否定之否定，对黑格尔来说是陌生的，它更接近弗洛伊德（作为否定的压抑，作为否定之否定的压抑，被压抑物的回归，证明压抑/否定失败的证据）。不过，黑格尔对这种逻辑真的会感到陌生吗？黑格尔所著《精神现象学》中久负盛名的段落之一，即有关主人和仆人的辩证法，不正是从失败的非存在开篇的吗？如果在积极参与生死斗争的两种自我意识发生对抗时，每一方都准备冒死决战，那斗争就会在死胡同中结束——一方命丧黄泉，一方幸免于难，但没有得到他人认可。[58]整个自由和承认的历史——简言之，整个历史，整个文化的存在——只有在原初的妥协（original compromise）下才能发生：在面对面的对抗中，一方——未来的仆人——"移开自己的眼神"，不再准备决一雌雄，血战到底。

压抑、压迫和抑郁

这里潜在的问题是：我们如何避免抑郁而不重返压抑，即使这种压抑以压迫性社会权威的形式出现（通过僭越获取满足）也是如此？扬尼斯·瓦鲁法基思在其小说《另一个现在》中把压抑与抑郁的这种对立运用于社会现实。[59]最大限度地简化情节后的故事是这样的：生活在现在的一群人找到了一个与另类现实——"另一个现在"——沟通的方式，然后进入了这个另类现实。那里在经历了2008年金融危机后，发生了历史性的逆转，形成了民主市场社会主义（democratic market socialism）这个全球性社会。那里只有一家中央国家银行，它以透明的方式调节货币的供应。结果，金融投机消失了，因为投机已经变得毫无意义；所有权被分散了，因为每个公民都得到了属于自己的所有权；人人享有医疗保健和人权；等等。简言之，这是一种全球性的自我管理社会，在那里，每个特殊的需求都能得到满足，所以不存在对抗，也没有反叛的理由。这群人面临的选择是：究竟是应该留在那里，还是重返"现在"这个充满斗争和暴力的新自由主义世界？但是，瓦鲁法基思提供的一系列特征，破坏了"另一个现在"的完美性。

第一，尽管经济上的异化和剥削已被克服，国家作为一个异化的实体也在社会透明的自我管理中烟消云散，但对女性的根本性压抑依然存在，只是以更加微妙的方式存在于日常实践的层面。（这里我不同意瓦鲁法基思的看法，我认为我们今天面临的选项与之相反。我们面临的选项是后现代的多元文化社会。在这个社会中，种族主义和男权压迫已被消灭，但经济剥削依然故我。）

第二，它所暗示的市场交换和竞争立场——“交易的等价交换心态”（transactional quid pro quo mentality）——仍然充分有效：

> 我承认，OC叛军[60]在“另一个现在”所取得的成就，尤其是企业、货币、土地所有权和市场的民主化方面取得的成就，令我着迷、折服甚至敬畏。只是民主化的市场仍然优先考虑“交易的等价交换心态”，这解善的主权（sovereignty of good），最终还破坏我们的基本福祉。从资本主义中解放出来的民主市场社会，远远胜过我们这里的社会。只有一件至关重要的事情属于例外：它保护交换价值，因此，我担心，这会使导致市场最终崩溃的真正革命变得不可能。[61]

用法兰克福学派的术语来说，“工具理性”之类的东西仍然存在于这个精于算计的交易社会：纯粹的善举、仅仅因为好玩或出于爱好而做某件事情、不期待任何回报，所有这些在那里都无立足之地。但我们应该补充瓦鲁法基思的观点：摧毁“另一个现在”这一假想社会的，是构成人类欲望的嫉妒。在拉康看来，人类欲望面临的基本僵局是，它是他人的欲望（the other's desire）。这既是从主观的属格（subjective genitive）说的，也是从客观的属格（objective genitive）说的：对他人的欲望（desire for the other），想被他人欲望（desire to be desired by the other），尤其是，对他人的欲望的欲望（desire for what the other desires）。因此，嫉妒和怨恨是人类欲望的组成部分。圣奥古斯丁对此早就一清二楚。不妨回忆一下《忏悔录》中常被拉康引用的那段文字。那里有这样一个场景，一个婴儿嫉妒正在和他一起吸吮母乳的兄弟：“我见过也体验到孩子的妒忌：还不会说话，就面若死灰，眼光狠狠盯着一同吃奶的孩子。”（引自奥古斯丁，《忏悔录》，周士良译，商务印书馆，第10页）

基于这一洞识，让-皮埃尔·迪皮伊对约翰·罗尔斯（John Rawls）的正义论做了令人信服的批判。[62]在罗尔斯的公正社会模型中，社会不平等是可以容忍的，但只有在下列前提下，容忍才是可能的：它能够帮助处于社会阶梯最底层的人们，它并不基于通过继承得来的等级制度，而是基于天然的不平等，这种不平等被视为偶发因素，而非人为的结果。[63]罗尔斯没有看到的是，这样的社会将为怨恨情绪的难以控制的爆发创造条件：在这样的社会中，我会知道，我地位较低，这是有充分理由的，如此一来，我就被剥夺了辩解的机会，不能再把我的失败归咎于社会的不公正。拉康、尼采和弗洛伊德都认为，作为平等的正义是建立在嫉妒之上的：嫉妒别人拥有我们所没有的东西，且乐在其中。弗雷德里克·詹姆逊在其《美国乌托邦：双重权力与普遍军队》（*An American Utopia: Dual Power and the Universal Army*）中全然反对流行的乐观主义观点：到了社会的高级发展阶段，嫉妒将被作为资本主义竞争的残余而被抛到九霄云外，取而代之的则是团结合作和以他人的快乐为乐。他驳斥了这个神话，强调正是因为那是一个更为公正的社会，嫉妒和怨恨才会爆发。为什么会这样？对正义的要求最终是要求限制他人的过度享乐，以使每个人都能平等地获得享乐。这一要求的必然结果当然是禁欲主义：既然不可能强行使人获得平等的享乐，那就只能强行禁止享乐。然而，我们不应该忘记，在我们今天这个所谓的放纵社会里，这种禁欲主义恰恰采取了其对立物的形式，即普遍的禁令——“享乐！”我们全都受到这条禁令的蛊惑，结果我们的享乐比以往任何时候都受到了更多的阻碍。这也许就是尼采在说到“末人”时的想法——直到今天，我们才能揭开占主导地位的享乐主义禁欲主义的画皮，真正看清“末人”的轮廓。

第三，由于其非常透明，“另一个现在”中的社会是一个被全面控制的社会：我的财产和活动对他人是透明的，我的行为接受严格的政治正确的监控，等等。

第四，由于那里民主非常透明和公正，“另一个现在”中也没有什么东西可供反叛——书中对老派的激进左翼人士爱丽丝（Iris）做了这样的描述：

> 激烈反抗体制是爱丽丝生存的唯一方式，她的孤独疫苗（loneliness vaccine）。“另一个现在”实在太叫人开心了，太有益

健康了，想反抗也无从下手。那会让爱丽丝觉得自己的生活无法忍受。[64]

“如果你对我多少有点了解的话，扬戈，”她高兴地回答道，“那就是，我是一个异议人士。但对方也没有什么东西让我表示异议，除了他们的政治正确性和得意扬扬——他们为创造了一个完美的社会而得意扬扬。”[65]

“我亲爱的扬戈，这个‘现在’就是我的天然栖息地——我觉得自己还活着，而且冒着有用的危险（usefully dangerous），这实在是太棒了。经历了OC叛乱并目睹了它创造的制度，在痛斥愚蠢的统治阶级及其制度时，我比我认识的任何人都更有信心。我对你说，在这里颠覆它们，要容易得多！”[66]

2020年和2021年，白俄罗斯爆发了激烈的叛乱。如果爱丽丝在白俄罗斯，她会感到不自在吗？乌克兰在2022年3月抵抗俄罗斯进攻，如果她在乌克兰，她会感到不自在吗？所以，再问一次，如何解决由（我们这个“现在”中的）压抑和（“另一个现在”中的）抑郁造成的僵局？如何避免得出显而易见但漏洞百出的结论：因为反叛是我们生命的意义，我们应该首先建立一个压迫的力量，然后再对它奋力反抗？爱丽丝真的会让数百万人继续遭受不必要的痛苦，以便她能像一个真正的叛军那样去感受和行动吗？典型的解决方案是通过下列手段避开僵局：假定反压迫的斗争是无止境的，新的压迫形式总会出现。这种解决方案已经遭到黑格尔的批判。他是在分析康德的无限任务的道德主义（moralism of infinite task）所蕴含的矛盾时做此批评的。或者姑且引用芬德利（J. N. Findlay）所做的简洁概述：“如果至善被认为符合道德的本性，那么道德本身就会从至善中消失，因为它预设自己与本性不相符。作为绝对目的，道德行为似乎期待着根除道德行为。”[67]爱丽丝抱怨的不正是这个吗？作为绝对目的，反叛似乎期待着根除反叛。摆脱这种僵局的唯一办法是黑格尔式的办法：我们应该放弃建立自我透明的社会这一理想，因为在自我透明的社会中，充分的民主废除了所有异化的结构。异化是我们自由的前提条件，它为我们提供了一个喘息的空间，供我们行使自由。只有当我置身其内的大他者（社会实体）对我，以及对它自身都不透明（没有任何神秘的主人在幕后操纵一切）时，我才是自由的。和解意味着我们必须与异化和解，而不是克服异化，所以《另一个现在》的问题恰恰在于，它有效地消除了异化。

因为涉及欲望和快感，这种异化的悖论使欲望与其客体的关系变得复杂起来。回忆一下爱丽丝的"激烈反抗体制"是如何被描述为她"生存的唯一方式"的："'另一个现在'实在太叫人开心，太有益健康了，想反抗也无从下手。"爱丽丝在小说即将结束时做出的激进决定证明：就其最基本的特征而言，欲望不只是对这个（我们的世界）或那个（另一个现在）的欲望，它也可以是对这个或那个予以拒绝的欲望，所以当主体被剥夺了表示拒绝的空间时，他/她的欲望就会受到威胁。这个悖论为我们揭示了剩余享乐的最小结构：我们欲求的客体为我们提供了快乐，而对一个客体说"不"所带来的满足则是这个客体的剩余，这种剩余不能通过向主体提供另一个客体而减少。简言之，在《另一个现在》中，爱丽丝会被剥夺剩余享乐。

换句话说，爱丽丝凭直觉知道，克服异化也会剥夺她的享乐。亚伦·舒斯特在其《超越讽刺》中证明，享乐本质上是在异化中构成的享乐，不存在绕过符号性异化（symbolic alienation）的"直接"享乐。[68]且以最基本的享乐方式为例：吸吮自己的拇指。在神话般的源起之时，吮吸拇指是为了满足身体的需要（干渴），但后来的乐趣则集中在吮吸行为本身，它会产生剩余享乐。即使是以空洞的方式吸吮（没有液体被吸走），也是如此。这种自我指涉转向之所以可能，只是因为（对饮水的）需求已经"像语言那样结构起来"，已被符号秩序过度决定。这时的要求是对爱的要求：我依赖于以母亲的形象为化身的大他者，我要求得到母亲的乳汁，也就是要求她通过提供乳汁表达她对我的爱意：

> 在符号性秩序中，"人的欲望是大他者的欲望"。在经历了符号性秩序的异化后，享乐会导致某种回归自我，即占有被异化的欲

望条件，仿佛这些被异化的欲望条件就是我们自己的（“人类主体能够占有强加于他的条件”并“设法满足这些条件”）。

所以享乐是一种与大他者相关的自主化：我不需要大他者的爱，满足是由我自己的活动带来的。异化的结构仍然存在，我继续做着和以前完全一样的事情，只是把它与它想要满足的需要分开，把它与大他者分开（大他者通过满足我的需要表达了它对我的爱意）。就这样，我的活动变成了真正的我的活动，它派生了我的享乐：

通过享乐，我拥有了被剥夺的东西，至少我能从中感到快乐。我的愿望也许不真的就是我的，但无论如何，我可以在那里获得某种满足，在支配我的分裂的存在（divided existence）的能指链中获得某种满足。这种来自失落（loss）和疏离（estrangement）的莫名兴奋，正是享乐一词所要表达的意思。换言之，享乐永远是对主体的异化的享乐。主体就是这样经受异化，并使它真正成为“自己”的异化的。

我们应该小心翼翼，千万不要错过下面的看法：对异化自身的享乐只是不可化约的视差的一个方面，而不可化约的视差构成了欲望和享乐之间关系的特征。一方面，正如拉康所言，“欲望是一种防御，防止超越享乐的极限”：[69]因为欲望总是得不到满足，因为它的目标总是处在所有可以获得的客体之外，可以获得的客体“永远都不是要寻找的那一个”，所以欲望保护我们，使我们免遭享乐那令人窒息的过度存在（suffocating over-presence）的危害。

但是，难道我们不应该补充说，享乐也是对欲望的一种防御吗？享乐被理解为部分的满足，是使主体在符号秩序中的异化变得不再那么苦涩的东西，是使它成为我们自己的异化的东西，即使这并不以任何直接的方式令人愉悦或满足，也是如此。享乐是一种过剩，它把身体形式赋予符号性的匮乏（symbolic lack）。[70]

因此，享乐同时也是对欲望的空虚或纯粹超验的防御或逃避：如果根据定义，欲望永远不会得到充分的满足，那么享乐通过反身性的转向，使我们虽然错失那个不存在的元质，却在反复错失的过程中获得了满足。这种二元性同时也是欲望和驱力的二元性：欲望代表匮乏，代表难以满足，而驱力的循环运动则令人感到心满意足。欲望和驱力是相互依赖的：可以把其中的一个理解为对另一个的回应。欲望是转喻性的，总是从一个客体滑向另一个客体，一而再，再而三地体验"这不是那一个"，而驱力则把围绕着失去的客体的无休止循环运动提升为满足的源泉，进而消解了欲望的无休止运动。驱力是一种循环运动，被困在封闭的循环中，而欲望则打破了这个封闭的循环，带来新鲜的空气，使客体外在化，并把主体送上寻找客体的征程。这种情形是为纯粹的视差：在欲望和驱力这两个术语中，谁也不比谁更具原初性。第三个术语不是对这两个术语的综合，而是纯粹的鸿沟，欲望和驱力是对这道鸿沟的两种回应：欲望使匮乏外在化，使之成为成因-客体（cause-object），驱力则围绕客体循环运动。在欲望中，鸿沟显现为匮乏；在驱力中，鸿沟显现为破坏了生命循环的过剩。

证明欲望和驱力的区别存在漏洞的最佳例证是安提戈涅。在专论精神分析伦理的研讨班上，拉康提出："至少从精神分析的角度来看，我们唯一能够为之感到内疚的事情，就是放弃了自己的欲望。"因此他的格言是：不要放弃你的欲望（*ne pas céder sur son désir*）。但在这里，歧义立刻出现了：因为欲望是癔症性的和转喻性的，因为它针对的目标是需求之间的鸿沟，所以"不要放弃你的欲望"相当于准备从一个客体滑向另一个客体，因为毫无疑义的客体不存在，即"那个"客体。或者如拉康在题为《再来一次》的研讨班上所言："我要求你拒绝我给你的东西，因为它不是那一个。"（1972年2月9日的研讨班）但安提戈涅不是完全在反其道而行之吗？她的行为表达了对深层律令的绝对忠诚，而不是违背。简言之，她毫不妥协地坚持她的要求，即妥善安葬她的兄弟。这里没有转喻性的欲望，没有逆来顺受和委曲求全。现在我们可以理解了，何以拉康的驱力表达式是$-D，即主体依附于要求，而这正是安提戈涅所做的。正是基于这个原因，拉康的伦理表达式（“不要放弃你的欲望”）只被宣布一次，从此泥牛入海无消息。它与拉康的其他表达式形成鲜明对比，因为他总能花样翻新，不断重新回到那些表达式。

同样的视差在客体小a的位置上重现。客体小a同时既是欲望的成因-客体，又是驱力的客体：在欲望中，客体小a的功能类似于总在回避的盈余，类似于欲望永远无法企及的东西；在驱力中，客体小a的功能类似于中心的虚空，驱力围绕着它运行。在更加正式的层面上，客体小a同时既是谢林所说的“除不尽的余数”，即一种逃避形式结构的静止（rest），就像那块阻碍机器平稳运行的垃圾，又是机器自身纯粹的形式扭曲结构。这两者是严格相互关联的：那块垃圾为机器中的扭曲赋形，无法确定谁更重要。

如果主体在大他者（符号性秩序）中被构成性地异化，那么构成了享乐之特征的逆转是否会充当分离之时刻（moment of separation）？之所以这么问，是因为在拉康看来，分离出现在异化之后。上述问题的答案是否定的。分离意味着大他者内部的分离，也就是说，与大他者有关的主体性匮乏被转化为大他者自身，分离成了大他者与其自身的分离。主体假定大他者所拥有的东西（主体欲望的客体成因），大他者并不拥有，所以使我与大他者比肩而立的，正是这种共同的匮乏。那么分离从何而来？欲望和享乐的关系即匮乏与过剩的关系，但它们处于莫比斯轨道（Moebius track）的两端：过剩不能用来填补匮乏，因为过剩处于匮乏的反面。因此，欲望和享乐无法在任何更高层次的综合中达成统一，也无法转向某个能够统摄两极的根本维度——最初存在的只是区隔两极的鸿沟本身，即匮乏与过剩。分裂就位于这道将两种版本的客体小a区隔开的鸿沟之中：纯粹形式与无形残渣、匮乏与过剩。这种分裂将同一客体从自身中割裂，分解为无材料的形式与无形式的材料。

所以剩余享乐是什么？

在布莱希特/魏尔[71]（Brecht/Weil）的《三毛钱歌剧》（*Dreigroschenoper*）的第一幕终场处的一个著名场景中，波莉（Polly）表达了她想过上快乐生活并找到心上人的愿望。她的父亲皮彻姆（Peachum）手持《圣经》，赞同她的想法，但有一个逆转：

> 这是地球上人类的权利，
> 既然人生苦短，要快乐，
> 分享世界上所有的乐趣，
> 吃到面包，而不是石子。
> 这是人类在地球上基本的权利，
> 但不幸的是，从未听说过，
> 谁真正得到了这个东西。
> 谁不希望拥有自己的权利？
> 但周围的环境并非如此。[72]

稍后，又重复道：

> 我们要做好人，不能残忍，
> 但周围的环境并非如此。

这里的唱词只有配上魏尔的美妙音乐才行。他的音乐非常简单，是真正的天才之作。[73]我们先来看看皮彻姆的唱词：前半部分（由五行组成）以一种布道的宗教风格颂扬我们渴望过上的幸福生活（充满尘世乐趣的长命百岁的快乐生活）；后半部分则使这种一厢情愿的想法直面由客观社会环境造成的悲惨和痛苦的残酷现实——“但周围的环境并非如此。”最后一行唱词以其明显的犬儒式讽刺意味，指出音乐基调已经改变，朝着相反的方向发展——人们会期待前半部分是快乐的，颂扬世俗的快乐，后半部分则摧毁我们的幻想，引发我们对日常生活感到悲伤和绝望。实际上，前半部分是以宗教布道般的缓慢说教方式完成的，而后半部分是以欢快的犬儒式的活泼方式完成的——带着显而易见的快感来传递坏消息（悲伤的消息），这显而易见的快感就是至为纯粹的剩余享乐。（我们还应该注意到，波莉带着这种犬儒式的快乐姿态，加入了皮彻姆的行列。）这种剩余享乐在最后两行唱词的近乎狂喜的语气中登峰造极：“我们要做好人，不能残忍/但周围的环境并非如此。”无论是在前半部分，还是在后半部分，把主体性的阐明立场与“客观”内容分割开来的鸿沟均被启用。唱词谈到的是极其恶劣的环境，激发的却是令人愉悦的快感，这为纯粹的伪善提供了化身：“我又能怎么办？我倒是想换个方法试试，但环境如此，又能如何！”这是一种模糊主观介入（subjective engagement）、把自己塑造成冷漠环境之受害者的伎俩，一如电影《危险关系》（*Les liaisons dangereuses*）中的瓦尔蒙子爵（Vicomte de Valmont）的名言：“这不是我的过错！”（在接下来的歌词中，你会发现同样的犬儒式智慧的倒装版：“还有另外一种方式，它就是这样运作的。”——你可以用不同的方法去做，但也可以这样做！）这与左翼常说的口头禅正好相反。左翼的口头禅是，事情并非一成不变，可以换种方法试试，完全可能存在另一个世界。

享乐异化

要说明享乐是如何被异化的，我们还能想出比这更好的例子吗？“享乐的构成性异化”的意思是，归根结底，我们体验到的享乐是被大他者调停过的享乐：它是我们永远难以企及的大他者的享乐（男性眼中的女性的享乐，我们这个群体眼中的其他族群的享乐），是被大他者偷走或受到大他者威胁的本应属于我们的享乐。拉塞尔·斯布里格利亚（Russel Sbriglia）注意到，当特朗普的支持者于2021年1月6日袭击美国国会大厦时，这个“盗窃享乐”（theft of enjoyment）之维发挥了至关重要的作用：

> 还有什么比特朗普的支持者在冲击国会大厦时高呼的口号——“停止盗窃！”——能更好地以实例展示“盗窃享乐”的逻辑？冲击国会大厦以阻止盗窃，这个事件具有的享乐主义的、狂欢节式的性质不只是未遂暴动的附带属性；只要这一切都是为了夺回被这个

国家的其他人（即黑人、墨西哥人、LGBTQ+等）偷走的享乐，狂欢元素对它来说就是绝对是必不可少之物。[74]

2021年1月6日在国会大厦发生的不是一场未遂政变，而是一场狂欢。有人认为，可以把狂欢节当成进步抗议运动的模式——这种抗议活动不仅在形式上和氛围上（夸张的表演、幽默的口号）是狂欢节式的，而且在其松松垮垮的组织方式上也是狂欢节式的。但这个看法是很成问题的。晚期资本主义的社会现实岂不早已是狂欢节式的？1938年发生的臭名昭著的“水晶之夜”是一场半组织、半自发的暴力袭击，它攻击的对象是犹太人的家园、教堂、企业和犹太人自身。难道它不就是一个狂欢节吗？此外，“狂欢节”不也是对权力的龌龊阴暗面——从轮奸到集体私刑——的称谓吗？我们不要忘记，米哈伊尔·巴赫金在他写于20世纪30年代的有关拉伯雷的著作中提出了“狂欢节”的概念，作为对当时的社会暴乱的直接回应。传统上，在反抗当权者的过程中，“下层阶级”的策略之一通常是以骇人的暴行来破坏中产阶级的体面感。但是，随着国会大厦事件的发生，狂欢节再次丧失其纯真的一面。

大多数国会抗议者“从美国富裕的城郊地区飞到美国国会大厦，准备为捍卫白人的特权而慷慨赴死”[75]。没错，但他们当中的许多人也是下层中产阶级的一部分，他们认为自己的特权受到了想象中的大企业联盟（新型数字媒体公司、银行）、国家行政机构（它控制我们的日常生活，强行实施封锁，管控枪支，限制我们的基本自由）、自然灾害（流行病、森林火灾）以及“其他人”（穷人、别的种族、LGBT+等）的威胁。据说这些“其他人”正在耗尽各州的财政资源，将迫使各州提高税收。这里的重中之重是“我们的生活方式”这一范畴：在酒吧和自助餐厅或在大型体育赛事中社交，支持无车运动[76]和拥有枪支的权利，拒绝一切对自由构成威胁的东西，拒绝国家的控制（但不反对国家控制“其他人”）。凡对这种生活方式构成威胁者（不公平的贸易行为、政治正确的“恐怖行径”、全球变暖、流行病等），一律都被视为阴谋诡计而大加鞭挞。这种“生活方式”显然不是与阶级无关的：它是白人中产阶级的生活方式，而白人中产阶级把自己视为“美国精髓”的真正化身。

因此，当我们听说这个阴谋的代理人不仅窃取了我们的选举，而且正在从我们这里拿走我们（正被逐渐侵蚀）的生活（方式）时[77]，我们应该在此启用另一个范畴，即“盗窃享乐”。其实，雅克·拉康早在20世纪70年代初期就曾经预言，资本主义的全球化将导致全新的种族主义模式，这种模式将聚焦于某个大他者形象。该大他者要么威胁着要从我们手中攫取我们的享乐（我们沉浸在自己的生活方式时所获得的深刻满足），要么它本身就拥有并展现我们难以理解、无从把握的剩余享乐（只要回想一下反犹主义者对犹太人的秘密仪式的幻想，白人至上主义者对黑人男子超级威猛的性能力的幻想，还有墨西哥人被视为强奸犯和毒品贩子，就足够了）。在这里，不要把享乐与性快感或其他快感混为一谈：享乐是对我们特定的生活方式的更深层次的满足，或者是对他人生活方式的妄想狂般的无端恐惧——他人身上存在某种令我们寝食难安的东西，它通常体现在日常生活的细枝末节上（他们的食物的味道，他们的音乐或笑声的响亮程度，等等）。

顺便提一句，左翼自由派对抗议者闯入国会大厦的反应不也同样流露出着迷和恐惧的混合吗？“普通人”闯入神圣的权力宝座，这是一个暂时悬置我们公共生活规则的狂欢节。看到暴徒侵入国会大厦的镜头，我的一些朋友受到了极大的精神创伤，他们告诉我：“一群人占领了权力的宝座——我们也应该这么干！干这事的不该是他们！”也许这就是民粹主义右翼令左翼恼羞成怒的原因：右翼正在窃取左翼的享乐。

在处理剩余享乐的社会维度时，我们应该牢记，拉康的“剩余享乐”概念是以马克思的“剩余价值”概念为蓝本的。不过，我们要精确地把握剩余享乐和剩余价值之间的联系。正如阿伦卡·祖潘契奇所言，“我们在此讨论的不是剩余享乐和剩余价值之间的平行关系，不是力比多经济和社会经济之间的平行关系，而是两者的短路”：因为专注于榨取剩余价值，资本主义改变了我们欲望的基本坐标。托德·麦高恩（Todd McGowan）为资本主义的弹性（resiliency of capitalism）提供了一种拉康式的解释。[78]他勇敢地承认，在某种（非常有限的）意义上，资本主义确实与“人性”相符。前现代的社会秩序模糊了有关人类欲望的悖论，它假定欲望是以直接的目的论方式构建起来的（我们人类努力达到某个终极目标——无论这目标是幸福还是其他的物质上或精神上的满足，我们要在已经取得的成就中找到宁静和满足）。与前现代社会相反，资本主义是第一个也是唯一一个把人类欲望的基本悖论纳入其运作的社会秩序。这个悖论与我们的力比多经济中的剩余所发挥的功能有关：无论我们取得多大的成就，我们得到的都不是“那个”成就，我们总想得到别的什么东西，而且多多益善。我们欲求的最终目的不是达到某个终极目标，而是以一种不断扩展的形式，再生产它那无穷的再生产。正是基于这个原因，我们制度的失衡为资本主义提供了定义：资本主义只有通过自身不断地自我破坏和革命才能蓬勃发展。这里的悖论在于，因为我们渴望的是剩余，而剩余是任何一个客体都无法覆盖的，所以我们对快乐和满足的追求迫使我们永远牺牲现有的满足，以换取以后的满足。所以说，在资本主义社会中，享乐主义和禁欲主义是同时发生的。

这是不是说，资本主义的消费主义本质上是癔症性的？根据定义，我们在购买了一件产品后会感到失望，因为那里并无神秘的成分，“这不是那一个”（*ce nest pas ca*），我们买的东西从来都不是“它”，所以我们沿着欲望的转喻（metonymy of desire）转向下一个物体。果真如此？也不尽然。阿伦卡·祖潘契奇以浅显易懂的方式指出，在消费主义中，歇斯底里的立场（hysterical stance）被变态的力比多经济有效地重新占据。作为消费主义者，我们事先清楚地知道，我们不会得到我们欲求的东西，所以我们从来不会真正失望，真正的癔症性的欺骗戏剧没有发生，正是这种消除了癔症性戏剧的“知晓”为变态提供了定义。癔症是一种提出质疑的主体立场（我究竟渴望得到什么？我的大他者从我这里看到了什么，想从我这里得到什么？在大他者的眼中，我是什么？），变态者则知道，他不会为任何问题所困扰。今天的消费主义者是犬儒式的变态，他们知道，欲望已被消解，当我们得到我们欲求的客体时什么也没有发生，没有真正的相遇，我们相爱，但不会坠入爱河。

同样，在资本主义中，我们必须进一步把资本家的享乐和归之于资本的享乐区分开来。资本家也处于一个变态者的位置，他喜欢观察（并积极推动）资本的扩大化自我再生产。黑格尔在《哲学科学百科全书》（*Encyclopaedia*）的最后写道，绝对理念享受着不断重复的自我再生产：“永恒的自在自为地存在着的理念永恒地作为绝对精神实现着自己、产生着自己和享乐着自己。”（引自黑格尔，《哲学科学百科全书・Ⅲ・精神哲学》，《黑格尔著作集》，第10卷，杨祖陶译，人民出版社，2015年版，第349页）在绝对之知（absolute knowing）的顶峰，哲学家只是一个冷漠观察者，观察绝对理念的这种自我享乐。这道理不同样适用于资本家？他也在观察资本的自我享乐。

罗伯特・普法勒（Robert Pfaller）详细阐述了“非人格信仰”（impersonal beliefs）的概念。“非人格信仰”发挥着社会事实的作用，也决定着我们的行为方式，尽管（几乎）没有人直接接受这种信仰。为此，人们通常找到的借口是：“我知道这大概不是真的，但我遵守规则，因为规则是我的共同体的组成部分。”需要明确说明的是，这种非人格信仰并不脱离主体而单独存在（主体持有这种信仰或预设另一个主体持有这种信仰），只有当假装不持有它的主体预设它的存在时，或者更确切地说，只有当持有它的主体假装不持有它并预设它的存在时，它才真的存在，或者说，它才能够奏效。因此，这种非人格信仰的身份正是大他者的身份：“我不相信，……（但是大他者相信，因此我必须表现得好像我相信似的）。”而且，我要借用阿伦卡・祖潘契奇的学识，告诉大家，我们应该设定，与非人格信仰并行不悖的，是我们应该称之为非人格享乐（impersonal enjoyment）的东西，即无法归属于（作为“直接享乐的主体”的）个人的享乐。主体把它归属于某个大他者形象。这种非人格享乐构成了变态的特征。正是基于这个原因，拉康把变态者定义为这样的能动者——他把自己想象成满足大他者享乐的工具。下面是拉康在其《研讨班》第11卷最后几页中提到的东西：

> 把一件牺牲品奉献给令人费解的神，是很少有主体能够抗拒的，仿佛受到了某种可怕的咒语的蛊惑。无知、冷漠和避开对方视线，这些状态或行为也许可以用来解释，何以在这个面纱之下，谜团依然没有解开。但是，对于那些能够勇敢注视这一现象的人来说——当然，再说一遍，很少有人能够不屈服于牺牲本身的魅力——献祭意味着，我们试图在我们欲望的客体中找到证据，以证

明这个大他者的欲望的确存在，这个大他者，我在此称之为黑暗的上帝（dark God）。[79]

在这个“可怕的咒语”下操作，并为了满足神圣大他者的享乐而竭尽全力，这样的变态者并非折磨他人并尽情享乐的卑鄙小人，而是冷酷无情的专业人士。他以一种非人格的方式行事，为了履行职责而履行职责。从一个普通的施虐狂转向真正的变态者，是汉娜·阿伦特描述过的下列变化的基础——这种变化是在党卫军取代冲锋队成为纳粹集中营的管理者时发生的：

> 在冲锋队盲目兽性的背后，常常埋藏着对那些社会地位、知识、身体条件比他们好得多的人的仇恨和厌恶，他们现在好像要完成最狂野的梦想，要显示他们的权力。在集中营里，这种厌恶从未完全消失，使我们感到它是人类可理解的一种最后残存的情感。但是，真正的恐怖开始于党卫军接管集中营。那种旧的自发性兽欲让位给一种绝对冷酷且有步骤的毁灭，毁灭人的肉体，精心摧毁人的尊严；死亡被避免，或被无限延迟。集中营不再是人形野兽的乐园，不属于那些精神不正常的人了；情况倒了过来：集中营变成了‘操场’，完全正常的人被训练成标准的党卫军成员。（引自汉娜·阿伦特，《极权主义的起源》，林骧华译，生活·读书·新知三联书店，第566-567页）

艾希曼不只是一个整理火车时刻表的官僚，在某种程度上，他对自己正在组织的恐怖行径心照不宣，刻意与这种恐怖行径保持距离，假装自己只是一个履行职责的官僚。保持距离和佯装不知，正是他享乐的一部分。这给他的享乐添加了“剩余”。他享乐，但以一种纯粹的互动方式，通过大他者这个“黑暗之神”，也就是萨德所谓的“至高无上的邪恶存在”（*l'Être suprême en méchanceté*）来享乐。简单地说，尽管一名党卫军军官可能会假装（甚至真诚地相信）他是为了公益（为了国家的公益，为了消灭国家的敌人）而效力，但他为其国家效力的方式（集中营里的残暴行为）使他成为一名邪恶的官僚。黑格尔会把这种人称为国家“伦理实体”（Sitten）的代理人。这么说，不仅是因为他误解了国家的真正伟大之处：一边是国家之理念的高贵伟大，一边是国家的邪恶阴暗面，两者之间构成的张力已经铭刻在国家的概念上。纳粹有关德意志民族的理念是，德意志民族是有机的共同体，但受到了犹太入侵者的威胁。这个理念本身是错误的，因为它排除了内在的对抗，这种对抗随后又以“犹太人的阴谋”这一形象回归。因此，摆脱犹太人的必要性被铭刻在“德意志身份”这个（纳粹的）概念上。

新右翼民粹主义的情形与此类似。特朗普传达的官方意识形态信息（保守的价值观）与他公开表演的风格（天马行空，龙飞凤舞，想到什么就说什么，侮辱他人，违反所有的礼貌规则）之间的对比，在很大程度上展示了我们现在面对的困局：我们究竟生活在一个怎样的世界里？用下流粗俗的语言对公众狂轰滥炸，却被当成保护我们的最后一道屏障；一切皆被允许，先前的价值观被彻底抛弃。正如阿伦卡·祖潘契奇所言，特朗普并不是先前的道德多数派保守主义（moral-majority conservatism）遗物，在很大程度上，他是后现代“放纵社会”本身的滑稽倒影，是这个社会自身的对抗和内在局限的产物。阿德里安·约翰斯顿提议“对雅克·拉康的格言‘压抑总是被压抑物的回归’做补充性的扭转：被压抑物的回归有时是最有效的压抑”。[80]这不也是对特朗普形象的简明定义吗？正如弗洛伊德在谈及变态时所言，在变态中，所有被压抑的东西，所有被压抑的内容，都会带着其全部的淫荡内容回归，但被压抑物的回归只会强化压抑。正是由于这个缘故，我们可以说，特朗普的淫荡言行并没有任何解放性的内容，它们只会强化社会的压迫及其神秘化。因此，特朗普的淫荡表现表明，他的民粹主义也是虚假不实的。坦率地说，虽然他表现得好像关心普通民众似的，实际上却在维护大资本的利益。

极权主义的主人们经常小心翼翼地承认，他们知道他们不得不雇用凶残的暴徒把事情搞定，而这些暴徒都是心狠手辣的虐待狂，他们残酷地行使权力，并尽情享受权力带来的乐趣。但他们错误地把快感局限于“人的因素”，说“人的因素”破坏了结构的纯洁性：享乐这个野蛮淫荡之物乃社会结构的固有之物，它的存在告诉我们，社会结构本身是对抗性的，也是不一致的。在社会生活中，要用剩余享乐填补横贯社会结构的鸿沟（“矛盾”）。阿伦卡·祖潘契奇在这里提出了两个层面的剩余的假说。与其他生产方式相比，资本主义并不想遏制其结构的不稳定性，相反，它要利用剩余来破坏其他社会构成的稳定性：它靠剩余繁荣，它时时计算着手中的剩余。然而，第二个层面的过剩早晚要被创造出来，而且不能把这种过度归入资本的再生产中（归入工人对制度的不满）。右翼民粹主义试图重新配置这种过剩，因为这种过度在种族主义的享乐、工人阶级的怨恨、反智主义的掩护下，大有破坏资本主义再生产平稳运行的危险。

如果说变态者是大他者的工具，那谁是大他者？它以两个迥然不同的形象出现。一个是瓦尔蒙式的变态者（在《危险关系》中，瓦尔蒙以卑劣的方式勾引杜维尔夫人）：那是冷酷无情却又有条不紊的勾引者，不仅要趁受害者脆弱不堪的时候勾引她，还要让她知道她究竟屈从于什么，让她为享受自己的屈从而无地自容，进而达到让她额外蒙羞的目的。因此，受害者不是客体，她已经完全主体化。她是分裂的主体，她先被羞辱，继而享受对自己的羞辱，最后无法接受自己的享受。

如今，权力和性征之间的关系往往被忽略：如果我成了另一个主体的性欲目标，那我就对以我为性欲目标的人拥有了一定数量的权力，他/她甚至可以享乐他/她对我的从属关系，我也可以无情地利用这种权力。这种权力游戏是性欲辩证法（dialectics of sexual desire）的内在组成部分：当我激情澎湃地爱上或欲求某个人时，我无助地暴露在他/她的面前，因而是极度脆弱的。另一方面，我对另一个主体的（非性的）权力使我能以性的方式对他/她进行盘剥：老师要求学生提供性服务，老板要求下属做同样的事情，均属此列。意味深长的是，在当代关于性与权力的辩论中，第一个方面在很大程度上被人忽视。这些辩论几乎只是一味关注“那些对我拥有权力的人是如何通过要求我提供性服务来盘剥我的”这一问题。

但是，奥斯维辛集中营的党卫军刽子手们却没有如法炮制；他们没有把自己的享乐外化在受害者身上，而是外化在非人格的大他者那里。享乐的运作是有规律可循的，变态者并不是这个规律的例外。恰恰相反，变态者的存在推动了享乐的基本去中心化，使之远离主体。享乐从来不会被直接主体化，被当成“我的享乐”来接纳。主体化始终是对享乐的创伤性入侵的回应，是与之保持距离的手段。也许，欲望就是“享乐如何被主体化”的称谓。

作为黑色电影人物的马丁·路德

现在我们已经进入话题的核心，即享乐的神学–政治维度。从唯物主义的观点来看，“神学”标志着享乐的去中心化，使之远离主体：“上帝”是享乐之大他者（enjoying big Other）的终极形象，而这样的大他者形象对主体的自由构成了威胁，迫使我们废除人类的自由。弗兰克·鲁达详细阐述了这个话题。至关重要的是，在阅读他的《废除自由》[81]时，我们不要把它的前提（需要废除自由等）视为某种后现代的反讽，视为有意不以其字面意义表达的一系列悖论。他这样做，是为了让我们知道真正自由究竟是怎样的。我们要在字面意义上认真对待鲁达的前提。正如鲁达所言，今天的“自由”是一个令人迷失方向的术语，它不仅不能使我们划定关键区别的界限，反而模糊了这条界限。

隐含在鲁达这部著作背后的一个难解之谜是：如果无论是在预定论（Predestination）的宗教意义上说，还是在脑科学的自然主义的意义上讲，都不存在意志的自由（freedom of will），那为什么那些否认自由意志（free will）的人还要苦口婆心地说服我们，让我们承认我们没有自由意志，好像承认这一点就会产生重大影响，导致重要变化，对他们来说也至关重要似的？用专业术语来说，我们在这里处理的是一个语用学矛盾（pragmatic contradiction）：被阐述的命题内容（完全决定论）并非被其他事实或主张否定，而是被阐述行为本身消解了，就像那些论证不存在自由意志的主体，正以自由主体的姿态进行理性论辩。这个矛盾表明，存在着更加激进的鸿沟。解决方案是：没错，自由意志归根结底是一种现象，而不是等着客观科学去发现的事实，但这种现象却有其自身的功效。罗伯特·皮平（Robert Pippin）在解读影片《漩涡之外》（*Out of the Past*）时指出，在黑色电影[82]中，主人公陷入的困境得到了巧妙的处理：是的，我们注定要失败，命运在操纵我们，每个善于摆布他人的人都被他/她操纵，每个决定自己命运的自由能动者所秉持的自由立场都是虚幻的——但简单地赞同和认可这种困境也是虚幻的，是逃避主义的，因为这是在逃避责任的重负：

> 如果这些有关自知（self-knowing）、引导深思、因果效应能动者（causally effective agents）的传统假设变得越来越不可信，那么它对我们的举止会产生什么影响？承认“真相”或把不确定性（uncertainty）纳入实际的考虑，会导致怎样的实际结果？很难想象，放弃所有对能动性的僭越姿态，一味承认事实，会有怎样的结果。杰弗（Jeff）拒绝接受凯西（Kathie）的宿命论描述，因为凯西说他们两人“没用”，暗示诉诸武力徒劳无益。这时，他报了警。他……采纳了一个立场，一种实用的观点：实际上他承认，到了这个时候，留给他的行动空间已经非常有限。但这并不说明，他只被他的历史（他的过去）或他的天性（“没用”）导致的后果所“裹挟”。他最终还是一个能动者，不论多么有限，不论做了多少妥协。他只能是一个能动者。他像能动者那样行事。[83]

我们无法逃离命运的魔爪，但我们也不能凡事以命运为托词来逃避责任。“许多优秀的黑色电影都非常善于向我们传达这样一种感觉，即这种复杂多变和充满悖论的情形，可以更加恰当地称之为我们的现代命运。”[84]这难道不是精神分析成为我们的困境的典范原因？是的，我们偏离了中心，被困在一张陌生的蜘蛛网中，被无意识的机制过度决定，是的，我被“说话”多于说话，大他者通过我说话，但简单地接受这个事实——拒绝承担任何责任这一意义上的接受这个事实——也是虚假不实的，也是一种自欺。与传统的道德相比，精神分析使我更有责任感，它甚至使我对超出我（意识）的控制范围的事情负责。我们在这里得到的岂不是“否定之否定”的典范示例？首先，主观的自主性被否定；其次，这种否定本身也被“否定”，被视为主体性的计谋而被口诛笔伐。

马丁·路德面对的岂不是与此完全相同的悖论？他认为，只有经历过无力信守上帝的诫命，以至于迫使我们承认自己没有自由意志的极限体验，才能给我们带来真正的信仰。下面是鲁达对这个悖论的简洁描述：

> “甚至在创世以前”，上帝就已经把他的意志永远赋予万事万物。因为这个原因，他的“爱……和恨是永恒的，在创世以前就存在了”。这就是为什么会出现预定论。这也是为什么不管他是否愿意，我们都无法信守他的诫命。这些诫命之所以存在，就是为了让我们“无可辩驳地体验到，我们有多么无能为力”“存在着多么可怕的软弱无能”。诫命使我们知道，根本没有自由意志。[85]

这里要注意的第一件事情是神圣诫命的超我维度：在弗洛伊德看来，超我是来自淫荡能动者（obscene agent）的诫命。淫荡能动者用超我对我们狂轰滥炸，目的是让我们看到，我们未能听从它的指令，可谓一败涂地。在这里，享乐者是大他者（上帝），他像施虐狂一般地享受着我们的失败。只有当我们未能遵守禁令时，禁令才能完成自己的使命。禁令这种错综复杂的结构，说明了超我的悖论性质（这一点弗洛伊德已经指出）：我们越是服从超我的诫命，就越感到罪孽深重。当我们紧步拉康后尘，把超我解读为禁止享乐的禁令时，这个悖论同样成立：享乐是“不可能的实在界”，我们永远无法完全获得，这使我们深感内疚。（还有一个悖论在这里起作用：享乐作为“不可能的实在界”，永远无法获得，也永远无法摆脱，因为任何摆脱它的努力，都将产生剩余享乐。

构成了当今社会之特征的一系列情形完美地例证了这种形态的超我–个体化（superego-individualization）：从生态到政治正确，再到贫困乃至普遍的债务化。在直接针对我们个人的生态超我动能的持久压力之下，主流生态话语不是早就对我们发号施令，把我们视为先天有罪之人，说我们亏欠自然母亲吗？“你今天可曾做了些什么来偿还你欠自然母亲的债务？你把所有的报纸都放进分类回收箱了吗？所有的啤酒瓶和可乐瓶呢？本来可以骑车或使用其他公共交通工具的，你开车了吧？你没有把车窗开大一些，而是开空调了吧？”[86]此类个体化的意识形态意图是一望即知的：沉溺自我审查，回避对工业文明更切要的整体性质疑。正是基于这个原因，在某种程度上，我感到问心有愧、无地自容不是没有原因的：服从回收废品的命令，最终意味着我注重礼节和仪式，而注重礼节和仪式的结果是推迟做那些真正重要的事情，探寻造成生态危机的原因。

这道理同样适用于永无休止的“政治正确”的自我反省：我看空姐的眼神是否具有过于强烈的骚扰性，甚至是性攻击？我在和她说话的时候，有没有使用任何可能带有性别歧视意味的词语？等等。这种自我调查所带来的快感——甚至是兴奋——是显而易见的：不妨回想一下，当我发现我那纯真的笑话并不是那么纯真，而是包含着种族主义的意味时，我是多么悔恨交加，但悔恨之中又夹杂着喜悦。至于慈善，不妨回想一下，我们是如何一直遭受各种信息的密集攻击的。这些信息的目的只有一个，那就是让我们痛心疾首，因为我们过着安闲舒适、称心如意的日子，而索马里的孩子却食不果腹、忍饥挨饿，或者死于容易治愈的疾病。这些信息同时还给我们指出一条出路：“你可以有所作为！每月拿出十元，就能让一个黑人孤儿开心快乐！”在这里，意识形态的根基（ideological underpinning）是不言而喻的。毛里齐奥·拉扎拉托（Maurizio lazzarato）的“负债人”（indebted man）概念为这种主体性提供了一个总体结构。对于这样的主体性，负债的超我压力（superego-pressure）是构成性——套用笛卡儿的话说，我负债，所以我作为一个已经融入社会秩序的主体而存在。

这道理不同样适用于某些西方自由主义左翼人士的病态恐惧——他们因患有伊斯兰恐惧症而深感罪孽深重吗？任何对伊斯兰教的批评都被视为西方伊斯兰恐惧症的表现而被谴责，萨尔曼·拉什迪（Salman Rushdie）的做派也被视为不必要地激怒他人而遭受抨击，他（至少部分地）为他被判死刑负责，等等。在这种情况下，这种立场的结果是可想而知的：西方自由主义左翼人士越是调查自身的罪行，就越是被原教旨主义者指责为伪君子，说他们试图掩盖对伊斯兰教的仇恨。这一切再次完美地复制了超我的悖论：你越是对大他者俯首帖耳，唯命是从，你就越是感到羞愧难当，无地自容。似乎你越是容忍伊斯兰教，它就对你施加越大的压力。

马丁·路德给我们提供的隐含教益是，我们不要害怕把这种超我观念应用于上帝，以及他与我们人类的关系。上帝不仅把（他明明知道）我们无法遵守的诫命强加于我们，而且他把这些诫命强加于我们的目的不是让我们经受真正的考验，不是希望我们能成功地遵守这些诫命，而是让我们感到绝望，让我们意识到我们已经失败。只有到了这个地步，我们才能触及基督教的极限：意识到我们完全无能为力，这种“意识”是一种自由的行为，它使一切焕然一新。正是因为我们是自由的，我们对自己的无能为力的体验才使我们感到绝望：没有自由，我们就会认为自己是神圣机器中的一个不自由的齿轮。（相反，如果我们要在自己身上寻找迎接挑战的力量，并按照神圣的诫命行事，这也并不意味着我们是自由的。这仅仅意味着，我们即使有能力按照神的诫命行事，这种能力也只是我们天性的一部分，是我们天生的性情和潜力的一部分。）如果只是为了洞察我们的大失所望和彻底的无能为力，我们不需要基督——他只是全能的隐藏的上帝，处于与我们相对的地位。用弗兰克·鲁达的话来说：

> 这是对下列事实的肯定：上帝与人类之间没有共同的尺度，即不存在人神关系。德西德里乌斯·伊拉斯谟（Desiderius Erasmus）错误地假设人类与上帝之间存在连续性，因而把“被宣扬的上帝和被隐藏的上帝”混为一谈。需要考虑的正是这种区别。用黑格尔的话说，这种区别就是我们的上帝和自在的上帝之间的区别。上帝并非其圣言。圣言是向人类显现的上帝。要思考上帝，就要避免把启示（圣言、基督）和上帝本身混为一谈的诱惑。[87]

不过，我们必须在此引入一个关键的黑格尔式扭转，如果“存在一道难以弥合的鸿沟，即一个与所有差异都不相同的差异，它能把显现的上帝（revealed God）（《圣经》）与自在的上帝（隐藏的或‘赤裸’的上帝）分割开来”[88]，那么这道鸿沟就不只是自在的上帝和向我们显现的上帝之间的鸿沟，它还是上帝自身内部的鸿沟：上帝显现这一事件深刻改变了上帝的本体身份。不存在人神关系，但这样的非关系（non-relationship）本身是存在的，它是以基督的形象——以人类的面目出现的上帝——存在的。换言之，基督不是上帝与人类之间的调停者，也不是上帝以其慈爱关怀人类的证明；在基督身上发生的事情是，上帝与人类之间的非关系已被转化为上帝本身，而人类与上帝之间存在的鸿沟被视为上帝本身所固有的。这个转化改变了一切：经历过彻底绝望的人类（彻底绝望是以他发出的“我的神，我的神，你为何离弃我？”的哀怨表现出来的）就是上帝本身（圣子），就是死在十字架上的基督，而且通过我对基督的信仰，我在绝望中认同了上帝。这一过程不是通过某种崇高的精神提升实现的，而是在彻底绝望的过程中，通过把我们自己的无能和脆弱转移到上帝身上实现的。[89]当这种情况发生时，圣父不再是一个龌龊的超我能动者，彻底绝望的深渊变成了我的根本自由的另一面。我们永远不应该忘记，在路德的眼中，一个人在知道自己无力遵守上帝的诫命，不能完成根本不可能完成的任务后就会陷入绝望（在天堂里，亚当和夏娃吃了禁果）。这时，自由不就是不服从诫命的自由吗？

即使在最好的情况下，基督的独特作用也不过是些逃避神秘主义的东西。这里指的是埃克哈特大师[90]。埃克哈特说，他宁愿与上帝同下地狱，也不愿去没有上帝的天堂。他是对的。但是他把人类与上帝的神秘统一视为深不可测的单一（Oneness），在那里，人类与上帝作为分割开来的实体已经销声匿迹。他的这一终极视域使他无法从他的洞识中获得全部结果。且让我们以较长的篇幅引用埃克哈特布道的第87讲（“精神上贫穷的人有福了”）。它讨论的重点是，真正的“贫困”等同于什么？

> 一个人只要仍然有意志，要成就上帝的宝贵意志，那就不会拥有我们正在谈论的贫穷；因为这个人仍然有意志，要满足上帝的意志，所以这不是真正的贫穷。一个人如果拥有真正的贫困，那么他作为一个受造物，现在必须像在被造之前一样，不受自己意志的支配。我用永恒的真理告诉你们，你们只要还有意志，要实现上帝的意志，渴慕永恒，渴慕上帝，就不是真的贫穷。只有没有意志和没有欲望的人才是穷人。……所以我们说，一个人应该贫穷到这样的地步，以至于他既不是这样一个位置，也没有这样一个位置，可供上帝成就其宏业。如果这个人仍然拥有这样一个位置，那么他就仍

然执着于二元性。我向上帝祈祷，祈求他使我摆脱上帝；因为只要我们把上帝理解为所有生物的起源，那我的本质存在就高于上帝。在我们谈论的那个神圣的背景下，即在上帝高于一切存在和一切二元性的背景下，我是我自己，我赋予自己意志，我了解我自己，目的在于创造我现在的人类形态。因此，根据我永恒的存在，而不是根据我今世的成为，我是我自己的来源。因此，我没有出生。就像我从未出生一样，我将永远不会死去。根据我的出生，无论我是什么，我都将死亡和湮灭；因为我必须死去，所以我必须及时分解。在我永恒的诞生中，万物都诞生了，我是我自己和万物的源头；如果我有强烈的意志，那就会没有我，也没有万物。但如果我不存在，那上帝也不存在，因为我是上帝存在的原因；如果我不存在，上帝就不是上帝了。然而，这一点无需知晓。[91]

埃克哈特在这里依赖于下列两者间的区别：一者是作为受造物的我，作为以上帝（所有生物的起源）为顶点的生物领域的一部分的我；一者是永恒的非个人的我，这时我与上帝合而为一，超越一切受造之物（“我排除了自己的意志，排除了上帝，排除了上帝的意志以及他的全部成就，排除了他本人，然后我处在一切受造之物之上，既不是上帝也不是受造之物，而永远是我的过去，我的将来，我的现在”）。[92]但这种区别并不足以真正阐明埃克哈特的下列主张：与上帝同入地狱，胜过进入没有上帝的天堂。

这里必须明确：埃克哈特谈论的不是基督，而是上帝。他说：“我宁愿下地狱，只要上帝也在那里；不愿进天国，只要那里没有上帝。”[93]我的观点是，我们应该用“基督”取代这里的“上帝”：人类在天堂里不能没有上帝，因为上帝就是天堂，上帝下地狱的唯一方式就是以基督的形象出现在那里。必须以“基督”取代“上帝”的原因很简单，因为这是使埃克哈特的命题在基督教意义上有意义的唯一途径。（误引比原话更接近真相，这是一个很好的实例。）或者，更进一步说：不仅没有上帝的世界是地狱，而且没有基督的上帝（与人类分离的上帝）是魔鬼。因此，上帝和魔鬼之间的区别是视差性的区别：他们是从不同的角度看到的同一个实体。魔鬼是被视为超我权威的上帝，是被视为行为反复无常的主人的上帝。

在“我”与上帝的神秘合一中——这种交融使我们双方都消解于其中——既超越天堂也摒弃地狱。那里甚至没有基督的安身之地。它是永恒之虚空。尽管如此，只要我们还是把天堂定义为永恒之福地，我在那里与上帝完全合而为一，那么基督作为具体的个人，作为同时也是（死在十字架上的）凡人的上帝，绝对属于地狱的范畴。在其歌曲《天使》（*Engel*）中，拉姆施泰因[94]用简单而感人的语言描述了天使们的悲伤和恐惧，她们身居天堂，却感到恐惧和孤独。她们悲伤是因为那里没有爱——或许令人窒息的上帝之爱只是用来掩饰他冷漠无情的面具。圣父知道我不想成为天使，但他把我留在那里。爱只能从基督那里获得，但基督处于地狱，那里有生命，那里还有把我们分开的激情。这里还需要更进一步：如果为了抵达虚空的深渊，我不得不摆脱作为至高无上的生物的上帝，那么唯一可以这样做的地方便是地狱，因为上帝当然不会出现在那里。要迈出受造物的疆域，就必须下降到受造物生命的最底层，即地狱。

在其挑衅性的断言中，埃克哈特不仅想象在什么地方与基督同处，或在什么地方甩开基督而独处，他还提出了一个我们必须做出的现实选择，即在上帝和基督之间二选一。这也是在天堂和地狱之间二选一。阿尔蒂尔·兰波（Arthur Rimbaud）在其《地狱一季》（*A Season in Hell*）中写道：“我相信我已经落入地狱，所以我是在地狱里。”[95]我们必须完全从笛卡儿的角度来看待这个断言：只有在地狱里，我才能作为一个单一的、独特的我存在，作为一个有限的生物存在；尽管是有限的生物，我还是能够把我从宇宙的生物秩序中分离出来，进入原初的虚空。

埃克哈特从暂时的生物秩序逐渐走向永恒这个原初的深渊，却回避了关键问题：生物是如何从这个原初的深渊中产生的？问题不是：“我如何从今世的有限存在抵达永恒？”而是：“永恒本身是如何沦为暂时的有限存在的？”这个问题的唯一的答案是，正如谢林所看到的那样，永恒是终极监狱，是令人窒息的禁闭，只有堕入受造物的生活，才能把开放（Opening）引入人（甚至是神）的经验。这一点，G. K. 切斯特顿（G. K. Chesterton）说得清清楚楚。他围绕着“佛教和基督教的所谓精神同一性”提出了一项颇为时尚的主张：

> 要爱，须先有位格，因此，要爱，须分隔开来。上帝叫宇宙分裂成无数的小块，基督教的本能欣然接受，……这正是分隔佛教和基督教理智的深渊：对佛教徒或神智学者来说，人性是人类堕落的本相，对基督徒来说，人性是神在整个宇宙计划的目的。……基督教是一把利剑，把事物分隔和释放。没有另一种哲学令神为宇宙分裂为零散存在的灵魂而真切地感到欢欣。（引自切斯特顿，《回到正统》，庄柔玉译，生活·读书·新知三联书店，2011年版，第146页）

切斯特顿充分意识到，对上帝来说，仅仅把人类与上帝分开，使人类爱上帝，是不够的。这种分离还必须反射到上帝身上。只有这样，上帝才会被他本人抛弃：

> 地壳震动、太阳在天空中消失，并不是因为钉死于十字架的苦难，而是因为从十字架上发出的呐喊：一种坦承神离弃神的呐喊。现在请革命分子仔细衡量世上一切必会重现、拥有不变力的神，然后在各种信仰中任选其一，在世上诸神中任择其一。他们将找不到另一位本身曾作出反抗的神。不仅如此（事情愈来愈难以言述），又请无神论者自己选择一位神。他们将发现只有一位神曾经说出他们孤立的想法，只有一种宗教的神曾在某一刻看似无神论者。（引自切斯特顿，《回到正统》，庄柔玉译，生活·读书·新知三联书店2011年版，第152–153页）

一边是人类与上帝隔离，一边是上帝与他本人隔离。正是因为这两者重叠在了一起，基督教才“……充满革命色彩。一个好人会走投无路，这种事情屡见不鲜，但一位神会走投无路，对所有起义者来说永远是一件引以为豪之事。基督教是世上唯一的宗教，认为神因为全能而变得不完全。只有基督教会认为，为了要成为完全的神，神必须既是反抗者又是君王。（引自切斯特顿，《回到正统》，庄柔玉译，生活·读书·新知三联书店2011年版，第152页）我们全都知道爱因斯坦反对量子物理学的名言："上帝不掷骰子！"对此，尼尔斯·玻尔（Niels Bohr）恰切地回应道："不要告诉上帝该做什么，不该做什么！"我们应该朝这个方向走到底：当一个神学家声称"上帝不可能是邪恶的"，我们的回答应该是："不要告诉上帝他可能是什么，不可能是什么！"切斯特顿充分意识到，我们正在接近"一个阴暗可怕得难以启齿的问题……一个即使最伟大的圣人和思想家也有理由害怕触及的问题。但在有关耶稣受难的精彩故事中，有一个明显的情感暗示：万事万物的创造者不仅（以某种难以想象的方式）经历过剧痛，而且起过疑心"。根据标准形式的无神论，获得解放的人类不再相信上帝；在基督教中，上帝为自己而死。当基督抱怨道"我的神，我的神，你为何离弃我"时，他犯下了基督徒眼中的终极罪恶，即动摇了信仰。这也是埃克哈特所始料未及的。在他看来，上帝"为自己而死"，是在"上帝即使是至高无上的存在，是所有受造物生命的起源，也会在人类达到极度贫困时销声匿迹"的意义上说的。在这个零点上，人类和上帝变得难以区分，变成了深不见底的太一（abyssal One）。然而，在切斯特顿看来，基督教的终极奥秘与此截然相反：它是人与上帝的分离，而人与上帝的分离已经转化为上帝本身，并以基督的形象显现出来。

我们在这里终于抵达了路德神学的终极悖论：神圣的自我分离（self-division）是如何影响自由和预定论的关系的？预定论不是客观事实，它涉及选择，涉及我们无意识的选择，而这种选择先于我们的现世存在而存在：

> 在结构上，这种我们注定要做出的奇特选择类似于弗洛伊德所说的"神经症的选择"——一种奇特地"独立于经验"的选择。这意味着，从某种意义上说，主体被迫选择自己的无意识："这种说法，即主体选择其无意识……是精神分析的可能性之条件。"[96]

这种选择之所以是被迫的选择，是因为它总是已经做出的选择，我们从来没有做出过这样的选择；这种选择同时既是绝无可能的又是不可或缺的（不可避免的）。当弗洛伊德说这种选择"独立于经验"时，我们应该赋予这种说法以康德式分量（Kantian weight）：神经症的选择是独立于经验的，这么说意味着，它不是经验性的——用康德的话说是“病理性”的——选择，而是真正的先验性选择，因为它的存在先于我们经验性的现世存在。康德谈到了我们性格所固有的这种永恒的/非时间的选择，谢林在这一点上紧步其后尘：如果我是邪恶的，那我就无法避免地在我的生活中以邪恶的方式行事，这就是我的性格，但我仍然要为此负责，因为我在非时间的行为中选择了它。如此一来，我们岂不是重新回到了与示例不同的范例了吗？永恒的/非时间的选择当然是虚构，因为它永远不会在我们的时间现实（temporal reality）中发生，它是一个虚构的X，是由我们所有的实际行为和选择预先设定的。正因为如此，它才是自由选择的范例。或者，用康德的话来说，我们所有的时间性选择都难免有“病态”选择的嫌疑。它不是自由的行为，而是以我们的偶然的利益和决定为条件的。只有永恒的/非时间的选择才是真正自由的选择。

鲁达正确地指出，这样的选择解释了弗洛伊德所谓的“解剖就是命运”。应该把“解剖就是命运”解读为黑格尔式的思辨性陈述。在这种陈述中，主语[97]进入了谓语。这并不意味着“拥有或没有阴茎，这个解剖学/生物学事实决定了我们作为男性或女性的社会命运”；它的意味与此（几乎）完全相反：被我们（错误地）视为解剖学事实的东西，其实是符号性命运（symbolic destiny）。也就是说，我们以被迫选择的形式选择了我们的命运，这种选择支撑着我们对我们的性身份的日常感知，这种感知就是以解剖学为根基的。

> 使这一切变得清晰可见的，正是女性的逻辑。这个事实意味着，在弗洛伊德看来，女性是对这种我们一无所知的怪异的自由称谓。但是，如果女性是对这种选择的称谓，那这也意味着，在女性的逻辑中，（作为固定实体的）女性并不存在。[98]

选择行为不是中立的，在性别差异中选边站时，不存在中立的主体：选择的行为是女性的，男性的身份是被选择的。简单来说，性别差异归根结底是成为（becoming）和存在（being）的差异，我们也应该这样解读拉康的“女性不存在”的断言：男性存在，女性成为。这也意味着，男性是客体，女性是主体。难道这没有在解剖学的层面上得到证实吗？凯瑟琳·马拉布（Catherine Malabou）在其《被抹除的快感》中对阴蒂的悖论性地位做了哲学性的探究。[99]她认为，阴蒂不穿刺任何东西。正是因为这个缘故，它包含了这样的可能性：以不同的方式与权力结成关系，不受支配，具有穿刺的意志。阴蒂是唯一不提供任何服务的器官，也就是说，它只用来提供快感（其他哺乳动物也有阴蒂，尽管尚不清楚它是否能够带来性高潮）。它给身体提供了一个处于凸出的阴茎和凹陷的阴道的二元互补之外的无政府过剩（anarchic excess）。

以进化论的方式解释阴蒂，把它视为在受孕最初几周内胎儿的双性恋残余，说它现在没有功能可言（就像男性的乳头），是易如反掌的。但是，这里利害攸关的当然不是阴蒂的进化论起源，而是它在女性的符号空间中扮演的角色，这使它（对男性来说）具有了创伤性，使它成为一个被故意忽视甚至被切除（阴蒂切除术）的客体。不过，马拉布实在有些操之过急，她迅速把拉康（和弗洛伊德）的学说斥为阳具逻各斯中心主义（phallogocentric）而抛弃。这倒并不是说我们先有一个“正常”的阳具结构（phallic constellation）（勃起的阴茎、要被插入的阴道、射精和阴道高潮），然后阴蒂作为一个元素，对这个阳具结构构成威胁，向它发起挑战，引入一个异质性的时刻（heterogeneous moment），成为独立于阳具性征的快感源泉。这似乎看起来符合拉康的性化表达式：男性的地位是阳具的，女性的地位是已经陷入这种阳具逻辑的并非全部，是逃避阳具逻辑的某物，而这“某物”（非阳具性的女性享乐）化身为阴蒂。然而，这样的解读忽略了拉康性化表达式的悖论：“并非全部”这个女性立场暗示并不存在例外［任何东西都无法避开阳具功能（phallic function）］，而男性逻辑则暗示存在着例外。提及拉康，使我们能够看到，阳具结构——阴茎/阴道——与阴蒂是同一个包罗万象的、作为不可能性的性差异结构的不同时刻。

因此，我们应该转移重点：不只是说，阴蒂体现了自主的女性享乐；这种享乐与阴道享乐迥然不同，因为阴道享乐是对阳具享乐的补充。有了阴蒂，性别差异本身融入了女性的身体，或以女性的身体反映出来：阴蒂是阳具的残余（phallic remainder），清晰可见的阴蒂头是一个“小阴茎”（但它的内部要大得多，一直延伸到阴唇下面）。那么，如果定义女性性征的是阴蒂和阴道之间的距离，是非阳具的阴蒂高潮和阳具-阴道高潮之间的距离（回想一下女人在被阴茎插入时抚摩阴蒂自慰的经典场景），情形会怎样？在异性恋男性的案例中，这种区分是外在的，是阴茎与阴道之间的区分；在女性案例中，这种区分是内在的，是阴道与阴蒂之间的区分。在这里，我们可以清楚地看到，“女性”代表选择，而“男性”代表完成（阳具的）选择。或者，在更加抽象的本体论层面上，“女性”代表深渊般的自由，而“男性”代表预定论。

渴望没有母亲

在这里，我们应该避免伪弗洛伊德式的诱惑：代表深渊般的自由的“女性”不是母亲。敢于面对这个深渊的主体（包括女性）必须拒绝母亲：通过拒绝母性（杀死自己的孩子）而接纳这个深渊的，正是美狄亚。[100]拉姆施泰因在其最著名的歌曲之一《母亲》（*Mutter*）中概括了这种拒绝。歌词讲述了这样一个孩子的故事，他没有诞生于子宫，而是诞生于实验，因此他没有真正的父亲或母亲。拉姆施泰因描述了这个孩子的计划——杀死“从未生下他”的母亲，然后自杀。然而，他没能成功地自杀，只是落下了残疾，日子也不如往昔。孩子乞求力量，但他死去的母亲没有回应。他的处境是含混不清的：他是以实验的方式从子宫里分娩出来的吗？或者是堕胎后的死婴，所以他是在以死人的身份歌唱吗？或者，在更普遍的层面上，这是对二战后德国人的处境的隐喻，这时他们发现自己的“祖国”已被摧毁，他们的生活也因此而荒废了吗？在这里，我们应该抵制诱惑，不要贸然猜测这首歌的“真正主题”是什么。它的“真正主题”是一个没有母亲的孩子的形式合集，这个孩子曾经自杀，却大难不死，活了下来。令人惊讶的是，在这首歌的不同版本中，存在着类似的模糊性：有拉姆施泰因的硬摇滚“原版”，也有由钢琴或交响乐团伴奏的女高音独唱版，有男声合唱版，甚至有儿童合唱版（歌词是俄语），尽管歌词中描述的事件极端残酷，但这些版本的歌曲听起来都很“自然”。

即使歌词（显而易见地）荒诞不经（一个从未有过母亲的孩子怎么可能杀死自己的母亲？），它在这里也有非凡的意义：母亲失败了，她是有罪的，之所以如此，原因恰恰在于，当孩子需要她时，她没有出现。白发苍苍的孩子不只是老年儿童（old children）的悖论——新生儿通常看起来像老人，头发灰白，皮肤布满皱纹，需要在几天之后他们才能“变成孩子”，那时他们没有毛发，皮肤光滑。这样的孩子不就像被困在地狱边缘的天使，既不算未出生，也不算已出生？（天堂里的天使也是没有母亲的。）但这首歌给我们提供的教益更加激进，甚至更加具有形而上学的意味——它所描述的极端情形是我们所有人——真实存在的人类——陷入的普遍困境。用精神分析的话说，母亲是不可能的/实在界（impossible/real），任何实际的母亲（mother）都不是“大写的母亲”（Mother），所以从某种意义上说，我们甚至都没有完全出生，我们都是怪胎，甚至没有被完全抛入这个世界。问题并不在于，我们仍然困在母亲的身体里；问题在于，我们从来没有在母亲的身体里待过——我们从一开始就是寄生在子宫里的异形。英雄的自杀必须失败，因为他从来没有充分地活过，只有通过自杀的失败，他才真正地存在。这是终极证据，它证明，存在就是失败的非存在。

那么，这个僵局是否会有皆大欢喜的结局？是的，看看电影《蝴蝶效应》（*The Butterfly Effect*）吧。它于2004年首映，由埃里克·布雷斯（Eric Bress）和麦基·格鲁伯（J. Mackye Gruber）执导。它讲述的是由艾什顿·库奇（Ashton Kutcher）扮演的伊万的故事。伊万发现他可以回到过去，潜入童年时的身体，栖身于从前的自己。他反复尝试，想通过改变过去的行为来改变灾难性的现状，为他自己和他的朋友们摆平一切，但他每次做完这些事情并回到现在，情形都会变得更加糟糕。直到最后，他才找到唯一的解决方案。他看到了父亲录制的一段家庭生活录像，那里面有伊万的母亲即将生下伊万的画面。伊万回到了那一刻，用脐带把自己勒死在子宫里，以阻止自己的出生。（这个结局只出现在导演剪辑版中，在电影院上映的版本则有一个标准的大团圆结局。）[101]电影做得对：这是我们能够想象的唯一真正幸福的结局（正如索福克勒斯所知，最大的幸福就是根本未曾出生）。我们应该把伊万的最终行为提升到原初的非时间性决定这个先验的层面上。借助于原初的非时间性决定，我们选择自己，选择（康德所说的）我们永恒的性格：在这种情况下，伊万成功地选择了他自己的非存在。

然而，这并不是有关这个话题的定论。伊万的错误在于，他把生活的重心放在了幸福上，放在了如何避免痛苦上。他甚至牺牲了自己的爱情，只是为了让自己和其他人免于遭受苦难。然而，用阿兰·巴迪欧的话说，幸福是“人类动物”（human animal）才有的范畴，是我们日常生活才有的范畴。日常生活的视域是披着各种伪装的快乐和满足，尽管这些快乐和满足都是变态性的。这种生活实际上只是一种被不断延缓的自杀性绝望。要克服这种绝望，就必须进入另一个维度的存在，即巴迪欧所谓的“事件”。巴迪欧所谓的“事件”具有四个模式：科学（包括哲学）、艺术、政治（包括政治化的经济）和爱情。忠诚于事件的生活并不意味着它会带来幸福。忠诚于事件的生活意味着，这种生活是充满斗争、风险和张力的生活，是为了事业——超越了我们的存在的事业——而创造性地参与的生活。

注释

1. 参见：https://screenrant.com/vikings-season-4-ragnar-death-revenge-explained/。——作者注

2. 1989年，当波兰军政府与团结工会谈判时，不是发生了类似的事情吗？出人意料的是，政府首脑雅鲁泽尔斯基将军（General Jaruzelski）和主要持不同政见者之一的亚当·米奇尼克（Adam Michnik）成了私人朋友。他们的家人定期见面，直到雅鲁泽尔斯基去世。在雅鲁泽尔斯基弥留之际，前来探望他的人是莱赫·瓦文萨（Lech Walesa）。如今是雅罗斯瓦夫·卡钦斯基（Jaroslaw Kaczynski）当政，这样的友谊已成绝响。简言之，我们也可以有彬彬有礼的革命者——这与某些当权者的残暴行径形成了可喜的对比。——作者注

3. blood eagle，一种极其残忍的酷刑。受刑人在受刑时被紧紧绑住，面部朝下，背部赤裸。然后行刑者在受刑人的后背上用刀划出一只展翅的鹰。接着，行刑者把受刑人的背部剖开，将其脊椎暴露在外，再用斧头劈断肋骨与脊椎的连接，使之形成“双翅”之形。如果受刑人依然活着，行刑者会把他的肺部取出放在肋骨上，甚至在“血鹰”上撒盐，让“翅膀”剧烈颤抖。

4. 在这里，我不得不忽略第5季中拉格纳和埃塞尔斯坦之间紧张关系的有悖常理的反复出现。那时，一边是拉格纳性情残忍的精神病儿子“无骨者伊瓦尔”，一边是以战士僧侣这个狂热的原耶稣会士形象出现的希哈蒙德主教（Bishop Heahmund），两者形成相互迷恋的关系。希哈蒙德主教和埃塞尔斯坦一样，不是被杀，而是被伊瓦尔绑架并带回挪威。——作者注

5. The Forbidden Planet，又译“惑星历险”“原子铁金刚”“禁星之旅”“弃星之旅”“禁断惑星”等。

6. 另一个版本的本我机器出现在巴瑞·莱文森（Barry Levinson）执导的影片《球体》（*Sphere*，1998）中。——作者注。《深海圆疑》《神秘之球》《地动天惊》《天体》。它讲述的故事是，美国政府在南太平洋某处的海底，发现一艘已有300年历史的神秘太空船，于是一组顶尖的科学小组前往当地调查，其中包括了心理学家、生物化学家及数学家等。科学小组利用高科技的实验艇，深入海底进行探测。他们进入太空船后，发现了“2048年美国制造”的字样，于是知道这是一艘来自未来的太空船，曾经历时空旅行来到此地。船内部有一个巨大而怪异的球状体，当他们先后进入这球状体后，人人都产生了诡异的反应与幻象。——译者注

7. *Solaris*，又译《飞向太空》。

8. 我在这里对《索拉里斯星》的解读摘自：www.lacan.com/zizekthing.

htm。——作者注

9. Otto Weininger，1880—1903，奥地利哲学家。代表作《性与性格》《最后的事情》已在中国出版。

10. 参见：斯坦尼斯瓦夫·莱姆，《索拉里斯星》，纽约：哈考特和布雷斯出版社（Harcourt, Brace & Company），1978年版，第30页。——作者注

11. Obscene Jelly，密歇根大学安娜堡分校（University of Michigan, Ann Arbor）的托尼娅·豪（Tonya Howe）提出来的。我在这里依赖的是她出色的研讨会论文《〈索拉里斯星〉和在场的淫荡性》（"*Solaris* and the Obscenity of Presence"）。——作者注

12. 参见：雅克-阿兰·米勒，《两性关系中的伪装》（"Des semblants dans la relation entre les sexes"），刊于《弗洛伊德事业》（*La Cause freudienne*），第36卷，巴黎，1997，第7-15页。——作者注

13. 参见：安托万·德·巴克（Antoine de Baecque），《安德烈·塔可夫斯基传》，电影手册出版社（Cahiers du Cinema），1989年版，第108页。——作者注

14. 由巴塔萨·科马库（Baltasar Kormákur）和西古里·基亚尔坦松（Sigurjón Kjartansson）创作和导演，网飞公司（Netflix），2021年。故事改编自短篇小说《卡特拉火山》（*Katla*）。网飞评论：《流式播放或直接跳过？》（"Stream It or Skip It?"）（decider.com），《"卡特拉火山"的结局与民间传说的起源探析》（"'KATLA' Ending, & Folklore Origins Explained"），DMT（dmtalkies.com）。——作者注

15. changeling，一种类似人类的生物，在欧亚民间传说中随处可见。幻形灵是超自然生物在绑架人类时留下的替代品。被绑架的通常是孩子，成年人少而又少。这不是没有原因的。在工业化之前的欧洲，农民家庭的生存往往依赖于每个成员的生产劳动，一个长期消耗家庭稀缺资源的人——儿童——自然令人生厌。在相关传说中，幻形灵的贪婪胃口被反复提及。这表明，儿童的生存对整个家庭的生计构成了威胁。于是抱怨自家的孩子是幻形灵，是来自家庭之外的异己性存在。当然，民间传说中的幻形灵与当代大众文化中的幻形灵颇不相同。

16. 参见：雅克·朗西埃，《时代错误与时代冲突》（"Anachronism and the Conflict of Times"），刊于《辩证批评家》（*Diacritics*），第48卷，第2期（2020），第121页。——作者注

17. 我已经在下列著作中更详细地讨论了这一前景：斯拉沃热·齐泽克，《连线头脑中的黑格尔》（*Hegel in a Wired Brain*），伦敦：布卢姆斯伯里出版社，2020年版。——作者注

18. 参见：齐泽克，《连线头脑中的黑格尔》。——作者注

19. 参见：艾蒂安·巴利巴尔，《超我的发明：弗洛伊德和凯尔森，1922》（"The Invention of the Superego: Freud and Kelsen, 1922"），《公民主体》

（*Citizen Subject*），纽约：福特汉姆大学出版社（Fordham University Press），2016年版，第227–255页。——作者注

20. 参见：雅克·拉康，《精神分析的伦理》（*Ethics of Psychoanalysis*），纽约：诺顿出版社，1986年版，第310页。——作者注

21. 我在我的下列著作中确立了这些区别：《如何解读拉康》（*How to Read Lacan*），伦敦：格兰塔出版社（Granta），2006年版。——作者注

22. 在康德（以及作为新康德主义者的凯尔森）看来，经验性的变态是第二性的，但在黑格尔看来，经验性的变态源于观念本身的内在张力——绝对自由必然会变成恐怖的行径，为作为事业之化身的主人服务的荣誉必然会变成虚伪的奉承。——作者注

23. 这里的“双重意义”指“subject”一词的双重意义：作为名词，指自治、自决、自立并独自承担责任的主体（在古代还指臣民）；作为动词，它指臣服、屈从、隶属、被支配、受影响等。

24. 又称“黄马甲”运动，2018年11月17日在法国爆发的抗议运动，因参与者穿着黄色背心示威而得名。示威者因为油价持续上扬和马克龙政府调高燃油税而上街抗议，并迅速由法国蔓延至全球多个国家及地区。

25. 参见：贾马迪尔·埃斯特班·乌里韦·穆尼奥斯（Jamadier Esteban Uribe Muñoz）和保罗·约翰逊（Pablo Johnson），《特莱玛科法案的通过：智利10月18日之前的精神分析和政治》（“El pasaje al acto de Telemaco: psicoanalisis y politica ante el 18 de octubre chileno”），即将发表于马德里的《政治与社会》（*Polttica y Sociedad*）。——作者注

26. 参见：阿德里安·约翰斯顿，《神圣的无知：雅克·拉康与基督教无神论》（“Divine Ignorance: Jacques Lacan and Christian Atheism”），未发表的手稿。后面的非认证引用均来自本文。——作者注。这个文本可在线获取：www.academia.edu/40959959/Divine_Ignorance_Lacan_and_Christian_Atheism。——译者注。

27. 陀思妥耶夫斯基的《卡拉马佐夫兄弟》中有句名言：“假如上帝死了，那就什么都被允许了。”言下之意，倘若没有上帝，任何人都可以随心所欲地胡作非为。拉康反其意而用之，认为倘若没有上帝，没有上帝颁布的律令，人类就失去了违反律令的欲望，也享乐不到违反律令的快感，就会心灰意懒，一事无成。

28. 若瑟·德其素（Jozef De Kesel），比利时籍天主教司铎级枢机及现任梅赫伦–布鲁塞尔总教区总主教。

29. 参见：《神圣的无知：雅克·拉康与基督教无神论》。——作者注

30. 参见：雅克–阿兰·米勒，《精神分析·城市·社区》（“La psychanalyse, la cite, les communautes”），刊于《弗洛伊德事业》，第68卷（2008年2月），第109页。——作者注

31. 参见：尼古拉·弗勒里（Nicolas Fleury），《疯狂的实在界：雅克·阿兰·米勒思想简介》（*Le reel insense: Introduction a la pensee de Jacques-Alain Miller*），巴黎：种子出版社（Germina），2010年版，第96页。——作者注

32. 参见：尼古拉·弗勒里，《疯狂的实在界：雅克·阿兰·米勒思想简介》，第95页。（其中的引语出自米勒，页码相同。）——作者注

33. 参见：夏尔·波德莱尔（Charles Baudelaire），《私人日记》（*Journaux intimes*），巴黎：克雷出版社（Les Editions G. Crès et Cie），1920年版，第3页。——作者注

34. 原教旨主义的原文是“fundamentalism”，它的直译是“基础主义”。作者在这里要表达的意思是，基础主义并无基础可言。

35. 这段引语作者没有注明出处，只标注了一个数字“191”。经查得知，此语出自亚伦·舒斯特《超越讽刺：当今的政治喜剧与权威的悖论》（“Beyond Satire: The Political Comedy of the Present and the Paradox of Authority”）一文。见威廉·马扎雷拉（William Mazzarella）、埃里克·桑特纳（Eric L. Santner）和亚伦·舒斯特，《主权公司：政治与享乐三论》（*Sovereignty, Inc.: Three Inquiries in Politics and Enjoyment*），芝加哥大学出版社，2020年版，第190页。

36. 参见：《主权公司：政治与享乐三论》，第234页。

37. 参见：汉娜·阿伦特，《教育危机》（“The Crisis of Education”），载于《过去与未来之间》（*Between Past and Future*），纽约：维京出版社（Viking Press），1961年版，第191页。——作者注

38. 参见：《主权公司：政治与享乐三论》，第219页。

39. 参见：热拉尔·米勒（Gérard Miller），《贝当元帅的快乐原则》（*Les Pousse-au-jouir du Maréchal Pétain*），巴黎：积分出版社（Points），2004年版。——作者注

40. 另一种形式的全面禁止接近精神病的弃绝（Verwerfung）。当一些词语变得不可提及的时候，就会出现这种情形。比如说，在今天的公共话语中，“N-word”（对黑人的蔑称）是不可提及的。即使把它作为对种族主义的批判性解释的一部分来使用，也不能被证明这种做法具有合理性。这清楚地表明，就其身份而言，它属于实在界。在它那里，符号界堕入了实在界，因而它不接受任何符号性的调停。——作者注

41. Hays Code，正式名称为《电影制作守则》（*The Motion Picture Production Code*），是1930年至1960年适用于美国电影行业的道德规范。由于时任美国电影制片人与发行人协会主席为威尔·海斯（Will Hays），该守则又称“海斯法典”。

42. 杜安·鲁塞尔，私人交流。——作者注

43. 参见：本·布尔吉斯，《在世界熊熊燃烧时取关喜剧演员：当代左翼批

判》（*Canceling Comedians While the World Burns: A Critique of the Contemporary Left*），伦敦：零度出版社，2021年版。——作者注

44. 参见：萨罗依·吉里，《引论：从十月革命到纳萨尔巴里运动——理解政治主体性》（"Introduction. From the October Revolution to the Naxalbari Movement: Understanding Political Subjectivity"），见K. 穆拉里（K. Murali），《概念与方法》（*Of Concepts and Methods*），喀拉拉邦（Keralam）：卡纳尔出版中心（Kanal Publication Center），2020年版，第29页。——作者注

45. "加利福尼亚公布了新的觉醒数学计划（woke math program），鼓励教师通过阻碍好学生进步来惩罚他们。"来自"今日俄罗斯"电视台的"美国新闻"：www.rt.com/usa/523097-school-math-racist-affirmative-action/。——作者注

46. 参见：赫伯特·马尔库塞（Herbert Marcuse），《爱欲与文明》（*Eros and Civilization*），波士顿：灯塔出版社（Beacon Press），1974年版。——作者注

47. 参见：西格蒙德·弗洛伊德和约瑟夫·布洛伊尔，《癔症研究》（*Studies in Hysteria*），标准版，第2卷，伦敦：佳酿出版社（Vintage Press），1999年版，第305页。——作者注

48. 参见：马丁·哈格隆德，《今生今世：何以终有一死能让我们身获自由》，伦敦：侧影出版社（Profile Books），2019年版。——作者注

49. 参见：www.msn.com/en-gb/entertainment/movies/kevin-bacon-ive-been-told-im-more-well-known-for-being-well-known-than-for-anything-ive-acted-in/ar-BB19T5pi?ocid=msedgntp。——作者注。上述网址已经失效，可参见：www.inkl.com/news/kevin-bacon-i-ve-been-told-i-m-more-well-known-for-being-well-known-than-for-anything-i-ve-acted-in。——译者注

50. Kim Kardashian，美国电视名人、名媛、演员、商人及模特。曾是名媛帕丽斯·希尔顿（Paris Hilton）的助理和朋友，并因此引起公众注意，后因与他人合拍性爱影片"超级明星金·卡戴珊"而名声大噪。她善于经营各大社交媒体，拥有相当可观的粉丝数量，还在2015年被《时代杂志》选为全球最有影响力的100名人物之一。

51. 这类似于不久前风行一时的一句"名言"：我爱你，跟你有什么关系？

52. infinity，这是数学上的称谓，哲学上一般称为无限或无限性。

53. 萨德侯爵（Marquis de Sade，1740—1814），法国哲学家和作家，以色情描写及由此引发的社会丑闻而"名满天下"。拉康把萨德与康德作等量齐观（Kant with Sade），因而提出了现代伦理学的终极悖论——把崇高的道德理想等同于淫荡的放纵情欲。

54. anti-humanism，一般译为"反人文主义"或"反人文主义"，这里为了与后面的"后人类主义"（post-humanism）相呼应。

55. 马修·弗里斯菲德尔（Matthew Flisfeder），《复兴人类主义，反对人

类世：走向癔症性崇高理论》（“Renewing Humanism Against the Anthropocene: Towards a Theory of the Hysterical Sublime”）（手稿）。——作者注

56. user's illusion，由计算机科学家艾伦·凯（Alan Kay）创造，用于描述计算机的用户界面给人的错觉：我们可以把文件拖进文件夹或扔进回收站，仿佛计算机中真的存在文件、文件夹和回收站。其实在计算机芯片内部，没有文件、文件夹和垃圾桶，甚至也没有单词和字母，那里只有电压和电荷，以及代表二进制代码的1和0。托尔·诺里特兰德斯（Tor Nørretranders）的《用户错觉：将意识缩减到一定规模》（*The User Illusion: Cutting Down Consciousness to Size*）引入了“用户错觉”，以之探讨意识的局限性（或称“欺骗性”）。他认为，提供用户界面的不只有计算机，还有我们的大脑。因为处理能力有限，大脑在处于动辄数以百万计的比特信息时，只能舍弃其中的大部分信息，结果只有少量信息进入意识，然后意识把它编织成粗劣的现实。这样的现实，却被我们当成全部的现实。因此，“意识是一个骗局”。

57. 参见：姆拉登·多拉尔（Mladen Dolar），《俄狄浦斯在科罗诺斯》（“Oedipus at Colonus”），刊于斯洛文尼亚语的《俄狄浦斯在科罗诺斯》（*Ojdip v Kolonu*），卢布尔雅那：文选出版社（Analecta），2018年版。——作者注

58. 参见：黑格尔《精神现象学》中有关“自我意识”的那一章：www.marxists.org/reference/archive/hegel/works/ph/pinkard-translation-of-phenomenology.pdf。——作者注

59. 参见：扬尼斯·瓦鲁法基思，《另一个现在：来自一个另类此刻的报道》（*Another Now: Dispatches from an Alternative Present*），伦敦：博德利·海德出版社（The Bodley Head），2020年版。括号内的数字均指该书的页数。——作者注

60. 这里的“OC叛军”，在本书中只有“叛军”，没有“OC”，与被引用的《另一个现在》不符，故作此补充。“OC”是“Ossify Capitalism”（使资本主义骨化）的首字母缩略语。

61. 参见：斋藤幸平，《卡尔·马克思的生态社会主义》，纽约：每月评论出版社，2017年版，第218-219页。

62. 参见：让-皮埃尔·迪皮伊，《我们忘记了邪恶吗？：911事件后的政治思考》（*Avions-nous oublié le mal? : Penser la politique après le 11 septembre*），巴黎：巴亚尔出版社（Bayard），2002年版。——作者注

63. 参见：约翰·罗尔斯，《正义论》，坎布里奇：哈佛大学出版社，1971初版，1999年修订版。——作者注

64. 参见：扬尼斯·瓦鲁法基思，《另一个现在：来自一个另类此刻的报道》，伦敦：博德利·海德出版社，2020年版，第219页。

65. 参见：扬尼斯·瓦鲁法基思，《另一个现在：来自一个另类此刻的报道》，伦敦：博德利·海德出版社，2020年版，第228页。

66. 参见：扬尼斯·瓦鲁法基思，《另一个现在：来自一个另类此刻的报道》，伦敦：博德利·海德出版社，2020年版，第229页。

67. 参见：www.marxists.org/reference/archive/hegel/help/findlay4.htm。——作者注

68. 参见：亚伦·舒斯特，《超越讽刺：当今的政治喜剧与权威的悖论》，收入威廉·马扎雷拉、埃里克·桑特纳和亚伦·舒斯特，《主权公司：政治与享乐三论》，芝加哥大学出版社，2020年版。——作者注

69. 参见：雅克·拉康，《著作选集》，第699页。——作者注

70. 参见：扬尼斯·瓦鲁法基思，《另一个现在：来自一个另类此刻的报道》，伦敦：博德利·海德出版社，2020年版，第241页。

71. 库尔特·魏尔（Kurt Weill，1900—1950），德国作曲家，曾为许多作品配乐，包括布莱希特的《三毛钱歌剧》。

72. 参见：https://lyricstranslate.com/en/erstes-dreigroschenfinale-%C3%BCber-die-unsicherheit-menschlicher-verh%C3%A4ltnisse-first-final-o.html#footnote2_g19jfds。——作者注

73. 原始版本载于：www.youtube.com/watch?v=TF_jtz0kP9s&list=TLPQMjQxMDIwMjBNari4iHpmQw&index=1。——作者注

74. 拉塞尔·斯布里格利亚（Russel Sbriglia），私人交流。——作者注

75. 参见：威尔·邦奇（Will Bunch），《白人中上层阶级的起义》：www.inquirer.com/columnists/attytood/capitol-breach-trump-insurrection-impeachment-white-privilege-20210112.html。——作者注

76. car free movement，近年发展起来的一个影响广泛的非官方运动，其宗旨是反对汽车车辆在现代都市中过于猖獗的现象。

77. 这句话包含双重意义：一是有人“正在从我们这里拿走我们的生活方式”，一是有人正在取走我们的性命。这里的“生活”不仅指生活，而且指生命。

78. 参见：托德·麦高恩，《资本主义与欲望》（*Capitalism and Desire*），剑桥大学出版社（Cambridge UP），2016年版。——作者注

79. 参见：雅克·拉康，《精神分析的四个基本概念》，第275页。——作者注

80. 参见：阿德里安·约翰斯顿，《自动清洁的迷信：虚资本阴影下的压抑》（“The Self-Cleaning Fetish: Repression Under the Shadow of Fictitious Capital”），手稿。——作者注

81. 参见：弗兰克·鲁达，《废除自由》，林肯和伦敦（Lincoln and London）：内布拉斯加州大学出版社（University of Nebraska Press），2016年版。括号内的数字均指该书的页数。——作者注

82. Film noir，又称黑色片，由法国批评家尼诺·弗兰克（Nino Frank）于

1946 年首次提出，用于描述美国好莱坞的一种特定类型的影片。20世纪40年代和20世纪50年代美国黑色电影的“经典时期”。当时，这类影片的题材一般源于大萧条期间美国出现的硬派犯罪小说。黑色电影既是一种类型，也是一种十分独特的电影风格。通过采用实验性的灯光效果、倾斜的镜头角度、扭曲的构图和变换的视角，黑色电影的风格创造了一个道德日益模糊的世界，在这个世界，神秘、拜物教和超现实的异化效果占主导地位。

83. 参见：罗伯特·皮平，《美国黑色电影中的宿命论》（*Fatalism in American Film Noir*），夏洛茨维尔（Charlottesville）：弗吉尼亚大学出版社（University of Virginia Press），2012年版，第48–49页。——作者注

84. 参见：罗伯特·皮平，《美国黑色电影中的宿命论》，夏洛茨维尔：弗吉尼亚大学出版社，2012年版，第97页。——作者注

85. 参见：扬尼斯·瓦鲁法基思，《另一个现在：来自一个另类此刻的报道》，伦敦：博德利·海德出版社，2020年版，第31–32页。

86. 生态学家喜欢指出，把外来物种引入一个特定的生命世界会致命地破坏这个生命世界的稳定：新来的捕食动物捕食本地动物物种，扰乱了整个生命周期；新来的植物使其他植物窒息，破坏整个食物链；等等。他们经常忘记提及的是，我们是主要的入侵者。我们人类——人类这个物种——的爆炸性的增长摧毁了生命世界，因此大自然必须建立新的脆弱的生态平衡。——作者注

87. 参见：扬尼斯·瓦鲁法基思，《另一个现在：来自一个另类此刻的报道》，伦敦：博德利·海德出版社，2020年版，第32页。

88. 参见：扬尼斯·瓦鲁法基思，《另一个现在：来自一个另类此刻的报道》，伦敦：博德利·海德出版社，2020年版，第33页。

89. 这里所提倡的立场的正确名称不是基督教无神论（Christian atheism），而是无神论基督教（atheist Christianity）。基督教无神论把“基督教”化约为无神论的一个可能的谓语 / 版本，而“无神论基督教”则暗示了一个更加强烈的主张：基督教骨子里就是无神论，也就是说，这是基督教区别于其他宗教的地方。——作者注

90. Meister Eckhart，约1260—1327，原名埃克哈特·冯·霍赫海姆（Eckhart von Hochheim），又称约翰尼斯·埃克哈特（Johannes Eckhart），德国神学家、哲学家和神秘主义者。出生在神圣罗马帝国图林根州，十几岁时加入道明会并任高级职务。作为布道者他效力极高，其讲道方法给同时代人和后来者留下了极深刻的印象，对于德语哲学术语的创制贡献甚巨。

91. 参见：www.stillnessspeaks.com/wp-content/uploads/2015/09/MeisterEckhartThePoorMan.pdf。——作者注

92. 参见：www.stillnessspeaks.com/wp-content/uploads/2015/09/MeisterEckhartThePoorMan.pdf。——作者注

93. 参见：www.stillnessspeaks.com/wp-content/uploads/2015/09/MeisterEckhartThePoorMan.pdf。——作者注

94. 拉姆施泰因（Rammstein），又译“德国战车”，是一个在1994年成立的德国乐团。

95. 参见：阿尔蒂尔·兰波，《地狱一季》，王道乾译，花城出版社，1991年版，第38页。

96. 作者未标明这段文字的出处，只标注了数字“162”。这段话实际出自：弗兰克·鲁达，《废除自由》，林肯和伦敦：内布拉斯加州大学出版社，2016年版，第162页。

97. 这里的“主语”与“主体”是同一个单词，都是“subject”。“subject”一词多义，汉语中找不到与之完全对应的词语。

98. 这段话实际出自：弗兰克·鲁达，《废除自由》，第163页。

99. 参见：凯瑟琳·马拉布，《被抹除的快感：阴蒂与思想》（*Le plaisir effacé: Clitoris et pensée*），巴黎：海岸图书馆出版社（Bibliotheque Rivages），2020年版。——作者注

100. Medea，希腊神话中的人物形象，岛国科尔喀斯的公主，伊阿宋的妻子，神通广大的女巫。被爱神之箭射中后，与率领阿尔戈英雄前来寻找金羊毛的伊阿宋一见钟情，帮助伊阿宋盗取羊毛并杀害了自己的亲弟弟阿布绪尔托斯。不料伊阿宋后来移情别恋，美狄亚由爱生恨，亲手杀害自己的两个孩子以泄愤。欧里庇得斯以此为题材，创作了著名的古希腊悲剧《美狄亚》。

101. 参见：《蝴蝶效应》，维基百科。——作者注

终曲

作为一个政治范畴的主体性匮乏

最近，在海德格尔的《黑色笔记》（*Black Notes*）出版后，由于他的反犹主义立场以及他与纳粹的联系，很多人想把他从严肃哲学讨论的名单上排除出去。正是由于这个原因，我们应该坚持认为，海德格尔依然与我们的时代密切相关：即使在他最不堪的时候，出人意料的联系也会自动显现。海德格尔在20世纪30年代中期说过："有些人种和群体［如卡菲尔人（Kaffirs）那样的黑人］没有历史。……然而，动植物的生命都有上千年漫长而跌宕的历史。……在人类领域，历史可能会有遗失，就像黑人那样。"[1]（"卡菲尔人"是种族隔离时期对南非非洲黑人的种族性蔑称。）即使按照海德格尔的标准，这段引语也很怪异：动植物都有历史，"黑人"却没有？"动植物的生命都有上千年漫长而跌宕的历史"——这里的历史肯定不是严格的海德格尔式"划时代地揭示存在"（epochal disclosure of Being）意义上的历史。另外，就海德格尔指定的意义而言，像印度这样的国家肯定也没有历史，那又将它置于何地呢？不过，真正不可简单归为误解的谜团，当属康奈尔大学著名非裔哲学家格兰特·法瑞德（Grant Farred）的案例。他那短小精悍的著作《海德格尔救我一命》（*Martin Heidegger Saved My Life*）起源于2013年秋天的一次种族主义邂逅[2]：当时他正在家门外耙树叶，一位白人妇女停下来问他："你想不想换个活干？"法瑞德回答："除非你给的薪水比得上我在康奈尔大学得到的薪水。"为了理解自己的遭遇，法瑞德转向海德格尔："海德格尔救了我，因为他给了我一种语言，让我用一种前所未有的方式讨论种族问题。海德格尔使我能以这种方式写作，是因为他让我思考如何思考的问题。"[3]他在海德格尔那里获得的珍宝，就是语言即"存在的居所"（house of being）这种语言观：这里的语言不是科学和国家行政机构使用的抽象的通用语言，而是根植于特定生活方式的语言，是作为永远独一无二的生活经验媒介的语言，它以一种历史上特有的方式向我们揭示现实。不难想象，这样的立场将如何促使主体奋起抵抗，以避免被技术主导的全球宇宙所吞噬。不过，这真的是抵抗所谓的生活"美国化"之良方吗？要回答这个问题，就得像法瑞德反复指出的那样（这正是他从海德格尔那里学到的东西）：不仅思考，而且要对思考本身进行思考。

我们生活在一个独一无二的时刻，它让我们感受到思考的紧迫性。我们的时代不是和平的时代，它没有给我们提供机会，让我们平心静气地陷入对世界的沉思。我们的时代是我们作为人类的生存本身受到来自四面八方的威胁的时代：旨在侵入人类心智的全面的数字控制（"连线大脑"），失控的病毒感染，全球变暖的效应等。布莱恩·格林（Brian Greene）在近期接受采访时指出，当我们发现自己身陷这样的困境时，有两种截然相反的应对方式：

> 在这个全球危机的时刻，所有未来的计划似乎均被打乱，生命的脆弱也被极度清晰地呈现出来。这时，专注于当下，就会找到许多慰藉：迎接每一天、每一小时、每一顿饭。但是，通过超越此时此刻，超越这个世纪，超越这个千年，回到时间的起点和展望宇宙的灭亡，也可以获得某种内心的宁静。[4]

所以，我们要么遁入我们眼前的（时空）亲密世界，忘记全球危机，凝视我们面前的草地，享受我们正在咀嚼的美味食物，要么审视全球性的宇宙景观，使自己化身为不为人注意的小雨滴。当你思考宇宙大爆炸和第一颗恒星的形成时，你就会忽视在一个小星系中的一个小行星上发生的区区小事。[5]但是，如果这样混乱的时代是提出另一种意义上的"永恒"问题的恰当时代呢？今天最糟糕的事情是说我们应该聚精会神地解决实际问题，忘记那些"永恒"的问题。从某种远非简单的隐喻的意义上说，"永恒"才是当下生死存亡的关键。然而，以"哲学"来命名我们的困境之思还恰当吗？作为哲学家，我们难道没有遭受"哲学的时代已经终结"这种观念的全方位的狂轰滥炸吗？

哲学的两次终结

海德格尔在简明扼要但至关重要的晚期文本《哲学的终结和思考的任务》[6]中，以凝练的方式重述了他对下列问题的基本考察：西方哲学在现代科学技术中达到顶峰后，思考还是可能的吗？然而，哲学终结的话题一直主宰着自康德以来的欧洲哲学：康德说他的批判研究是未来哲学（形而上学）的导言；费希特谈论的是“知识学”（*Wissenschaftslehre*），而不是哲学；黑格尔不再把他的体系视为哲学（爱智），而是视为知识本身；马克思反对用哲学来研究实际生活。这个传统直至海德格尔。海德格尔的名言是“哲学的终结和思考的任务”。我的第一个论点是，这个事实蕴含着一个深刻的悖论。只有通过康德的革命，通过他的“先验”概念，哲学才真正苏醒过来。归根结底，难道哲学不是始于康德，始于他的先验转向（transcendental turn）？难道不是唯有从康德开启的视角进行“时代错位式”（anachronistically）解读，前康德哲学才能被恰当理解（不再是对“宇宙全体”、存在者总体的简单描述，而是存在者向有限的人类揭示自己的视域之描述）吗？难道不正是康德开辟了使海德格尔得以将“此在（*Dasein*）”构想为存在者在历史决定的/注定的意义范围中显现的领域？（我很清楚，海德格尔永远不会同意把“先验”一词用于他的研究，因为在他看来，“先验”不可化约地被打上了现代主体性概念的烙印。尽管如此，我还是保留了这个术语，因为我认为，它仍然最适宜用来表示一个视域的概念，正是在这个视域内，存在者向我们显现自身。）

当然，对于哲学已经终结的说法，很多人做出了回应：在过去的几十年间，我们一直试图复活康德之前的形而上学本体论（metaphysical ontology）。德勒兹思想的地位已经变得模糊不清：如果说德里达是终极的历史主义解构主义者，那德勒兹岂不是在他自《差异和重复》（*Difference and Repetition*）以来的巨著中部署了一种全球性的现实视域？巴迪欧的“世界逻辑”岂不是所有可能的现实的先天形式？在与我的谈话中，巴迪欧把他的“世界逻辑”描述为他的自然辩证法。然后到来的是甘丹·梅亚苏[7]，是格雷厄姆·哈曼[8]的“面向客体的本体论”及其新的“万物理论”（theory of everything），该理论将人类视为客体之一种。尽管在我看来，哈曼只是简单地部署了另一种先验的现实视域，但这肯定与他的意图不符。从哈曼到马库斯·加布里埃尔[9]的新的反先验实在论者（anti-transcendental realists）部署了新的本体论，即新的普遍的万物理论。我们应该提出的是一种新的本体论多元性（plurality of ontologies），一种基于对柏拉图的《巴门尼德篇》做实在论解读的多元宇宙，以不同的本体论模型描述不同的世界。有这样的世界，在那里，可以把现象化约为潜在而稳定的本质；有这样的世界，在那里，灵魂是身体的固有原则；有这样的世界，在那里，没有偶然性，因为钢铁般的必然性支配着这个世界——那是一个现象与现象进行无限的偶然性互动的世界，是由上帝将其整体化的世界。

这些都是向本体论的回归。相形之下，我认为在海德格尔之后，这样的回归已经不再可能。我们也想为自然主义提供更加精致的版本，避开将一切事物化约为自然客观现实的狭隘限制。胡·普赖斯（Huw Price）在《没有再现主义的自然主义》（"Naturalism without Representationalism"）[10]一文中详细阐明了客观自然主义和主观自然主义的区别。作为一种本体论学说，客观自然主义"认为，从某种重要的意义上说，由所有存在物构成的世界是被科学研究的世界。作为一种认识论学说，它认为，一切真正的知识都是科学知识"。与这种直接关注客观现实的研究相反，主观自然主义始于"科学告诉我们的关于我们自身的事情。科学告诉我们，我们人类是自然生物，如果哲学的主张和抱负与这一观点相左，那哲学就需要退避三舍。这是休谟意义上的自然主义，也可以说是尼采意义上的自然主义。我称之为主观自然主义"。尽管客观自然主义似乎是普遍的，主观自然主义只是它的特例（我们人类是自然的存在），但普赖斯通过一个微妙的分析证明，主观自然主义具有逻辑优先权："主观自然主义在理论上先于客观自然主义，因为客观自然主义依赖于从主观自然主义的角度进行验证。"这意味着，我们的语言观已从表征功能（representational functioning）——我们使用单词指代非语言的外部现实——转至执行功能（performative functioning）：语言作为一种物质实践，把遵循不同规则的大量游戏（命令、表情、事实声明）囊括其中。"客观"的科学方法总是根植于这些符号性的实践——用我的话说，这意味着普赖斯的主观自然主义巧妙地超越了自然主义：虽然我们是自然的一部分，但我们的符号实践是先天的，如果我们要分析客观现实，那我们的符号实践就必须早已存在才行。不过，从我的角度来看，主观自然主义仍然留下了一个终极问题：主体是如何脱胎于前语言的现实的？[11]

现在概括一下我们的第一个结论。现实与其先验视域之间的鸿沟涉及“现实向我们显现”这个过程具有的普遍结构：必须满足哪些条件，我们才能把某物感知为真实存在的事物？以这种方式，我们可以避免这样的指责——哲学是对宇宙的一种不合理的看法，没有科学研究的基础：先验思想并不推测所有的现实，也不推测现实本身究竟是怎样的，它只关注我们在现实生活中是如何把某物当成实际存在的事物来接受的。“先验”是哲学家使用的专业术语。哲学用它来指代一个框架，而这个框架是用来界定现实坐标的。例如，先验研究使我们意识到，在科学的自然主义者看来，只有受自然法则支配的时空物质现象才是真正存在的，但在前现代的传统主义者看来，精神和意义也是现实的一部分，而不仅仅是我们人类的投射。另外，存在者研究（ontic approach）关注的是现实本身，关注的是现实的出现和部署：宇宙是如何形成的？它是否有始有终？我们在宇宙中处于怎样的位置？

在康德的先验突破之前，哲学是一种关于存在整体性（totality of beings）的观点-观念（view-notion）：现实是如何结构起来的，是否存在着至高无上的存在（highest Being），人类在现实中处于怎样的位置？泰勒斯（Thales）通常被认为是首个哲学家，他对这个问题的回答是：水是构成万物的实体。（注意，他说的是水而不是土，这通常是神话的回答！）正如黑格尔已经注意到的那样，作为终极实体的水不是我们所看到的和感觉到的经验之水。在这里，最低限度的唯心主义已经在发挥作用，泰勒斯的水是“观念”的实体。这种短路代表着哲学的创始姿态：一个特定的元素代表一切。

对此，现在常有人责备说，这种短路执行了非法的跳转，即从具体性直接跳到了普遍性：在其形而上学的推测中，哲学提出了一种没有经过适当的经验研究和论证的普遍化。直到今日，随着物理学中的“万物理论”出现，我们对“重大”问题才有了严肃科学的答案，而这意味着哲学的终结。近几十年来，实验物理学取得的技术进步开辟了一个在古典科学宇宙中不可想象的新领域，即“实验形而上学”（experimental metaphysics）：“先前被认为只用来进行哲学辩论的问题，现在已被纳入经验性探究的轨道。”[12]迄今为止一直属于“思想实验”（mental experiments）的东西，现在逐渐成为真正的实验室实验。典型的案例是著名的爱因斯坦–罗森–波多尔斯基双缝实验，它最初只是想象，后来才由阿兰·阿斯佩（Alain Aspect）通过实验证实。经受检验的“形而上学”命题是偶然性之本体论身份、因果性之地域–条件、独立于我们观察的现实之身份等。

在这里，我们应该非常清楚：这些描述尽管并非尽善尽美，但在某种意义上是极其真实的，所以我们应该放弃所有的蒙昧主义者或唯心论者的做法，即动辄提及科学无法解释的神秘维度。那么，我们是否应该简单爽快地支持这种前景而放弃哲学？在哲学中，抵抗对人类进行完全科学的自我客观化（尽管也承认科学取得了成就）的主导形式是新康德派的先验哲学（它在今天的典范个案是哈贝马斯）：作为自由和负责任的主体，我们对自我的感知不只是必要的幻觉，而且是每一种科学知识的先验的先天。在哈贝马斯看来，

> 试图从第三人称的客观化的视角来研究第一人称的主观经验，这使理论家陷入了施为性矛盾（performative contradiction），因为客观化是以参与在主体间建立的语言实践系统为前提条件的，而主体间建立的语言实践系统的规范效价（normative valence）制约着科学家的认知活动。[13]

哈贝马斯把这个主体间性的理性有效性之领域描述为“客观心灵”之维度，而且这个维度不能依据包含在其中的意识自身的共同体的现象学轮廓来理解：正是规范性领域的内在主体间性身份，排除了任何试图以比系统本身更简单的实体或过程来解释其运作或生成的尝试。（拉康用来描述“客观心灵”的术语当然是大他者。“客观心灵”不能被化约为原始现实的实在界，也不能被化约为我们经验的想象界。）无论是对参与者的现象学（想象界）剖析，还是对参与者的神经生物学（实在界）剖析，都不能被当成这种社会

性“客观心灵”的构成条件来引用。

尽管哈贝马斯和海德格尔是哲学上的死对头，但他们享有共同的基本先验方法，而先验方法对科学自然主义构成了限制。我们可以说，海德格尔通过使先验方法激进化，把哲学带进了它的终点。他把现实（实体）与视域（现实就是在视域中显现出来的）严格区分开来，把两者之间存在的鸿沟称为“本体论差异”。例如，现实显现给我们现代人的样子与显现给前现代人的样子不同。对于前现代人来说，现实充满了精神能动者（spiritual agents）与深刻的意义。但是，现代科学中已经没有这个维度的立足之地，只有科学可以测量和量化的东西才是“真的”。

我记得我在读高中时使用过一本教条式的哲学手册，它把海德格尔描述为“不可知论的现象主义者”。如此描述虽然愚蠢，却也真实可信。说他是“现象主义者”，是因为他的终极视域是实体显现的先验模式；说他是“不可知论的”，是因为他忽略了实体在显现对存在的某种先验的揭示之前或之外的身份。用极其简化的方式说，海德格尔真正的问题不是存在，而是处于存在视域之外的存在者的身份问题。这正是某些支持“面向客体的本体论”的人用“实在论”（onticology）取代“本体论”（ontology）的合理性所在。因此，海德格尔在谈论上帝时把自己限制在下列问题上：上帝是如何在不同时代对存在的揭示中显现在我们人类面前的？从这个意义上说，海德格尔显然是在为“哲学之神”这个抽象的“自因”（*causa sui*）概念的兴起而悲叹：

> 这（自因）是对哲学之神的正确称谓。人既不能向这个神祈祷，也不能向这个神献祭。在自因面前，人既不能心怀敬畏地跪倒在地，也不能奏乐跳舞。[14]

再说一遍，这里的问题不是哪个神的形象更加真实可信，而是神在不同时代的显现。同样，尽管新发现的材料显示，海德格尔的死对头哈贝马斯尊重宗教，但他还是坚持认为，我们必须对宗教信仰采取不可知论的态度。不可知论，就是存而不议和姑置勿论，而不是排除神的存在。[15]

可见，今天我们不仅生活在宣称哲学终结的时代，而且生活在哲学双重终结的时代。“连线大脑”的前景使人类思想自然化走向终结：当我们的思维过程可以直接与数字机器互动时，它就真的变成了现实中的客体，而不再是与外部现实截然相对的“我们”的内在思想。另外，在如今的先验历史主义中，有关现实的“天真”问题恰恰被当作“天真”的问题而被接受。这意味着，这些问题无法为我们的知识提供最终的认知框架。科学家可能会反驳说：难道历史人类学不能描述不同的知识形态是如何从传统和具体社会环境中演化而生的吗？对于新的意识形态和科学如何脱胎于复杂的社会整体这一问题，马克思主义不是已经做了令人心悦诚服的解释吗？在这里，哈贝马斯是对的，因为他坚持认为，我们无法走出阐释学的循环（hermeneutic circle）：对于人类认知能力的进化论解释，已经预设了对现实的认识论研究。因此，结果就是，在这里，视差是不可化约的：在“天真”的实在论层面上，人类明显是从一个广阔的现实领域进化而来的；不过，把我们囊括于现实之中的循环不可能完全闭合，因为对我们在现实中所处地位的每一种解释，都早已取决于某个意义视域——我们该何去何从？

海德格尔给先验研究带来了存在论转向：作为先验-现象学的本体论，哲学并不探究现实的本质，它只分析所有的现实如何在一个既定的时代合集中显现给我们的。在今天的技术科学年代，我们认为只有那些可以成为科学研究对象的东西才“真的存在”，所有其他的实体都被化约为虚幻的主体经验，化约为想象之物，等等。海德格尔的观点并不是说，与前现代的看法相比，这种看法或多或少地更加“真实”，而是说，随着存在的新揭示（存在的新揭示构成了现代性之特征），何者为“真”或何者为“假”的标准已经改变。不难把握这种研究存在的悖论：虽然海德格尔被视为独一无二的专注于存在问题的思想家，但他却全然忽略我们在“天真”的前先验立场中的核心关切：事物是如何独立于我们与它们的联系方式，独立于它们显现给我们的方式而存在的？

然而，这就够了吗？如果先验维度是我们感知（且在严格康德式的无关乎存在者创生的意义上的构成现实）的不可化约之框架或视域，那么，我们如何超越（或支撑）现实与现实的先验视域？难道存在着一个零级，在那里，这两个维度重合在一起？寻找这个层级是德国唯心主义的一大话题：

费希特在绝对自我（先验自我）的自我设定中找到了它，谢林在智性直观（intellectual intuition）中找到了它。在谢林的智性直观中，主体与客体、主动与被动、智性与直观（intellect and intuition）直接重合在一起。

在这些尝试失败后，我们的出发点应该是，不应该在现实与现实的先验视域的某种综合中寻找它们的零级，而应该在现实与现实的先验视域的断裂中寻找它们的零级。既然科学实在论如今独占鳌头，那么要提出的问题是：先验的维度可以用这些术语来解释吗？先验的维度如何在现实中升起/爆发？答案不是直接的实在论化约，而是提出另外一个问题：必须把什么东西从我们的"现实"概念中构成性地排除出去/原初性地压抑下去？简言之，如果先验的维度恰是我们的现实观这个"被压抑物的回归"，情形会怎样？

人类是一场灾难

这就是我们身陷其中的僵局：哲学经历了两次终结，一次终结是实证科学导致的，他占据了旧形而上学思辨的领域；一次终结是海德格尔带来的，他使先验研究彻底走向终结，把哲学化约为对历史"事件"的描述，化约为存在的揭示模式。两者并不相辅相成，而是相互排斥，但它们各自的内在不足为对方开辟了空间：科学不能封闭这个循环，不能使它在分析其研究对象时使用的方法立足于它的研究对象；先验哲学把自己局限于对不同的存在的揭示的描述，因而忽略了实体的问题（ontic question），即"处在实体视域之外的实体是如何显现给我们的"，而科学则以它有关事物本质的主张填补这一空白。究竟这种视差是我们思考的终极立场，还是我们能够超越（或者更确切地说，支撑）这种视差？

当面对即将降临的灾难时，海德格尔的典型举动是从实体层面（ontic level）向其本体论视域退缩。在20世纪50年代，我们全都因为核战争的威胁而寝食难安，但海德格尔写道，真正的危险不是现实的核战争，而是对存在的揭示。在对存在的揭示中，科学对自然的统治才是重要的——只有在这个视域内，最终的核自我毁灭才会发生。模仿他的行话，我们可以说，灾难的本质是本质自身的灾难，或者，灾难的本质就在本质自身之内。在我看来，如此做派似乎过于简洁明快，但它忽略了这样一个事实：人类最终的自我毁灭将同时根除作为揭示存在（disclosure of Being）的唯一场所的“此在”。

虽然海德格尔是终极的先验哲学家，但出现了神秘的转折——他冒险进入这个前先验的领域。在阐述比真理的维度更古老的非真理/遮蔽（lethe）概念时，海德格尔强调，人类“步入真理的本质展开”是“人类存在的转变，而这种转变是在下列意义上说的：人类在众多存在中的位置已经发生精神错乱/发疯（derangement/*Ver-rückung*）”。[16]海德格尔所谓“精神错乱”当然不是心理学或临床医学上的疯癫，它指的是更加激进的、真正的本体论逆转/失常。当宇宙的根基以某种方式“脱臼”或脱轨时，就会出现这样的逆转/失常。在这里，至关重要的是牢记，海德格尔是在缜密地阅读谢林的《人类自由论》[17]的年代里写下这些文本的。谢林的《人类自由论》正是在某种本体论的疯狂中，在人类在众多存在中的位置（人类的自我中心）的“精神错乱”中，辨识恶之起源的。他认为，恶是从“前人类本性”向我们的符号性宇宙的过渡时不可或缺的中间步骤（“消隐的中介物”[18]）。“就其本质而言，人类是一场灾难，是使人类背离其真实本质的一个逆转。在所有的存在中，人类是唯一的灾难。”[19]

不过，在这个“一切均已决定”的关键时刻，我认为我们要进一步阐释海德格尔的表述——“人类在众多存在中的位置已经发生精神错乱/发疯”。这一步也是由德格尔本人的某些其他表述所暗示的。我们或许可以清楚地看到，海德格尔通过下列表述所要达到的目的：作为“此在”（存在的“此在”，存在的揭示之地），人类是一个不可化约地扎根于他的身体的实体（我在这里使用的是男性形式的“他”，因为海德格尔就是这样理解人类的）。略带一点修辞性的夸张，我们可以说，海德格尔的“倘若没有作为揭示之地的此在的存在，就没有存在”就是黑格尔的“我们不仅应该把绝对理解为实体，而且应该理解为主体”的翻版。然而，如果整个实体领域的揭示都根植于某个单一实体，那么某些“精神错乱”的事情就会发生：如果一个特定的实体是所有实体出现的唯一场所，是所有实体获得其存在的唯一场所，那么，说得残酷些，你杀死了一个人就等于你杀死了所有的存在。清理存在与特定实体的短路把灾难性的紊乱（catastrophic de-rangement）引入了存在的秩序：因为扎根于肉体的人类不能从外面审视实体，所以每一次存在的揭示，每一次存在的清理，都必须以非真理（隐瞒／隐藏）为根基。因此，与此在有关的紊乱的终极原因在于，此在显然是以某物为化身的，而且在生命的尽头，海德格尔也承认，对于哲学来说，“身体现象是最棘手的问题”：

> 人类的肉体（the bodily/*das Leibliche*）不是动物性的。与之相伴的理解方式，形而上学迄今尚未触及。[20]

我们禁不住冒险假设，第一次触及这个关键问题的正是精神分析理论：弗洛伊德所说的由力比多维持的、围绕着性感带组织起来的色欲化身体不正是这种非动物性的、非生物性的身体吗？这个身体（而不是动物性的身体）不正是精神分析的真正对象吗？海德格尔完全错过了这个维度。他在《泽利根研讨班》（*Zollikoner Seminar*）中把弗洛伊德贬为因果决定论者：

> 他假定，可以对有意识的人类现象做出没有鸿沟的解释，也就是说，他强调因果关系的连续性。既然“在意识中”没有这样的联系，他就必须发明“无意识”，那里必须存在没有鸿沟的因果联系。[21]

这种阐释似乎是正确的：有些东西在我们的意识中显现为一系列混乱而偶然的心理事实（口误、梦境、临床症状），弗洛伊德不正是想在这些东西中发现因果顺序，并因此完整勾勒出操控我们心灵的因果链吗？不过，海德格尔完全忽略了下列事实：弗洛伊德的“无意识”是建立在大他者性的创伤性遭遇之上的，大他者性的入侵恰恰打破、中断了因果联系的连续性。我们在“无意识”中得到的不是一个完整的、未曾中断的因果关系，而是创伤性中断的回响与余震。

弗洛伊德所谓的“症状”是面对创伤性伤口的途径，而“幻象”则是注定用来掩盖伤口的一种构成。在海德格尔看来，正是基于这个原因，有限的人类先天无法达到佛学启蒙（涅槃）主张的内心的宁静。世界是在本体论灾难的背景下向我们揭示出来的："在所有的存在中，人类是唯一的灾难。"

但是，我们在这里不得不再次冒险，向前踏进一步：如果人类是唯一的灾难，这是不是在说，在人类出现之前，根本不存在灾难，大自然是一种平衡的秩序，只是后来被狂妄自大的人类所破坏？[我所说的灾难并不是指小行星撞击地球那样的实体性灾难（ontic disasters），而是指整个生命形式网络的更加彻底的紊乱。]问题是，如果人类是"所有的存在中"唯一的灾难，如果存在只是向作为人类的我们揭示自身，那么人类四周的非灾难生存的空间，就已经在本体论上根植于人类的崛起这一灾难。

现在我们面临的关键问题是，在所有的存在中，人类是唯一的灾难，如此说来，人类是所有存在的例外吗？如果因此只有我们才能够透过不可能的视角，站在安全距离之外审视宇宙，那么我们看到的是否就是普遍的存在肌质，就是尚未被灾难搞得精神错乱的存在肌质（因为人类是通达其他存在者的一种例外，所以从人类自己的角度来看，只有人类才是灾难）。在这种情形下，我们又回到了康德的立场上："自在"的现实，处于晴空（the Clearing）之外的现实，是不可知的，我们只能以海德格尔在玩弄下列想法时使用的方式来推测这样的现实：他认为，大自然内存在着一种本体论的痛苦。或者我们应该严肃对待海德格尔的这一思辨？因此如此一来，不仅人类是一场灾难，自在的自然（nature in itself）也是一场灾难，只是在作为言语存在的人类那里，这种支撑着自在的现实的灾难才以语言的形式表达出来。（关于支撑着现实的灾难，量子物理学提供了它自己的版本：对称破缺、虚空扰动、量子振荡；神智学推测提供了另外一个版本：神性自身的自我分裂或堕落，催生了我们的世界。）

理查德·道金斯（Richard dawkins）在与一位神学院学生辩论时说，在神学系从事宗教的历史起源及其发展的研究时，他会认真对待，洗耳恭听。[22] 但是，在神学家们围绕着基督教仪式中的圣餐变体论的本质争论不休时，他只会嗤之以鼻。（根据罗马天主教和东正教的教义，借助于奇迹般的变化，圣餐的元素在献祭时会变成基督的肉体和血液，同时依然保留着面包和酒的外貌。）与此相反，我认为，对待这样的辩论，也应该严肃对待，不能把它们化约为纯粹的隐喻。它们不仅允许我们探讨神学的基本本体论，而且通常可以用来重新阐释马克思主义的某些概念。弗雷德里克·詹姆逊正确地宣称，在马克思主义看来，预定论是最有趣的神学概念，因为预定论暗示了回溯性的因果性（retroactive causality），构成了真正的辩证历史过程的特征。同样，我们不应该害怕在埃克哈特、波墨[23]或谢林的神智学思辨中寻找元先验方法（meta-transcendental approach）的痕迹。当然，在康德主义者看来，这样的推测不过是空洞的迷恋（*Schwärmerei*）和狂热的废话而已。但在我们看来，只有在这里，我们才能触及实在界。

如果赞同这个选择，那我们就不得不得出唯一的结论："客观现实"的每个形象或建构，它的自在的存在方式的每个形象或建构，它的"独立于我们"而存在的方式的每个形象或建构，都是向我们揭示"客观现实"的方式之一，而且这在某种基本意义上已经属于"人类中心主义"，已经根植于（同时也模糊了）灾难。正是这样的灾难构成了我们。现实是如何"自在"地存在的？回答这个问题的主要候选者是相对论和量子物理学提供的表达式。这些表达式是复杂的实验工作和智力工作的结果，与我们对现实的直接体验可谓风马牛不相及。我们与"独立于我们"的实在界的唯一"接触"是我们与它的分离，是彻底的紊乱——海德格尔所说的灾难。这里的悖论在于，把我们与"自在"的实在界联系在一起的，正是被我们体验为"把我们与之分割开来"的那道鸿沟。

这道理同样适用于基督教。在基督教中，体验与上帝合一的唯一途径是认同正在十字架上受难的基督，也就是说，认同上帝与他本人分离的那个时刻。我所谓的"唯物主义神学"（materialist theology）或"基督教无神论"（Christian atheism）的基本前提是，人类从上帝那里堕落，同时也是上帝从他自己那里堕落，而且在这种堕落发生之前，什么都不存在："上帝"只是他自身堕落的回溯性效应（retroactive effect）。把鸿沟体验为统一点，这个举动正是黑格尔辩证法的基本特征。正是由于这个缘故，超越了海德格尔思想的那个空间，即在我们看来超越了先验的那个空间，正是黑格尔思想所属于的空间。它还是用于思考的、不能被化约为科学的空间。对于这个模糊点，海德格尔做了模棱两可的概括：

> 我经常追问自己——长期以来，这对我来说一直是个根本性的问题——如果没有人类，大自然会是什么样子？它必须通过人类产生共鸣，以实现其最大的潜能。[24]

请注意，海德格尔曾在1929—1930年开办了题为“形而上学的基本概念”的讲座。这段话就写于他的讲座完成之后。他在讲座中还概括了谢林式的假说：也许动物以一种迄今为止未为人知的方式，意识到了它们的匮乏，意识到了它们与世界关系的“贫困性”（poorness）。或许有一种无限的痛苦弥漫在整个有生命的大自然中：

> 如果某种形式的贫困是一种痛苦，如果世界的贫穷和贫困属于动物的存在，那么这种痛苦和苦难就不得不渗透到整个动物领域和一般的生命领域。[25]

因此，当海德格尔猜测自然界中存在着独立于人类的痛苦时，我们如何在不投身于人类中心目的论的思维的情形下解读这个主张？提供答案的不是别人，而是马克思。马克思在《政治经济学批判大纲》中写道：

> 资产阶级社会是最发达的和最多样性的历史的生产组织，因此，那些表现它的各种关系的范畴以及对于它的结构的理解，同时也能使我们透视一切已经覆灭的社会形式的结构和生产关系。资产阶级社会借这些社会形式的残片和因素建立起来，其中一部分是还未克服的遗物，继续在这里存留着，一部分原来只是征兆的东西，发展到具有充分意义，等等。人体解剖对于猴体解剖是一把钥匙。反过来说，低等动物身上表露的高等动物的征兆，只有在高等动物本身已被认识之后才能理解。（引自《马克思恩格斯全集》，第30卷，人民出版社1995年版，第46-47页）

简言之，套用皮埃尔·巴亚尔的话说，[26]马克思在这里说的是，尽管猴体解剖结构的形成早于人体解剖结构，但猴体解剖结构在某种程度上预先剽窃了人体解剖结构。这里没有目的论，目的论的效应是严格的回溯性的：一旦资本主义出现（以完全偶然的方式形成），它就为所有其他形态提供了一把通用的钥匙。目的论恰恰存在于进化进步主义（evolutionary progressism）中，在进化进步主义中，人体解剖结构的钥匙是猴体解剖结构。阿伦卡·祖潘契奇指出，这道理同样适用于拉康的“根本不存在两性关系”（*Il n'y a pas de rapport sexuel*）：这并不是说，在自然界中，在猿类和其他动物中，存在着和谐的（由本能调节的）性关系，随着人类的到来，不和谐爆发。猿类等动物之间早已没有和谐的性关系，它们复杂的交配仪式证明了这一点。但这种不和谐仍然是“自在”的不和谐，它只是一个简单的事实（或许被体验为痛苦的事实），而人类的失败则被记录为“自为”的失败。从这个意义上说，自然界的痛苦指向了记录这份痛苦的符号秩序。[27]

沿着这些思路，我们也可以理解，为什么康德声称，从某种意义上说，世界被创造出来，就是为了让我们能在世界上进行道德斗争。当我们陷入一场对我们来说生死攸关的激烈斗争时，我们会对这场斗争产生这样的体验：如果我们最终失败，整个世界就会土崩瓦解。当我们害怕一往情深的爱情失败时，情形也是如此。这里没有直接的目的论。我们遇到的爱情只是偶然相遇的结果，所以很可能当初我们没有相遇。但是一旦相遇，它就会决定我们对整个现实的体验。本雅明说过，一场伟大的革命战斗不仅会决定现在的命运，而且会决定过去所有业已失败的斗争的命运。他这样说时动用了同样的回溯机制，这种机制在宗教主张中达到了高潮：在一场关键的战斗中，不仅我们的命运，而且上帝的命运都将由这场战斗来决定。只有黑格尔允许我们思考这个悖论。

为了稍微简化整个画面，我们可以说，辩证唯物主义视域的基本特征是已经铭刻于宇宙的不可化约的反身性：外在的差异，比如内容与其形式的差异，已经铭刻于内容，如此一来，外在的差异与内在的差异是同时发生的。不妨想想有时在雕塑中发现的形式和内容之间的反身性。“尚未完成”的雕塑刻画了这样一个男人的形象，他想从雕刻他（那尚未完成的）躯体的石头中破茧而出：展现自己的力量，这个英勇的努力不只是雕像“再现”出来的东西，它还被铭刻于下列两者间的关系上，一者是雕像所再现出来的东西，一者是这种再现的形式与其主题相关联的方式。[28]由于这个原因，辩证逆转（dialectical reversal）的基本模式不是与对立物的激烈斗争，而是同一内部的小小置换（或者更确切地说，小小逆转），它奇迹般地改变了一切。一个陈述的主语和谓语的简单逆转可以从根本上改变这个陈述的意义。把佩德罗·卡尔德隆·德拉·巴尔卡[29]的戏剧的标题颠倒过来，可以清楚地说明这一点。这部戏剧的标题是《人生即梦》（*Life is dream*/*La vida es sueño*），意思是“我们的人生呈现为毫无生机的悲惨表象，没有任何实质性的生命力可言”。然而，如果我说“梦即人生”，那我表达的意思则大相径庭：“只有在梦中，我们才活得生机勃勃；与我们受到诸多束缚的悲惨存在相比，梦具有更加饱满的生命力。”与此类似，如果我说“性即死亡”，那就表明，我认为性快感是虚假的，因为快感模糊了“性是一种罪恶的颓废之物，它会带来腐朽和死亡”的事实。但是，如果我说“死亡即性”，那就表明，死亡本身可以非常性感，它能带来出人意料的快感。最后，就黑格尔而言，如果我说“主体即实体”，那我表达的意思是，真正的现实实体是主体，主体则是派生所有现实的根基。但是，如果我说“实体即主体”，那我表达的意思是，实体本质上是“主体性”的（是打上切口的标记的，是不一致、不完整的）。

黑格尔的辩证法既不是动态化的先验维度（如罗伯特·布兰顿和罗伯特·皮平所言，现实以各种可能的方式呈现给我们，辩证法则是所有这些方式的前后相续），也不是现实自身的“客观”辩证过程（如同某些辩证唯物主义者和客观唯心主义者所声称的那样）。它的隐蔽资源是对不可化约的鸿沟的体验，而不可化约的鸿沟的存在先于上述两者。这样，我们也能在一定程度上澄清自然主义（“机械”）唯物主义、唯心主义和辩证唯物主义的区别。“机械”唯物主义涵盖的领域极其广阔，从柏拉图之前的唯物主义到今天的科学自然主义，还有“面向客体的本体论”（尽管它把自己描述为“非唯物主义”），均在此列。它们全都把现实视为既定之物，对现实的先验构成熟视无睹。唯心主义的特征是先验方法占主导地位。当我们进入处于先验领域之外的模糊地带时，辩证唯物主义应运而生。它是由谢林和黑格尔的后康德转向、某些神智学思辨（包括本雅明的思辨）、拉康的某些试探性表述，以及量子物理学的某些思辨性解读来完成的。[30]正是由于这个缘故，我们不应害怕使用“神学”一词来划定逃避任何本体论——无论是先验本体论还是天真的现实主义本体论——的模糊领域。虽然听起来有些不可思议，但有时候，只有唯物主义神学先才能帮助我们打破并摆脱哲学唯心主义的限制。

为什么我把所有这些不同的方法趋之若鹜的立场称为“辩证唯物主义”？因为我在这里想到的东西是根本无法命名的。它没有“适当”的名称。因此，唯一的解决方案是使用一个能够尽可能清楚地揭示其自身不足的术语。换言之，应该把“黑格尔是一个辩证唯物主义者”的说法解读为“精神是根骨头”这个思辨性陈述的全新版本：坦率地说，这种说法显然是无稽之谈，黑格尔的思想与辩证唯物主义之间存在着无限的鸿沟。不过，黑格尔的思想恰恰是对这个鸿沟的思想。

“我们必须苟活下去，直至一命归西”

只有在“人类是一场灾难”这一全球性视境的背景下，我们才能处理本书正在逐步接近的问题：是否存在一种可以让我们避开“剩余享乐”这个恶性循环的主观姿态？我们在上面已经画出其轮廓的空间，即处于海德格尔思想之外的空间（处于最激进的先验领域之外的空间），是使主体能够实现主体性匮乏的空间。如果说海德格尔的空间是“向死而生”的空间，那么这个空间就是活死人的空间（space of living-dead）。通常情况下，解放方案的缩写形式是由拉姆施泰因的一首歌提供的。

波兰团结工会早期（也是它辉煌时期）有一个涂鸦，上面写道：“什么是生活？一种总以死亡告终的性传播疾病。”那么，究竟是否存在避开这些坐标的生活？有的，这生活就是活死人的生活。拉姆施泰因有一首歌，它的中心主题就是越陷越深，最终陷入毁灭的状态，但至关重要的是，还不得不继续苟活下去。这就是至为纯粹的死亡驱力。它不是死亡本身，而是这样的事实：我们必须苟活下去，直至一命归西。这是无尽的生命拖曳，是永无休止的强迫性重复。[31]拉姆施泰因的那首歌听起来就像是法语中的*lapalissade*[32]（诸如"拉帕利斯先生没死之前，依然活着"之类的同义反复的智慧）。但是拉姆施泰因颠覆了"即使你寿比南山，到头来终将呜呼哀哉"这个显而易见的智慧：在你死亡之前，你必须苟活下去。使得拉姆施泰因的版本没有变成空洞的同义反复的，是伦理的维度：在我们死亡之前，我们不仅（显而易见地）活着，而且不得不活着。生命不是有机的延续，对我们人类来说，生命是决策的产物，是主动履行的义务——我们可能丧失活下去的意志。然而，拉姆施泰因那首歌曲给我们提供的教益并不是，我们应该屈服于天使的诱人而温馨的声音，接受死亡，就像舒伯特的四重奏《死神与少女》中督促女孩赴死的死神一样："把你的手给我，你这个可爱温柔的乖乖女 / 我是你的朋友，不是来惩罚你的 / 勇敢点，我并不残暴 / 你将在我的臂弯里温柔地安息。"但这首歌也没有告诉我们，应该不顾一切地抓住生命，逃避死亡。这首歌提供的教益是，虽然我们无法逃避死亡，但接受死亡也不是锦囊妙计；最终的否定（死亡）本身以失败告终，我们依然要活着，直至死去。这种生活只是在拖延时日而已。

列宁在谈到俄国革命时说："历史就是这样，有时几十年没有动静，有时几周就像过了几十年。"2020年和2021年的流行病则截然相反：一周就像过了一年。随着震荡的出现，同一周的故事一遍又一遍地重演。费尔南多·卡斯特里永和托马斯·马切夫斯基这样描述流行病的破坏性影响，并伴之以对我的温和的抨击："它是一种阉割（castration），从根本上破坏了我们生活的想象之虹，但我们还没有让它对超现代性（hyper-modernity）和数字商品资本主义造成足够强烈的破坏，因而不能把它视为任何一种类型的革命（我们向齐泽克道歉）。"[33]

我的回答是：是的，革命性的破坏并未发生，但它的发展势头给这一年蒙上了一层阴影：解释已经发生的事情的不二法门，就是把已经发生的事情解释为对这种威胁的绝望反应。这里的威胁不是流行病本身的威胁，而是对抗流行病的唯一适当方式的威胁（全球性的全民医疗保健，全民基本收入等）。另外，我不同意把流行病的破坏性影响视为阉割的一种形式：如果我们在严格的拉康意义上使用这个术语，那么流行病的影响几乎与阉割完全相反。人们应该牢记（符号性）阉割的解放性方面：阉割是一种解放性的损失，它是为创造性距离开辟空间的损失，而且阉割的缺失意味着精神上的窒息，在这种窒息中，符号界跌入了实在界。这正是流行病暴发时所发生的事情：（至少部分地）由大他者维持的我们社会空间的开口崩溃了，他人的过度接近变成了致命的威胁。

阿甘本在应对流行病的措施中看到了例外状态的纯粹延续，祖萨·巴罗斯（Zsuzsa Baross）则反对阿甘本的这一看法，并迈出了关键一步。他以一种简明扼要、准确无误的方式阐明了下列两者间的区别：一者是标准的例外状态概念，一者是由流行病引发的例外状态。他说："就这种'新型'病毒而言，例外状态（如果这个术语仍然适用）不是对作为赤裸生命的生命（life as bare life）行使权力，恰恰相反，它是政治机构对于甚至不能正常存活的侵入性的生命形式采取的极端（例外）自卫措施，做出的免疫反应。"[34]在流行病这种情形下，入侵民间社会的，使民间屈从于全盘控制的，不是国家权威；入侵和扰乱政治机构，使其陷入一片恐慌，把政治机构的软弱无能清晰呈现出来的，是侵入性的生命形式（或者更确切地说，侵入性的生命形式甚至不是真正的生命形式，而只是一种自我复制的化学机制）。

在美国和欧洲，新野蛮人（new barbarians）恰恰就是那些以捍卫个人自由和个人尊严为名暴力抗议防疫措施的人。比如特朗普的女婿贾里德·库什纳（Jared Kushner），他在2020年4月吹嘘特朗普正在"从医生手里夺回"[35]这个国家。塞尔吉奥·本韦努托（Sergio Benvenuto）简明扼要地阐述了下列观念的淫荡性：预防流行病的防护措施要求我们做出太多的牺牲，使我们不得不放弃基本人权。他说："有人在医院冒着生命危险拯救我们的生命，有人却认为这种牺牲难以忍受。这不仅令人厌恶，而且荒谬绝伦。"[36]

拉姆施泰因的"我们必须苟活下去，直至一命归西"草拟了打破这种僵局的出路：为了抗击流行病，我们要竭尽全力地生活下去。今天，还有谁比数百万每天自觉地冒着生命危险英勇抗击流行病的医护人员更富有活力？他们中的许多人献出了生命，但在死去之前，他们英勇地活着。他们牺牲自己，不只是为了我们，不只是为了得到我们虚伪的赞美，他们更不是被化约为赤裸生活的生存机器，他们是今天生机勃勃之人。那么，拉姆施泰因在这首歌中倡导的存在主义立场是什么？它是拉康所谓的主体性匮乏的一个版本，是精神分析过程的终结时刻。

从向死而生到长生不死

我们在这里的前提是，海德格尔所谓的“向死而生”并不是终极的存在经验。完全有可能通过它进入一个维度，这个维度最好的称谓或许是长生不死（undeadness）。为了更加清楚地呈现这一过渡，不妨把注意力转向一个可能出人意料的话题：德米特里·肖斯塔科维奇（Dmitri Shostakovich）的交响曲。在他的交响曲中，最受欢迎的是《第五交响曲》。《第五交响曲》的命运颇为奇怪。肖斯塔科维奇创作的歌剧《麦克白夫人》（*Lady Macbeth*）曾在《真理报》上遭到毁灭性的批判，然后他创作了《第五交响曲》。这首乐曲通常被视为有意的妥协，被视为对传统音乐的回归，目的在于确保作曲家政治名誉的恢复。不过时过境迁之后，它仍然是他在西方最受欢迎和最常演奏的交响曲。若干年前，它被一个评论家小组评为有史以来十部最伟大交响曲中唯一一部20世纪的作品（它绝对没有这么伟大，就其类型而言，第八部和第十部交响曲远优于它）。但这里让我们感兴趣的是肖斯塔科维奇的最后两部交响曲，即《第十四交响曲》和《第十五交响曲》，它们都直接探讨了死亡的问题，或者说得更确切些，都探讨了从死亡向长生不死过渡的问题。在这方面，从《第十四交响曲》向《第十五交响曲》的过渡，与希区柯克作品中从《迷魂记》（*Vertigo*）向《惊魂记》（*Psycho*）的过渡，或让·西贝柳斯（Jean Sibelius）《第四交响曲》中从第三乐章向第四乐章的过渡是同源的。[37]说到《第十四交响曲》时，肖斯塔科维奇公开宣称他对死亡的痴迷：

> “我们所有人都难逃一死。就我个人而言，我看不出我们生命的终结会带来什么益处。死亡很可怕。死亡之外空无一物。”肖斯塔科维奇在反驳“死亡是来生的光荣起点”这一说法。有些作曲家用美丽、明亮、醉人的音乐来描绘死亡，他对此绝不赞同。[38]

交响乐首演时发生的一件事以一种离奇诡异的方式回应了这种不光荣的——甚至恶作剧般的——死亡方式：

> 肖斯塔科维奇说过，在聆听这部作品时，需要特别保持安静。但在最需要安静的某个时刻，大礼堂里传来巨大的碰撞声。只见一名男子匆忙而笨拙地离席而去，这让肖斯塔科维奇的支持者义愤填膺。后来才知道，这个人是帕维尔·伊万诺维奇·阿波斯托洛夫（Pavel Ivanovich Apostolov）。阿波斯托洛夫是一位政党组织人士，也是20世纪40年代末肖斯塔科维奇的主要批评者和激进迫害者。人们料想他的抗议是经过精心策划的，意在最大限度地分散听众的注意力。事情过去之后，大家才获知，阿波斯托洛夫实际上是在演出期间突发了心脏病，不到一个月他便一命归西。每个人都能感受到其中的讽刺意味。[39]

难怪索尔仁尼琴也被这个交响乐的阴沉、不恭和毫无救赎希望的曲调所震惊。但是，他的感觉对吗？首先要注意的是，《第十四交响曲》“无关乎死亡，而关乎非自然死亡，即由谋杀、压迫和战争造成的死亡”。[40]其次要注意的是，《第十四交响曲》并没有在神化毫无意义的死亡时达到高潮。它的高潮无疑是《德尔维格》（*Delvig*），这是交响曲中最“真诚”的歌曲，不含任何讽刺意味，甚至在某种程度上称得上乐观向上。它的歌词是威廉·库切尔贝克（Wilhelm Kuchelbecker）献给朋友安东·德尔维格（Anton Delvig）的一首诗。德尔维格1831年去世，生前与叛乱失败的十二月党人相交甚笃。这首诗“歌颂了艺术家的力量，以及他们在面对暴政时情同手足的重要性”。（库切尔贝克也在1825年因参与旨在反对沙皇统治的十二月党人起义而被发配西伯利亚，并于1846年死于聋哑和失明。）意味深长的是，这首表示哀悼的哀歌是以传统的方式创作的，与交响曲中所有其他歌曲形成了鲜明对比：“十二音体系就像固定乐思（*idée fixe*）一样，萦绕于《第十四交响曲》的所有乐章”，只有《德尔维格》属于例外，因为它是“用非常纯粹的大调写的，而所有其他的歌曲都表现出无调性曲调（atonal lines）的优势，变幻莫测，蜿蜒起伏，甚至常常丑陋奇异”。[41]

重要的是，《德尔维格》紧紧跟在《给苏丹的回信》（*Letter to Sultan*）的后面。这是一首异乎寻常的歌曲，在整个交响曲中它最接近政治领域。它把反抗更高权威的行为视为野蛮的淫荡行为。肖斯塔科维奇决定将俄罗斯历史上的一份疯狂文献谱写成曲：1676年，奥斯曼帝国苏丹穆罕默德四世Sultan Mehmed Ⅳ给扎波罗热的哥萨克人（Zaporozhian Cossacks）写了一封信，要求他们服从他的统治，哥萨克人则以一连串的谩骂性和粗俗性的韵文回复：

> 扎波罗热哥萨克致土耳其苏丹！啊，苏丹，你这个土耳其的恶魔和该死的魔鬼的狐朋狗友，你这个撒旦的跟屁虫。你白白净净的屁股，杀不死一只刺猬，算什么鬼骑士？魔鬼拉屎，就是拉给你家军队吃的。你这个婊子养的，休想让基督徒的子民成为奴隶。我们不怕你的军队，我们将在陆地和海上与你一决生死。去你妈的吧。你这个巴比伦的帮厨，马其顿的车匠，耶路撒冷的酿酒师，亚历山大的老色狼，上下埃及的猪倌，亚美尼亚的猪猡，波多利亚的毛贼，鞑靼的娈童，卡缅涅茨的刽子手，阳间和阴间的大傻瓜，上帝面前的大白痴，毒蛇的子孙，“老二”里面的一根筋。你这个猪猡的鼻子，母驴的屁股，屠宰场的狗杂种，没有洗礼过的额头。我去你妈拉个巴子！我们扎波罗热人向你们这些人渣宣布，你连给基督教徒放猪的资格都没有。现在我们要告诉你，我们不知道日期，也没有日历，明月当空，与主同在，现在的日子和过去的日子，没啥两样。今天就到这里，你快过来跪舔我们的屁股！哥萨克全军统领伊万·希尔科（Koshovyi otaman Ivan Sirko），携整个扎波罗热民族。[42]

此外，《给苏丹的回信》之前的《监狱》为纪尧姆·阿波利奈尔（Guillaume Apollinaire）对被单独囚禁在牢房里的人所做的描述进行配乐。在这首歌中有一个管弦乐插曲，标志着受苦受难的囚犯的主体立场的突破。在插曲之后，第一句话便是：“我已经不再是从前的我。”我们可以从中发现这三首歌的排序的含义——监狱里的绝望。它让主人公变成了另一个人，迫使他进行残酷的反抗，反抗被镇压后，他又悲叹不已。［深入分析后，可以重建把交响乐所有的11首歌曲串联起来的叙事线：最前面的两部分是前奏，最后两部分是终曲（它始于与前奏相同的主题）；接下来的歌曲改变了“死神与少女”的主题——蛇蝎美人害死了她的情人，随后自杀身亡，然后焦点转向战场上年轻人的尸体，最后人被化约为监狱中的数字，引发了叛乱。］

但是，就像我们所看到的那样，使交响乐达到情感高潮的《德尔维格》撤销了原来的那个前提：“死亡很可怕。死亡之外空无一物。”死亡之外，还有诗歌，它使毫无意义的死亡变成一个高贵的事件。如果我们真的相信死亡之外空无一物，那么死后会发生什么？肖斯塔科维奇在其《第十五交响曲》中给出了答案。这首交响曲在电影《蓝丝绒》（*Blue Velvet*）的片场上被不停地播放。该片导演大卫·林奇想在电影中表现出他想要的氛围：“我给肖斯塔科维奇撰写了剧本：A大调第15号。我只是反复播放同一部分。”在影片拍摄期间，大卫·林奇在现场放置扬声器并播放交响乐，以传达他想表达的情绪。他后来要求安吉洛·巴达拉门蒂（Angelo Badalamenti）“像肖斯塔科维奇那样”为该片配曲。[43]在民主德国首演这部交响曲的乐队指挥库尔特·桑德林（Kurt Sanderling）认为，这部音乐的主题是孤独和死亡。在他看来，肖斯塔科维奇的任何其他作品都没有这么“极端的恐怖和残酷”。有些人从中看到的是戏谑的乐观主义，而肖斯塔科维奇本人则将其描述为“邪恶的交响曲”。可以把从中听到的混合声音解读为“作为同志的客体”（objects as comrades）的疯狂互动：“我们听到了医疗设备的声音、电击治疗的声音、粗话和讽刺杂咏；他带来了十二音阶，他大量引用音乐的片断，从罗西尼的歌剧《威廉·退尔》到瓦格纳歌剧《特里斯坦与伊索尔德》和《尼伯龙根的指环》，无一遗漏。它们就像当你神志不清时你脑海中会出现的疯狂声音。”[44]但这种神志昏迷的互动并不发生在灵魂内部，只有主体性匮乏才能为它的存在开辟空间：如果说《第十四交响曲》的高潮是灵魂的抒情性忏悔（《德尔维格》），那么《第十五交响曲》则是没有灵魂的——它是孩子气的嬉闹和长生不死的丑陋混合体。

革命性的自我匮乏

我们也许还能在这里锁定肖斯塔科维奇的局限性：主体性匮乏不仅显现为这样的丑陋混合物，也不限于临床经验，它还具有布莱希特所描述的政治维度。布莱希特在其《乞丐的歌剧》的台词中（前一章引用过他的这部歌剧[45]）把四种基本的存在立场（对日常快乐的渴望、残酷的现实、宗教的情感、犬儒式的智慧）浓缩为两种，并以快乐的犬儒主义作为定论。[46]然而，这并不是布莱希特本人的定论：布莱希特在其教育剧[47]——《唯唯诺诺的人》（*Der Jasager*）、《措施》（*Die Maßnahme*）——中添加了另外一种主体立场，结果令人叹为观止。这种立场是纯粹形式性的自我牺牲姿态，没有更深的意义或目标。这里隐含的逻辑是，任何人都不能用某种积极的伦理理想来克服犬儒式的智慧：犬儒主义会使这一切分崩离析；这只是一种完全没有意义的自我牺牲行为，它暗中破坏了犬儒的距离本身。弗洛伊德把这种行为命名为死亡驱力，黑格尔把它命名为自我相关的否定性。不过，我们在这里要小心翼翼：布莱希特清楚地表明，这一行为不是“走出符号性空间”这个纯粹的过度自杀姿态（这更符合乔治·巴塔耶的理论）。在另一个“无限判断”（infinite judgment）的情形下，死亡驱力与它的对立物完全一致，与符号秩序中的彻底异化完全一致。沿着同样的思路，萨罗依·吉里把“革命性的自我匮乏、自我客体化”描述为主体性的一种特殊形态：

> 一个特定的、单个的生命，一个独一无二的存在，如今沦为一个可以随时被拿下的客体：“作为客体的同志”是去阶级化和去人格化的延续，而且现在已经到了革命性匮乏的地步，涉及死亡的勇气和死亡本身。只要同志是活生生的人类，他或她的客观化将会而且必须涉及对死亡的开放。生命生死未卜，死亡的威胁是永恒的存在。你永远都不安全，最好还是优雅地接受牺牲生命的意愿。[48]

萨罗依·吉里在这里建立了与近世及远古的双重联系。近世：“客体化”和“匮乏”的概念正接近于法农的“斜坡”（declivity）概念：“完全裸露的斜坡是真正的剧变诞生之地。”当他说“黑人是一个非存在区域，一个极其贫瘠和干旱的地域，一个始终下降的斜坡”[49]时，表达的是同样的意思。远世：佛教的革命性自我。[50]（匮乏的）虚空“作为通往‘新世界’的‘道路’，作为‘新世界’的裂口/开口，可以在佛陀的涅槃中找到。涅槃通常被称为觉醒或觉悟，但实际上涅槃起初是消灭、熄灭、幻灭”[51]。

因此，萨罗依·吉里所说的主体性匮乏不仅是政治主体性的一种新形式，同时它还涉及我们基本的生存层面，涉及“一种不同的存在方式，涉及一种不同的生死模态”[52]。巴迪欧曾为彼得·霍尔沃德（Peter Hallward）编选的论文集《重新思考》撰写后记。在那里，他以赞许的口吻引用一句名言：“修正主义的本质是对死亡的恐惧。”[53]这是对正统观念与修正主义的政治对立所做的生存激进化（existential radicalization），为理解1968年的老格言“个人的就是政治的”（the personal is political）提供了全新的视角：在这里，政治的变成了个人的，政治修正主义的终极根源在于它对死亡的恐惧的亲密体验。巴迪欧的版本会是这样的：既然最基本的“修正主义”是没能成功使自己主体化，没能忠于真理–事件（Truth-Event），那么，成为一个修正主义者意味着仍然停留在“人类动物”的活命主义视域（survivalist horizon）之内。

不过，“修正主义的本质是对死亡的恐惧”，这句名言有其语义含混之处，可以把它解读为，政治修正主义的根源在于人的本性，害怕死亡是人性使然；还可以把它解读为，既然没有不变的人性，我们对死亡的恐惧就已经在政治上被过度决定了，因为它产生于个人主义和以自我为中心的社会，而这样的社会缺乏集体团结的意识。正是基于这个原因，一旦进入共产主义社会，人们将不再怀有对死亡的恐惧。

“作为客体的同志”并不意味着我们要站在冰冷的“客观”距离之外观察和操纵我们自己。我们还要用它的倒装句“作为同志的客体”对它加以补充：“我们不必回过头去，膜拜商品的拜物教力量；我们必须探索事物、客体和材料的‘隐藏’的工程/艺术力量：此举将允许客体得以交流和说话，同时向我们展示‘作为客体的同志’的雏形。”[54]这个“作为同志的客体”展示了萨罗依·吉里所说的（材料）事物中的唯心主义，展示了我们可以称之为精神肉体性（spiritual corporeality）的东西。精神肉体性与拜物教唯心主义截然相反，拜物教唯心主义把某个社会维度从外部强加于事物，以之作为该事物的物化属性（reified property）：视客体为“同志”，意味着在与客体进行激烈的互动时，勇于承认客体的虚拟潜力。一个惊人的联系也许能够帮助我们理解，用来补充“作为客体的同志”的“作为同志的客体”究竟是什么意思，而这正是当今“面向客体的本体论”（object-oriented ontology）的语境。格雷厄姆·哈曼对“面向客体的本体论”的基本立场做了这样的简明描述：

> 世界的竞技场上布满了五花八门的客体，它们的力量被释放出来，但得不到大多数人的喜爱。红台球撞在绿台球上。雪花在残酷消灭它们的光芒中闪闪发光，而受损的潜艇则在海底遭受腐蚀。随着面粉从磨面机里流出，随着石灰岩被地震压缩，巨大的蘑菇在密歇根州的森林里疯狂成长。就在人类哲学家们在“进入”世界的可能性问题上相互攻讦时，鲨鱼在攻击金枪鱼，冰山撞向了海岸线。[55]

把客体当作“同志”来对待，开辟了生态保护的新方式：接受我们环境的极度复杂性，包容被我们视作垃圾或污染的东西，以及因其太大或太小，我们无法直接感知的东西——蒂莫西·莫顿所谓的“超物体”（hyperobjects）。在莫顿看来，沿着这些思路进行生态保护：

> 不是把时间浪费在原始的自然保护区上，而是欣赏从混凝土裂缝里钻出来的杂草，然后欣赏混凝土。它也是世界的一部分，是我们的一部分。现实中充满了“奇怪的陌生人”，即“可知但又怪异”的事物。莫顿写道，这种“奇怪的陌生性”是我们可能遇到的每块岩石、树木、玻璃容器、塑料自由女神像、恒星状球体、黑洞或猿猴中不可化约的一部分。承认了这一点，我们就不再试图掌握客体，而是学着尊重它们的难以捉摸。浪漫主义诗人狂热地讴歌大自然的美丽和崇高，莫顿关注的则是它无处不在的怪异。它们包括自然界中一切可怕、丑陋、做作、有害、令人不安的事物。[56]

流行病期间曼哈顿的老鼠的命运不正是这种混合物的完美例证吗？曼哈顿是由人类、蟑螂和成千上万只老鼠组成的生命系统。在流行病高峰期实施的封锁制度意味着，由于所有餐馆全部关门歇业，以餐馆垃圾为生的老鼠被剥夺了食物来源。这引发了大规模的饥荒，人们发现许多老鼠都在自食其子。餐馆的关闭改变了人类的饮食习惯，却没有对人类的生存构成威胁。但对老鼠来说，对作为同志的老鼠来说，这是一场灾难。[57]

来自尤里斯·伊文思（Joris Ivens）的电影的三个例子完美地诠释了作为同志的客体这个维度。他的纪录片《雨》（*Rain*，1929）拍摄的是雨中的阿姆斯特丹，这里的雨不就是作为同志的雨吗？在这里，我们还应该在提一提汉斯·艾斯勒（Hanns Eisler）的《对雨的十四种描述》（*Fourteen Ways of Describing the Rain*），它是一段12分钟的十二音练习，使用的乐器包括长笛、单簧管、弦乐三重奏和钢琴。它是作为伊文思《雨》的音乐伴奏创作出来的。然后是伊文思的《海岸之风》（*Pour le Mistral*，1966）——风是同志。它拍摄的是普罗旺斯的生活场景和自然风光，在那里，一股名为密史脱拉（Mistral）的冷风从罗纳河谷吹向地中海。还有一部影片描述了作为同志的风，它就是《风的故事》（*A Tale of the Wind*，1988）。在这部影片中，年迈多病的伊文思试图展示其非凡的洞察力："呼吸的秘密在于秋风的韵律。"

不过，我们必须牢记，有些东西被"面向客体的本体论"所忽视，但引起了萨罗依·吉里的充分注意。虽然说把主体化约为客体的主体性匮乏（这个术语是萨罗依·吉里从拉康那里借来的）并不意味着去主体化（de-subjectivization），却意味着去人性化（de-humanization）：在经历了主体性匮乏后，主体不再是"人"（这里指人格深度、"丰盈内在生命"等与外在对立的精神负累）。只有身处并通过匮乏，纯粹的主体（大写的主体）才会脱颖而出：

> 作为客体的活跃分子-同志依然是主体，依然是或许以历史的名义发话并引用"历史阶段"的"元叙事"的主体，但通过在历史中创造一个中性点和虚空，主体的自我匮乏和自我客体化提供了革命的可能性。[58]

通过主体性匮乏，我们没有进入“作为同志的客体”和“作为客体的同志”的快乐互动。在这种快乐的互动中，匮乏的主体把他周围的物体视作平等的对话者，拒绝充当盘剥它们的主人。在主体性匮乏中，主体并不一味沉浸于现实的流变，他被化约为一个虚空，一个中性点，现实中的一道鸿沟。只有通过把自己化约为一个虚空，只有从虚空的主体立场出发，主体才能感知和体验“作为客体的同志”和“作为同志的客体”之间的互动。换言之，通过主体性匮乏，主体被彻底地分裂为纯粹的虚空和客体（他就是这样的客体）。这样，我们就战胜了凡人之死，进入了长生不死之境：长生不死不是死后的生命（life after death），而是生命中的死亡（death in life）；不是消除异化（dis-alienation），而是极端的自我废除异化（self-abolishing alienation）——我们抛弃了衡量异化的标准，抛弃了正常又温暖的日常生活概念，不再完全沉浸于安全稳定的习俗世界。克服颠倒世界的途径不是回归正常，而是拥抱没有混乱的颠倒[59]。

从这个简短的描述中，我们已经清楚地看到，主体性匮乏的现象呈现多种多样的形式，不能将其化约为完全相同的内在体验。先是佛教的涅槃，它是与外部现实的一刀两断，能使我们对我们的渴望和欲望敬而远之。在它那里，我采取某种非人格的立场，我的思想就是没有思想者的思想。佛教之后是所谓的神秘的体验，不应该把它与涅槃混为一谈，虽然神秘的体验涉及某种主体性匮乏，但这种匮乏采取的形式是把我直接等同于更高的绝对（其典型的表达式是，我用来看上帝的眼睛也是上帝用来看他自己的眼睛）。我内心深处的欲望变得非人化（depersonalized），它与上帝的意志合而为一，所以大他者通过我而存在。简言之，在涅槃时，我们走出了“欲望之轮”[60]，神秘的体验使我们的享乐与大他者的享乐合而为一。神秘的体验之后是萨罗依・吉里描述的主体立场，即革命的能动者的匮乏。革命的能动者把自己化约为激进社会变革过程的工具–客体。他抹杀了自己的个性，包括对死亡的恐惧。如此一来，革命通过他而存在。继萨罗依・吉里描述的主体立场后，是自我毁灭的社会虚无主义的爆发。想想电影《小丑》吧。想想爱森斯坦执导的电影《十月》（*October*）中的一个场景吧。在那里，一群革命的暴民闯入冬宫的酒窖，投身于大规模破坏性狂欢，一举毁掉了数百瓶价值连城的香槟酒。最后（但并非最不重要的）是精神分析（拉康式）穿越幻想这一意义上的主体性匮乏。这种姿态看起来甚为平和，实际上非常激进。在拉康看来，幻象并非与现实相对的幻象。相反，它为我们提供了坐标，透过它我们才能把某物体验为现实；它还为我们提供了坐标，透过它我们渴望得到我们的欲求之物。这两个坐标并不相同，但它们盘根错节（一旦我们的基本幻想消失，我们就能体验到现实的丧失，这也会扼杀我们的欲望能力）。（我们还应该记得，穿越幻想并不是拉康的定论：在他教学的最后几年，他建议把认同征兆视作精神分析过程的终结时刻。认同征兆是一种姿态，它使我们能够适度地接受生活的现状。）

这些版本的主体性匮乏是如何关联在一起的？它们似乎形成了一种格雷马斯式的符号矩阵（Greimasian semiotic square），因为存在着两条轴线，它们各自沿轴线排列：积极参与（自我毁灭的社会爆炸、萨罗依·吉里描述的革命性匮乏）与一刀两断（涅槃，神秘的体验）两两相对；自我收缩（对外部现实的破坏性爆炸、涅槃）与依赖大他者（神秘体验中的上帝、革命性匮乏中的历史）遥相呼应。在毁灭性的爆炸中，我们通过破坏环境来收缩自己；在涅槃中，我们只是退回到我们自己，让现实保持它原有的样子。在神秘体验中，我们通过让自己沉浸于神性而脱离现实；在革命性匮乏中，我们通过投身于革命性变革的历史进程，摒弃我们的自我。（从拉康的角度看，后两种立场暗含沦为大他者的客体-工具的变态风险。）

拉康所谓的主体性匮乏是零级，是处于这个矩阵中央的中立性深渊。在这里，我们应该非常精确：我们在主体性匮乏中所抵达的，不是万物皆由此而生的绝对虚空，而是这个虚空发出的干扰；不是退缩带来的内心平静，而是虚空之不平衡——不是虚空落入有限的物质现实，而是处于虚空中心地带的对抗/张力，它导致了物质现实脱胎于虚空。其他四个版本的主体性匮乏在结构上排在第二位，它们试图平息虚空之对抗（“自我矛盾”）。

这里出现的问题是，以政治参与的形式出现的匮乏如何避免堕入变态？答案是明确的，主体应该停止依赖（基于历史必然性的）大他者。黑格尔将哲学局限于把握“是什么”的问题，但在黑格尔看来，“是什么”不仅指事物的稳定状态，而且指充满张力和潜力的开放的历史情境。所以，我们应该把黑格尔的见解与圣茹斯特[61]的主张联系起来："革命者类似于第一个航海家，只接受自己胆量的引导。"黑格尔把概念的把握局限于过去，圣茹斯特的主张不正是黑格尔这一做法的应有之义吗？作为积极参与的主体，我们的行动必须着眼于未来，但由于先天原因，我们不能把决策建立在理性的历史进步模式上，所以我们不得不临场发挥，随机应变，勇于冒险。这不正是列宁在1915年阅读黑格尔的著作时获得的教益吗？这里的悖论在于，黑格尔通常被斥为宣扬历史目的论的哲学家，是相信迈向自由的进程无可阻挡和有规可循的哲学家，但列宁从黑格尔那里获得的教益是，历史进程具有彻底的偶然性。[62]

在这里，出现的常识性反驳是：主体性匮乏是一个异常激进的姿态，仅限于开明的精英，对于普普通通的芸芸众生来说，它仍然是高不可攀的伦理理想。除非在充满革命热情的罕见时期，才有可能打破这个铁律。但我认为，这种反驳不得要领：萨罗依·吉里强调，主体性匮乏不是领导人采取的精英立场，相反，它是无数普通战斗人员采取的立场，举例来说，它是成千上万冒着生命危险抗击流行病的人采取的立场。

……与宗教原教旨主义的对抗

但是，我们这样做，难道不是在危险地靠近原教旨主义者对生存的漠视吗？不妨转向阿富汗在2021年8月中旬发生的事情：那时塔利班正在顺利地接管整个国家，那里的城市像多米诺骨牌一样纷纷陷落，尽管政府军装备精良，训练有素，人数众多（30万政府军对8万塔利班战士）。塔利班仍步步紧逼，政府军一败涂地，投降的投降，逃跑的逃跑，没有表现出战斗的意志。何以至此？媒体用一连串的解释轰炸我们。第一个解释是不加掩饰的种族主义：那里的人们还不够成熟，无法驾驭民主政体，他们渴望宗教原教旨主义。这个说法荒谬至极：早在半个世纪前，阿富汗就是（适度）开明的国家，存在一个非常强大的政党，该党甚至上台执政，长达数年。作为一个真正的政党，阿富汗人民民主党（PDPA）在其存在的大部分时间里分裂为强硬的“群众派”（Khalq）和温和的“旗帜派”（Parcham）。只是到了后来，作为对苏军占领阿富汗的反抗，这个国家才变成了原教旨主义国家。

如果说第一个解释事关恐怖行径：塔利班无情地处决其政治反对派，那么第二个解释事关信仰：塔利班相信，他们是在以实际行动完成神赋予他们的使命，因此最终胜利是铁板钉钉的事情，只需耐心等待，时间定然站在他们这一边。一个更加复杂和现实的解释是，伴随着连绵不断的战争和难以根除的腐败，阿富汗的局势极其混乱，所以即使塔利班政权最终带来的是压迫，实施的是伊斯兰教法，至少它能保证安全和维持秩序。

但所有这些解释似乎都在回避一个基本事实。对于西方自由主义的观点来说，这个事实无异于创伤：塔利班无视生命，其战士随时准备“殉难”。“殉难”不仅表现为在战斗中牺牲，而且表现为自杀式袭击。这样的解释——作为原教旨主义者的塔利班“真的相信”，如果以殉道者的身份死去，他们就会进入天堂——是不够的，因为这种解释没有捕捉到下列两者的区别：一者是知识洞察力意义上的信仰（“我知道我将进入天堂，这是事实”），一者是作为积极参与的主体立场的信仰。换言之，这种解释没有考虑到意识形态的物质力量——这里指信仰的力量。意识形态的物质力量不仅基于我们信仰的力量，而且基于我们如何在生存的层面上直接坚持我们的信仰：我们不是选择这种或那种信仰的主体，我们“就是”我们的信仰，因为这种信仰孕育了我们的生命。正是由于这个特点，米歇尔·福柯在1978年时对霍梅尼革命是如此痴迷，以至于他两次访问伊朗。令他痴迷的不只是对殉道的接受，对丧失自身性命的漠不关心，他还“致力于非常具体地讲述‘真相的历史’，强调‘讲述真相’的党派性和斗争性，强调通过斗争和磨难来推进社会转型，而不是像现代西方政权那样，通过安抚、中立和常态化来推进社会转型”。“理解这一点的关键是关注这样的真理观：真理在历史政治话语中发挥作用，它是党派性的，是为党派保留的。”[63]正如福柯自己所言：

> 如果这个主体谈论权利（或者毋宁说他们的权利），谈论真理，那么这个真理就不再是哲学上的普遍真理。事实上，这个关于普遍战争的话语，试图从和平的下面分辨出战争的话语，就是要忠

实地讲述整体的战斗并构筑起战争的通史。但是，它并不就是全体性的或中性的话语；它永远是有视角的话语。仅仅在从它自己的角度出发透视全体性时，才涉及它。也就是说，真理仅仅只能从战斗的阵地出发，从争取胜利出发可以说是在说话的主体得以幸存的范围内，才能得以展开。（引自米歇尔·福柯，《必须保卫社会》，钱翰译，上海人民出版社2018年第1版，第55页）

能否把这种参与性的话语斥为尚未进入现代个人主义的、前现代的“原始”社会的标志？可否把它在今天的复兴斥为法西斯倒退的标志（就像我多次被称为左翼法西斯主义者那样）？[64]对于任何对西方马克思主义稍有了解的人来说，答案是一清二楚的：卢卡奇向我们表明，不能说，尽管马克思主义存有偏见，它依然是“普遍真实”的；而要说，因为马克思主义存在偏见，是从特定的主体立场出发的，所以它才是“普遍真实”的。海德格尔经常反复批评马克思《关于费尔巴哈的提纲》的第11条[65]：当我们想要改变世界时，这种改变必须以一种新的阐释为基础，马克思忽略了这个前提，尽管他的著作正是这样做的——对历史提供一种新的历史唯物主义阐释，把历史阐释为阶级斗争的历史。[66]这种指责是否切中了要害？有人可能会说，马克思在说这话时心里想的是不同的东西：需要一种阐释，对于它来说，对变革的要求是它所固有的。也就是说，需要一种并非中立的或不偏不倚的阐释，因为对于那些已经在努力改变现状的人来说，它是唯一可用的阐释。

我们可能同意这种观点，也可能不同意这种观点，但事实是，福柯在遥远的伊朗所寻找的——讲述真理的对抗性（“战争”）形式——已经强劲有力地存在于马克思主义的观点之中。马克思的观点是，陷入阶级斗争并非获得“客观”历史知识的障碍，而是获得“客观”历史知识的前提条件。常见的实证主义的知识观把知识视为处理现实问题的“客观”（不偏不倚）工具，它不被特定的主体参与所扭曲。福柯称之为现代西方政权的“安抚、中和和正常化形式”。这种知识观是最纯粹的意识形态，是“意识形态的终结”的意识形态。一方面，我们拥有非意识形态性的“客观”和专业知识；另一方面，我们拥有支离破碎的个人，他们都专注于自己的稀奇古怪的“自我关怀”（福柯在否定他的伊朗体验时使用的术语），专注于给自己的生活带来快乐的小事情。从这种自由主义的个人主义的观点看，普遍的担当——尤其是包含了生命危险的普遍担当——是可疑的和“非理性”的。

我们在这里遇到了一个好玩的悖论。传统马克思主义能否为塔利班的成功提供令人信服的解释，这是值得怀疑的。尽管如此，它还是为福柯在伊朗寻找的东西（也为现在的阿富汗令我们着迷的东西）提供了一个完美的欧洲例证。这个例证不涉及任何宗教原教旨主义，只涉及集体参与，而集体参与的目的是过上更好的生活。在全球资本主义获胜之后，这种集体参与的精神受到压制，现在这种被压制的立场似乎在宗教原教旨主义的掩护下东山再起。

这使我们重新想到曾在阿富汗发生过的那个神秘事件：在喀布尔（Kabul）机场，成千上万的人绝望地离开这个国家，一些人在飞机起飞时紧紧抓住飞机，但在飞机起飞后又从飞机上坠落。就好像我们正在目睹最新的悲剧性例证——对那句古老的反殖民主义格言的讽刺性补充的最新的悲剧性例证。那句古老的反殖民主义格言是：“美国佬，滚回去！”对它的讽刺性补充是：“捎上我，一起走！”在这里，真正的难解之谜隐藏在让塔利班都大感意外的事情之中：政府军一溃千里，何其快也！成千上万的人拼死拼活地要搭上飞机离开这个国家，并准备冒着生命危险远走高飞，他们为什么不与塔利班决一死战？为什么他们宁愿从飞机上坠下，也不愿战死沙场？简易的答案是，那些挤在喀布尔机场仓皇逃窜的人只是少数腐败的通敌者。不过，那些待在家中、提心吊胆的成千上万的阿富汗妇女呢？她们也是通敌者吗？事实上，美国对阿富汗的占领，催生了某种世俗的公民社会。在那里，许多妇女接受了教育，找到了工作，意识到了自己的权利，也过上了重要的独立知识生活。几年前，当戈兰·瑟伯恩（Göran Therborn）访问喀布尔和赫拉特（Herat）并发表关于西方马克思主义的演讲时，数百人出现在演讲现场，这让组织者颇感意外。是的，塔利班现在比以往任何时候都更加强大，比20年前西方列强进入阿富汗时更强大。这清楚地表明，西方列强的整个行动是徒劳的。但我们是否应该因此无视他们的干预带来的（至少是部分地，无意之中带来的）进步后果？

扬尼斯·瓦鲁法基思在最新的推文中触及了这个难题：“在自由主义-

新保守主义的帝国主义（liberal-neocon imperialism）被彻底击败的那一天，DiEM25[67]的思念与阿富汗妇女同在。我们的团结对她们来说可能微不足道，但这是我们目前所能做的。姐妹们，顶住！”[68]我们如何解读他的推文的两个部分，即为什么尾随自由主义帝国主义的失败而来的，是妇女（以及其他人）的权利的倒退？我们（这些自认为是反对新殖民主义帝国主义的全球左翼人士）是否有权利要求阿富汗妇女牺牲自己的权利，以便让全球自由资本主义遭受重大失败？在有人指责瓦鲁法基思使妇女解放屈从于反帝斗争时，他在推特上回应道：“我们曾经预言，新保守帝国主义将强化厌恶女性的伊斯兰原教旨主义！一语成谶！新保守主义者是如何反应的？把厌恶女性的伊斯兰原教旨主义的成功归咎于……我们。懦夫和战犯。”[69]

我必须说，我发现对新保守主义者的这种指责颇成问题：新保守主义者和塔利班很容易找到共同的语言。记住，特朗普曾经邀请塔利班前往戴维营，并与他们签订协议，这为美国的投降大开方便之门。此外，对于喀布尔的陷落，新保守主义者已经做出反应。他们把喀布尔的陷落视为西方的世俗启蒙运动和个人享乐主义传统的最终失败。不！并非如此！大力促进伊斯兰原教旨主义的，并非新保守主义者。这种原教旨主义是对西方自由主义的世俗主义和个人主义的影响的一种反击。几十年前，霍梅尼写道：“我们不怕制裁。我们不怕军事入侵。让我们害怕的，是西方恶行的入侵。”霍梅尼谈论恐惧，谈论穆斯林在面对西方时最应该害怕的东西，对此，我们应该按字面意义理解。伊斯兰原教旨主义者对经济斗争和军事斗争的残酷性不以为意，他们真正的敌人不是西方的经济新殖民主义和军事侵略，而是其“不道德”的文化。在许多非洲和亚洲国家，同性恋运动也被视为资本主义全球化对文化影响的表现，视为资本主义全球化破坏传统的社会形式和文化形式的表现。因此，反对同性恋的斗争似乎是反殖民斗争的一个方面。这道理不同样适用于“博科圣地”[70]？在其成员看来，妇女解放是资本主义现代化的破坏性文化影响的最显著的特征。因此，“博科圣地”（可以把它粗略地和描述性地翻译为“西方教育是被禁止的”，对女性尤其如此）通过把等级制度强加于两性关系，把自己感知和描绘为与现代化造成的破坏性影响英勇斗争的能动者。令人费解的是，毫无疑问，这些人遭受过殖民主义的剥削、统治以及其他破坏性和侮辱性的苦难，为什么他们在做出反应时，针对的目标却是（至少在我们看来属于）西方遗产中最好的部分——我们的平等主义和个人自由，包括对所有权威的适当健康的讽刺和嘲笑？显而易见的答案是，他们针对的目标是精心挑选出来的。在他们看来，使自由主义的西方变得如此难以忍受的，不仅是它实施的残酷剥削和暴力统治，比这更糟糕的是，它以残酷剥削和暴力统治的对立物——自由、平等和民主——为幌子，展示了这种残酷的现实。

所以，我们必须再次学习马克思为我们提供的重要教诲：诚然，资本主义系统地违反了它自己的规则（“人权和自由”）——不要忘了，在讴歌人类自由的近现代初期，资本主义在其殖民地恢复了奴隶制等，但资本主义同时也提供了衡量自身虚伪的标准，所以我们不应该说“既然人权是剥削的面具，那不妨弃之如敝屣”，而应该说：“让我们比那些创立人权意识形态的人更加严肃地对待人权问题吧！”这就是社会主义从一开始就具有的含义。

美国或欧洲的民粹主义右翼人士狂热地反对原教旨主义。他们认为原教旨主义是对西方基督教文明的主要威胁。正如他们喜欢说的那样，欧洲正处于成为欧洲斯坦（Europastan）的边缘，对他们来说，美国从阿富汗撤军是对美国的终极羞辱。不过，近期发生了一些新的事情。塞德情报集团（SITE Intelligence Group）是一个美国非政府组织，专门追踪白人至上主义者和圣战组织的在线活动。根据它最近的分析，某些白人至上主义者

> 称赞塔利班对阿富汗的接管，说它“给热爱祖国、热爱自由和热爱宗教的人上了一课”。北美和欧洲的新纳粹分子和暴力加速论者（violent accelerationist）希望挑起一场在他们看来不可避免的种族战争，从而促成一个只有白人的国家。他们赞扬塔利班的反犹主义、对同性恋者的憎恶和对妇女自由的严格限制。例如，有一段话来自“通往法西斯管道的骄傲男孩”（Proud Boy to Fascist Pipeline）在电报上开设的频道，它是这样说的：“这些农民和受过最低限度训练的人为了从全球同质论者[71]手中夺回自己的国家而战斗。他们收回了自己的政府，把自己的国教立为法律，处决异议者。……如果西

方的白人有塔利班的勇气，那我们现在不会被犹太人统治。”“全球同质论者”是用来侮辱“全球主义者”的贬义词，阴谋论推动者用它描述自己的死敌，说他们是邪恶的全球精英，控制着全球的媒体、金融、政治制度等。[72]

同情塔利班的美国右翼民粹主义者感觉自己很正确，其实他们比他们感觉的更正确：我们在阿富汗看到的，正是我们的民粹主义者所渴望的，只是他们把它提纯，提到了极致，形成了新的版本。很明显，塔利班和美国右翼民粹主义者享有共同的特点：反对“全球同质论者”，反对新的全球精英。新的全球精英传播“LGBT+”和多元文化价值观，侵蚀当地社区的既定生活方式。因此，民粹主义右翼人士和原教旨主义者之间的对立是相对的：右翼民粹主义者接受不同生活方式的共同存在。正是基于这个原因，新右翼分子同时既是反犹主义者，又是亲犹太复国主义者。他们拒绝那些想留在西方土地上并接受同化的犹太人，肯定那些回到自己土地上的犹太人。或者，如犹太人大屠杀的幕后操纵者莱因哈德·海德里希在1935年时所言：“我们必须把犹太人分为两类，一类是犹太复国主义者，一类是同化的支持者。犹太复国主义者宣扬严格的种族观念，通过向巴勒斯坦移民，他们建立了自己的犹太国家。……向他们献上我们的真诚祝福和官方的友好祝愿。”[73]

看起来更加令人惊讶（但实际上并不怎么令人惊讶）的是，某些左翼人士也以一种有限的方式追赶这个浪头：尽管他们对妇女在塔利班统治下的命运感到遗憾，但仍然把美国的撤军视为全球资本主义新殖民主义的一次惨败，是习惯于将自己的自由和民主观念强加于他人的西方列强的一次惨败。

“不被迷惑则必犯大错”

这种亲昵并不限于对待塔利班的态度，我们还在那些反对把注射疫苗和社会管制作为抗击疫情措施的人中发现了它的身影。最近发现的间谍软件飞马进一步证实，我们普遍的不信任，我们怀疑我们受到了社会的控制，是事出有因的。这可以帮助我们理解，何以我们中的许多人抵制疫苗的接种。如果所有的一切，所有的数据流和我们所有的社会活动均被控制，那至少我们身体的内部似乎是最后一个理应逃脱这种控制的岛屿。但随着疫苗的接种，国家机器和私人企业似乎连这个最后的自由亲密的岛屿都不放过。因此，我们可以说，抵制疫苗是我们为我们饱受所有版本的飞马之害而付出的错误代价。因为科学被广泛用于证明措施的合理性，因为疫苗是一项伟大的科学成就，所以抵制疫苗也是基于这样的疑虑：科学是为社会控制和社会操纵服务的。

我们最近目睹了雅克·拉康所说的“大他者”的权威的逐渐衰退，目睹了公共价值观念这个共享空间的权威的逐渐衰退。要知道，只有在这个共享空间内，我们的差异性和一致性才能得以正常发育。权威的逐渐衰退，这种现象经常被错误地描述为“后真相时代”（post-truth era）。自由主义者以人权的名义抵制疫苗接种，令人怀念列宁主义的“民主社会主义”（自由的民主辩论，但一旦做出决定，人人都必须服从）。我们应该在康德的启蒙表达式的意义上阐释这种民主社会主义：不是“不要服从，自由地思考！”而是“自由地思考，公开表达你的想法，然后服从！”这道理同样适用于对疫苗持怀疑态度的人：辩论，说出你的疑虑，一旦公共权力强制实施某些规定，就要无条件地服从。没有这样的实际共识，我们将慢慢地堕入由部落派系组成的社会。

在斯洛文尼亚（我自己的国家），我们如今（2021年9月）正在忍受“自行决定是否接种疫苗”的灾难性后果。我们现在是欧洲最糟糕的地区，被列为深红色区域。政府的做法是，不仅每个人可以自由地选择是否接种疫苗，而且每个人可以自行选择接种何种疫苗［许多人选择杨森疫苗（Janssen），因为当局宣称，一针足以提供全面保护］。一旦出现麻烦（一名年轻学生死于杨森疫苗引发的血栓），政府就会说“这是你自己的选择，所以你要为此担责”。与此同时，政府实际上在所有公共服务部门强制接种疫苗，结果引发了广泛的反疫苗抗议运动，抗议运动又导致民众与警察和记者的暴力冲突。出现这样的结果，丝毫不足为奇。显而易见，正确的策略应该是，像几十年前在防治其他传染病时所做的那样，强制实施全民接种疫苗。这会为人们提供目标明确的稳定感，使整个疫苗接种的话题非政治化。现在，右翼民族主义政府指责左翼反对派煽风点火，推动反疫苗的抗议活动，同时把右翼民族主义政府的战略失败说成是左翼的黑暗阴谋导致的结果。对此我们只能徒叹奈何，无计可施。

在这里，我们可以清楚地看到个人自由和社会团结之间的联系：选择是否接种疫苗的自由，当然是一种正式的自由；但拒绝接种疫苗实际上意味着既限制我的实际自由，也限制他人的实际自由。在一个共同体内，接种疫苗意味着，我对他人（以及他人对我）的威胁会大大降低，所以接种疫苗后，我可以在更大程度上行使我的社会自由，以通常的方式与人交往。只有在被规则和禁令所调节的某个社会空间内，我的自由才是真实的自由。我能在熙熙攘攘的大街上自由地行走，是因为我充分相信，街上的行人会以文明的方式对待我。他们攻击我，侮辱我，就会受到惩罚。这道理与接种疫苗的道理完全相同。当然，我们可以随时改变日常生活的规则——在某些情况下，这些规则可以放宽，也可以加强（如在流行病暴发的那种情形下），但无论如何，我们都需要有一个照章办事的领域，把它视为我们行使自由的领域。

抽象自由和具体自由之间的黑格尔式差异就表现于此：在具体的生活世界中，抽象的自由走向了它的对立面，因为它削弱了我们对自由的实际行使。且以言论自由和与他人交流的自由为例：我只有遵守共同确立的语言规则（及其所有的歧义，包括字里行间的信息这个不成文的规则），才能行使这种自由。当然，我们所说的语言在意识形态上也不是中立的，它包含着众多偏见，这使我们无法清晰地表达某些异乎寻常的想法。正如黑格尔所知，思考总是发生在语言之中，它总是携带着常识性的形而上学（对现实的看法），但要真正思考，我们必须用反对这种语言的语言来思考。为了开辟新的自由领域，可以改变语言的规则，但“政治正确”的官腔官调遇到的麻烦清楚地表明，把新的规则直接强加于人，可能会导致模棱两可的结果，并催生全新的、更加微妙的种族主义形式和性别歧视形式。

最糟糕的公共空间的解体发生在美国，这可以借助于公共文化的一个细节详加阐明。在欧洲，建筑物的底层被标记为“0”，因此它上面的一层才是一层。但在美国，一层是临街的一层。简言之，美国人从“1”开始计数，而欧洲人知道，美国的“1”就是他们的“0”。或用更历史化的术语讲，欧洲人知道，在开始计数之前，必须有一个传统的“基础”[74]，一个总是已经既定的基础，因此不能把它算作数字。美国没有真正的前现代历史传统，缺乏这样的基础。在美国，一切直接始于自我立法的自由（self-legislated freedom）：往昔被直接抹除，或被转置到欧洲。[75]或许我们应该从欧洲提供的教益开始，学习从“0”开始计数。我们真的应该这样做吗？当然，这里的陷阱在于，“0”从来都不是客观中立之物，而是共享的意识形态霸权空间，里面充斥着内在的对抗和矛盾。即使谣言这个“后真相”空间，也依然是大他者的一种形式，只是这种形式与大他者的另一种形式——高贵的公共空间——迥然不同而已。所以，我们必须以更加具体和更加精确的方式提出我们的主张：忽略底层，即使再强大的大他者也会面目不清，黯然失色。

某些拉康学派（包括雅克-阿兰·米勒在内）经常倡导这样的看法：在当今这个“假新闻”盛极一时的年代，大他者真的已经不再存在。果真如此？如果它比以往任何时候都“更加存在”，只是换了一种形式呢？我们的大他者不再是与淫荡的私人交流大相径庭的公共空间，而是这样的公共领域：在那里，“假新闻”漫天飞舞，我们则交换着各种谣言和阴谋理论。何以无耻淫荡的另类右翼的崛起令人大惊失色？对此问题，我们不应漠视。它早就引起了安吉拉·内格尔的注意，她也对此做了精湛的分析。[76]从传统的角度看（或至少从我们追溯的传统角度看），无耻的公共淫荡（shameless public obscenity）具有颠覆性，它会破坏传统的统治，剥夺主人的虚假尊严。随着公共淫荡的迸发，我们今天看到的，不是统治的偃旗息鼓，不是主人形象的销声匿迹，而是它的重整旗鼓和东山再起。[77]

从这个更加精确的意义上说，今日之美国是崭新的淫荡大他者之国：他们越来越缺乏的那个“0”是公共尊严之“0”，是共同担当之“0”。此外，这个淫荡大他者是由不同形式的、中立的专业知识（国家机器、法律秩序、科学）这个大他者来补充的，尽管这种补充经常是以与之冲突的方式完成的。在这里，真正的问题一一出现：即使它以科学的形式现身，我们能信任这个大他者吗？难道科学没有陷入技术统治和技术剥削的程序之中，没有陷入资本主义利益的程序之中吗？科学不是在很久之前就已经丧失了其中立性吗？这种中立性从一开始不就是社会统治的面具吗？把科学应用于流行病，难道这一洞识没有迫使我们对封锁措施和对流行病做出的其他反应的科学-医学依据提出质疑吗？流行病怀疑论最坚定的支持者是法比奥·维吉（Fabio Vighi）。他认为，缜密分析流行病的财政背景就会发现很多细节，把这些细节联系起来，我们“就会看到一个界定明确的叙事大纲浮现在我们面前”：

> 实施封锁和暂停全球经济交易的目的是：（1）允许美联储向陷入困境的金融市场注入刚刚印刷出来的货币，同时延缓恶性通货膨胀；（2）引入大规模疫苗接种计划和健康护照（health passports），以之作为资本主义积累的新封建政体的支柱。因此，应该把主流叙事颠倒过来：股市并没有因为强制实施封锁措施而（在2020年3月）崩盘，相反，不得不强制实施封锁措施，因为金融市场正在崩盘。……“SARS-CoV-2”是用于心理战的特殊武器的称谓，而心理战是在最需要它的时刻出笼的。……疯狂地印刷货币，目的在于填补灾难性的流动性缺口。这些“摇钱树上的钱”（magic-tree money）的大部分仍然被冻结在影子银行系统、证券交易所和各种虚拟货币方案之中（虚拟货币是不打算用来消费和投资的）。这些钱的唯一功能是为金融投机提供廉价资金。它们就是马克思所说的“虚构资本”。它在轨道循环中持续扩张，现在完全独立于实际的经济运行周期。重要的是，不能让这些现金涌入实体经济，因为这样一来，实体经济就会过热并引发恶性通胀。[78]

简言之，不是流行病把资本主义秩序置于紧急状态，而是全球资本主义需要进入紧急状态，以避免比2008年的金融危机更加严重的灾难性危机。这时流行病被当成了进入紧急状态的广受欢迎的借口。阿甘本关注的是，流行病是如何强化生命政治，进而证明永久紧急状态的正当性的。与阿甘本不同，维吉则提出了资本的再生产问题。从新自由主义的全球资本主义向企业新封建资本主义的过渡，是以历史偶然性为托词的一个基本过程，而维吉并不害怕为这一系列托词再添加一个托词——基于生态的封锁：生态危机不仅远远没有直面资本主义及其致命的局限性，它还能被当作——也将被当作——有科学根据的方法，用于规训和控制民众。“绿色资本主义”不仅是遮蔽全球秩序的人道主义面具，而且是大企业资本控制小资本的一种方式。

维吉没有忘记形势的复杂性：制药公司的利益，专家支持的防疫措施的“科学”见识，都在证明新形式的社会控制和社会监管的合理性，而社会控制和社会监管是用来规训民众的行为的。他的论证路线包含着许多通达的见识，他的经济分析的基本前提一语中的。流行病期间的经济增长为前面提及的“劳德代尔悖论”提供了例证：制药业的生产——不仅包括疫苗的生产，而且包括口罩和医疗器械的生产——出现海量的增加，这在形式上算作经济增长，实际上却使民众雪上加霜。而且可以肯定的是，全球变暖将催生更多诸如此类的“经济增长”。

因此，我非常欣赏维吉的工作，但我发现，他也有其问题——颠倒了因果关系：正如我们在上面那段引文中看到的那样，他没有接受“引发封锁和其他医疗措施的是流行病”这一“官方”说法，而是把资本的需求视为决定性的因素，利用（或者如同他的其他场合所言，甚至直接制造）流行病来证明采取封锁措施的合理性。尤其是，当他把生态危机添加到为实施封锁措施进行辩护的因素里面时，我认为他实在是操之过急了。流行病并非某些人的虚假发明，也不是对某种流感的潜在威胁的刻意夸大；危险是真实存在的，必须采取应对措施。研究流行病的科学不是带引号的科学，而是名副其实的科学。科学以及卫生管理机构推出的措施，当然会受到企业利益的扭曲，受到社会控制和统治的利益的扭曲，但问题恰恰就在这里：我们拥有的唯一能够对抗真正威胁的机构已被现存体制绑架和扭曲，这使我们的处境变得惨不忍睹。所以，实际上，我们已经被人敲诈勒索：是的，强制措施已被扭曲，但那是我们唯一拥有的东西，我们不能无视其存在。换言之，关注资本流动和资本利益这个实在界，这种做法犯下的错误在于，它（即使没有公开地，也是含蓄地）把流行病的“表面”现实和由流行病引发的痛苦化约为一种可以坦然忽略的表象。然而，即使流行病是由资本利益集团制造和操纵的，它也会产生实际的物质后果，必须在医疗措施的层面上加以解决。我们不能做的，恰恰是维吉含蓄提倡的步骤：打破为紧急措施辩护的官方叙事这个魔咒，回归我们的日常常态。

把资本主义的这个灾难性副产品视为具有传奇意义的阴谋的实现，这过于接近偏执狂的构想。它的前提是，尽管东方与西方存在着地缘政治冲突和经济冲突，但在某种程度上，东方也是同一个资本主义大阴谋的一部分。它的前提是，科学在许多不同的国家都很容易被现存体制所操纵。当然，维吉对有关流行病的主流观点的批判绝非偏执狂的构想：他依然坚定地处于理性推理的范围内，只是渐渐危险地走向偏执的边缘。

阴谋论和批判性思维之间的区别在于：尽管它们最初都不信任官方意识形态，但阴谋论不（仅）在操纵事实的意义上，而（且）在非常形式化的层面上，迈出了致命的一步。不妨回想一下拉康关于嫉妒的论断（这个论断我经常引用）：即使心怀妒意的丈夫对他妻子的看法（她到处和男人鬼混）铁证如山，他的嫉妒依然是病态的。之所以说它是病态的，是因为这位丈夫需要嫉妒，嫉妒是他维持尊严——甚至维持身份——的唯一方式。沿着同样的思路，我们也可以说，即使纳粹关于犹太人的大部分说法并非空穴来风（说他们盘剥德国人，说他们勾引德国女孩，等等）——当然这些说法都是捕风捉影——他们的反犹主义仍然将是（过去也是）一种病态现象，因为它压抑了纳粹需要反犹主义的真正原因——他们要以此维持其意识形态立场。在纳粹的愿景中，他们的社会是一个和谐合作的有机整体，因此需要一个外部入侵者来解释他们社会中存在的分裂和对立。这道理同样适用于如今反对移民的民粹主义者对难民“问题”的处理：他们在恐惧的氛围中，在即将来临的反对欧洲伊斯兰化的斗争这一氛围中，来处理这个“问题”。他们陷入了一系列显而易见的荒诞不经之中。阿伦卡·祖潘契奇明确地把这个表达式应用于阴谋论：“尽管有些阴谋的确存在，但阴谋论中仍然存在着某种病态的东西，存在着无法化约为这些或那些事实的剩余投资（surplus investment）。”[79]她确定了这种病态的三个相互关联的特性。第一个特性，阴谋论“与享乐有着内在的联系，与拉康所谓的*jouis-sens*（一个与*jouissance*有关的文字游戏）有着内在的联系，与‘enjoy-meant’或有意的享乐有着内在的联系”[80]：对流行病持怀疑态度的人喜欢声称，他们只是想进行自由的辩论，也愿意倾听各方的意见，最后再各自做出自己的决定，反对为现存体制服务的专家和科学的一家之言。他们从怀疑主义出发，怀疑所有的官方理论，但后来他们（几乎奇迹般地）通过提供一个统一的整体解释，消除了这些怀疑。如此通过整体解释来克服怀疑，来消除怀疑的全部意义，为他们提供了巨大的剩余享乐。

阴谋论的座右铭是："自己动手，调查研究！"这等于说，不要相信权威，要独立思考。但其实呢，这意味着与之截然相反的东西：不要思考！也就是说，具体而言，我们如何才能"自己动手，调查研究"？由于我们是以不信任官方的观点为动机的，所以"研究"意味着谷歌搜索。当然，我们搜到的都是否认病毒存在的网站，它们排在我们搜索列表的顶端。因此，"自己动手，调查研究"意味着，让你暴露在你无法验证的阴谋论中。不妨回想一下卡尔·波普尔（Karl Popper）著名的科学知识证伪理论：科学家应该试图证伪一个理论，而不是试图不断地证实这个理论，因为即便有无数个实例证实这个理论，只要找到一个反例，就足以让它人仰马翻。一种理论被证明是错误的，然后引入一种新的理论，而且该理论能够更好地解释现象——只有这样，科学知识才能进步。（波普尔意识到，在具体的科学研究中，事情会变得更加复杂。）阴谋论似乎是波普尔式的，它寻找实例，要证伪某个理论。两者的不同之处在于，它把证伪视为它所掌握的绝对真理的额外证据：看上去是证伪，实际上是证实——它证实，欺诈性的大他者力大无比。

这把我们带到了第二个特性。人们普遍认为，阴谋论是我们这个相对主义的后真相时代的一部分。身处其中的每个群体都在推销自己的主观真理。这种看法可谓大谬不然。阴谋论者狂热地相信真理，"他们非常严肃地看待真理这一范畴。他们相信存在着真理。他们确信，自己的真理不同于官方的真理"。它的第三个特性是，他们的真理不仅是一个客观的社会过程，而且是一个积极活跃、无所不能的能动者策划的阴谋。如此密谋的主要目的是欺骗我们，如此积极活跃、无所不能的能动者则是隐藏在一团混乱背后的"理应欺骗（我们）的主体"（我们在这里为拉康的"理应知情的主体"增添了另一个变体）。正如阿伦卡·祖潘契奇所言，一种涉及邪恶之神的神学在这里蠢蠢欲动：

我们基本上正在面对一种绝望的尝试——尝试在大他者已经蜕变为广义相对主义的时代，保存大他者的动能。只有把大他者推向恶毒和邪恶之域，并以此为代价，这种尝试才能成功。大他者的一致性（它的尚未“被禁”）再也不能以其他方式表现出来，只能以它成功地欺骗我们这种方式表现出来。一个连贯一致的大他者只能是一个大骗子，一个邪恶的大他者。一个连贯一致的神只能是邪恶的神，除此之外的一切都不合情理。当然，有邪恶的神强于没有神。

弗洛伊德在分析德国法官施雷伯[81]的偏执狂时提醒我们，我们通常认为的疯癫（针对主体的偏执狂阴谋场景）实际上已是康复的尝试：在精神完全崩溃后，偏执狂的构想是主体的尝试——尝试在他的宇宙中重建秩序，重建使他能够获得“认知图绘”的参照系。这道理岂不同样适用于当今的阴谋理论？它们试图在大他者崩溃之后恢复全球性的认知图绘。

当然，这座大厦马上就会出现裂缝：被摧毁的不确定性以“教条”阴谋论的方式回归，而“教条”阴谋论通常是不一致的，它遵循的逻辑也是弗洛伊德讲过的笑话“借来的水壶”的逻辑：（1）我从未向你借过水壶；（2）我还你时，水壶完好无损；（3）我向你借水壶时，它已经残缺不全。像这样的矛盾论证的罗列，恰恰是在用否定的方式来确认它竭力否认的东西——我的确归还了一个坏水壶。对怀疑流行病的人而言，他们同样毫不费力地把一系列相互矛盾的说法捏合在一起：没有流行病病毒；这种病毒是故意制造出来的（为的是减轻人口压力，加强对人民的控制，促进资本主义经济，等等）；这是一种自然疾病，较媒体所言更为温和；疫苗比病毒还要危险。

在这个奇怪的偏执狂世界里，特朗普说的是真话，格蕾塔·通贝里却成了大资本的代理人。我个人认识死于流行病的人，我认识正在从不同角度（医学、统计学等）分析病毒的研究人员，我知道他们也有疑虑，也受限制，他们公开承认这一点，而疑虑和限制是科学研究的一部分。在他们看来，信任科学与正统教条完全相反：信任科学就是信任不断进步的探索。

出于所有这些原因，我认为，把流行病视作为资本服务的大型阴谋，这种想法远不如下列想法真实可信：把流行病的残酷现实视作被现存体制巧妙利用的偶发事件。但在某种程度上，这本身充满了矛盾：防治流行病，显然需要更大的合作和社会协调，但同时又会引发资本的防卫反应，这种反应是次生性的，是控制损害的一种努力。我发现下列想法尤成问题：生态威胁拥有类似的身份，它也是虚构出来的（或至少是被夸大的），这样做为的是强化新兴的新封建资本主义。全球变暖是一个创伤性的实在界，它显然需要经济的社会化：资本主义现存体制的主要趋势是淡化这一威胁，当然，事实上，它也（在非常有限的程度上）被全球秩序巧妙地利用，但这个事实只是有限的次要事实。

另一个应该引起我们注意的时刻是2020年初。那时，流行病突然成为我们媒体的中心话题，这令所有其他的疾病甚至政治新闻黯然失色（尽管其他的疾病和不幸造成的痛苦和死亡远远超过流行病）。现在的感染率仍然很高，但封锁和其他防御措施则少之又少。这里的榜样是英国。英国放弃了对所有公共生活的管控，把责任转移给个人（政府以这种方式把我们的自由还给了我们，但这是有代价的：一旦感染疾病，责任全在我们自己。）媒体把这称为“学会与病毒共存”。能否根据下列说法来解释这种转移（这种转移显然与流行病的现实不同步）：现存体制认为，既然封锁发挥了经济和社会作用，既然社会控制已经根深蒂固，我们是否可以在一定限度上恢复正常状态？我们现在正在进入的怪异的正常状态，可用群体心理学（crowd-psychology）做出更好的解释：在遭受心理创伤的情形下，做出反应的速度不及现实前进的速度，永久紧急状态使人们身心交瘁，疲惫不堪之后的冷漠开始占据主导地位。

但我们必须百尺竿头，更进一步。恐慌和它的对立物——疲倦和冷漠——不仅属于精神生活的范畴，而且只能在大他者的身份发生变化的社会过程中（以它们今天所采取的那种形式）出现。一年半前，我们处于恐慌之中，因为我们可以分享和信任的大他者已经分崩离析：没有任何权威能够为这种局面提供全球性的认知图绘。这个维度——符号生产模式中的转移——的重要性已被人忽略：为了抗击流行病和全球变暖，需要一个崭新的大他者，即一个以科学和解放（emancipation）为根基的新的团结空间。

在持续的斗争和冲突中，生死攸关的是做出正确的选择。在描绘一个时代的特征时，要提出的问题不是“是什么把它团结起来”，而是“用来定义这个时代的分裂是什么”——“造就差异的差异是什么”[82]。有人认为，阶级斗争已经过时。拥护这种观点的人经常声称，今天的巨大分裂是新的分裂，是自由主义的现存体制和民粹主义的反抗势力之间的分裂。在让-克洛德·米尔纳（Jean-Claude Milner）看来，取代了阶级斗争这一分裂的，是犹太复国主义和反犹主义之间的分裂。在接近2021年底之时，至少在发达国家，重要的分裂似乎是支持防疫措施的人与反对防疫措施的人之间的分裂。正是在这一点上，我们应该坚持阶级斗争的首要地位，把它作为“最后”决定整体的因素。至于反犹主义，这种联系是显而易见的：反犹主义是被扭曲的反资本主义；它以犹太人的形象把资本家的暴利和剥削予以“自然化”，把犹太人视为外部入侵者，他把对抗带入了社会的躯体。但是，如果这道理同样适用于否认和怀疑病毒的人呢？至少就其右翼民粹主义版本而言，否认病毒的阴谋论岂不与反犹主义的理论大同小异？在否认病毒的右翼民粹主义版本中，反资本主义让位于对科学的不信任，因为科学是为金融、企业、医疗等现存体制服务的。在这两种情况下，一边是基本的对抗，一边是对它的意识形态替换，划清两者的界限是至关重要的。

一边是对病毒持怀疑态度的人，一边是支持防疫措施的人，无法把他们之间的矛盾直接转化为基本的政治斗争。因此，即使激进的左翼也不得不从中做出选择。2021年9月9日，拜登宣布了“要求绝大多数联邦雇员接种疫苗，敦促大型雇主为员工接种疫苗或每周进行检测的政策”。这些新措施将覆盖约三分之二的美国雇员。“拜登对数千万拒绝接种疫苗的美国人说：‘我们一直很有耐心。但我们的耐心正在消耗殆尽，你们的拒绝会让我们所有的人付出代价。’”[83]这个举措是否注定维护国家对个人的控制，增进大资本的利益？不！我“天真”地相信，这将拯救数百万人的性命。

在这里，法比奥·维吉站在阿甘本一边。有人对阿甘本做了一个批判性观察：就他反对封锁措施的立场而言，他与特朗普和博尔索纳罗[84]比肩而立。他在接受访谈时［该访谈附在他专论流行病的文集《我们现在身在何处？》（Where Are We Now?）中］对此做出了回应：真理就是真理，不管它是左翼还是右翼阐明的。[85]阿甘本在这里忽略了真理和知识之间的张力：是的，一小片知识（从充分呈现特定事实这个意义上说，它就是真理）就是一小片知识，但意义的视域会给这一小片知识带来完全不同的解读。1930年前后，德国的艺术评论家中有很多犹太人。我们可以认为，这证明犹太人有很强的艺术感受力；我们也可以认为，这证明犹太人控制着我们的艺术生产，并把我们的艺术生产推向“堕落艺术”的泥潭。因此，“德国的艺术评论家中有很多犹太人”这个事实会引发不同的“真理”。尽管法比奥·维吉正在努力致力于此，即在为防疫措施积极辩护的医学知识的背后寻找社会真理，但他忽略了流行病复杂的社会背景和物质背景。资本主义自我再生产的循环运动发生在三个相互关联的层面上：（1）资本自身的投机舞蹈，（2）这种舞蹈的社会效应（财富分配、剥削、社会的解体），（3）影响整个生命世界的环境的生产与剥削的物质进程（在新地质时代的“资本世”中达到顶峰）。在无视现实的虚构资本的疯狂舞蹈的另一面，是堆积如山的塑料垃圾、森林火灾与全球变暖、对数亿人造成有毒污染的事实。

一旦我们也充分考虑到这第三个层面，我们就能明白，流行病和全球变暖是作为全球资本主义经济的物质产物出现的。是的，资本主义确实制造了流行病和生态威胁，但流行病和生态威胁不是作为度过自身危机的残酷策略的一部分，而是作为其内在矛盾的结果制造出来的。因此，用来描述病毒怀疑论者的最佳表达式是拉康的“不被迷惑则必犯大错”。[86]怀疑论者不相信对灾难（流行病、全球变暖等）的公共叙述，认为其中必有更深层次的密谋，所以他们所犯错误最多，看不到促成这些灾难的实际过程。所以说，法比奥·维吉实在过于乐观：根本不需要人为制造流行病和天气灾难，体制会把它们自动制造出来。

待宰的羔羊

应该把“不被迷惑则必犯大错”概括为意识形态在今天发挥作用的基本模式，概括为正在进行的社会解体过程的反面，或者更确切地说，概括为正在进行的社会解体过程的实际蕴含。据美国有线电视新闻网记者吉尔·菲利波维奇于2021年10月19日的报道，费城发生了一起“令人毛骨悚然的恐怖”事件：一名女子在宾夕法尼亚州东南交通管理局的一列火车上被强奸，旁观者用手机记录了这一事件，但没有干预或报警。“它不仅表明了对妇女的安全和福祉的完全无视，而且表明了社会的解体；这里存在着令人不安的冲动——要透过具有娱乐和冲击价值的镜头来过滤可怕的事件；这里存在着可怕的能力——能通过屏幕调节痛苦，进而使痛苦非人化。”[87]造成这个事件的一系列原因非常明确：对妇女的漠视，更加广泛的社会解体，以及一个常常被忽视的关键特征，即通过屏幕过滤暴力事件，这在某种程度上使暴力事件非现实化和非人化。这种以缺乏基本团结为形式的社会解体是一种全球性的现象。无论在何处，在人们目睹一个人对另一个人造成痛苦的可怕事件时，他们中的许多人会以四种渐次失序的的非道德方式做出反应：溜之大吉，以免目睹事件；悄然走过，目不斜视，旁若无人；热切地观察事件；记录事件。后两种方式显然会产生剩余享乐：让我们这些旁观者感到内疚的不仅是我们（由于恐惧或出于其他原因）无所作为这个事实，而且是这种享乐——以我们热切凝视为化身的享乐。

难道我们的媒体在报道针对妇女的暴力行为时没有类似之物吗？杰奎琳·罗斯（Jacqueline Rose）最近在处理这个问题时提出了一个关键论点：主流媒体上针对女性暴力的广泛讨论究竟意味着现实的暴力更多，还是因女性主义意识提升使此前被视为常态的暴力更显性化？罗斯指出，这种显性化是极度暧昧的：它表明女性主义意识已经渗入一般文化，但它也抵消了针对妇女的暴力的影响，使针对妇女的暴力变得可以容忍和合乎标准——暴力随处可见，我们对此表示抗议，然后生活还要继续下去……

且举一例说明问题。它便是对假想的保守主义-原教旨主义统治所造成的压抑氛围的直接的“批判性”描述。玛格丽特·阿特伍德的新版电视剧《使女的故事》让我们直面了一种怪异的快感，即幻想存在一个残酷的男权统治世界。当然，没有人会公开承认自己渴望活在这种噩梦般的世界里，但确知自己绝无此欲求，反而使得幻想这种世界的细节增添了些许快感。是的，我们在快感中感受痛苦，而拉康把这种“苦中之乐”称为享乐。而且，在更普遍的层面上，这同样适用于对资本主义的恐怖行径所做的批判性（或虚构性）报道：仿佛对资本主义所做的残酷和公开的批判会被立即收编，会被纳入资本主义的自我再生产。且以网飞公司轰动全球的巨制《鱿鱼游戏》（*Squid Game*）为例，它传达的“毫不隐晦的信息”是：

> 失控的资本主义真是糟糕。但网飞公司的高管们未必感到困扰——他们正忙于收割该剧给他们带来的巨额现金流。事实证明，严厉地批判资本主义，可能会有助于推动网飞公司成为一家价值数万亿美元的公司。自九月中旬推出《鱿鱼游戏》以来，网飞公司的股票市值已经增加190亿美元。此外，它还创造了9亿美元的“影响力价值”（网飞公司用来评估单个演出取得的业绩的指标）。这家流媒体平台毫无廉耻、竭尽所能地从表演中榨取每一个铜板：它甚至在网上商店出售《鱿鱼游戏》的连帽衫。[88]

然而，这种直接的收编走得更远，远远超出了该系列剧所产生的巨大利润。也许更重要的是它的形式方面：《鱿鱼游戏》把残酷的资本主义剥削和资本主义竞争（这是资本主义体制本身的特征）转变为由隐藏的组织者运营的游戏，从而使我们这些观众——这些旁观者——尽情享受情节的紧张和逆转。

如何对抗一种已被预判为不受个体信任的意识形态？一个可能的解决方案来自最近的希腊，它直截了当的双重翻转证明，希腊的确是我们文明的起源。2021年10月，希腊媒体报道了一场涉及10万多名反疫苗者和200～300名医护人员的骗局：

> 反对接种疫苗的人为了接种假疫苗向医生支付400欧元。基本上，他们会要求医生给他们注射一剂普通的自来水之类的东西，而不是疫苗。不过，参与该骗局的医生随后将计就计，欺骗了他们。到了最后一刻，他们把“假”液体换成了真液体，从而在反疫苗者不知情的情况下给他们注射了真疫苗。（既腐败堕落又合乎伦理的）医生们仍然拿着收取的贿赂不放！最后一个搞笑的逆转出现

了："秘密"接种疫苗的反疫苗者自然会表现出疫苗的副作用，他们也向别人描述疫苗的副作用。然而，他们无法解释，为什么会有副作用，副作用是如何产生的，因为他们仍然相信自己欺骗了国家机构。[89]

虽然我谴责参与这个骗局的医生，但我不能对他们过于苛刻。当他们把确认接种疫苗的文件发送给反疫苗者时，他们并没有骗人，因为反疫苗者真的接种了疫苗。唯一真正被骗的人是想欺骗他人的人。也就是说，他们要享受接种疫苗的好处而不真的接种疫苗。到头来，他被真相自身所欺：他所不知道的是，他真的成了他假装是的那种人（假戏真做，被接种了疫苗）。那么，问题是否在于，医生不仅对他的病人撒谎（承诺不会真的给他们接种疫苗），而且还笑纳了他们的贿赂（400欧元）？即使在这里，也会有人争辩说，如果医生不接受贿赂，那病人可能会怀疑自己接种了真疫苗。其实，真正的伦理关切在于，病人是在违背其明确意愿的情况下被接种疫苗的。即使如此，在这种情况下，我认为这只是一种轻微的过错，因为病人意在作弊，也就是说，他们虽然没有接种疫苗，但想得到一份确认他们已经接种疫苗的官方文件。正是由于这个缘故，他们不仅会危及自身，还会危及别人。

许多反对接种疫苗的人认为，强制接种疫苗不仅是对我们个人选择自由的攻击，而且是对我们身体的暴力入侵，这种入侵堪比强暴——接种疫苗无异于被公共（或非公共）医疗机构强暴，仿佛我们的身体真的只属于我们自己一样？最近在斯洛文尼亚出现一个病例。一个年迈体衰的老太太在医院里奄奄一息，她无法进食，要同时注射六到七种液体才不至于咽气。当被问及是否想要接种疫苗时，她严词拒绝，她说不知道疫苗里都装了些什么东西，不想让任何外来物质注入自己的身体。这不就是我们所有人的处境吗？不管是否接种疫苗，我们早就以不为我们所知的方式受到控制和操纵，一如下列情形：虽然一些富可敌国的犹太人正在盘剥我们，但对我们的盘剥在没有犹太人的情况下依然快马加鞭地进行着。

然而，这则逸事的真正有趣之处在于，无论是真是假，它都充当着皮埃尔·巴亚尔意义上的例证，以一种纯粹的形式呈现出我们在社会现实中很少遇到的被控制和被操纵的方式：当我们觉得我们欺骗了公共权威时，我们的欺骗已经被纳入公共权威的自我再生产的循环之中。所以在某种程度上，我们表现得比待宰的羔羊还要糟糕：再说一遍，正如拉康所言，不被迷惑则必犯大错，没有被自由主义现存体制所欺骗，却最终投票给特朗普的下层白人，就是这方面的例证。我们还应该注意，“待宰的羔羊”的逻辑适用于斗争正酣的双方：在疫苗怀疑论者看来，待宰的羔羊是排队等待接种疫苗的人，或者在疫苗难以得到时，贿赂医生的人。但（至少目前）对大多数人而言，待宰的羔羊是否认流行病，拒绝遵守抗疫措施，对自己和他人的生命构成了威胁的人。

我们经常听说，反对接种疫苗的抗议活动不仅表现了反科学的非理性，而且浓缩了一系列其他不满（对我们生活的爆炸性控制，医疗和其他公司的霸权，等等），所以我们应该与反接种疫苗者进行对话，而不是对他们嗤之以鼻。我在这里看到的问题是，我们也可以以同样的态度对待反犹主义（反犹主义表达了对金融剥削的抗议等），甚至以同样的态度对待针对女性的暴力行为（男性虐待女性通常是为了发泄他们的沮丧，他们的沮丧是在社交生活中因为遭受他人羞辱积郁而成的）。在所有这些情况下，瓦解这种“仁慈”和“理解”的观点的，是由上述运动催生的剩余享乐：残酷无情地对待女性显然会带来变态的享乐，反犹主义大屠杀亦在此列，反对接种疫苗的阴谋论也会催生自身特有的享乐。所以，在这里，我们应该这样补充拉康有关精神分析伦理的表达式——“唯一能够让你感到内疚的，是在欲望的问题上妥协”：你总是因为享乐而感到内疚，你总要为你的享乐承担责任，即使给你带来享乐的东西是从外部强加于你的，也是如此。

意识形态的物质力量就在这里：它不仅训练我们容忍权力，甚至积极参与我们对权力的服从。它通过警告我们不要上当受骗来让我们上当受骗，也就是说，它不指望我们信任（对公共秩序及其价值观的信任），而是指望我们不信任。它的潜在信息是：“不要信任当权者，你正在被操纵，现在我来告诉你，如何才能避免被人愚弄！”

时代错乱的两副面孔

也许我们在这里面对的最深的裂缝，是下列两者间的裂缝：一者是科学提供的现实形象（image of reality）；一者是常识性的正常状态，是我们已经习惯的生活方式。正常状态，包括对“我们的生活如何运行”的所有直觉，是站在疫苗否定者一边的。他们只是不能相信，我们现在面临的问题——流行病、全球变暖、社会动荡等——将终结我们的生活方式。我和那些需要定期透析才能活命的人交谈过，他们全都对我说，最具创伤性的事情莫过于接受下列事实——他们的生存依赖于这台透析机：在我面前，有一台硕大的机器，我的身体机能全靠它的正常使用和顺利运作。对接种疫苗的展望，让我们面对同样的令人震惊的体验：我的生存取决于能否成功地被反复注射。

右翼民粹主义者和左翼自由主义者的共同点是对整个公共权威空间的不信任，这样的公共权威空间包括警察条例，包括由医疗机构、制药机构、大公司和银行维持的医疗保健控制和条例。他们都想抵制这种压力，维护自由的空间——什么样的自由？左翼——如果它仍然配得上这个名称的话——应该在这里更进一步：为了寻求某种更本真的存在方式，一味抵制（我们眼中的）现存体制是不够的，我们还应该动用“批判的批判”这一机制，并质疑我们寻求的“本真”立场。不难看到，在美国，民粹主义之所以抵制接种疫苗，是要以其猖獗的个人主义、在公共场合携带枪支、种族主义等来捍卫“美国的生活方式”。维系着疫苗怀疑论者的左翼愿景通常是小团体的直接民主的愿景，这样的小团体渴望生活在一个完全透明的社会，一个不存在被异化的权力中心的社会。

我们应该学着信任科学：只有在科学的帮助下，我们才能解决我们的问题（在这些问题中，有些是由为权力服务的科学造成的）。我们应该学着信任公共权威：只有这样的权威，才有可能通过强制实施必要的措施，来面对诸如流行病和环境灾难之类的危险。我们应该学着信任大他者，信任基本价值观这个共享空间：没有它，团结是不可能的。我们不需要标新立异的自由，我们需要挑选的自由——以新的方式挑选如何“泯然众矣”（to be the same）的自由。而且，也许最困难的是，我们应该做好准备，随时放弃许多构成了我们生活方式的常识性信念和做派。今天，成为真正的保守派，为我们传统中值得保存的东西而战，意味着积极参与彻底的变革。古老的保守派格言——“有些事情必须改变，只有这样才能保全一切”——如今有了新的蕴含：许多事情将不得不彻底改变，只有这样我们才能仍然是人类。

我们一次又一次听到的批评是，西方在阿富汗失败了，因为它想在那里实施自己的民主和自由的理念，忽视了当地的具体环境和传统。不过，仔细观察后不难发现，西方想与当地组织建立联系，结果却是与当地军阀缔结协议，握手言欢。这种努力的长期结果只能是全球资本主义和地方民族主义的结合，正如我们在土耳其看到的那样——难怪塔利班与土耳其政府关系良好。从苏联占领开始，阿富汗至今都没有得到太多的现代性，却几乎囊括了我们现代生活中所有的错误。正如于尔根·哈贝马斯几十年前所说的那样，现代化是未竟之业，这一点，塔利班就是证明。因此，为了正确理解诸如塔利班之类的现象，我们必须重新激活“时代错乱”（anachronism）这个辩证概念：[90]任何系统都不可能与自身完全同步，它必须包含过去的跨功能元素。为什么当英国成为高度发达的资本主义国家时，英国贵族仍然能够掌握国家机器的权力？马克思对这种明显的时代错误做出了解释：资产阶级允许贵族掌权，是因为资本家意识到，作为一个整体，贵族是资产阶级的最佳代表。如果各行其是，资产阶级会迷失在派系斗争中。同样的道理适用于塔利班等原教旨主义运动的兴起：他们不仅仅是时代错乱的产物，他们还代表着从未存在过的传统，一种为了抵消现代化的破坏性后果而重新发明出来的传统——塔利班填补了业已失败的资本主义现代性这个空白。

不过，在这里，我们应该把下列两个时代错乱相对而立：一种使现存秩序得以实现其霸权，另一种则颠覆现存秩序并指向另类的未来。我们正处于这样一个过程之中，这个过程“不仅注定使劳动更加灵活，而且注定根除作为集体的生活形式和斗争形式的劳动现实，以便使个人管理其‘人力资本’成为私人事务”。[91]在这种情形之下，霸权意识形态奋不顾身地把阶级斗争（工会、罢工等）继续存在的迹象视为“时代错乱”而不予理会。一旦出现更加激进的倾向（如英国的科尔宾[92]和美国的桑德斯[93]），它会立即被视为不合时宜之物，被作为无视新形势的“老左翼”残余，而遭受猛烈的攻击。当然，从真正的左翼视角看，在这个从依然清晰可见的阶级斗争向我们人人都是自己的人力资本管理者的转变中，阶级斗争仍然是包罗万象的统一体。这意味着，阶级斗争在公共话语中销声匿迹，表明统治阶级在阶级斗争中取得了胜利，或者引用沃伦·巴菲特（Warren Buffet）的话："存在着阶级战争，好吧，但发动战争的，是我的阶级，有钱人的阶级，而且我们正在获胜。"[94]

这样的时代错乱观是建立在我所说的唯物主义神学的基础上的。那什么是神学呢？本雅明（可以把他称为唯物主义神学家）给出了答案："凡是被科学'决定'的东西，记忆可以加以修正。这样的心态可以使不完整（快乐）变成完整，也可以使完整（痛苦）变成不完整。这就是神学。"[95]科学"决定"事物，它的目的是在事物之间建立完整的、连续的因果关系，这样一来，有关现实的形象就会出现。在这种形象中，幸福总是"不完整"的，总是被挫败的，而痛苦依然保持原状，依然是生活的事实。本雅明所谓的"神学"打破了时间的因果连续性：它通过在过去、现在和未来之间建立直接的跨时间联系，用同一个步骤来实现"完整"的幸福和"不完整"的痛苦。当前的解放斗争被设定为这样的事物，在那里，过去失败的斗争会彼此之间发生共振，并不断重复自身的失败，但当前的解放斗争会向一个不同的未来开放。从这个角度来看，现在、过去和未来不是历史连续体中前后相续的状态，而是当代事件的不同层面。正如本雅明所言，现在的斗争只有媒介，透过它，过去得到救赎。这意味着，过去和未来并非外在的对立：未来之维度已经铭记在过去的身上。

阿尔蒂尔·兰波的名言"必须绝对现代"（*il faut être absolument moderne*）在今天或许比以往任何时候都更有现实意义。有些人认为我们的困境是现代主体性导致的最终结果，现代主体性把一切现实客体化，并试图支配一切现实。这些人喜欢提议从主体转向人类：我们并非凌驾于一切现实之上的主体，而是根植于特定的历史语境和环境语境的人类；正是这些历史语境和环境语境，使我们成为人类。我们要鼓足勇气扭转这种想法：当前的危机迫使我们渴望牺牲我们人类的历史形式，牺牲我们认定的人类存在的意义，把我们自己视为纯粹的深渊主体（abyssal subject）。

塔利班和拒绝接种疫苗的人并不是非理性的极端主义者，而是抗拒现代性的两种极端表现。很容易把他们视为一种畸形的副产品，并一笑置之，但要想展示他们赖以存在的基本立场所存在的问题，则困难得多：我们这个多元文化的全球化社会的精神疲惫不堪（正如尼采所言），无力参与规模宏大、充满激情甚至需要我们冒生命危险的计划。不妨回想一下塔利班在阿富汗的胜利：左翼自由派主张打击塔利班，但无人充满激情地与塔利班作战，塔利班接受阿富汗后，唯一的“激情”终于出现——我们的媒体开始对留在阿富汗并受到塔利班统治威胁的受害者（妇女和与西方合作者）的命运忧心忡忡，难以自拔。

在更加普遍的层面上，我们今天唯一能够看到的激情，是识别和反对种族主义、性别歧视等偏见的消极激情。这种变态的激情中其实存在一个虚无主义的维度，它代表着最为极端的怀疑解释学：疯狂地在每一个积极的计划中寻找男权主义、同性恋恐惧症、欧洲中心主义等偏见。“全球同质论者”是企业资本主义与“政治正确”人格的完美结合。人们不得不担心的是，“开放”的民主西方会像阿富汗大城市中的亲西方居民一样，在应该采取行动时，却无力采取行动，无法真正动员起来，对抗民族主义-民粹主义的威胁。在西方，这岂不是早已开始发生的事情吗？我们一次又一次地目睹欧盟中的“民主”力量怪异的摇摆不定，无休无止地推迟与匈牙利和波兰政府的明确对抗。

在这种语境中，欧洲民族主义民粹主义者的立场就显得同样有根有据：利用本土根源、生活方式、社群承诺来对抗全球主义，来防范“全球同质论者”那死气沉沉的虚无主义。不过，正如我们已经看到的那样，这是无论如何都要避开的诱惑。今天的多重危机（从流行病到生态问题）需要一个与全球资本主义现代性格格不入的全球性承诺。通往这种新承诺的普遍性的不二法门是更加激进的虚无主义，即对自由普遍主义的空洞无物有深切体悟的虚无主义。用尼采的话来说，我们必须勇敢前进，从被动的虚无主义走向主动的虚无主义。主动的虚无主义是自我毁灭的否定性的迸发。在我们的流行文化中，如此自我毁灭的否定性之形象就是电影《小丑》中的小丑。

那么美国人当初应该在阿富汗做些什么？是的，他们搞砸了那里的局面，但也因此，他们丧失了逃离混乱局面的权利。他们就该留在那里，开始采取不同的行动。该如何行动？让我以一个众所周知的隐喻作为回应：在倒掉浴盆里的脏水时，我们要小心翼翼，不要把干净健康的婴儿一并倒掉。当种族主义者意识到，西方旨在向贫困肮脏的第三世界国家传播人权和自由的干预措施已经一败涂地之时，他们就是这样做的：好吧，让我们把人权和自由从盛满第三世界人民脏水的浴盆里倒掉，因为他们还不够成熟，无法实现世俗的民主，让我们只保留纯粹的白人婴儿吧。也许，我们应该反其道而行之：扔掉纯粹的白人婴儿，格外地小心翼翼，不要倒掉第三世界中的穷人和被剥削者这盆脏水，他们真正值得享有的是人权，而不只是我们的同情和慈善。

我们能否想象被压抑物以集体的解放性参与（collective emancipatory engagement）这个恰当的形式回归？我们不仅可以想象，实际上，它已在猛烈地叩击我们的大门。不妨提一提全球变暖的灾难。它呼吁我们采取大规模的集体行动，乃至做出某种牺牲，即牺牲我们已经习以为常的诸多乐趣。如果我们真的想要改变我们的整个生活方式，那么聚焦个人享乐的“自我关怀”式的个体主义必须被扬弃。专业科学无法单独完成这项使命，只有根植于最深刻的集体参与的科学才能真正奏效。这应该是我们对塔利班的回答：比宗教原教旨主义者更猛烈的“主体性匮乏”。

破坏性的虚无主义

此处关键点在于：作为历史连续性中的巨大鸿沟的显现，主体性匮乏在这里不是破坏性暴力的迸发，这种暴力只能在后来的阶段转化为对新秩序的实用主义和现实主义的构建：萨罗依·吉里把主体性匮乏描述为一种能使我们参与新社会秩序建设的立场。如此一来，应该把革命的主体性匮乏与彻底否定性之爆发严格区分开来，因为彻底的否定性表现为自我毁灭的政治虚无主义。在艺术领域，最好的例证非托德·菲利普斯的《小丑》莫属。我们不得不对好莱坞表示钦佩，因为它竟然能够拍出《小丑》这样的电影；我们也不得不对公众表示钦佩，是他们使它变成了一部超级大片。

不过，这部电影广受欢迎，原因在于它的超虚构维度（meta-fictional dimension）：它提供了蝙蝠侠故事的黑暗起源，但为了让蝙蝠侠神话发挥作用，这个起源必须处于隐匿的状态。不妨试着想象一下，如果《小丑》没有蝙蝠侠神话作为参照，仅仅是一个受虐少年戴上小丑面具求生的故事，那它就只是一部平庸的现实主义剧作。英国网络平台“超时”（Time Out）说《小丑》是“晚期资本主义的噩梦”，并将其归类为“社会恐怖电影”。直到最近，这似乎都是不可想象的，因为前者是对社会苦难的现实主义描绘，后者是幻象化的恐怖，《小丑》竟然把这两种完全不同的电影类型组合起来。当然，只有当社会现实获得恐怖小说的维度时，这种组合才能奏效。

媒体对这部影片的三种主流态度，精准地映射了政治空间的三分结构：保守派担心，它可能会煽动观众，引发暴力行为；信奉“政治正确”的自由主义者在电影中发现了种族主义的陈词滥调（在片头，一群殴打小丑亚瑟的男孩子看起来像是黑人），以及对盲目暴力模棱两可的迷恋；左翼人士称赞它忠实地再现了我们社会中暴力上升的状况。但《小丑》真的会在现实生活中煽动观众模仿亚瑟的行为吗？绝对不会，原因很简单，小丑亚瑟并没有作为一个被人认同的形象出现。整部电影得以运作的前提是，我们观众不可能认同他。[96]直到最后，他都是个陌生人。

《小丑》上映前，媒体警告公众，它可能会引发暴力；联邦调查局发出了特别警告，说这部电影可能会激发来自小丑族（Clowncels）的暴力行为。小丑族是一个“非自愿独身亚群体”（subgroup Incel），他们痴迷于小说《小丑回魂》（*It*）中的潘尼怀斯（Pennywise）和电影《小丑》中的小丑之类的形象。（没有关于这部电影激发暴力事件的报道。）影片上映后，影评人无法对它进行分类，不知道它究竟是一部娱乐片（就像整个蝙蝠侠系列那样），是对病态暴力的起源的深入研究，还是一次社会批判的操练。

《小丑》把对现存秩序的激进反叛描述为一种自我毁灭的暴力狂欢，且没有积极的愿景为其根基，因此也可以把它解读为反对左翼的影片。在泰勒·考温看来，这部电影“相当明确地把追求平等的本能描绘为野蛮的暴力返祖现象，并对安提法[97]及相关运动做了尖锐的批判，同时证明安提法及相关运动代表了文明的真正终结。只有有钱人才是文质彬彬、温文尔雅、落落大方的”。[98]这部电影给我们提供的教益是，没有激进的措施，我们只能依靠富人的慷慨解囊来逐步改善现状。左翼对这种解读的回应是，《小丑》描述了自我毁灭的反叛，而这种残酷愤怒的虚无主义爆发恰恰表明，我们依然停留在现存秩序的坐标系内，我们需要更加彻底地改变政治想象。站在激进左翼立场上的迈克尔·穆尔（Michael Moore）认为，《小丑》是“一部适逢其时的社会批判作品，它完美地例证了美国当前的社会弊病导致的后果”：在探寻主人公亚瑟·弗莱克成为小丑的过程时，它展示了银行家扮演的角色、医疗体系的崩溃，以及贫富的分化。因此，迈克尔·穆尔的做法——嘲笑那些害怕这部影片上映的人——是对的：“我们的国家陷入了极度的绝望，我们的宪法已经千疮百孔，一个来自皇后区的流氓疯子得到了核密码——但出于某种原因，这是一部我们应该感到恐惧的电影。……如果你不去看这部电影，对社会的危害可能更大。……这部电影的主旨不是特朗普，而是把特朗普推给我们的美国，是那个觉得没有必要去救助流浪者、帮助贫困者的美国。”因此，“对小丑的恐惧和抗议是一个诡计。它分散了我们的注意力。如此一来，我们就无法看到正在把我们的人类同胞撕得粉碎的真正暴力。三千万美国人没有医疗保险，这是一种暴力行为。数百万受虐待的妇女和儿童生活在恐惧中，这也是一种暴力行为”。

不过，《小丑》不仅描绘了这样的美国，还提出了一个“令人不安的问题”：“如果有一天被剥夺财产的人决定反击，该怎么办？我指的不是要拿着剪贴板去登记人们的选票。人们担心，对他们来说，这部电影可能过于暴力。当真？可曾考虑过我们在现实生活中亲身经历过的一切？”简言之，这部电影试图“理解，为什么无辜之人在无法保持冷静后会变成小丑”：观众不会觉得自己受到了暴力的蛊惑，反而“会感谢这部电影把你与新欲望联系起来——不要跑到离你最近的出口，拯救自己，要站起来战斗，把注意力集中在你每天掌握的非暴力力量上”。[99]

但它是这样运作的吗？摩尔提到的“新欲望”并不是小丑的欲望。要明白这一点，必须在这里引入精神分析对驱力和欲望所做的区分。驱力是强迫性的和重复性的，在它那里，我们陷入了绕着同一个位置反复转圈的循环之中；欲望则割开一个切口，打开一个新的维度。小丑仍然以驱力的形式存在：直到电影结束，他都是有心无力的，他的暴力迸发只是发泄他的愤怒，宣泄他的无力而已。为了形成摩尔所描述的欲望，我们需要迈出一步：要从小丑的暴力迸发过渡到能够“站起来战斗，把注意力集中在你每天掌握的非暴力力量上”，就要完成主体立场的额外变化——当你意识到这种力量的存在时，你就会放弃残酷的身体暴力。这里的悖论在于，只有当你放弃身体暴力时，你才会真正变得暴力（这是在对现存体制构成威胁的意义上说的）。

这并不意味着小丑的行为是一个需要避开的死胡同——它更像是一个马列维奇[100]顷刻，是降低到最小抗议框架的零度。马列维奇著名的白底上的黑方块并非某种我们应该小心翼翼，不要被其吞没的自我毁灭的深渊，而是这样一个位置，我们应该通过它，获得一个新的开端。这是死亡驱动的顷刻，它打开了升华的空间。马列维奇在其极简主义绘画（如《黑方块》）中，把一幅画作简化为框架和背景的最小对立。以同样的方式，《小丑》把抗议简化为朴实无华的、毫无内容的、自我毁灭的形式。要从驱力过渡到欲望，抛弃自我毁灭的虚无主义观点，要使这个零点成为一个新的开端，就需要一个额外的扭转。不过，《小丑》给我们提供的教益是，我们不得不穿过这个零点，摆脱有关现有秩序的幻觉。[101]

这个零点就是先前所谓的无产阶级立场的当今版，是那些再也没有什么东西可以失去的人的经历，或者引用电影中亚瑟的话说：“我已经没什么可失去的东西。再也没有什么东西能够伤害我。我的生活就是一出喜剧。”有人认为特朗普是掌权的小丑，而这正是这种想法的局限之所在：特朗普肯定没有穿越这个零点。他可能是他那个类型的淫荡丑角，但他不是小丑这种角色。把特朗普比作小丑，是对小丑的侮辱。在影片中，小丑的父亲托马斯·韦恩（Thomas Wayne）是一个单纯意义上的“小丑”，因为他展示了权力的淫荡性。

现在我们可以理解，克拉克（M. L. Clark）在把我的哲学解读为小丑的虚无主义立场的一个版本时犯下的错误有多么荒谬。她说：“齐泽克的‘黑格尔哲学与脆弱的通俗科学相遇’不屈不挠地坚持认为，唯一的客观现实不是空无（Nothingness）——某物（Something）在那里被创造出来的空无，而是下列两者之间的张力：一者是支撑着存在的空无-汉堡（nothing-burger），一者是我们每一次不可避免的尝试——尝试把意义强加于空无-汉堡——时的道德堕落。”简言之，在我看来，基本的本体论事实是下列两者之间的张力：一者是归根结底毫无意义的虚空/裂口，一者是我们（人类）的尝试——尝试把某种普遍的意义强加于这个混乱的裂口。这种立场没有什么特殊之处，只是对某种存在主义人文主义的简单复制。存在主义人文主义把人类视为这样的存在——英勇地尝试把某种意义强加于我们被抛入的混乱世界。不过，依克拉克之见，我在这里向着小丑的方向迈进了一步：因为所有把意义强加于原始混乱的虚空的尝试全都模糊了这个虚空，因而也全都是虚伪的，也就是说，因为这些尝试避开了存在的基本荒谬，所以这些尝试是道德堕落的行为。或者，把这一点推向极致——道德本身（把普遍意义强加于现实的尝试）是道德堕落的一种形式。因此，唯一随之而来的道德立场是完全的虚无主义的一种，是欢欣鼓舞地赞同对每一次尝试——尝试把道德秩序强加于我们混乱的生活——的暴力破坏的一种，是彻底放弃所有能让我们克服分歧的普遍人道主义计划的一种：

> 无论我们多么想坚持认定，我们共同的人性比我们一朝一夕的不和与始终不渝的个体差异更加强大。……小丑和齐泽克永远不会心悦诚服。他们各自的意识形态框架要求他们不断指出依然存在的社会张力，即混乱，混乱将永远是我们集体压力的一部分，我们的集体压力推动我们走向更好地综合的社会整体。[102]

我当然认为这种激进虚无主义的立场不仅与我明确的政治承诺格格不入，而且这种立场本身自相矛盾：它需要虚伪的道德对手，以通过其虚无主义的破坏，揭穿自己的伪善，来张扬自己。所有不顾一切的尝试——非自愿独身者（Incels）、小丑族和小丑本人把悲剧逆转为成功的喜剧——的极限都在这里。小丑在射杀电视节目主持人默里（Murray）前对他说：“你看过外面是什么样子吗，默里？你真的离开过演播室吗？人人都冲着对方大喊大叫。谁都不再以礼待人！没人想过，成为另一个人是什么感觉。你觉得像托马斯·韦恩这样的人想过做我这样的人是什么感觉吗？他们知道只能成为别人而不是成为自己的感受吗？他们没有想过。他们以为我们会像乖孩子一样坐下来，任人摆布。他们觉得我们不会变成狼人，不会发疯！”对快乐毁灭的张扬，仍然寄生在这种抱怨上。小丑在破坏现存秩序方面并没有走得太远，仍然困在黑格尔所谓的“抽象否定”（abstract negativity）中无力自拔，无法提出具体否定。

既然弗洛伊德对这种消极性的称谓是死亡驱力，那我们就要小心翼翼，不要把特朗普针对弹劾他的企图所做的自我毁灭式辩护称为死亡驱力的显现。[103]是的，虽然特朗普否认对他的指控，但他也同时证实（甚至炫耀）他被指控的罪行，并在为自己辩护时以身试法。但他不是因此（比通常更加公开地、更加真实地）展示那个悖论（正是这个悖论使法治成为法治），即任何管理法律应用的机构[104]都不得不使自己获得法律管辖的豁免？所以说，没错，就其行为方式而言，特朗普是淫荡的，但这样一来，他以其实际行动表明，淫荡性是法律的另一副面孔；他的行为的“消极性”完全从属于他的野心和福祉（或他对自己的野心和福祉的体认），他与小丑对现存秩序的自我毁灭式打击相去何止千里万里。特朗普吹嘘自己违反法则，这并没有任何政治自戕的意思。这只是他要传达的信息的一部分——他要告诉世人，他是一个被腐败精英围困的硬汉总统，他正在推动美国在海外的发展，他的违规行为是必要的，因为只有违规者才能拥有粉碎华盛顿沼泽的权力。从死亡驱动的角度解读这个精心策划的、非常理性的策略，会为我们提供另一个例证，让我们知道：左翼自由主义者真的正在完成自杀式的使命，他们给人的印象是，总统在为国家鞠躬尽瘁，他们却在官僚和法律的层面上喋喋不休。

在克里斯托弗·诺兰（Christopher Nolan）的《黑暗骑士》（*The Dark Knight*）中，小丑是唯一的真理形象。他对哥谭市发动恐怖袭击的目标很明确：只要蝙蝠侠取下面具，表明真实身份，恐怖袭击就会停止。那么，想要揭露面具下的真相，同时确信这样的揭露会破坏社会秩序的小丑是什么？他并非没有面具，相反，他完全认同自己的面具，他就是自己的面具。在他的面具下面一无所有，更没有什么“普通人”。正是基于这个原因，小丑没有背景故事，缺乏明确动机：关于他脸上的伤疤，他对不同的人有不同的说法，还嘲笑这样的想法——他应该经历过令他刻骨铭心的创伤性事件，正是这些事件驱使他行动。仿佛《小丑》这部影片就是在为小丑提供一种社会心理的根源，描述使他成为现在这个样子的创伤性事件。[105]问题是，成千上万个小男孩在破碎的家庭中长大，被同龄人欺负，忍受同样的命运，但只有一个人把这些情形“综合”成小丑这个独特的人物。换言之，没错，小丑是一系列病态环境导致的结果，但这些环境只能追溯到小丑正式亮相的时候，才能被描述为这个独特人物的成因。在一部有关汉尼拔·莱克特[106]的早期小说中，这种说法——莱克特的残暴成性是不幸环境的产物——被彻底否定：“他什么都没有碰上。他来到了世上。”

不过，我们可以（也应该）从相反的意义上解读《小丑》，说使“小丑”成为“小丑”的是自主行为，借助这种行为，他超越了他周围的客观环境。他认同自己的命运，但这种认同是一种自由行为：通过这种认同，他把自己设定为独一无二的主体性之形象。[107]我们可在一个精确时刻发现这个逆转，因为正是在那个时刻他说道：“你知道真正使我发笑的是什么东西吗？我以前认为我的生活是一场悲剧。但现在我意识到，这是一部该死的喜剧。”我们应该注意亚瑟说这一席话的确切时刻：那时，他站在母亲的床边，拿起她的枕头闷死了她。那他母亲是谁？亚瑟对她做了这样的描述：“她总是告诉我，要笑容可掬，要笑脸盈盈。她说我来到这个世界上，就是为了传播喜悦和欢笑。”这难道不是最纯粹的母性超我（maternal superego）吗？难怪她叫他“开心”而不叫亚瑟。他完全认同母亲让他欢笑的命令，但他（通过杀死她）摆脱了母亲的控制。

但这并不意味着小丑生活在一个母性世界里：他的母亲是父性暴力（paternal violence）的受害人，处于半死不活的冷漠状态，一门心思想让超级富豪韦恩成为她孩子的父亲，至死都希望他能伸出援手，救济她和亚瑟。[108]（影片巧妙地保留了韦恩是不是亚瑟生父的疑问。）因此，亚瑟的悲惨命运并非过于强势的母性存在的结果——他的母亲非但无罪，反而是极端男性暴行的牺牲品。除了韦恩，影片中还有一个父性形象，即电视节目主持人默里。默里邀请亚瑟参加他的热门电视节目，想给他一个融入社会和得到公众认可的机会。我们几乎禁不住要说，韦恩和默里的这种二元性体现了“坏”父亲和“好”父亲之间的对立（在这种情形下，一个是忽视亚瑟的父亲，一个是认可亚瑟的父亲），但这种整合没有成功，因为亚瑟看穿了默里的虚伪，并在电视节目直播时射杀了他。只有到了这个时候，即在公开谋杀一个父性形象时（公开谋杀父性形象是杀害其母亲的重复），他才彻底成了小丑。（亚瑟没有以另一个优雅的动作杀死韦恩，尽管他推定韦恩是他的父亲。杀死韦恩的是一个戴着小丑面具的无名男子，小丑新部落的成员之一。因此，谁是亚瑟的父亲，又是谁实施了弑父的行为，这两个俄狄浦斯之谜一直没有破解。）

小丑做出这样的举动，可能并不合乎道德，但绝对合乎伦理。道德调整我们与他人相处的方式，以维护我们共同的利益，伦理则涉及我们对事业的忠诚（事业界定了我们的欲望），涉及超越快乐原则的忠诚。就其基本意义而言，道德并不反对社会习俗，这类事情古希腊称为"欧诺弥亚"[109]，即社会的和谐福祉。我们不妨回想一下，在《安提戈涅》的开篇，当听说有人（那人到底是谁，那时我们不得而知）违反了克里翁的禁令，掩埋了波吕涅刻斯（Polynices）的尸体，为他举办葬礼仪式时，合唱队做出了怎样的反应。受到含蓄谴责的正是安提戈涅，她被说成是过度从事恶魔行为的"无家可归的弃儿"，扰乱了国家的"欧诺弥亚"。这在戏剧的最后几行文字中得到了郑重的重申：

> 因此幸福最重要的部分 / 是智慧——不要对神 / 不敬，傲慢之人的自夸 / 会带来严厉的惩罚 / 所以在老人那里会发现智慧。

从"欧诺弥亚"的角度来看，安提戈涅绝对是罪大恶极 / 不可思议的：她的抗旨不尊展示了一种目无法纪、任性妄为的姿态，这扰乱了城市的"美丽秩序"；她要无条件服从的伦理违背了城邦的和谐，因而"超越了人类的界限"。具有讽刺意味的是，虽然安提戈涅把自己描绘成维持人类秩序的古老法律的守护者，但她的行为却像一个古怪而无情的可憎之物。正如她和她那待人热情的妹妹伊斯墨涅（Ismene）形成的鲜明对比所显现出来的那样，她身上确实存在着某种冷酷和可怕的东西。如果我们想要理解导致安提戈涅非为波吕涅刻斯举办葬礼不可的立场，那我们就应该暂时停止过度引用有关不成文法的字句，看看她后来的演说，她在演说中详细说明了她何以不能不遵守当时的法律的理据。以下是标准的翻译：

> 如果是我自己的孩子死了，或者我丈夫死了，尸首腐烂了，我也不至于和城邦对抗。我根据什么原则这样说呢？丈夫死了，我可以再找一个；孩子丢了，我可以靠别的男人再生一个；但如今，我的父母已埋葬在地下，再也不能有一个弟弟生出来。我就是根据这个原则向你致礼。（引自《索福克勒斯悲剧五种》，《罗念生全集》，第3卷，上海人民出版社2015年版，第45页）

几个世纪以来，上述台词一直为人诟病。许多阐释者声称，它们一定是后人增补进来的。甚至第一句话的翻译也各不相同，有些翻译完全颠倒了它原来的意思，如有人把它翻译为："不管我是一个孩子的母亲，还是一个丈夫的妻子，我总是要奋起抗争，蔑视这个城市的法律。"还有一些翻译删除了对腐烂尸体的残忍描述，在这些翻译那里，安提戈涅只是在说她永远不会为死去的丈夫或孩子触犯法令。然后是上面引用的正确翻译，它确实提到了腐烂的尸体，但这只是一个事实，而不是安提戈涅主观假设的东西。但我们必须在此增加戴维·费尔德舒（David Feldshuh）的翻译，它完整地呈现出安提戈涅的主观立场。尽管它并不忠于原著，但我们应该说，在某种意义上，它比原著更佳，也更忠实于原著被压抑的信息："丈夫或儿子死了，我会遵从克里翁的法律。我会让他们的尸体在热气腾腾的尘土中腐烂，不会进行掩埋，就让他们孤零零地躺在那里。"[110]"我会让他们的尸体……腐烂"！正如阿伦卡·祖潘契奇在其对《安提戈涅》的开创性研究中所指出的那样，这不仅描述了"一具未被埋葬的尸体正在露天中腐烂"的事实，而且表达了她对这个事实的积极态度——她会让尸体腐烂下去。[111]

这段文字清楚地表明，安提戈涅完全处于下列行为的对立面：只是把尊重死者这条不成文的原始规则应用到她死去的哥哥身上。对《安提戈涅》的主流解读是，她实施的普遍法则比所有社会规则和政治规则都要深刻。尽管这个规则理应没有例外，但在面对极端邪恶的个案时，支持这个规则的人通常会左右为难：希特勒不应该有个像样的葬礼吗？康奈尔·韦斯特（Cornel West）喜欢在谈及某人时称之为“兄弟”。比如，在课上讲到安东·契诃夫时，他总是称之为“安东兄弟”。听到他这么说，我很想问问他，在谈到阿道夫·希特勒时，他会不会称之为“阿道夫兄弟”。朱迪斯·巴特勒试图解救危机。她敏捷地指出，这里提到的无法取代的兄弟，其含义是模棱两可的：俄狄浦斯本人是她的父亲，但也是她的兄长（他们拥有同一个母亲）。但我不认为，我们可以把这个开口扩展为一种新的普遍性，即尊重所有被边缘化的、被排除在社会公共秩序之外的人。另一种解救危机的途径是，按照安提戈涅的定义，任何人的死亡对其他人来说都是例外：即使对希特勒来说，也一定存在这样的人，在他们看来，希特勒是无可替代的。我们不要忘了，在底比斯的公民看来，波吕涅刻斯是个罪犯。[112]如此一来，我们可以说，安提戈涅的“例外”（“只有为了我的哥哥，我才愿意触犯公法”）真正具有普遍性：当我们面对死亡时，死者总是处于例外的地位。

然而，这样的解读无法避开一个悖论：安提戈涅必定已经意识到，死于底比斯之战的（至少）数百人都应该像波吕涅刻斯那样，获得体面的安葬。此外，她的推理甚是怪异：如果丈夫或孩子死了，她会任其腐烂，只是因为他们可以取而代之。为什么只有那些不能被取而代之的死者才值得无条件的尊敬？难道她所提及的取代过程（她可以找到另一个丈夫，生育另一个孩子）没有莫名其妙地忽视每个人的独特性吗？为什么另一个丈夫能够取代她现在钟爱的、具有独特性的丈夫？凯瑟琳·罗森菲尔德（Kathrin H. Rosenfield）详细地描述了安提戈涅的例外是如何建立在她独特的家庭状况的基础上的：只有在俄狄浦斯一家遭遇的所有不幸这个背景下，她对哥哥的优待才有意义。[113]她的行为远非一味表达对家庭忠贞不贰的单纯伦理行为，而是浸透着含混不清的力比多投入和力比多激情的行为。只有这样，我们才能解释她为她的例外（她的哥哥无可替代）进行辩解的怪异机械推理：她的推理是用来遮蔽深层激情的表层面具。

所以事实依然是，安提戈涅的所作所为独一无二：她的普遍法则是“让尸体腐烂”，她也完全遵守这条规则，只是她的那个具体情形属于例外。她在妥善安葬波吕涅刻斯时所遵守的法律是例外的法律，而且这是必须坚守的法律，远离有人情味的和解。这把我们带回到示例和范例的区分上：安提戈涅的骇人行为并不是对某物的示例，它显然违反了普遍的律令，但它仍然是普遍律令的范例，这个范例充当着普遍律令的例外，而且使这个例外本身变成它自身的律令。因此，在由律令、律令的例证和律令的示例组成的三元组方面，安提戈涅向前迈出了黑格尔式的一步：她把例证和示例分割开来的鸿沟重新设置成律令自身的普遍领域。她向我们表明，普遍律令的最终实现如何把自己转变成自己的对立物。她没有把纯粹的律令（尊重死者）和事实上对这个律令的违反（我们经常让他们腐烂）对立起来，而是提升这些“违反”的地位，使之成为普遍的律令（让他们全部腐烂），提升尊重死者的律令，使之成为例外。因此，安提戈涅的立场与任何新世界的伦理计划都是格格不入的，因为新世界伦理要超越所有特定的世界观，围绕着一套基本的公理，把全人类团结起来。这样的公理包括切勿杀人，尊重死者，遵循黄金准则（己所不欲，勿施于人），等等。在这个方面，最详尽的计划是全球伦理计划，它来自瑞士神学家汉斯·昆（Hans Küng）的思想：

> 为了使来自不同文化、宗教和国家的人们能够以建设性的方式生活在一起，我们需要具有能把我们所有的人联系起来的共同的基本价值观念。无论是就家庭的小结构而言，还是就学校、公司和作为整体的社会而论，都是如此。在互联网、全球政治和经济以及日益多元文化社会的时代，统一的价值观和规范，即独立于文化、宗教或国籍的价值观和规范，变得越来越重要。[114]

在《安提戈涅》的众多重要译本中，荷尔德林的译本堪称独树一帜。我们不能不注意到依据荷尔德林晚期诗歌的一个特定特征来解读安提戈涅的例外（她准备为哥哥举办像样的葬礼）：荷尔德林不是首先描述事物的状态，然后再提及例外（“但是”），而是经常直接用德语中的“*aber*”（“但是”）开启语句，又不指出哪一个是被例外打乱的“正常”状态。他的赞美诗《追忆》（*Andenken*）中的著名诗句就是如此：“*Was bleibet aber, stiften die Dichter*” / “但是剩下的，由诗人创造。”对此的标准解读当然是，在事件发生后，在事件的历史意义变得清晰时，诗人能够从成熟的角度来感知形势，也就是说，诗人能够站在一个安全的距离之外审时度势。但如果在“但”之前本无存在，唯有无名混沌，于是诗人以“但”创世又如何？如果“但”就是本源呢？我们不妨逐字解读荷尔德林的诗句：“但是剩下的，由诗人创造”——诗人捐赠/创造/建立“诗节”[115]，捐赠/创造/建立诗歌的首行，那它又是在什么之后剩下的东西？答案或许就在：前本体论的缺口/破裂所引发的灾难性崩塌之后。

从这个意义上说，安提戈涅的选择（她选择哥哥）是一个原初伦理行为：它并没有扰乱先前的普遍的伦理法则，只是打断了“让他们腐烂”这一前伦理的混乱。前伦理混乱被“*aber mein Brueder*……”（“但是我的兄弟……”）所打断。不过，安提戈涅的行为之所以存在问题，不正是因为它的确打乱了先前存在的风俗秩序吗？这里只能得出一个结论：安提戈涅以她的行为，以她的“但是”，贬抑了先前存在的习俗秩序，将其化约为混乱和腐烂的尸体。行为不只把秩序引入混乱，还消灭先前的秩序，将其斥为用来掩盖混乱的虚假面具。只要“伦理”是调整我们的公共生活的习俗网络，只要安提戈涅的行为悬置了公共伦理实体，就不能把这个行为描述为对政治域的伦理悬置，即在政治决策违反基本的伦理原则时对伦理的坚守，而要把它描述为对伦理域进行政治悬置的一个顷刻。政治域在其最基本的层面上是对占支配地位的伦理实体的悬置。今天，我们比以往任何时候都更加需要这样的行动。安提戈涅的行为不是普遍性之例外，而是自身被提升为普遍性的例外。正是由于这个缘故，她的立场不是男性的（这是就拉康的性化表达式而言的，根据拉康的性化表达式，男性的立场是以其例外为根基的普遍性），而是女性的：普遍性并非全部，因为只有例外，没有别的。

和小丑一样，安提戈涅是合乎伦理的，但不合乎道德。我们还应该留意亚瑟的姓——弗莱克（Fleck）。在德语中，它的意思是污点/斑点。这意味着，亚瑟是社会大厦中的一个不和谐的污点，在社会大厦中没有像样的位置。但使他成为污点的，不仅是令他苦不堪言的边缘性存在，而且是他的主体性之特征，是他情不自禁、难以自控的大笑这一心理倾向。这种大笑的身份是悖论性的：用拉康创造的词语来说，它是千真万确的外隐（*ex-*

timate）——既是隐秘的，又是外在的。亚瑟坚持认为，外隐构成了他主体性之核："还记得你吗，你对我说过，我的大笑是一种病，我肯定哪里出了问题？根本不是这么回事。这才是真正的我。"但正因为如此，对他来说，对他的人格来说，外隐都是外在的，被他体验为无法控制、独断专行的局部客体（partial object）。他最终完全认同这个局部客体，成为拉康所谓的"认同症状"的一个清晰案例。或者说，它是征候[116]。征候不是意义的载体，不是源于无意识的加密信息的载体，而是享乐的暗号，是用来表达主体享乐的基本表达式。这里的悖论在于，在标准的俄狄浦斯场景中，使人能够摆脱母性欲望束缚的，正是父亲之名（Name-of-the-Father）；但在小丑那里，父性功能无处可寻。如此一来，只有通过过度认同母亲的超我律令，主体才能胜过母亲。

这部电影不仅提供了小丑的社会心理起源，还暗示了对社会的谴责。在这样的社会中，抗议只能以小丑领导的新部落的形式进行。在小丑的举动中，有一种主体性行为，却没有由此产生新的政治主体性：我们在电影的结尾处看到，小丑成了新的部落首领，但部落没有政治纲领，只有否定性大爆发——在与默里交谈时，亚瑟两次强调，他的行为与政治无关。谈到他的小丑妆，默里问他："你这脸是怎么回事？我是说，你是抗议活动的一部分吗？"阿瑟的回答是："不，我一点也不相信政治。我什么都不相信。我只是觉得，这对我的表演很有好处。"稍后他又说道："我不关心政治。我只想把人逗笑。"

不关心政治？2017年，喜力啤酒（一种装在绿色瓶子里的荷兰啤酒，贴纸上有一颗红星）发布了一个著名的宣传片，该片时长超过4分钟，但制作极其出色。[117]在该宣传片中，意见完全相反的人们（如钢铁直男和跨性别者）会面，通过分享一瓶喜力啤酒来促膝长谈并成为莫逆之交。尽管该片有点复杂（角色是由跳出角色的演员扮演的之类），但它要传达的基本信息是一目了然的：即使我们在政治上和意识形态上针锋相对，但在这些表面的冲突之下，我们都是惺惺相惜的人类，可以通过分享一瓶上好的啤酒来讨论最棘手的问题。毋庸赘言，这种共同人性观是最纯粹的意识形态：仔细观察不难发现，共同"人性"总是在某个政治方向上被扭曲。在上述情形下，政治方向显然是左翼自由主义的方向。这里的左翼自由主义，是政治正确社团主义（Politically Correct corporatism）意义上的左翼自由主义。本是一件商品（一瓶啤酒），却体现和巩固了友好关系。正如阿伦卡·祖潘契奇所说的那样，[118]意识形态批判的第一步不只有参与解放性的政治，还把政治解放出来，这才是真正的政治斗争。在接受电视台采访时，斯洛文尼亚一名反对流行病管控措施的抗议者声称，她对任何政治都不感兴趣，只想保护自己的自由，保留控制自己身体的权利。什么是自由？什么是政治？我们的基本权利和自由都是政治斗争的结果，对政治斗争的无知只是在为现存体制效力。

今天的霸权意识形态轻而易举地容忍这样的想法：政治是腐败之地，属于招摇撞骗之域，最好对它敬而远之。它无法忍受的是这样的想法：并非所有的政治都天下乌鸦一般黑，存在某种可以称之为"真理政治"的存在，而非仅是杂糅冲突意见的混沌场。我们应该在这里添加另一个问题：如果一群老伙计觥筹交错，一直喝到酩酊大醉，会发生什么事情？这里有两个基本的选项：要么是布莱希特的《潘蒂拉和他的男仆马蒂》（*Mr Puntila and his Man Matti*）的模式（潘蒂拉喝醉后热情、友好、充满爱心，但清醒时却冷漠、犬儒、吝啬——类似于查理·卓别林《城市之光》中流浪汉和百万富翁之间的关系），要么喝到烂醉如泥时，事情会变得真正丑陋不堪，因为他们饱受压抑的野蛮的性别歧视、种族主义等偏见会以其原有的力量猛烈回归，不再受礼仪规则的约束。

小丑的笑话和日常的笑话之间的差异就在这里。辩证家（dialectician）喜欢用笑话封装其理论，原因也在这里。为什么我总是情不自禁地在我的文本讲笑话？现在网络上流传的一个图片给出了正确的提示。图片上的文字讲述了这样一个故事：星期六的晚上，橡树山的一对夫妇端坐家中，忽然发现来了小偷，因为丈夫给妻子讲了个笑话，结果楼上传来了笑声。[119]所以，关键不只是逗乐公众，还要让公众中的"小偷"（意识形态上的敌人）以其笑声自我暴露。这是怎么做到的？敌人不是不懂笑话的傻瓜。他懂得笑话，他会在该笑的时候捧腹大笑，但他们大笑的理由是错误的。他们大笑，是因为笑话再次张扬了他的性别歧视、种族主义等偏见。简言之，敌人嘲笑的是别人。小丑纡尊降贵，自贬至零级，在那里，他只是狂笑而已。辩证家最终嘲笑的却是自己。

因此，当A. O. 斯科特（A. O. Scott）在《纽约时报》上发文，认定《小丑》讲述了“一个毫无内容的故事”时，他真的完全不得要领。他说：“那表情和语音……寄托着重力和深度，但电影却十分肤浅。”就小丑的终极立场而言，那里实际上没有“重力和深度”——他的反叛是“失重的和肤浅的”，这是这部电影真正令人感到绝望之处。在电影的世界中没有好战的左翼分子。那个世界是充斥着全球化暴力和全球性堕落的平面世界。慈善活动得到了如实的描述：如果特蕾莎修女（Mother Theresa）出场，她肯定会参加韦恩组织的慈善活动，参加那个享有特权的富人们的人道主义娱乐活动。每个真正的左翼都应该在其床头或桌子上方的墙上挂上奥斯卡·王尔德的《社会主义制度下人的灵魂》的开篇部分。他在那段话中指出：“同情苦难比同情思想要容易得多。”人们

> 发现自己被惨不忍睹的贫困，被惨不忍睹的丑陋，被惨不忍睹的饥饿所包围。不可避免的是，他们会被这一切深深感动。……与此相应，怀着令人敬佩的——尽管是被人误导的——意愿，他们非常认真和非常伤感地投身于一项使命——救治他们所看到的罪恶。但他们的救治并未治愈疾病，反而使疾病拖得更久。其实，他们的救治是疾病的一部分。……正确的目标是在这样的基础上尝试和重建社会：贫困是不可能的。利他主义的美德确实阻碍了这一目标的实现。……利用私有财产来缓解私有财产制度所带来的可怕邪恶，是不道德的。

最后一句话简明扼要地概括了比尔及梅琳达·盖茨基金会（Bill & Melinda Gates Foundation）存在的问题。仅仅指出盖茨的慈善事业是基于残酷的商业行为是不够的[120]——我们应该更进一步，摒弃盖茨慈善事业的意识形态基础及其泛人道主义的空洞贫乏。萨玛·纳米的论文集标题《拒绝尊重：为什么我们不应该尊重外国文化，也不应该尊重我们自己的文化》（*Refusal of Respect: Why We Should Not Respect Foreign Cultures. And Our Own Also Not*）可谓掷地有声、一语中的：与同一表达式的其他三种变体相比，这是唯一真

实可信的立场。盖茨的慈善事业隐含的表达式是：尊重所有的文化，包括你自己的文化和他人的文化。右翼民族主义的表达式是：尊重你自己的文化，鄙视不如你的文化。政治正确的表达式是：尊重他人的文化，鄙视你自己的文化，因为它是种族主义和殖民主义的文化（正是由于这个缘故，政治正确的觉醒文化总是反对欧洲中心论）。正确的左翼立场是，挖掘你自己文化中隐含的对抗，把它和其他文化的对抗联系起来，然后和下列人物一道，参与到一场共同的斗争中来：他们不仅与我们自己的文化，而且与其他文化中的压迫和统治作斗争。

这一席话听起来可能有些耸人听闻，但我们应该意志坚定，毫不动摇：你不必尊重或关爱移民，你要做的是改变现状，这样一来，他们就不必成为移民。发达国家的公民希望减少移民的数量，并准备有所作为，这样一来，移民就不必来到这个他们大多数人根本就不喜欢的地方。这样的公民远远好于那些人道主义者。人道主义者一边鼓吹对移民开放国界，一边静静地参与使移民的国家走向毁灭的经济和政治实践。

然而，有人指责《小丑》没有提出替代小丑反叛的积极方案。很难想象，还有什么批评比这种批评更加愚不可及了。不妨设想一下，沿着下列思路会拍出怎样的电影：它要讲述一个具有教育意义的故事，一群没有医疗保险的穷人、失业者，一群饱受街头帮派和警察暴行之苦的受害者，最终组织起来，以非暴力的形式进行抗议和罢工，以发动公众舆论的故事。这就是马丁·路德·金的非种族主义的新版本，也是一部索然无味的影片。它缺乏小丑的疯狂过剩，正是这种疯狂过剩使《小丑》的观众如醉如痴。

在这里，我们已经触及问题的关键：既然在左翼看来，显而易见，这种非暴力的抗议和罢工是前进的唯一途径，是对当权者施加有效压力的不二法门，那么我们在这里面对的是政治逻辑和叙事效率的简单分裂（直截了当地说，小丑那样的野蛮迸发在政治上是无解的僵局，但这样的野蛮迸发会使故事变得生动有趣），还是说，在小丑体现的自我毁灭立场中，存在着内在的政治必要性？我的假说是，我们必须经历小丑所代表的自我毁灭的零级——不是真的经历，但我们必须把它体验为一种威胁，体验为一种可能性，只有这样，我们才能突破现存体制的坐标，大胆设想全新的东西。小丑的立场是一条死胡同，是彻头彻尾的僵局，是画蛇添足，也毫无益处，但这里的悖论在于，我们必须亲身站在小丑的立场，才能感知它的“多余”特征——这是从“现在正在遭受的苦难”走向“以建设性的方式克服这一苦难”的必经之路。或者说，就小丑显然是个疯子而言，我们应该在此回想一下黑格尔的真知灼见。在黑格尔看来，疯癫不是人类精神的偶然的失效、扭曲和“疾病”，而是铭刻在个人精神的基本本体论构成上的某种东西，成为人，意味着潜在地发疯：

> 我们把疯狂作为灵魂发展中必然出现的一种形式或阶段的这种理解自然不能这样去了解，好像因此就会主张：每个精神、每个灵魂都必须经过这种极端分裂的状态。这样一种主张会是无意义的，就像例如下面的假设一样：因为在法哲学中罪行被看作是人类意志的一种必然的现象，所以就应该使犯罪成为对每个个别人的一种不可避免的必然性。罪行和疯狂都是一般人类精神在其发展过程中必须克服的极端。（引自黑格尔，《哲学科学百科全书·Ⅲ·精神哲学》，《黑格尔著作集》，第10卷，杨祖陶译，人民出版社2015年版，第147页）

疯癫虽然不是事实上的必然性，却是形式上的可能性，正是这种可能性，构成了人类的心灵：要成为“正常”的主体，就必须消除疯癫的威胁。这意味着，只有消除了这种威胁，才会显得“正常”。正是基于这个原因，黑格尔在上述引文的几个页码之后说道：“必须在健全的、智性的意识之前讨论精神错乱，尽管精神错误以这种意识为其前提。”简言之，我们在现实中未必发疯，但疯癫是我们精神生活的现实。它是一个参照点，为了显得“正常”，我们的精神生活必然参照于它。这道理同样适用于小丑：在现实中，我们并不都是小丑，但人类心灵在其发展过程中必须克服小丑的立场。《小丑》的优雅之处在于，我们不必为了表达全新的、积极的政治愿景真的成为小丑。这一点，电影已为我们代劳。电影上演了疯狂，使我们面对疯癫，因而使我们能够克服疯癫。

消隐中介物的回归

这种疯癫不正是弗雷德里克·詹姆逊所说的介于新旧之间“消隐的中介物”的典范个案吗？“消隐的中介物”指的是从旧秩序向新秩序过渡的过程中出现的一个特征：当旧秩序土崩瓦解时，意想不到的事情就会发生。这样的事情不仅包括葛兰西提到的恐怖，还有光辉灿烂的乌托邦计划和实践。一旦新的秩序建立起来，新的叙事就会应运而生，在这个全新的意识形态空间里，中介物会消失得无影无踪。[121]只需看看东欧近年来的发展过程，就足够了。20世纪80年代，人们发起社会抗议，但多数人想到的不是资本主义。他们想要社会保障、社会团结，即一种粗糙的正义；他们想要在国家控制之外愉快度日的自由，想要济济一堂、畅所欲言的自由；他们想要过简单的诚实且真诚的生活，想把自己从原始的意识形态灌输和普遍的犬儒式虚伪中解放出来。简言之，引导抗议者前行的模糊理想在很大程度上来自社会主义意识形态。而且，正如我们从弗洛伊德那里学到的那样，被压抑物会以扭曲的形式回归。在欧洲，被压抑的社会主义打着民粹主义的旗号卷土重来。

虽然就其积极内容而言，当时的政权已告失败，但这些政权同时开辟了某种空间，即乌托邦期望的空间。除了其他的功能，这个空间使我们能够衡量现实存在的社会主义的成败得失。当瓦茨拉夫·哈维尔（Vaclav Havel）等人以真正的人类团结的名义批评当时的政权时，他们（在很大程度上不知不觉地）立足于当时政权开辟的空间。最近在波兰的一次招待会上，一位新贵资本家恭贺亚当·米奇尼克成为双重成功的资本家（曾经帮助摧毁当时的政权，现在成为一个利润丰厚的出版帝国的老板）。尴尬至极的米奇尼克回应道：“我不是资本家，而是无法原谅社会主义失败的社会主义者。”[122]

为什么今天要提及这个消隐的中介物？难道我们还不明白，这只是百无一用的乌托邦希望的迸发？于尔根·哈贝马斯曾对东欧政权解体做出阐释。他的阐释证明，他是终极的左翼福山主义者（Left Fukuyamist），因为他默默地接受了下列观念：在所有的社会秩序中，现有的自由民主秩序是最好的；我们应该努力使它更加公正，而不应挑战它的基本前提。正是由于这个缘故，被许多左翼人士视为东欧抗议活动的巨大缺陷的东西，却得到了哈贝马斯的热烈欢迎：这些抗议活动并不是在任何有关未来的新愿景的激励下进行的。正如他所言，中欧和东欧的革命只是“矫正”或“追赶”革命，其目的是使这些社会得到西欧已经拥有的东西，换句话说，回归西欧的常态。

然而，世界各地持续不断的抗议浪潮都在对这个框架提出质疑。正是由于这个缘故，诸如“小丑”之类的人物总是与之相伴。想一想“黑人的命也是命”[123]的“暴力过剩”，自然会明白这个道理。当一场运动质疑现有秩序的基本原则，质疑现有秩序的基本规范之根基时，只想得到和平抗议，而不想得到暴力过度，是几乎不可能的。法国的“黄背心”运动，西班牙的抗议活动，如今发生的其他类似抗议活动，绝对不是所谓的“追赶”运动。它们体现了怪异的逆转，而正是这样的怪异逆转构成了今日全球形势的特点。“普通民众”与金融资本主义精英的陈旧对抗以更凶猛的方式卷土重来“普通民众”如火山一样爆发开来，指责金融资本主义精英对他们遭受的苦难和提出的要求视而不见。不过最新的发现是，事实证明，与左翼相比，民粹主义右翼更善于引导这些爆发的走向。因此在谈及“黄背心”时，阿兰·巴迪欧是完全有理由这样说的：“并非所有移动之物都是红色的。”

因此，这就是我们必须面对的悖论：民粹主义者对自由民主体制的失望证明，1990年的革命不仅仅是一场追赶革命，它追求的目标不仅仅是自由资本主义的常态。弗洛伊德曾经谈及“*Unbehagen in der Kultur*”，即文化中的不满或不安；在柏林墙倒塌30年后的今天，如火如荼的新一波抗议活动证明，自由资本主义中的确存在不满或不安。关键问题是：谁来阐发这种不满？难道要把它留给民族主义民粹主义者，让他们以此谋利？左翼的重大使命就在这里。这种不满并不是什么新东西。早在三十多年前，我就在《东欧的基列共和国》一文中谈过这个话题。《东欧的基列共和国》（“基列共和国”是个典故，来自《使女的故事》）于1990年发表于《新左翼评论》。我可以引用我自己的文本吗？

> 东欧当前进程的阴暗面是，企业民族民粹主义（corporate national populism）在日益增长，自由民主的倾向在逐渐衰退。从仇外心理到反犹主义，这些都是企业民族民粹主义的标配。这一进程

> 的速度是如此之快，简直令人目瞪口呆：如今反犹主义出现在民主德国（那里的人们把食物的短缺归咎于犹太人，把自行车的短缺归咎于越南人）、匈牙利和罗马尼亚（那里对匈牙利少数民族的迫害还在继续）。即使在波兰，我们也能看到团结工会出现内讧的迹象：民族主义－民粹主义的派系在崛起，它把政府近期施政的失败归咎于“国际化的知识分子”，而“国际化的知识分子”是旧政权对犹太人的代称。[124]

现在，这个阴暗面正在强劲有力地重新崛起，其影响力体现在右翼对历史的改写上。正是由于这个缘故，我们应该记住消隐的中介物：今天，全球资本主义秩序正再次濒近危机，已经消逝的激进遗产将不得不重新激活。这一遗产不只是大量的乌托邦式的希望，还是自我毁灭性的驱力。承载着乌托邦希望的，正是这种驱力。毁灭性的暴怒以某种方式清理空间，以为创造新的崇高形式提供条件。毁灭性的暴怒所使用的方式，拉康早已清晰阐明。拉康认为，死亡驱动和升华之间存在着联系。[125]这一点，只要回顾一下安德烈·普拉托诺夫（Andrei Platonov）的杰作《基坑》（*Foundation Pit*），就会一清二楚。基坑是地球上的巨大洞穴，它永远无法被新的建筑填满。基坑象征着毫无意义的劳动支出，这样的支出在为生存或美好生活开展的斗争中一无是处。这个基坑不就是对作为一个社会范畴的死亡驱力的隆重纪念吗？

这使我们重新回到《小丑》那里。这部电影的优雅之处在于，它的故事线中没有出现一个至关重要的转变，即从自我毁灭的驱力向迈克尔·穆尔所谓的对解放性政治计划的“新欲望”的转变。我们这些观众被要求填补这个空白。我们会填补这个空白吗？难道《小丑》不会再次证明，今天的文化领域和娱乐领域可以轻易地吸纳最具“颠覆性”的反资本主义信息和行动？想象一下，会有这样的大型艺术展吗：它的方案不质疑欧洲中心主义，不质疑金融资本无所不在的统治，不质疑我们对环境的破坏？为什么《小丑》要与那些自我毁灭的画作[126]不同，要与那些通过展示腐烂的动物尸体或浸泡在尿液中的神圣形象来“迫使我们思考”的画廊不同？也许，事情并不这么简单。也许，《小丑》之所以如此令人不安，是因为它没有积极呼吁人们采取政治行动——它把决定权留给了我们。参观“反资本主义”的艺术表演，或参与社会慈善活动，会使我们意得志满，但观看《小丑》绝对能做到这一点，而这正是我们的希望之所在。小丑践行了阿甘本所说的“无望之胆量”（courage of hopelessness）。当今的非洲悲观主义（afro-pessimism）就是“无望之胆量”的典型个案。简言之，小丑展示了某个版本的主体性匮乏。

当然，这里至关重要的问题是，如何把自我毁灭的暴力与其他的主体性匮乏的形象，尤其是与萨罗依·吉里描述的政治匮乏联系起来？我们应该避开陷阱，不要把这些形象置于某种等级秩序之中，就像自我展现的伪黑格尔三段式那样：在和平时期的苦难人生中，我们求助于涅槃或神秘的体验；一旦危机降临，我们迸发出自我毁灭的暴力；最后，我们把虚无主义转化为专注于积极方案的革命实践。主体性匮乏的形象构成了一种不可化约的混合物，这些形象彼此呼应，相互转化，不会出现这样的情况：其中的一个形象扬弃另一个形象。

相对于正常的日常生活（我们不得不称之为日常生活），所有这些形式的匮乏当然都是例外状态。这岂不是限制了我们分析的范围？答案是否定的，因为正如黑格尔在谈及疯癫时所言，这些例外是可能性，是潜能，参照这种可能性，参照这种潜能，被我们体验为正常的日常生活的东西才得以自我构成。身处流行病、生态危机和社会动荡的年代，我们如今面临着严峻的问题：这些危机对我们的日常生活构成了威胁，破坏了我们的日常生活的稳定性。面对这些威胁，以不同形式加以否认，最终也只是对正常的日常生活的绝望防御。我们今天需要的是，勇敢地穿越例外、主体性匮乏的净化之火（purifying fire）。

主张重新正常化的主要声音来自诸如马特·里德利（Matt Ridley）之类的所谓“理性乐观主义者”。马特·里德利以各种好消息对我们狂轰滥炸：21世纪前十年是人类历史上最好的十年，亚洲和非洲的贫困人口正在降低，污染正在减少，等等。果真如此的话，日益增长的世界末日气氛岂不是空穴来风？它岂不是自我产生的对不幸的病态需求的产物？当理性乐观主义者指责我们过于害怕琐细的问题时，我们的回答应该是，恰恰相反，我们害怕得还远远不够。就像阿伦卡·祖潘契奇概括的那个悖论一样：“世界的末日已经开始，但我们似乎仍然宁愿死去，也不让世界末日的威胁把我们吓死。”2020年春天，美国得克萨斯州副州长丹·帕特里克（Dan Patrick）说过，像他这样的祖辈不想在病毒危机期间牺牲国家的经济：“没有人找到我，对我说，‘作为一名老年公民，你是否愿意用自己的生存机会换取为你的子孙后代保留全美国人所钟爱的美国？’”帕特里克说：“如果这是交换条件，我完全同意。”[127]即使这话出于真心，这种自我牺牲的姿态也不是真正勇敢的行为，而是怯懦的行为。这完全符合祖潘契奇的至理名言：帕特里克宁愿死去，也不愿勇敢地面对灾难的威胁。既然我们今天正在为生存而战，那我们可以用G. K. 切斯特顿对勇气悖论的描述作为结语：

> 一个遭敌人重重包围的士兵若要杀出一条血路，极度贪生之余，还要异常地绝不怕死。他不能单单恋栈生命，这样他只会是个懦夫，必不能逃出生天。他也不能单单静待死亡，这样他形同自杀，结果自必难逃劫数。他要抱着一种激烈而冷漠的求生精神，他要像爱慕水般恋慕生命，又要如喝酒般饮下死亡。（引自切斯特顿，《回到正统》，庄柔玉译，生活·读书·新知三联书店2011年版，第99页）

以对生命极度冷漠的精神求生，就是主体性匮乏的运作方式。有时候，穿越这种极度冷漠是确立新的宜居常态（livable normality）的唯一途径——没有这种穿越，常态本身就会四分五裂。

注释

1. 参见：马丁·海德格尔，《论作为语言本质问题的逻辑》（*Logic as the Question Concerning the Essence of Language*），奥尔巴尼：纽约州立大学出版社（SUNY Press），2009年版，第73页。——作者注

2. 参见：格兰特·法瑞德，《海德格尔救我一命》，明尼阿波里斯（Minneapolis）：明尼阿波里斯大学出版社，2015年版。——作者注

3. 参见：《和马丁·海德格尔的灵魂生活在一起》（"Living with the ghost of Martin Heidegger"），明尼苏达大学出版社博客（University of Minnesota Press Blog）：uminnpressblog.com/2015/09/17/living-with-the-ghost-of-martin-heidegger/。——作者注

4. 参见：《在这场全球危机中，有一个慰藉：宇宙之美》（"In this global crisis, there's one consolation: the beauty of the universe"），《卫报》。见：www.theguardian.com/lifeandstyle/2020/apr/13/brian-greene-until-the-end-of-time-book-interview。——作者注

5. 恩格斯晚年对他的《自然辩证法》手稿也作了类似的评论。——作者注

6. 参见：马丁·海德格尔，《哲学的终结和思考的任务》，收入《时间与存在》（*On Time and Being*），纽约：哈珀与罗出版社（Harper and Row），1972年版。——作者注

7. Quentin Meillassoux，法国哲学家，毕业于巴黎高师。他是人类学家克劳德·梅亚苏（Claude Meillassoux）的儿子，也是阿兰·巴迪欧的学生，现任教于巴黎第一大学。著有《有限性之后：论偶然性的必然性》、《数字与塞壬》（*The Number and the Siren*）、《科幻小说与外科幻小说》（*Science Fiction and Extro-Science Fiction*）和《没有变化的时间》（*Time Without Becoming*）等著作。

8. Graham Harman，美国哲学家，洛杉矶南加州建筑学院杰出哲学教授。他从海德格尔在《存在与时间》中提出的"工具分析"概念出发，从事思辨实在论（speculative realism）研究，提出了"面向客体的本体论"。他认为，一切皆客体，客体分两种：一种是真实客体（real object），一种是感官客体（sensual objects）或意向客体（intentional object）。著述甚丰，包括《工具存在：海德格尔与客体形而上学》（*Tool-Being: Heidegger and the Metaphysics of Objects*, 2002）、《怪异实在论：洛夫克拉夫特与哲学》（*Weird Realism: Lovecraft and Philosophy*）、《不合时宜的客体：面向客体的哲学和考古学》（*Objects Untimely: Object-Oriented Philosophy and Archaeology*，2023）等。

9. Markus Gabriel，德国哲学家，就职于波恩大学。他反对物理主义（Physicalism）、

道德虚无主义（Moral nihilism）和神经中心主义（Neurocentrism），致力于复兴形上本体论（metaontology）和形上形而上学（metametaphysics）的传统。著有《神话中的人：谢林“神话哲学”中的本体神学、人类学和自我意识史研究》（*Man in Myth: Studies on Ontotheology, Anthropology, and the History of Self-Consciousness in Schelling's "Philosophy of Mythology"*）等著作。

10. 参见：http://www.usyd.edu.au/time/price/preprints/naturalism-final.pdf。——作者注

11. 同样，1917年十月革命后，苏联哲学界发现自己已经分裂成为两个派别：一个是以艾布拉姆·德波林（Abram Deborin）为首的“辩证法派”，他把黑格尔称为辩证思维的典范；一个是以哲学家柳博芙·阿克塞尔罗德（Lyubov Axelrod）为首的“机械论派”（尼古拉·布哈林也被视为他们的成员），他们把马克思主义的唯物主义建立在自然科学的基础上。不过，他们全都认为哲学是对现实的普遍看法，哲学要为一切存在提供普遍的结构。即使德波林也拒绝了乔治·卢卡奇和卡尔·科尔施（Karl Korsch）开启的先验转向（transcendental turn）。——作者注

12. 参见：凯伦·巴拉德（Karen Barad），《与宇宙中途相遇：量子物理学和物质与意义的纠缠》（*Meeting the Universe Halfway: Quantum Physics and the Entanglement of Matter and Meaning*），达勒姆（Durham）：杜克大学出版社（Duke University Press），2007年版，第25页。——作者注

13. 参见：于尔根·哈贝马斯，《主管机关的语言博弈与自由意志问题：认识论二元论如何由本体论一元论调和？》（“The Language Game of Responsible Agency and the Problem of Free Will: How Can Epistemic Dualism be Reconciled with Ontological Monism?”），《哲学探索》（*Philosophical Explorations*），第10卷，第1期（2007年3月），第31页。——作者注

14. 参见：马丁·海德格尔，《同一与差异》（*Identity and Difference*），纽约：火炬出版社（Torchbooks），1975年版，第72页。——作者注

15. 参见：于尔根·哈贝马斯，《在自然主义与宗教之间》（*Between Naturalism and Religion*），剑桥：政体出版社（Polity），2008年版。——作者注

16. 参见：马丁·海德格尔，《哲学论稿》（*Beitraege zur Philosophie*），收入《全集》（*Gesamtausgabe*），第65卷，法兰克福：维托里奥·克罗斯特曼出版社（Vittorio Klostermann），1975年版，第338页。——作者注

17. 谢林的《人类自由论》（*Treatise on Human Freedom*），德文原版为《关于人类自由本质和相关对象的哲学研究》（*Philosophische Untersuchungen über das Wesen der menschlichen Freiheit und die damit zusammenhängenden Gegenstände*, 1809），英译本为《对人类自由本质的哲学探讨》（*Philosophical Investigations into the Essence of Human Freedom*），中译本为《论人类自由的本质》。

18. vanishing mediator，源于弗雷德里克·詹姆逊（Fredrick Jameson）对马克斯·韦伯（Max Weber）的《新教伦理与资本主义精神》的精湛分析。韦伯认为，新教对劳动的神圣化，为世俗资本主义的脱颖而出铺平了康庄大道，因为一旦劳动变得神圣，人们就会认为，既然劳动本身足够神圣，其他形式的宗教仪式则纯属多余，没有存在的必要。从这个意义上说，新教消灭了自身，成全了对手，且在成全对手之后“功成身退”。如此之物，詹姆逊称为“消隐的中介物”。齐泽克从詹姆逊那里接过这个概念，并把它与黑格尔的辩证嫁接起来，用它分析众多现象。

19. 参见：马丁·海德格尔，《荷尔德林的赞美诗〈伊斯特河〉》（“Holderlin’s Hymne, ‘Der Ister’ ”），收入《全集》，第53卷，法兰克福：维托里奥·克罗斯特曼出版社，1984年版，第94页。——作者注

20. 参见：马丁·海德格尔，《赫拉克利特研讨班》（*Heraclitus Seminar*）[与尤金·芬克（Eugen Fink）共同主持]，塔斯卡卢萨（Tuscaloosa）：阿拉巴马大学出版社（University of Alabama Press），1979年版，第146页。——作者注

21. 参见：马丁·海德格尔，《泽利根研讨班》，法兰克福：维托里奥·克罗斯特曼出版社，2017年版，第260页。——作者注

22. 参见：www.youtube.com/watch?v=yHoK6ohqNo4。——作者注

23. 雅各·波墨（Jakob Böhme，1575—1624），德国哲学家，基督教神秘主义者，路德宗新教神学家，对后来的德国唯心主义和德国浪漫主义影响深远，黑格尔称之为“第一个德国哲学家”。

24. 1931年10月11日的信，参见：《马丁·海德格尔与伊丽莎白·布洛赫曼书信集（1918—1969）》（*Martin Heidegger—Elisabeth Blochmann. Briefwechsel 1918–1969*），马尔巴赫：德国文学档案馆出版社（Deutsches Literatur-Archiv），1990年版，第44页。——作者注

25. 参见：马丁·海德格尔，《形而上学的基本概念》（*The Fundamental Concepts of Metaphysics*），布卢明顿：印第安纳大学出版社（Indiana University Press），1995年版，第271页。——作者注

26. 参见：皮埃尔·巴亚尔，《先行剽窃》（*Le plagiatpar anticipation*），巴黎：午夜出版社，2009年版。——作者注

27. 参见：阿伦卡·祖潘契奇，《何谓性？》（*What IS Sex?*），坎布里奇：麻省理工学院出版社（MIT Press），2017年版。——作者注

28. 同样，在古典音乐中也有这种情形：一些主要母题（main motif）并不是简单地呈现出来，而是逐渐从嘈杂的声音中浮现出来，仿佛它正在苦苦挣扎，要从嘈杂的声音中把自己解放出来。它的情形不是这样的：开始就是母题，然后向前推进，直至形成自己的变体。相反，母题是在最后出现的，它是一个漫长的痛苦过程的高潮。——作者注

29. Pedro Calderón de la Barca，1600—1681，西班牙军事家、作家、诗人、戏剧家，西班牙文学黄金时代的重要代表人物。代表作品为剧作《人生如梦》（*La vida es sueño*，1635）。

30. 在这个问题上，费希特的立场有些暧昧不明：即使当他谈到“设置非我的绝对我”（the absolute I positing the not-I）时，他也没有断定“绝对我”创造了直接因果意义上的客体。主体创造的唯一之物是神秘的“推力”（impetus），它推动主体“设置”现实，而这种“推力”就是拉康所谓的“客体小a”的费希特版本。——作者注

31. 参见：我的《失序的天堂》（*Heaven in Disorder*），纽约：奥克斯与罗宾逊出版社（OR Books），2021年版。——作者注

32. lapalissade，指显而易见、不言而喻的道理，或同义反复的表述方式。它源于雅克·拉帕利斯（Jacques la Palice）这个名字。据说拉帕利斯的墓志铭上写着：“倘若拉帕利斯领主没有死去，人们还是会羡慕他的。”这句话后来被误传和改写，衍化为形形色色的说法，甚至衍化为五十多首四行诗（quatrains），影响深远。

33. 参见：费尔南多·卡斯特里永和托马斯·马切夫斯基主编，《冠状病毒、精神分析和哲学》，伦敦：劳特利奇出版社，2021年版，第2页。——作者注

34. 参见：《冠状病毒、精神分析和哲学》，第60页。——作者注

35. 参见：https://edition.cnn.com/2020/10/28/politics/woodward-kushner-coronavirus-doctors/index.html。——作者注

36. 参见：《冠状病毒、精神分析和哲学》，第95页。——作者注

37. 我是在下列著作的第9章提出这一类比的：《极度空无》（*Less than Nothing*），伦敦：左页出版社，2013年版。——作者注

38. 马克对肖斯塔科维奇《第十四交响曲》的注解——英国指挥家马克·维格斯华斯（Mark Wigglesworth）。见：www.markwigglesworth.com/notes/marks-notes-on-shostakovich-symphony-no-14/。——作者注

39. 马克对肖斯塔科维奇《第十四交响曲》的注解——英国指挥家马克·维格斯华斯。见：www.markwigglesworth.com/notes/marks-notes-on-shostakovich-symphony-no-14/。——作者注

40. 马克对肖斯塔科维奇《第十四交响曲》的注解——英国指挥家马克·维格斯华斯。见：www.markwigglesworth.com/notes/marks-notes-on-shostakovich-symphony-no-14/。——作者注

41. 参见：www.chandos.net/chanimages/Booklets/AJ0378.pdf。——作者注

42.《扎波罗热哥萨克给土耳其苏丹的回信》（“Reply of the Zaporozhian Cossacks”），参见维基百科。——作者注

43.《第十五交响曲》（肖斯塔科维奇），参见维基百科。——作者注

44. 肖斯塔科维奇《第十五交响曲》简介——古典音乐（Classical Music），参见：www.classical-music.com/articles/introduction-shostakovichs-symphony-no-15。——作者注

45. 本书前一章引用过的不是《乞丐的歌剧》（*The Beggar's Opera*），而是《三毛钱歌剧》。《乞丐的歌剧》是18世纪英国歌剧，《三毛钱歌剧》是对它的改编。

46. 采取这种犬儒立场意味着，我们不应该把新右翼民粹主义者斥为一群无法忍受淫荡、嘲讽和滥交的原始的原教旨主义者。新右翼与许多"中立"的专家、经理、记者和艺术家达成了危险的协议。这些"中立"人士的基本立场是："我不在乎政治，只想安安静静地做好我的工作！"不过，他们的"中立性"与1945年后的某些德国保守艺术家如出一辙：如果由左翼组织的活动邀请他们前往表演，他们会拒绝，声称自己不想参与政治；如果由右翼组织的活动邀请他们前往表演，他们会以完全相同的理由坦然接受，声称自己并不关心政治，只是想表演个节目。——作者注

47. learning play，德语原文是"Lehrstück"，是布莱希特及其合作者在20世纪二三十年代创建的一种实验性的现代主义戏剧形式。布莱希特亲自把它译为"learning play"。他在《评教育剧演出》中说过："当你们演出一部教育剧时，你们必须像学生一样表演。""教育剧的教育性在于自己亲自去演教育剧，而不在于去看教育剧的演出。原则上教育剧不需要观众，观众本身却能自然而然地被当作演员使用。"

48. 参见：萨罗依·吉里，《引论：从十月革命到纳萨尔巴里运动——理解政治主体性》，见K. 穆拉里，《概念与方法》，喀拉拉邦：卡纳尔出版中心，2021年版，第11页。——作者注

49.参见：萨罗依·吉里，《引论：从十月革命到纳萨尔巴里运动——理解政治主体性》，见K. 穆拉里，《概念与方法》，喀拉拉邦：卡纳尔出版中心，2021年版，第22页。——作者注

50. 参见：萨罗依·吉里，《佛教不可说出的自我和可能的印度政治主体》（"The Buddhist Ineffable Self and a Possible Indian Political Subject"），刊于《政治神学》（*Political Theology*），第18卷，第8期（2018），第734-750页。——作者注

51. 参见：萨罗依·吉里，《引论：从十月革命到纳萨尔巴里运动——理解政治主体性》，见K. 穆拉里，《概念与方法》，喀拉拉邦：卡纳尔出版中心，2021年版，第11页。——作者注

52.参见：萨罗依·吉里，《引论：从十月革命到纳萨尔巴里运动——理解政治主体性》，见K. 穆拉里，《概念与方法》，喀拉拉邦：卡纳尔出版中心，2021年版，第15页。——作者注

53. 参见：彼得·霍尔沃德主编，《重新思考：阿兰·巴迪欧与哲学的未来》（*Think Again: Alain Badiou and the Future of Philosophy*），伦敦：连续出版社（Continuum），2004年版，第257页。——作者注

54. 参见：萨罗依·吉里，《佛教不可说出的自我和可能的印度政治主体》（"The Buddhist Ineffable Self and a Possible Indian Political Subject"），刊于《政治神学》（*Political Theology*），第18卷，第8期（2018），第6页。

55. 参见：《蒂莫西·莫顿的超流行病》（"Timothy Morton's Hyper-Pandemic"），刊于《纽约客》（*The New Yorker*）。见：www.newyorker.com/culture/persons-of-interest/timothy-mortons-hyper-pandemic。——作者注

56. 参见：《蒂莫西·莫顿的超流行病》，刊于《纽约客》。见：www.newyorker.com/culture/persons-of-interest/timothy-mortons-hyper-pandemic。——作者注

57. 参见：https://en.wikipedia.org/wiki/Four_Pests_campaign。——作者注

58.参见：萨罗依·吉里，《引论：从十月革命到纳萨尔巴里运动——理解政治主体性》，见K. 穆拉里，《概念与方法》，喀拉拉邦：卡纳尔出版中心，2021年版，第13页。——作者注

59. turvy without topsy，作者显然是在玩文字游戏（自德里达以来，玩文字游戏成为时尚，不过他们也不是为了玩文字游戏而玩文字游戏，阐发问题依然发挥着重要作用）。"topsy-turvy"的意思是上下颠倒、混乱不堪，但一般译为"颠倒"，"topsy-turvy world"一般译为"颠倒的世界"。

60. wheel of desire，又译"爱轮"，佛教用语。它的意思是，因为存在欲望，人将六道轮回。根据佛学原理，前世因，今生果，众生随业轮转，生生世世，在六道中循环往复。所谓"六道"，即六个去处，分别为三善道（天道、人道、阿修罗道）和三恶道（地狱道、饿鬼道、畜生道）。寿命终结后，人会随着业力，轮转六道。

61. 路易·安托万·莱昂·德·圣茹斯特（Louis Antoine Léon de Saint-Just），法国大革命的雅各宾专政时期的军事和政治领袖之一。1792年9月当选为最年轻的国民公会代表，后成为法兰西第一共和国政府的主要领导。他带头推动处决国王路易十六的运动，随后参与起草法兰西1793年宪法。后在热月政变中被捕，翌日与罗伯斯庇尔及其他盟友一起被处决。

62. 尽管我偶尔也会批评列宁，但我必须强调，在我看来，唯一不好的列宁是列宁·莫雷诺（Lenin Moreno）。他是前厄瓜多尔总统，执政时把朱利安·阿桑奇交给了英国警方。——作者注

63. 参见：https://journals.sagepub.com/doi/full/10.1177/0191453718794751#。——作者注

64. 参见：https://jacobinmag.com/2011/07/the-power-of-nonsense。——作者注

65. 参见：《关于费尔巴哈的提纲》的第11条是："哲学家们只是用不同的方式解释世界，而问题在于改变世界。"《马克思恩格斯全集》，第3卷，人民出版社1960年版，第6页。

66. 参见对马丁·海德格尔的访谈——访谈1/2（Ein Interview 1/2）——YouTube：youtu.be/4F0V9l8bUqc；youtu.be/BrMOSnNtSyk。——作者注

67. DiEM25，"Democracy in Europe Movement 2025"（欧洲民主运动2025）的首字母缩略词。"欧洲民主运动2025"是欧洲的一个左翼国际政治组织，成立于2016年2月9日，创始人是扬尼斯·瓦鲁法基思和斯雷奇·霍瓦特（Srećko Horvat）。

68. 扬尼斯·瓦鲁法基思的推文：https://twitter.com/yanisvaroufakis/status/1427012544523296774。——作者注

69. 参见：https://twitter.com/yanisvaroufakis/status/1427210155767353348。——作者注

70. Boko Haram，豪萨语，意为"西化是一种亵渎"，这里指尼日利亚的一个伊斯兰教原教旨主义组织。该组织于2002年由穆罕默德·优素福（Mahamadou Issoufou）在尼日利亚东北部创立，有尼日利亚的"塔利班"之称。

71. 全球同质论者，原文为"globohomo"。它的词源尚不清楚，有人猜测它是"globalist"（全球主义的）和"homosexual"（同性恋者）的组合，有人猜测它是"global"（全球性的）和"homogenization"（同质化）的组合。有人把它当成"全球同性恋者"使用，有人把它当成"全球同质论者"使用。就后者而言，有人认为它是西方经济精英所信奉的主流哲学。本质上，它是跨国公司的残酷无情的资本主义，却披上了社会自由主义政治（socially-liberal politics）的面纱，要打碎所有性别、民族、种族和民族身份，使全球趋于同一。结合这里的语境，这里暂取后者，译为"全球同质论者"。

72. 参见：https://edition.cnn.com/2021/09/01/politics/far-right-groups-praise-taliban-takeover/index.html。——作者注

73. 参见：海因茨·霍内（Heinz Höhne），《骷髅头的命令：希特勒党卫军的故事》（*The Order of the Death's Head: The Story of Hitler's SS*），伦敦：企鹅出版社，2000年版，第333页。——作者注

74. 这里的"基础"（ground），既指隐喻意义上的基础，也指建筑物的底层（ground floor）。这样的底层，在欧洲算作"零层"，在美国算作"一层"。

75. 我曾与约翰·米尔班克（John Millbank）合写过一本书，我在我执笔的那一部分中更加详细地讨论了这一点。参见：《基督的魔性》（*The Monstrosity of Christ*），坎布里奇：麻省理工学院出版社，2009年版。——作者注

76. 参见安吉拉·内格尔（Angela Nagle），《消灭所有规范》，纽约：零度出版社，2017年版。——作者注

77. 我在下列著作中更加详细地讨论了这个全新的大他者形象：《流行病2：失落的时间编年史》（*Pandemic 2: Chronicles of a Time Lost*），剑桥：政体出版社，2021年版。——作者注

78. 参见：《自我应验的预言：体制崩溃和流行病模拟》（“A Self-Fulfilling Prophecy: Systemic Collapse and Pandemic Simulation”）——哲学沙龙（The Philosophical Salon）：https://thephilosophicalsalon.com/a-self-fulfilling-prophecy-systemic-collapse-and-pandemic-simulation/。——作者注

79. 以下引文摘自阿伦卡·祖潘契奇的《短论阴谋论》（“A Short Essay on Conspiracy Theories”），手稿。——作者注

80. jouis-sens，指主动追求的享乐，强调它的主动性，因而与一般的“jouissance”（享乐）略有区别；与“jouis-sens”相对应的英语是“enjoy-meant”，指有意获得的享乐。

81. 丹尼尔·保罗·施雷伯（Daniel Paul Schreber，1842—1911），他是德国法官，因精神崩溃数度被送往疗养院治疗，这段患病的不幸经历被他写成了《一个神经症患者的回忆录》（*Denkwürdigkeiten eines Nervenkranken*）。对这本日记进行深入研究之后，弗洛伊德1911年发表论文《对一个偏执狂（痴呆偏执狂）患者的自传体叙述的精神分析笔记》［“Psychoanalytic Notes Upon an Autobiographical Account of a Case of Paranoia（Dementia Paranoides）”］。

82. difference that makes difference，此语出自英国人类学家格雷戈里·贝特森（Gregory Bateson，1904—1980），影响甚巨。它的意思是，促成变化的差异，改变现状的差异。

83. 参见：《抨击反疫苗运动，拜登要求广泛接种COVID疫苗，进行测试》（“Attacking anti-vaccine movement, Biden mandates widespread COVID shots, tests”）——路透社：https://www.reuters.com/world/us/biden-deliver-six-step-plan-covid-19-pandemic-2021-09-09/。——作者注

84. 雅伊尔·博尔索纳罗（Jair Bolsonaro），人称“巴西的特朗普”或“热带的特朗普”。

85. 参见：乔治·阿甘本，《我们现在身在何处？》，伦敦：厄里斯出版社（Eris），2021年版。——作者注

86. 用拉康的这个表达式描述病毒怀疑论者，这个想法来自拉塞尔·斯布里格利亚（Russel Sbriglia），私人交流。——作者注

87. 参见：《一位女士被强奸，旁观者将其记录下来：一个超出了愤怒的故事》（“A woman is raped and onlookers record it: the story beyond the outrage”）——美国电视新闻网CNN：https://www.cnn.com/2021/10/19/opinions/philadelphia-train-rape-bystander-effect-filipovic/index.html。——作者注

88. 参见：阿瓦·马达维（Arwa Mahdawi），《网飞公司的鱿鱼游戏猛烈地

讽刺了我们这个金钱至上的社会——但资本主义才是真正的赢家》（“Netflix's Squid Game savagely satirises our money-obsessed society— but it's capitalism that is the real winner”），《卫报》。见：https://www.theguardian.com/commentisfree/2021/oct/20/netflix-squid-game-savagely-satirises-our-money-obsessed-society-but-capitalism-is-the-real-winner。——作者注

89. 尼基塔斯·费萨斯（Nikitas Fessas），私人交流。报道这一事件的记者是瓦西利斯·兰普罗普洛斯（Vasilis G. lamproprolos）。——作者注

90. 参见：雅克·朗西埃，《时代错误与时代冲突》，刊于《辩证批评家》，第48卷，第2期（2020）。——作者注

91. 参见：雅克·朗西埃，《时代错误与时代冲突》，刊于《辩证批评家》，第48卷，第2期（2020），第126页。——作者注

92. 科尔宾，指杰里米·科尔宾（Jeremy Corbyn），曾任英国工党领袖与反对党领袖，是社会主义运动团体、巴勒斯坦团结运动、国际特赦组织、核裁军运动与反战联盟成员。

93. 伯纳德·桑德斯（Bernard Sanders），美国佛蒙特州的联邦参议员，是美国国会史上任期最长的无党派独立议员。他认为自己是民主社会主义者，乔姆斯基说他是“罗斯福新政主义者”。

94. 参见：本·斯坦（Ben Stein），《在阶级战中，猜猜哪个阶级是赢家》（“In class warfare, guess which class is winning”），《纽约时报》，2006年11月26日。——作者注

95. 参见：瓦尔特·本雅明，《拱廊计划》（*Arcades Project*），坎布里奇：哈佛大学出版社，1999年版，第471页。——作者注

96. 最多也只能这样说，这部影片激发我们这些观众通过小丑来行动：小丑代我们行动，代我们发泄我们对社会秩序的极度愤怒，从而使我们能够像往常一样生活，因为我们已经通过他释放了我们的沮丧。——作者注

97. Antifa，2016年后在美国逐渐壮大起来的一场高度去中心化的左翼反法西斯主义、反种族主义政治运动。它由一系列无领袖抵抗团体或人士推动。与政策改革相比，它更喜欢以暴力及非暴力的直接行动达到目标，打击新纳粹主义、白人优越主义等极右派极端主义支持者。

98. 参见：https://marginalrevolution.com/marginalrevolution/2019/10/the-joker.html。——作者注

99. 参见：www.good.is/the-five-most-powerful-lines-from-michael-moores-masterful-joker-review。——作者注

100. 卡济米尔·谢韦里诺维奇·马列维奇（Kazimir Severinovich Malevich，1879—1935），俄国画家，几何抽象画派的先驱，至上主义艺术奠基人，代表作《一个英国人在莫斯科》（*An Englishman in Moscow*，1914）、《黑方块》

（*Black Square*，1915）和《白色上的白色》（*White on White*，1918）。

101. 不妨回想一下前面提及的法农的那个断言：“黑人是一个非存在区域（zone of non-being），极其贫瘠和干旱的地域，一个始终下降的斜坡。”支撑着今天“非洲悲观主义”的经验岂不与此类似？非洲悲观主义者认为，与其他弱势群体（亚洲人、LGBT+、女性等）相比，黑人的从属地位更加彻底，也就是说，不应把黑人与其他形式的“殖民化”系列相提并论。这个看法岂不以这样的假设为前提——其他的弱势群体也属于这样的“非存在区域”？这岂不是马尔科姆·艾克斯（Malcolm X）名字中“艾克斯”（X）的终极含义？也是由于这个缘故，弗雷德里克·詹姆逊的下列看法是正确的：他认为，如果不把反黑人的种族主义纳入视野，我们就无法理解美国的阶级斗争；任何把白人无产者和黑人无产者作等量齐观的言谈都是错误的。——作者注

102. 参见：www.patheos.com/blogs/anotherwhiteatheistincolombia/2019/10/tribelessness-secular-zizek-joker/。——作者注

103. 参见：https://www.lrb.co.uk/the-paper/v41/n20/judith-butler/genius-or-suicide。——作者注

104. agency that regulates the application of the law，美国政府中的行政权力机构。

105. 看这部电影之前，我只知道人们对它的批判性反应。那时，我觉得它会提供小丑形象的社会起源。现在，看过电影之后，我必须本着共产主义者的自我批评的精神，承认我错了：在影片中，从被动的受害者转向新形式的主体性是至关重要的时刻。——作者注

106. Hannibal Lecter，一名食人医师，汤玛斯·哈里斯（Thomas Harris）创作的系列悬疑小说中的人物。他最先出现在1981年的恐怖小说《红龙》（*Red Dragon*），接着是在1988年的《沉默的羔羊》（*The Silence of the Lambs*），1999年的《汉尼拔》（*Hannibal*），以及2006年的《少年汉尼拔》（*Hannibal Rising*）中。

107. 小丑族并非一味被自身的环境所决定：与一般的非自愿独身者（Incels）不同，他们做出了更多的符号性姿态，把自己的痛苦转化为某种形式的享乐。他们显然享乐自己的困境，自豪地炫耀自己的困境，因此要为之负责，而不只是不幸环境的受害者。——作者注

108. 我的这一想法来自马修·弗里斯菲德尔，私人交流。——作者注

109. Eunomia，原指古希腊神话中司掌法律和立法的女神，代表着法律和秩序，同时维护社会的安定。

110.《安提戈涅》：https://ecommons.cornell.edu/server/api/core/bitstreams/4c50c0a6-19e7-4ec0-bc1d-2c397b217beb/content。——作者注

111. 我在此依靠的是阿伦卡·祖潘契奇对《安提戈涅》的卓越研究。参见：

阿伦卡·祖潘契奇，《让他们腐烂》（*Let Them Rot*），纽约：福特汉姆大学出版社，2022年版。她的这本小册子是真正的游戏规则改变者：《安提戈涅》的研究领域非常辽阔，但自从它出现后，一切都已改变。——作者注

112. 驯服安提戈涅的另一种方式是忽略下列事实：波吕涅刻斯是其人民的叛徒。若干年前，一家独立经营的巴勒斯坦西岸剧院——杰宁自由剧院（Jenin Freedom Theatre）——上演了当代版的《安提戈涅》。该剧的前提是：安提戈涅是一个巴勒斯坦大家族的女儿，她哥哥参加了反以色列的抵抗运动并被以色列士兵杀害；以色列占领当局禁止为他举办葬礼，而安提戈涅则对这一禁令不屑一顾。我参加了有关这个戏剧的辩论。我指出，这种类比是错误的，具有误导性：《安提戈涅》展示的是家庭冲突，而波吕涅刻斯和外国侵略军一起进攻底比斯。因此，在今天被占领的巴勒斯坦，克里翁不是以色列国家当局，而是安提戈涅家族的首领。情形应该是这样的：波吕涅刻斯与以色列占领者合作，他的家人把他视为叛徒，与他断绝关系，然后把他杀害，安提戈涅则违背家人的意愿，想给他个像样的葬礼。我在我的下列著作中更加详细地讨论了这个问题：《安提戈涅》，伦敦：布卢姆斯伯里出版社，2015年版。——作者注

113. 参见：凯瑟琳·罗森菲尔德，《通过荷尔德林的〈安提戈涅〉进入索福克勒斯的心灵》（“Getting into Sophocles’s Mind Through Holderlin’s *Antigone*”）。——作者注

114. 参见：全球伦理（global-ethic.org）。——作者注

115. strophe，最初指古希腊悲剧中一首颂歌的第一部分，后来指一首诗的结构划分，其中包括不同行长度的诗节。

116. 征候（sinthome），症状（symptome）的古体字。与症状的不同之处在于，它并不包含加密信息，无须破解。它是纯粹的享乐，是主体能够直接获得的快感（jouis-sense），感官快感（enjoyment-in-meaning，Enjoy-Meant）。

117. 参见：www.youtube.com/watch?v=etIqln7vT4w。这个例子来自杜安·鲁塞尔，私人交流。——作者注

118. 私人交流。——作者注

119. 参见：https://knowyourmeme.com/photos/1079755-funny-news-headlines。——作者注

120. 参见：保罗·瓦利（Paul Vallely），《慈善事业如何造福超级富豪》（“How philanthropy benefits the super-rich”），《卫报》。——作者注

121. 我在我的下列著作中详细论述了这个概念：《因为他们所做的，他们不知道》（*For They Not Know What They Do*），伦敦：左页出版社，2008年版。——作者注。此书书名出自《圣经·路加福音》：“这时，耶稣说：‘父啊！赦免他们，因为他们所做的，他们不知道。’”（和合本2010年版）中文版译为《因为他们并不知道他们所做的》，可参见之。

122. 这则逸事来自亚当·赫米勒夫斯基（Adam Chmielewski），当时他在现场。——作者注

123. Black Lives Matter，简称“BLM”，2013 年 7 月 13 日开始在美国爆发的国际运动，旨在抗议针对黑人的暴力和全方位种族歧视。

124. 参见：齐泽克，《东欧的基列共和国》（“Eastern Europe's Republics of Gilead”），刊于《新左翼评论》（*NLR*），第183期，1990年9—10月：https://newleftreview.org/issues/i183/articles/slavoj-zizek-eastern-europe-s-republics-of-gilead。——作者注

125. 参见：雅克·拉康，《研讨班之七：精神分析的伦理》（*Seminar Ⅶ: The Ethics of Psychoanalysis*）的第一部分，伦敦：劳特利奇出版社，2007年版。——作者注

126. 自我毁灭的画作，可参见下列消息：2018年10月5日，化名为班克斯（Banksy）的英国街头艺术家的作品《手持气球的女孩》（*Girl With Balloon*）在苏富比拍卖会上拍出104万英镑。但拍卖刚一落锤，“气球女孩”就在画框中向下滑落，同时被画框底部隐藏的碎纸机碎成条状。苏富比估计是班克斯本人通过遥控器开启碎纸机的。有专家认为，这是艺术家自我升值的手段。

127. 参见：《得克萨斯州官员建议老年人自愿为经济牺牲》（“Texas official suggests elderly willing to die for economy”）。——作者注

译后记

虽然译过齐泽克的几本书，也经常留意有关他的消息，阅读有关他的文字，算是对他略有所知，但翻译此书的过程中，还是时常为之震撼，仿佛受到电击。电击之后，震撼之余，做了些札记。整理出来，与读者分享，供大家评议。

一

本书的英文标题为“剩余享乐”。所以我们的第一个问题是：什么是剩余享乐？

听过一个笑话，是这么说的：丈夫在看电视的时候不停地嗑瓜子，老婆一脸嫌弃地说：“你这么喜欢吃瓜子，直接买瓜子仁得了。”丈夫摇着头说：“那可不行，我享受的是过程。”妻子听完，一脸兴奋地坐起来说：“既然这样，你把瓜子仁嗑出来给我，我享受结果，你享受过程好了！”这个妻子的如意算盘打得精。丈夫倘若真的这样做，那他获得的就不是一般的享乐，而是剩余享乐（*plus-de-jouir* / surplus enjoyment）。

齐泽克最近在一次演讲中也讲过一则趣事：有人去商场购物，精心挑选各类商品，然后把它们装进购物车，码得整整齐齐，但无意结账——当然也无意偷窃，只是过一过购物的瘾。齐泽克认为，只能用“剩余享乐”来描述这种行为。这时，重要的不再是目的，而是手段；不是结果，而是过程。

剩余享乐的本质就表现在这里：剩余享乐并不直接来自欲望，而是来自对欲望的欲望。这时欲望的目标不是某个具体的目标，而是对某个具体目标的欲望本身。嗑瓜子时，欲望的目标不是瓜子仁，而是“我想把瓜子仁嗑出来”这个欲望；购物时，所购商品并不重要，重要的是“我想购买商品”。这时的欲望是“拒绝欲望客体时产生的欲望”，获得的享乐则是剩余享乐。说起来挺绕口，听起来也别扭。但没有办法，这是精神分析的专业“行话”，也是齐泽克的专属“话语”。

剩余享乐与“一般”或“正常”的享乐有什么区别？它们的区别在于，根本不存在一般的享乐。这是我们遇到的第一个悖论，这样的悖论以后还会遇到很多。“一般”或“正常”的享乐不叫享乐，叫“快感”（pleasure）。剩余享乐又称过剩享乐，因为它总是以过度或过多为特征。按一般人的理解，先有“一般”或“正常”的享乐，然后给它追加些享乐，于是就有了“剩余享乐”。其实，依据拉康的精神分析理论，享乐总是剩余的享乐，总是处于过剩的状态。不多不少、恰到好处的“一般享乐”根本不存在。齐泽克的书中出现的“享乐”其实就是“剩余享乐”。

享乐通常来自快感，而且与欲望有关。这使得剩余享乐的结构非常特殊。这种特殊表现在，“对快感的放弃逆转为对放弃的快感或放弃中的快感，对欲望的压制逆转为对压制的欲望”。这是我们到目前为止遇到的第二个悖论。也就是说，本来是对快感的放弃，是对欲望的压制，没想到发生了180度的逆转，形成了这样的局面：放弃快感这个行为本身带来了快感，压制欲望这个行为本身变成了对压制欲望的欲望。也就是说，本来要放弃快感，结果却获得了快感；本来要压制欲望，结果却催生了新的欲望——压制欲望的欲望。这就是所谓的“变态逆转”，是快乐和痛苦的恶性循环。这样的恶性循环，是促成剩余享乐的方式之一。

从观念史的角度看，“剩余享乐”有两个来源：一个是弗洛伊德的“*Lustgewinn*”（快感获取），一个是马克思主义的“剩余价值”。但享乐不是快感，快感遵循快乐原则，但享乐则要超越快乐原则。弗洛伊德在临床实践中发现，有些患者不仅乐于自残，而且乐意对自残的过程和结果进行强迫性的、重复性的体验，从中获得某种病态的剩余享乐。通过痛苦而快乐，即我们所谓的“苦中之快”，构成了剩余享乐的另外一个特点。

快感追求平衡，享乐则追求过剩，它既能使主体生机无限，也能使主体苦海无边。它总是处于符号界之前，也处于符号界之外，无法被符号捕获，也无法被符号化。就其身份而言，它属于实在界，但它是精神分析唯一认可的非话语性“实体”。名为“实体”，却不具有独立性和实证性，这也是它自身的一个悖论。

精神分析的中心目标不是揭示被分析者的“罪恶感”，而是把握其“变态的享乐”。享乐的形成与压抑有关，或者说，它是压抑的产物。没有压抑，就没有享乐。无法直接把握或捕获享乐，也无法直接根除或消灭享乐。

在大众文化产品中，蝙蝠侠之类的超我英雄追求的就是这种享乐。他们一般处于法律之上，代表法律行事，填补法律的空白，弥补法律的“失败”。表面看来，他们为了追求正义的事业而放弃尘世的快乐，但他们在“放弃尘世的快乐”中获得了更多的享乐，这就是“弃绝中的享乐”。他们的享乐并不来自直接的血腥暴力，而是来自神圣的使命召唤，同时把自己的享乐隐藏在伦理责任的背后，于是有了经典的“意识形态的不在场证明”（ideological alibi）：“我去那里不是为了享乐，而是为了履行神圣的天职。”

正是从这个意义说，齐泽克反对汉娜·阿伦特以阿道夫·艾希曼为例阐释的所谓“平庸之恶”。在齐泽克看来，问题的实质并不在于人性的善恶，也不在于制度的优劣，而是处于人性善恶和制度优劣之外的、邪恶的、过度的剩余享乐。当然，剩余享乐与官僚体制有关，官僚体制为剩余享乐提供了重要源泉。但齐泽克认为，我们应把焦点置于剩余享乐之上，剖析其机制，把握其实质，其他的问题应该像现象学主张的那样——“悬置”起来，存而不论。以履行康德式的非人格责任为幌子（“位我上者，灿烂星空；道德律令，在我心中”），有意成为大他者实现其意志的工具，通过折磨和羞辱犹太人获得剩余享乐，才是问题的实质。

意识形态之所以卓有成效，是因为它有操纵剩余享乐的能力。社会要想维持自身的运转，形成良好的社会秩序，就必须通过其压制机制，强迫人们放弃某些享乐，但社会的压制机制和压制过程同时制造了享乐，即对压制的享乐（受虐狂式的享乐）：本来因为受到压制而丧失的享乐，奇妙地转化成了新的享乐。我们保护自己的剩余享乐，如同保护我们的私有财产，但不像保护我们的私有财产那样有理有据、样理直气壮，毕竟剩余享乐有时是偷来的锣鼓——敲不得。我们害怕老婆出轨，是因为害怕有人偷窃属于我们的享乐；我们讨厌外来移民，也是因为他们在窃取我们的享乐（如果他们懒惰，那他们要靠我们国家的福利度日；如果他们勤奋，那他们正在偷窃属于我们的工作；如果他们“泡”我们的“妞”，他们就会让我们找不到老婆）。齐泽克认为，美国2021年1月6日发生的冲击国会大厦事件也与剩余享乐密切相关。他以赞赏的口吻引用他人的话：“还有什么比特朗普的支持者在冲击国会大厦时高呼的口号——‘停止盗窃！’——能更好地以实例展示‘盗窃享乐’的逻辑？”美国人认为，他们的享乐已经被其他人（黑人、墨西哥人、LGBTQ+等）窃走，他们必须阻止自己的剩余享乐的流失。

本书的英文副标题是“为不疑不惑者解疑释惑”。我们再次遇到了悖论。不疑何须解疑，不惑何须解惑，不疑不惑何须解疑释惑？表面看来，这是自相矛盾的。但齐泽克告诉我们，其实我们是充满疑惑的，只是因为我们“在日常意识形态的温水中畅游”已久，已经全然忘了自己的疑惑。只有经他开蒙，被他解疑释惑之后，我们才能意识到自己原来真的有那么多的疑惑而不自知。这里遵循的逻辑，用黑格尔的话说，就是先有结果，后有原因，因为原因是由结果回溯性地设定出来的。听上去很是晦涩，但细细想来，还真是那么回事。这让我们领略到黑格尔辩证法的非同寻常之处。

二

齐泽克写这本书的初衷是什么？

他写这本书，是因为他有强烈的使命感。他深切地感到，西方社会灾难不断，危机重重。他无时无刻不在强调这一点：

> 我们生活在荒诞不经的年代，面临多种多样的灾难，包括流行病暴发、全球变暖、社会紧张加剧，还有即将来临的数字化思想控

制。这些灾难不甘落后，纷纷争坐头把交椅。

灾难不会始于不久的将来，而是始于现在；它也不在遥远的非洲或亚洲国家降临，它就在我们这里现身，出现在“发达的西方世界”的核心地带。不客气地说，我们将不得不习惯于同时面对多重危机。

历史并不站在我们一边，历史倾向于让我们集体自杀。

灾难之一是流行病毒。齐泽克认为，21世纪注定与病毒“喜结良缘”。可怕的不是生物病毒的扩散，而是精神病毒的肆虐。更可怕的是，精神本身就是病毒。因为随着科技的进步，我们的大脑将成为“连线大脑”，我们的精神将直接受制于全球数字网络这个大他者。最可怕的是，全球资本主义是无处不在、无孔不入的病毒，它残忍地盘剥我们，把我们当成它自我繁殖和扩张的工具。

灾难之二是全球变暖。“全球变暖导致的数千万人——甚至数亿人——的流离失所。”这是有根有据的事实，但总有阴谋论者矢口否认，声称全球变暖是一场骗局。齐泽克认为，全球变暖是一个创伤性的实在界。为了抗击全球变暖，我们需要崭新的大他者，即以科学和解放为根基的新的团结空间。我们需要采取大规模的集体行动，牺牲我们已经习以为常的诸多乐趣。更重要的是，改变我们的整个生活方式，不能再一味追求个人的享乐。

在解决全球变暖以及其他生态问题时，有人主张“敬畏自然”，有人主张“依靠科学”。齐泽克既不同意前者，也不同意后者。不同意前者，是因为一味地“敬畏自然”不仅徒劳无功，而且无异于坐以待毙。不同意后者，是因为一味地依靠科学，让科学单打独斗，结果也是竹篮打水一场空。在这里，齐泽克像他刚刚出道时那样，开始施展他的独门绝技——叠加定位策略，实现黑格尔的螺旋式上升：依靠科学，但必须把科学建立在最深刻的集体参与的基础上，只有这样才能事半功倍。

单纯依靠科学无效，是因为科学存在先天的缺陷。拉康发现，科学预先排除了主体的维度，因此它必须“悬置”与其内容无关的一切。要接受一种科学理论，也必须持同样的立场，对与其内容无关的一切处于“无知”的状态。科学理论是“客观”的，它“悬置”了自身的阐明立场。科学实验由谁来做，科学原理由谁来宣布，并不重要，重要的是它的内容。这使科学稳居工具理性的地位。

灾难之三是社会紧张加剧。一方面是科技的巨大的进步，平台资本主义的疯狂扩张，数字公地的急剧私有化，一方面是贫富的日益加剧（“联合国世界粮食计划署表示，只要科技乌托邦式企业家埃隆·马斯克拿出2%的财富即可解决世界饥饿问题”），这构成了资本主义社会的现实。在齐泽克看来，这是一个上下颠倒、黑白混淆、是非不辨、荒诞不经、危机重重的时代。“人人上蹿下跳，个个东奔西跑，如同没头的苍蝇”一般。社会土崩瓦解，民众分崩离析，共同的价值观念付之阙如，虚无主义的消费主义和个人主义肆意横行。如何解除这一危机？齐泽克认为，到目前为止，西方为此所做的一切工作，付出的所有努力，所进行的批判，所举行的抗议，无一例外地在“充当全球资本主义的意识形态补充物”。这更坚定了齐泽克的信念：意识形态不是抽象的原则体系，而是结构我们现实生活的物质力量。在这个前提下，要进行意识形态批判，就离不开精神分析这个“复合装置”，因为只有它，才能清晰揭示调节我们日常生活的力比多机制。支撑着我们的享乐的，正是这样的力比多机制。

在造成社会紧张加剧的原因中，数字公地的急剧私有化“功不可没”。在当今西方社会，知识（马克思称之为“一般智力”）在创造财富时发挥的作用越来越重要，但因为缺乏正确的社会指引，知识带来的结果并不美妙：本属于大家共同拥有的“公地”被私有化，被富可敌国的亿万富豪窃据。因为占据了“公地”，亿万富豪能把近乎普遍的标准并强加于社会，因而垄断了某些重要领域，甚至直接成为“一般智力”的化身，能够控制多达几十亿人。这些富豪就是“企业新封建主”。他们的出现是“现代性”死亡和我们进入了“新野蛮状态”的标志。在这种形势下，反对企业新封建主义，消解企业新封建主义带来的威胁，乃是当务之急。雪上加霜的是，实体的经济停滞不前，投机的股市蒸蒸日上，虚拟金融资本高歌猛进，却不会流入

“实体”经济，因而只能自我循环。“资本主义”只玩“资本”，不再“生产”，使西方社会陷入绝境。在这种情形下，齐泽克认为，“我们今天的任务不是推动历史的车轮滚滚向前，而是紧急刹车，防止我们最终全部陷入后资本主义野蛮状态的泥潭”。

灾难之四是即将来临的数字化思想控制。在齐泽克看来，连线大脑的出现未必是人类的一大幸事，因为它将使主体丧失主体性、被“去主体化”，继而使内部世界和外部世界的边界轰然倒塌。如此一来，“大他者就不再是处于我们之外的神秘元质……：我们直接处于元质之内，漂浮其中，丧失把我们与外部现实分离开来的距离”。这方面最著名的计划是埃隆·马斯克的“神经连接”，它首先要增强大脑或连线大脑与外部设备之间通信，然后促成大脑与大脑之间的通信。这会使我们迅速进入“后人类”时代，甚至会导致世界走向末日。齐泽克警告我们：“我们应该抵制宣称连线大脑的前景只是一种幻觉的诱惑，说什么它遥不可及，无法真正实现。这种观点本身就是对威胁的逃避……我们应该冷静地对待这一威胁，并提出问题：是否存在逃避其魔掌的维度？”

与数字化思想控制紧密相连的是生物遗传学的快速发展。这令齐泽克忧心忡忡。他认为，“生物遗传学的科学突破所导致的一大后果，就是自然本身的终结”。一旦人类洞悉了基因的构造规则，那人类就会被自己玩弄于股掌之上。人类的属性被任意操纵，结果是使人类沦为一种自然现象。一旦我们完全被数字控制，一旦我们的大脑变成连线大脑，一旦我们的基因变成转基因，一旦药物可以改变我们的行为和情感，那我们就不再是真正意义上的人类。

以上灾难，构成了齐泽克所谓的“灾难资本主义”的主要方面，但它们都是具体的灾难。除了这些具体的灾难，还有“最基本的本体论意义上的灾难”，即“总是已经发生的事情，而我们这些劫后余生之人就是全部的幸存之物”。矿物燃料的存在，足以证明地球上曾经发生过巨大的灾难。自从人类诞生的那天起，人类就进入了“后天启”时代，灾难则是“常态”。

这些灾难及由这些灾难促成的社会危机，与剩余享乐存在着千丝万缕的联系。“生活在末日，生活在灾难的阴影下，会给人特殊的享乐。充满悖论意味的是，对于即将发生的灾难的过度沉迷，恰恰是避免真正面对灾难的一种方式。”如此悖论，透视出西方社会的扭曲和变态，却又是人类本性的写实。

三

在齐泽克的诸多深刻思想中，他有关性别差异的探讨尤其值得我们注意。只有理解了性别差异，才能理解性别身份和身份政治，才能实现“结束伴侣暴政”之类的性别解放。

众所周知，在性别的问题上，有人认为性别是生物事实，有人认为性别是文化建构。遇到这样的“二元逻辑”问题，齐泽克采取的策略历来都是“叠加定位”。他认为，“生物事实和符号建构之间的对立，并没有穷尽所有的对立，因为还有第三个选项，即作为实在界 / 不可能的性别差异自身。它不是生物事实，而是一个无法完全符号化的创伤性的切口 / 对抗”。性别差异是的确存在的，除了生物事实和文化建构，还存在着不可化约、不可归纳、难以言表、无法理喻的性别差异自身，它就是实在界，是创伤性的切口，是永远难以化解的两性对抗。

他认为，在性别政治的问题上，要把下列两者严格区分开来：一者是对积极普遍的否定，一者是对消极普遍的肯定。女权主义者属于前者。她们断然否定积极的普遍，强调性别二元只是一个历史变量，没有先天的根基。因此，主体可以摆脱男权制 / 二元制的束缚，永远自我实验、永远自我重构，永远游戏般地扮演不同的性别身份（异性恋、同性恋、双性恋、无性恋等）。

齐泽克以女权主义内部爆发的冲突——由跨性别运动引发的冲突——为例说明这个问题。冲突的一方是顺性别者，一方是跨性别者。前者是生理上的女性，也认同自己的性别身份；后者是生理上的男性，但认为自己的符号身份是女性，有人甚至通过手术变成女性，以符合他们渴望的女性特质。在顺性别者看来，跨性别者无论如何都是装成（变成）女人的男人。跨性别者反驳说，顺性别者一味相信“解剖就是命运”，犯了本质主义的错误。但顺性别者这样说时，同样犯下了本质主义的错误：不顾一切地做“女人”本身就是对“女人”这种本质的认同，与文化无关。无论如何，一边是他们重新配置的身体，一边是“天然”的女性身体，两者之间的鸿沟只能通过剩余享乐来弭平。“享乐这个野蛮淫荡之物乃社会结构的固有之物，它的存在告诉我们，社会结构本身是对抗性的，也是不一致的。在社会生活中，要用剩余享乐填补横贯社会结构的鸿沟（“矛盾”）。”

值得注意的是，这种张力是女性所固有的，因为在“真正”的男人和跨性别男人之间，从来不存在这样的张力。在齐泽克看来，之所以如此，是因为男性身份本身早已是“跨性别”的，是建立在例外的基础上的。在拉康那里，男女之别在于，男性的身份被定义为下列两者的结合：一者是普遍性，一者是这种普遍性的构成性例外。这本身就是一个悖论，既然是普遍性，怎么会存在例外？而且这种例外还是“构成性例外”？何谓“构成性例外”？它指的是，只有出现例外，普遍性才具有普遍性。听上去岂不怪诞？但这样的悖论和怪诞对于精神分析来说属于常态。与男性不同，女性的身份是下列两者的结合：一者是“并非全部”，一者是“没有例外”。所谓“并非全部”，这里指的是“并非全部女性都是女性”，可见存在着例外，但“并非全部”又要与“没有例外”结合，其怪诞与男性的身份如出一辙。对于男性的身份来说：所有的男性都是男性，但存在着例外；正是存在着例外，所以我们才说“所有的男性都是男性”。对于女性的身份来说：并非所有的女性都是女性，没有例外。但对于跨性别身份来说，出现了非男非女的混乱：一方面，所有的女性（包括顺性别者和跨性别者）都是女性，这与“所有的男性都是男性”完全一致；另一方面，没有例外，这与“（并非所有的女性都是女性）没有例外”一拍即合。前半部分与男性身份相符，后半部分与女性相符，这个混乱再次说明两种性别之间存在着“不可能性/对抗”。

这使我们重新认识男性身份和女性身份的实质。有拉康那里，男性是男性，女性则是“并非男性”的女性，是“被阉割了的男性”。正是从这个意义上说，拉康说“不存在女性”：并不存在实体性的女性身份，女性是通过“不是男性”来界定的，是以“不”为特征的，它只是与自我相关的否定性。

基于这样的理解，回过头来再看跨性别者陷入的僵局。齐泽克以黑格尔的辩证逻辑来说明之。首先是异性恋，它体现了男女两性的标准对立；其次是同性恋，它依然以标准的两性对立为参照系；再次是跨性别者的出现，男性变成了女性，女性变成了男性，要么是男性，要么是女性，可见两性对立仍然占绝对优势；最后出现了“真正的跨性别者”，他们既非男性，亦非女性，但还是离不开以性别为参照系，确立自己的社会身份：“非性别”本身也是一种“性别”。这时我们才明白，“真正的跨性别者远远没有消除性别的差异，反而代表着差异本身：它是与差异自身——两种性别身份的既定差异——不同的差异”。

四

齐泽克对人类性心理把握总是那么令人惊心动魄和拍案叫绝。

他告诉我们，人类之性总是涉及施虐/受虐的复杂机制，涉及现实与幻想的奇妙混合，虚构和幻象在其中发挥重要作用。“食色，性也”，但它们遵循的逻辑完全不同：食，是现实性的活动，所以画饼不能充饥，所画之饼，无济于事；色，是幻象性活动，必须画饼充饥，也只能画饼充饥。难怪弗洛伊德在1899年给威廉·弗利斯（Wilhelm Fliess）的信中说道：“我已经习惯于把每一次性行为视为涉及四个人的过程。”当然，齐泽克没有把这个问题上升到道德败坏的高度加以谴责，甚至不允许把这个问题上升到稍微中性些的社会批判的高度，反而强烈反对这样的“批判意识”：“不能把伴侣的现实身体和幻想世界之间的这道鸿沟化约为男权制、社会统治或社会剥削造成的扭曲，因为这道鸿沟从一开始就存在。”

正像不存在“一般”或“正常”的享乐一样，也不存在“一般”或“正常”的魅力。真正的魅力都存在着“过剩”的因素。表面看来，剩余是非实质性的，是不必要的。但充满悖论意识的是，没有剩余，我们就无法享受实质性和必要性的东西。没有剩余，我们就无法确定什么才是“正常”和“一般”，无法确立“正确”和“一般”的标准。也就是说，“正常”和“一般”是由“剩余”回溯性地建立起来的。

齐泽克举例说，真正完美无瑕的美人一般是“木美人”，缺乏必要的魅力。相反，一个略为“丰满”（过度）的女性常抱有这样的幻觉：倘若减肥成功，自己就会变得精美绝伦。但“真相是，如果真的成功瘦身，那她很可能会看起来状若常人”。为什么会这样？因为“丰满”这个看似破坏完美的因素，看似“过剩的元素”，却是这位女性之为这位女性的支撑，是她的魅力之源。还记得弹钢琴时放声大笑而于2016年一举成名的那个网红（李姓钢琴教师）吗？当初她素面朝天，略为“丰满”，却笑得那么诱人。后来经过减肥和美容的她，反而丧失原来的魅力，再无先前的淳朴自然。道理还是那个老道理：看似破坏完美的过度因素，却是支撑完美的基石，剔除了这个基石，完美将一去不返。

当然，性永远不只是两情相悦（或多情相悦），它有其社会的维度。齐泽克说，在性中，永远存在着基本的不满或不安。“从传统的男权秩序转向如今的多重性别身份，归根结底也只是从一种掩盖这种不满的模式转向另一种。”传统的男权制把男女两性的差异稳定下来，并创造了所谓的“自然秩序”。这时男女有别，男主外，女主内，女人要“三从四德”，否则按“七出之条”处置。“男女两极通过相互补充而形成一个和谐的整体，一旦其中的一极超越了它所扮演的正常角色的边界（如一个温文尔雅的女人表现得像个好勇斗狠的男人），灾难就会降临。”这灾难用古人的话说，是“牝鸡司晨，惟家之索”，用现在的话说，是“女人当家，房倒屋塌”。西方进入后现代社会后，“在多重性别身份的空间里，被压抑物必定卷土重来。这时，所有的性变态，所有违反异性恋规范的行为，不仅被允许，而且被激励”。结果就是保守人士眼中的“乌烟瘴气”。

在女权主义者那里，要解放女性，就要释放女性的欲望。但女性的欲望是什么？“女人，你究竟想要什么？”这是弗洛伊德终其一生没有弄懂的问题。女人说“是”未必真的是“是”，女人说“不”未必真的是“不”，或许只有当女人怒目圆睁时吐出来的“呸！”字才是真正的“不！”。齐泽克同样以赞同的口吻引用他人的文字说：“女性陷入了困境。以同意和授权的名义，她们必须清楚而自信地表达自己的愿望。然而，性研究人员认为，女性的性欲往往是缓慢出现的。男人则热衷于坚称，他们知道女性——以及她们的身体——想要什么。与此同时，性暴力比比皆是。在这种环境下，女性怎么可能知道自己想要什么？为什么我们期待她们知道呢？”

由此可见，不仅男人不知道女人的欲望是什么，即使女人也不知道自己的欲望是什么。这时“不知道”构成了女性性征的重要内容。西方人主张“说是才算同意”（yes means yes）。它指的是，在发生性行为之前，主动的一方（主要是男方）有责任确认对方是否完全清醒，是否明确同意发生行为。也就是说，只有在肯定对方完全清醒且明确同意的前提下，才能实施相关行为，否则会构成犯罪。但对方说的“是”真的就是“是”吗？她真的知道“是”意味着什么吗？

齐泽克认为，一切以“知道”为前提的言语和行为都是暴力性的。“使男性的性冒犯变得更具暴力性的，不只是直接的肉体（或精神）暴力，还有这样的假设：他知道‘迷惑不解’的女人所不知道的东西，进而使据此‘知道’采取的行动合法化。”直接的肉体暴力如此，毕恭毕敬、温文尔雅的体贴也在此列，因为他相信，他知道对方的欲望是什么。但这样说，并不意味着，与男性相比，女性的欲望存在缺陷（男性按理说知道她们想要什么，而她们不知道）。

正是因为“不知道”，某些受害者不幸的性经历才给她们造成了巨大的心理创伤。这是怎么可能的呢？在施害者一方看来，“饭也吃了，酒也喝了，迪也蹦了，电影也看了，结果你告诉我，你要回家？”言下之意，你应该知道后面会发生什么事情，你应该懂得人情世故。这里的关键在于“知道”和“懂得”。这里的关键还在于，对方未必真的“知道”和“懂得”。即使声称“知道”和“懂得”，也未必是真的“知道”和“懂得”。何以至此？下面这段文字，篇幅很长，却是非引不可的：

> 那么，像强奸这样残暴的行为，怎么会有人（受害者）不认为那是强奸，不把它体验为强奸呢？当出现下列情形时，这类事情就会发生：在性接触的过程中，“在内心深处，我知道，发生的事情让我觉得自己受到了侵犯、人格受到了污辱，这不是我想要的。然而，我花了整整十年时间才意识到，那时候究竟发生了什么：我被

> 性侵了”。为什么过了这么长的时间，直至MeToo运动兴起，我才恍然大悟？“我当时对同意（发生性行为）和性暴力的理解有限，而且我在性方面缺乏经验。这意味着，我相信我要为发生的一切负责，也许我根本就不知道‘性通常是怎样的’。”直到十几年之后，当我的治疗师告诉我“那是创伤”时，“我才深切感受到我19岁时所承受的痛苦，明白为什么焦虑搅得我心神不定。我脑海里终于发出一个声音：‘这是性侵。’现在，33岁的我如梦初醒”。所以说，“一些幸存者可能需要数年甚至数十年的时间才能意识到或者承认，她们那时的经历相当于性侵或强奸”。

受到侵害，感到不安，却又根本不知道性是怎么回事，加上主流意识形态（“败坏自己的名声”）的影响，受害者一般会隐忍不发，忍气吞声。只是到了多年之后，（在某些人的揭示或暗示之下）回溯性地重新体验当初的经历时，才恍然大悟。这就是MeToo运动的合理性之所在。

有人觉得，十几年前不同于现在，如此对待女性属于常态，不应该以今天的标准予以评判。齐泽克认为，这是虚假的历史主义，必须加以严词拒绝。

五

齐泽克新见叠出，得益于他对黑格尔辩证法的独特理解。他也把自己视为黑格尔的“私淑弟子”。

在西方，生态问题是大问题，生态危机是大危机。斋藤幸平的《卡尔·马克思的生态社会主义》没有把自然化约为历史进程的背景，但也没有退回到辩证唯物主义一般本体论那里，得到了齐泽克的肯定。但斋藤幸平的主要哲学参照物并非黑格尔，这令齐泽克愤愤不平：“与斋藤幸平和其他生态社会主义者不同，我们的前提是，我们现在面临的问题（流行病、全球变暖等）迫使我们不能摒弃黑格尔……”

齐泽克日益强调黑格尔的重要性。大概从2010年开始，齐泽克越来越重视黑格尔。他在2014年出版的《绝对反冲》就把重心放在了黑格尔的身上。也正是从那时开始，拉康的重要性开始下降，黑格尔的重要性开始上升（在本书中，他开始批判拉康及拉康意识形态）。在齐泽克看来，拉康虽然重要，但他也只是解读黑格尔的工具，是“消隐的中介物”。到了2019年，拉康的地位再次发生断崖式下跌，因为他声称，西方的全部哲学都发生在50年间，即康德出版《纯粹理性批判》的1781年至黑格尔去世的1831年。齐泽克立志延续这一传统，成为黑格尔哲学的继承人和阐发者。他在本书郑重声明：“21世纪将是黑格尔的世纪。”黑格尔俨然已经成为一个精灵：“在本书中，黑格尔无所不在，即使没有直接提及，他依然潜伏在背景之中。”

他崇拜马克思，但那也只是因为“马克思比黑格尔还黑格尔化”。他欣赏马克思的政治经济学批判，是因为马克思对资本主义社会的分析和批判具有“黑格尔式”结构，因为辩证的方法和资本的逻辑具有结构上的同源性。辩证的方法对现实做了疯狂的思辨性逆转，资本的流通领域又何尝不是呢？通过这种逆转，俗不可耐的商品具有了自身的形而上学，平淡乏味的日常生活也成了宗教，这就是商品拜物教的由来。

他阐发的黑格尔与众不同，甚至大异其趣，但也生动活泼，妙趣横生。比如，他对黑格尔的解读不同于罗伯特·布兰顿的自由主义解读，不同于斋藤幸平的生态主义解读，不同于拉康的老派精神分析解读，因为这些解读全都错过了作为辩证过程之核的激进否定性。除此之外，让他最为赞赏的是，“黑格尔的自然观对偶然性的态度更加开放；……黑格尔并没有简单地将宗教视为代表概念性真理的一种有限方式而不屑一顾，而是在宗教性的集体仪式中清晰地看到了剩余享乐发挥的作用，以及宗教性的集体仪式带来的满足”。

黑格尔的辩证法，我们一般人的理解是：万事万物，究其本质，并非一成不变，而是日新月异。但万事万物只是表象，它只是精神的显现，研究精神显现的过程就叫“显现学”或“现象学”（phenomenology）。什么在显现？精神在显现。显现的结果如何？结果就是我们看到的现象，但奇怪的是，我们称之为现实。为什么现象或现实总在变化？因为精神在变化。精神为什么变化？因为精神内部存在着异化。变化是如何发展的？以辩证的形式发展。辩证是怎样的？辩证就是从通过“摒弃”、“正题”走向“反题”，再从“反题”走向“合题”，然后从“正题”重新开始。如此变化可有最终目标？当然有。这目标，就个人而言是“绝对之知”，就社会而论是“有机社会”（organic community）。

齐泽克理解的辩证过程可没有这么简单，没有这个进化论之维。在本书中，他没有从正面详细阐述他理解的辩证法，但透过他对资本的分析可以窥其一斑。他说：“资本与它自身的他者性相关联，这种关联的‘真相’就是它的自我关联，也就是说，是处于它的自我运动中的自我关联；资本回溯性地‘扬弃’了它自身的物质条件，把这些物质条件变成它自身的‘自发扩张’的从属环节。用纯粹黑格尔式的语言说，它设定了自己的前提。”它与“正题”“反题”“合题”无关，而与“他者性”“自我关联”“扬弃自身的物质条件”“设定了自己的前提”有关。回溯性地“扬弃”了自身的物质条件的资本，是寄生于现实生活的幽灵，是寄生在现实生活中的吸血鬼。资本的统治是幽灵、吸血鬼般的统治，它虽然脱胎于现实生活，但最终使现实生活屈从于它的统治：它变成了主体，而不再是实体。

依据黑格尔的辩证法，每个普遍都是“具体的普遍”，每个普遍都有例外，且以例外为根基，如果没有例外，那就没有真正的普遍。以实例说明问题，在真正的哲学探究中属于“学步器”，真正严肃的哲学家不屑一顾（你见维特根斯坦在自己的著作中可曾举过例子吗？），却是齐泽克的拿手好戏。他信手拈来的例子，往往令人叹为观止。他以黑人说唱乐为例说明普遍的“例外”特征。他说，政治正确是个普遍的原则，但它的“普遍”同样立足于“例外”：“有个有趣的例外，那就是说唱乐：在那里，你可以口无遮拦，可以赞美强奸，可以歌颂谋杀，等等。为什么会出现这样的例外？原因一猜就中，甚是简单：黑人被视为受害者，他们享有特权，黑人青年有权以说唱乐的形式表达自己内心的煎熬，于是乎，说唱乐的粗暴野蛮被提前赦免，因为它真诚地表达了黑人遭受的苦难和挫折。”所有的文化产品不都是这样的吗？现实中的怪、力、乱、神常常是非法的，但在文学艺术作品中，它们却是合理的存在。虽然“子不语怪、力、乱、神”，但袁枚的《子不语》、纪晓岚的《阅微草堂笔记》和蒲松龄的《聊斋志异》不全都是“怪、力、乱、神”之作吗？从这个意义上说，文化产品是普遍伦理法则的例外或“法外狂徒”。

齐泽克对黑格尔所谓的“理性的诡计”的阐释同样值得我们注意。“理性的诡计”是黑格尔提出的重要历史哲学范畴。黑格尔认为，普遍历史是理性之理念在一系列民族精神中的实现，但理性之理念在历史上并不以貌似理性的方式运演。它在不同阶段的实现并非人类有意识地确立理想并实现理想的结果，相反，它是以间接的、狡猾的、不可告人的方式实现的。说得具体些，它是通过调动人性中的非理性元素——激情——来实现的。当然，拉康和齐泽克对“理性的诡计”做了精神分析的补充：“激情”是无意识、欲望和驱力的代名词。在齐泽克眼中，亚当·斯密所谓的“看不见的手”就属于“理性的诡计”的范畴，它“向我们保证，原本是个人利己主义的竞争，结果却有利于公共利益”。

六

本书中还有两个概念与黑格尔辩证法密不可分，它们分别是“调停”和“物化”。

克罗齐在《历史学的理论和实际》中说过：“一切历史都是当代史。”如今这已是妇孺皆知的常识。但“一切历史成为当代史”的机制是怎样的？齐泽克给出了答案：我们在审视历史时，引入了新的理解视域，这改变了整个领域，也就是说，历史接受了我们的当代经验的“调停”。我们无法保持中立，因为“根本没有元语言”。这样的“调停”还体现在文化与自然的关系之中。齐泽克警告我们，“当我们把自然和文化对立起来时，我们应该小心翼翼，因为这两个术语完全重叠到了一起，尽管并不完全对称”。一方面，文化也是自然的一部分，因为自然是“存在着的一切”，文化被囊括在这个“一切”之中，我们破坏自然，无异于自我毁灭；另一方面，（我们所理解的）“自然”总是一个社会文化范畴。“自然”并非天然，因为它总是被占主导地位的意识形态框架来调停。因此，所有的自然都是经过文化调停的自然，而非纯粹的天然。奥斯卡·王尔德的两句名言足以证明这一点：“自然是很难保持的姿势。”（To be natural is such a very difficult pose to keep up.）“自然是个简单的姿势，也是我所知道的最令人恼火的姿势。”（Being natural is simply a pose, and the most irritating pose I know.）与其说自然是“随随便便”，不如说自然是“扭扭捏捏”，只是这种“扭扭捏捏”脱离了“扭扭捏捏”的痕迹，完成了对“随随便便”的扬弃而已。

亚当·斯密认为自由市场被一只“看不见的手”控制，这令人想到“物化”的危险性和危害性。在齐泽克看来，“拜物教式的颠倒”就是典型的物化。他以罗马法和德意志法为例说明问题。“首先是常识性的唯名论概念，即罗马法和日耳曼法这两种法。其次是拜物教式的颠倒：法律这个抽象之物，它在罗马法和德意志法中实现了自己。”先有名，后有实，以名为实，实已失矣。这是“名”的物化，“实”的丧失。

齐泽克多次谈及“物化”。和马克思一样，他认为“物化”资本主义的制度、机制和属性密切相关。他说：

> 无论全球利益被“异化”的程度有多么严重，它都必须以一种“物化”的制度形式存在，以控制各地方社区的过度行为，同时协调各地方社区之间的交互作用。

> 资本主义只能在特定的社会条件下运行。这意味着，它信任市场这只“看不见的手”的客体化 /“物化”机制。

> 精神肉体性与拜物教唯心主义截然相反，拜物教唯心主义把某个社会维度从外部强加于事物，以之作为该事物的物化属性。

那究竟什么是物化？一般而言，“物化”是把抽象物具象化，进而把抽象物视作实体。

与“异化”不同，“物化”一词并不直接来自黑格尔，但他的某些论述已经隐隐约约地透露出“物化”的消息，如他在《精神现象学》中对“观察理性”（observing reason）的分析，他在《法哲学》中对财产的分析，都是如此。

这个词最早出自马克思对商品社会中的社会存在与社会意识的复杂关系的独特研究，以及卢卡奇后来对马克思这一概念的坚持不懈的阐发。马克思早期的著作（如《经济学和哲学手稿》和《政治经济学批判》）也透露了它的消息，但它直接出自《资本论》。马克思对这个概念的阐发主要集中在《资本论》第1卷第1章第4节“商品的拜物教性质及其秘密”和《资本论》第3卷第48章“三位一体的公式”。马克思告诉我们，“物化”指这样的过程：把人的属性、人的关系和人的行为转化为人所生产的东西的属性、关系和行为（以及行为的结果），而且这些属性、关系和行为已经独立于人存在，且支配着人的生活。这无疑是“拜物教式的颠倒”。

本质上，物化是一种拟人化。可见物化不仅是个哲学问题，而且是修辞学问题。从修辞学的角度看，它是对修辞手段的误解，因而造成了思维的谬误。威廉·詹姆斯（William James）提出的“意识流”概念，强调了思维的不间断性，即没有“空白”，始终在“流动”。他这里使用的隐喻是“意识如水，长流不息”。其实，这只是隐喻性的阐发，但后来，我们把这个隐喻当成了“意识流动”的证据——仿佛真的意识如水，长流不息。这就是所谓的“错位的具体性”（misplaced concreteness）。

物化与“表征”关系密切。人类是“表征”的动物：我们用地图代表领土，用乐谱代表音乐，用符号代表数学。这些表征就是“心智模型”。我们在纸上标记音符或在地图上创建图像之前，它们已经存在于我们的心中。我们借助于这样的“心智模型”解释世界运行的方式，无论是自然现象、生命现象还是社会现象，都是如此。

但在这个过程中，极易出现下列现象：“心智模型”和我们以“心智模型”解释的现象之间的界限开始变得模糊，进而“心智模型”逐渐化入，现象逐渐淡出。总之，一旦我们认为“心智模型”比我们以“心智模型”解释的现象更加真实、更加重要，一旦把“心智模型”视为现象的原因，或者干脆以“心智模型”取代我们以“心智模型”解释的现象时，就会出现“物化”，形成思维谬误。

以万有引力为例。开始时它只是用来解释现象的“心智模型”：为什么成熟的苹果会落地，而不是飞上天？但后来它被视为一种“力量”。一开始它只是苹果落地这种现象的解释，是“心智模型”，后来却成了苹果落地的“原因”，且深信不疑。

这样说未必不对（虽然量子物理学对此做了新的界定），但要注意，它把抽象的东西具体化了，即“物化”了，让人真的相信“力”以“物”的形式存在，也是“物”的一种。心力、视力、权力、劳力、财力、法力、活力、威力、神力、药力、效力、脑力、智力、精力、生产力、亲和力、想象力等，都是“力”的物化。

这样的物化比比皆是。自然中存在烟气、雾气、云气、蒸气，于是有了哲学上的“气”，“气”也具有了本体论的身份。“潜龙勿用，阳气潜藏”（《易经·乾卦第一》），可见气分阴阳。传统哲学认为，阴阳二气相互作用，相摩相荡，则催生万物。“气”后来成为中医概念，然后伦理学上又有了“养气”之说。“气”本是解释世界的形而上学概念，却被当成实体性的存在，形成了“物化”。它最完美的例证，当然是曾经打遍天下无敌手的“气功”，以及“功夫片”。

七

因为掌握了黑格尔辩证法的要诀，齐泽克自出道以来，时时祭出“叠加定位”的法宝。电影《黑客帝国》中有一个著名的桥段，在那里，墨菲斯给主人公尼奥两个药丸：一个是蓝色的，代表着“从梦中醒来”；一个是红色的，代表着“跟我走，带你了解真相”。尼奥毫不犹豫地选择了红色药丸。齐泽克绝对不会如此天真幼稚。他在《变态者电影指南》中提出，他想要“第三种药丸”。这是他对自己的叠加定位策略的形象化描述。

“叠加定位”一直为齐泽克所使用，却不是由齐泽克提的。它是由埃利兰·巴莱尔（Eliran Bar-El）在其《就这样，斯拉沃热成了齐泽克》（*How Slavoj Became Žižek*）一书提出的。“叠加定位”中的“叠加”最初来自量子物理学，指量子系统在被测量之前同时处于多种状态的能力。埃利兰·巴莱尔认为，齐泽克之为齐泽克，就是因为他具备了这种能力。当然，这也只是一种比喻性的说法。

“定位”（positioning）之前必先有“位”（position），“位”即我们通常所说的立场。有了“位”再对“位”进行“叠加”，从而超越二元论的僵局，进行全新的“定位”，形成新的立场。比如，有人认为，现代社会权威丧尽，老人得不到尊重；有人认为现代社会权威犹在，老人高高在上，形成压迫势力。双方各执一词，争来斗去，莫衷一是。但齐泽克会把这两种观点或两种立场进行叠加定位，创造第三种立场：缺乏权威本身就是更加邪恶的权威。之所以这样说，是因为进入后资本主义社会后，权威表面上和蔼可亲，平易近人，甚至与你勾肩搭背，称兄道弟，但实际上却是更大权威的化身，隐含着更加严厉的伦理指令——你不仅要尊重权威，而且必须自由平等、自觉自愿地尊重权威！

齐泽克在电影《变态者意识形态指南》中说过：“成为无神论者的唯一途径是信奉基督教。”言下之意，一种立场是信奉宗教，成为有神论者；一种立场是不信宗教，成为无神论者。他既不认同前者，也不认同后者。他要通过叠加定位创造第三种立场：成为信奉有神论的无神论者，因为只有这样的无神论者才是真正的无神论者。何以这样说？因为一般的无神论未曾经过辩证法的洗礼，所以总要通过忠于意义的外在保证者来逃避宗教，但这注定失败，因为它神不知鬼不觉地用“自然”或“自然规律”取代了“上帝”或“上帝的旨意”。无神论者通过信奉基督教，寻找意义的终极保证，同时又能洞察宗教的“秘密”，所以才能成为真正的无神论者。

齐泽克还把叠加定位策略运用于多元文化论、移民问题和跨性别运动。1997年，他在《多元文化主义，或跨国资本主义的文化逻辑》一文中批评多元文化主义。因为根据多元文化主义，存在着一种在文化上保持“中立”的视角，透过这个视角，可以理性、客观和公正地审视所有文化，进而肯定所有文化的特殊性。在齐泽克看来，这无异于赋予这种“中立”视角以特权，把它视为“元语言”。根据拉康的观点，根本不存在元语言。赋予这种“中立”视角以特权，会把所有的文化视为“他者的文化”，反而陷入了新的种族主义僵局。他还认为，执着地追求特殊的文化身份，会导致放弃反对全球资本主义的斗争，得不偿失。1998年，他在《为“欧洲中心主义”辩护的左翼》中认为，左翼应该奋起推翻全球性的资本帝国，但推翻全球性资本帝国的方式不是肯定特定的文化身份，而是肯定新的普遍性。在这场斗争中，平等自由（égaliberté）这个欧洲普遍主义价值观理应得到尊重，左翼更是应该勇于顶着骂名，继承这一欧洲遗产。他甚至为老牌殖民主义辩护，认为欧洲对非欧洲传统的破坏既是灾难，亦有益处，因为它使“双重摆脱”（非欧洲传统既摆脱自己的传统又摆脱欧洲的传统）成为可能。

在本书中，齐泽克不仅揭露了资本主义慈善事业的虚伪性，而且展示了叠加定位的独特魅力。在如何对待自己的文化和他人的文化的问题上，他赞成萨玛·纳米的观点：我们不应该尊重外国文化，也不应该尊重我们自己的文化。齐泽克认为，在这个问题上存在着四种不同的立场。第一种立场是比尔·盖茨的立场：尊重所有的文化，包括你自己的文化和他人的文化。右翼民族主义的立场是：尊重你自己的文化，鄙视不如你的文化。政治正确派的立场是：尊重他人的文化，鄙视你自己的文化，因为自己的文化是种族主义和殖民主义的文化。第四种立场就是萨玛·纳米的立场。在齐泽克看来，“我们不应该尊重外国文化，也不应该尊重我们自己的文化”，这么说意味着，“挖掘你自己文化中隐含的对抗，把它和其他文化的对抗联系起来，然后和下列人物一道，参与到一场共同的斗争中来：他们不仅与我们文化中的压迫和统治作斗争，而且与其他文化中的压迫和统治作斗争”。

八

立场再好，也要有主体站在上面才行。所以主体问题是一个根本问题。齐泽克之所以引人注目，是因为他关心主体问题。主体的问题是人的问题。人不行，就是“零”，而“零乘以任何数都等于零”。在不同的社会发展阶段，主体呈现不同的面貌（比如中世纪的主体，要么是主人，要么是臣民）。在如今这个全球化的后资本主义时代，主体的面貌如何？

在齐泽克看来，现在的主体惨不忍睹。“在我们直接的自我意识这个层面上，我们被主体化（被询唤），最终成为自由能动者。”因为成了自由能动者，所以要随时做出决策，做出选择，同时承担相应的责任。自由选择，已经成为意识形态，流为漫不经心的形式，成为个人的自我体验（只是觉得自己很自由而已）。总结来说，成了一种“伪自由”。虽然享乐的是“伪自由”，主体却要为此付出沉重的代价。比如，在美国，人们被剥夺了全民医疗保健，但有人告诉他们，他们获得了新的选择的自由（选择由谁来为他们提供医疗保健）；他们动辄失业，不得不被迫每过几年重新寻找工作，但有人告诉他们，他们获得了“重塑自我”的自由，可以实现自己以前不曾发现的潜力，成为“自己的老板”。

齐泽克还说，今天的主体性面临着两难之境：一方面，主体是自由的主体，必须成为自己命运的第一责任人；另一方面，主体是不受自己控制的环境的受害者。这是两种不同的主体，却由单一的主体承载。前者是自由主体，它乐观、昂扬、积极、向上；后者是受害者主体，极易走向极端的自恋。关于受害者主体，齐泽克用非常专业（晦涩）的语言告诉我们：“与大他者的每一次相遇似乎都是对主体摇摇欲坠的假想平衡的潜在威胁。”但要注意，受害者主体并不与自由主体背道而驰，而是对自由主义的内在补充。这再一次提醒我们，主体是分裂的主体，分裂乃其本质，分裂构成了主体。只有分裂的，才是（精神）完整的。否则会出现精神的失序。

齐泽克还提出一个弗洛伊德早在一百多年前提出的问题：为什么我们身受压迫，却乐在其中？即，为什么我们享受压迫？齐泽克的答案是，这是因为我们本性使然。我们喜欢施虐，在迫不得已的情况下也喜欢受虐。权力不仅强力压迫我们，让我们感到恐惧和痛苦，而且引诱我们“放下武器”，自觉服从，让我们心甘情愿和俯首帖耳地接受压迫，形成所谓的“弃绝”（renunciations）。作为补偿，我们从中获得变态的快感，而这种变态的快感就是剩余享乐。

如何打破这种逆转和恶性循环？答案是“主体性匮乏”。“主体性匮乏”是拉康创造的一个重要概念，用以描述精神分析治疗的终结时刻。到了这个时刻，“被精神分析者必须暂停符号化、内化、阐释、寻找‘更层深意义’的冲动；他必须接受这样一个事实：那些能够勾勒出自己人生轨迹的创伤性际遇完全是偶然性的、无关紧要的，没有承载‘更深层次的信息’”。

齐泽克将之运用于艺术和政治分析。在艺术中，主体性匮乏指主体从“向死而生”向“长生不死”的过渡，这时的主体即“活死人”。在政治中，主体性匮乏指主体从政治主体向彻底的去主体化的过渡，这时的主体是政治事业的客体。

用齐泽克的话说：“与所有构成我们‘内在人’的丰富特性的东西保持距离，与所有隐藏在我们内心深处的垃圾保持距离，与此同时依然是一个主体，一个‘纯粹’的空洞主体，一个类似于活死人的主体，一个僵尸一般的主体。”听上去是不是有些逆天的感觉？我们愿意成为这样的主体吗？即使愿意，在这个物欲横流的年代，如何才能成为这样的主体？但无论如何，齐泽克所推崇的正是这样的主体。我们难以理解和接受，可能说明，在我们和他之间，还有漫长的距离。

九

齐泽克对流行文化具有非凡的观察力和感受力，同时又有娴熟的精神分析技巧，两者相结合，使得他对流行文化的解读变得极其诱人。在本书中，他对《禁忌星球》、《维京人》、《索拉里斯星》和《卡特拉火山》等流行文化产品的“解剖”可以为证。在分析这些产品时，他引入了“本我机器”的概念，以之表明，剩余享乐是无处不在的。

在《禁忌星球》中，“一个疯狂的天才科学家和他的女儿（她从未见过其他男人）独自生活在一个岛上，一群太空旅行者的到来打破了他们宁静的生活。一个隐形怪物很快开始发动怪异的攻击”。这个怪物就是本我机器，是“父亲对那些入侵者怀有的破坏性冲动的物化”。

在影片《索拉里斯星》中，主人公凯文最后终于明白，他那自杀身亡后重新复活的妻子哈莉是他内心深处的创伤性幻象的物化。因此，她没有自己的实性体身份，只是实在界中的存在，而实在界永不放弃自己的存在，永远坚守自己的位置。她以实例证明，“女性只是男性幻象的物化”，“女性只是男性的症状”，“女性根本不存在”。充其量，她也只是一架本我机器而已。

冰岛电视剧《卡特拉火山》不仅使本我机器变得更加复杂，而且使它承载的道德意义变得更加暧昧。在那里，出现了“幻形灵”，即类人。警察局长的妻子创造了自己的幻形灵，以便让这对意懒情疏的夫妇和好如初。主人公格里玛失去了自己的姐姐，长期处于抑郁状态，于是创造了她的幻形灵。但与此同时，格里玛的丈夫又创造了格里玛的幻形灵，于是两个幻形灵以玩俄罗斯轮盘的形式赌输赢，结果真正的格里玛一枪丧命。“于是她的幻形灵带着深情、热情和温情对她取而代之，也没人发现情形有异。格里玛的尸体被灰烬覆盖，埋在她家的房子外面。”但并不是所有的幻形灵都这样幸运，有些幻形灵被谋杀，结局甚是悲惨。齐泽克认为，“卡特拉火山揭示了神圣者具有的阴暗面：幻形灵出现在主体面前时，主体并没有崇高地面对幻形灵的内在真理；这种表象是以残酷的自私自利的算计为根基的”。

在这里，齐泽克提出了一个真正的哲学问题，彰显出他非凡的洞察力：我们能否把我们的伴侣的现实与我们对他们的幻象区分开来？如果能够区分开来，那我们就能直接面对我们伴侣的现实，抛弃所有的幻象。不幸的是，答案是否定的，因为“我们每个人也是别人认为我们所是的东西，是别人梦想我们所是的东西”。也就是说，我们不只是我们的现实，还是别人的幻象；我们不仅自在地存在，还是别人观念和梦幻中的那种东西。“换言之，只说我的伴侣和其幻形灵之间的分裂是我的伴侣和我有关他/她的理念或对他/她的投影之间的分裂是不够的，因为这种分裂是我的伴侣所固有的。”注意，这里存在着两个分裂。一个分裂是由下列两者构成的：我的伴侣和我的伴侣的幻形灵。另一个分裂是由下列两者构成的：我的伴侣，我有关伴侣的理念，或我投射到我的伴侣那里的我的幻象。第一个分裂也是第二个分裂，但齐泽克认为，只作如此简单的区分并无多少裨益，因为问题的重点在于，这种分裂是主体所固有的。他举例说，“当一个普通的反犹主义者和一个犹太人交谈时，他不是在做同样的事情吗？在他的感知和互动中，站在他面前的犹太人之现实与他对犹太人的幻象难解难分地纠缠在一起……几千年来对犹太人的排斥和迫害，以及所有投射到犹太人身上的幻象，都不可避免地影响了他们的身份。他们的身份是在对有关他们的幻象的回应中构成的，而幻象又支撑着对他们的迫害”。其实，一个男人在面对一个女人，或一个女人在面对一个男人时，又何尝不是如此呢？任何人在审视任何人时，不都是把自己的预期、幻象、渴望等投射到对方身上吗？哪里存在什么“自在之人”呢？

齐泽克对流行文化的分析充满了非凡的洞察力，与他讨厌西方的“政治正确”文化不无关系。在他看来，“政治正确”文化使人流于僵化和平庸。

政治正确在西方畅通无阻，可谓“逢佛杀佛，遇祖杀祖”，所向披靡，锐不可当。但齐泽克反对政治正确，因为它不仅会造成道德的僵化，而且会遮蔽真正的问题。他怒问：“为什么政治正确左翼专注于规范我们如何说话的细节，而不提出上述更加严重的问题？”“从这个意义上说，大多数政治正确在政治上并不正确，因为它降低了解放斗争的有效性。”他甚至把政治正确与宗教上的原教旨主义相提并论：“政治正确的严酷主义和宗教原教旨主义是同一枚硬币之两面：在上述两种情况下，不存在例外——要么什么都不禁止，要么什么都禁止。”

他发现，在教育、文化领域，政治正确的推行已经到了荒唐可笑的地步：

> 人们对《爱乐之城》的反应之一是，虽然好莱坞的同性恋比例相对较高，但故事中没有一个人被描绘成同性恋。今天的出版业也是如此。向出版商推荐某个话题的读本时，出版商的第一反应是“作者中是否有足够多的女人、黑人、亚洲人”？一个最低限度的严肃研究应该提出与此不同的问题：为什么在女性、黑人和亚洲人中没有出现更多的优秀作者？可以在这个层面上促成变化吗？强行要求相同的比例（足够的女人、黑人等），只会适得其反和滋生怨恨。到了最后，组织学术讨论会变成了对“政治正确”

规则的遵循：去找些女人、黑人、亚洲人、拉丁裔、同性恋、变性人等。

人们为什么热衷于遵守“政治正确”的法则，时时对自己的行为进行反省？答案很简单，因为它能带来剩余享乐。齐泽克再次以生动的实例说明这一问题：

> 我看空姐的眼神是否具有过于强烈的骚扰性，甚至是性攻击？我在和她说话的时候，有没有使用任何可能带有性别歧视意味的词语？等等。这种自我调查所带来的快感——甚至是兴奋——是显而易见的：不妨回想一下，当我发现我那纯真的笑话并不是那么纯真，而是包含着种族主义的意味时，我是多么悔恨交加，但悔恨之中又夹杂着喜悦。

一语中的，掷地有声！

十

齐泽克现在最被人诟病的，倒不是他的思想或观念（当然，也有人把他批得“体无完肤”），而是他的“书写风格”和“行为做派”。

他的“书写风格”完全可以用下列成语描述：天马行空、龙飞凤舞、笔走龙蛇、洋洋洒洒、无拘无束、挥洒自如、汪洋恣肆，纵横开阖。具体说来，他爱用“意识流”的手法，喜欢排比句和反问句，不时来个笑话，还有丰富的示例。但他缺乏“叙事的路标”，也没有“观点的概括”，文本中的观点金光四射，却难以连成一线。

他的“行为做派”是：不假思索，脱口而出，无所不谈，滔滔不绝。无论什么话题，只要涌入他的心间，只要这个话题足够刺激，他就绝对不会放过——必定要把它纳入文本的某个角落。他的论点总是太多，如天上的繁星；论据总是太少，如久旱的甘霖。他总是飘忽不定，口不择言，立论多自相矛盾，逻辑多难以自洽。阅读其书，犹如看万花筒：尽管处处都是金光闪闪的思想和锋芒逼人的洞识，还有不时令人开怀大笑或莞尔一笑的机智，但从来看不到对命题的完整的、系统的、合乎逻辑的严密论证。总之是“如七宝楼台，眩人眼目，碎拆下来，不成片断”。

上述缺点，爱德华·奥尼尔和特里·伊格尔顿概括得最为有力。

爱德华·奥尼尔认为齐泽克在故弄玄虚：“在没有任何检验方法的情况下，作者采用了一系列令人眼花缭乱的、极具娱乐性且常常令人发狂的修辞策略，意在欺骗、恐吓、惊呆、惊倒、迷惑、误导、压垮读者，一言以蔽之，意在强制读者接受。他提供了一个又一个例子，但使它们成为例子的原则本身却不予提供。……一个概念用另一个概念来界定，而这个概念又以同样的方式被界定，以此递进，直到无穷。……到最后，纯粹的修辞力量代替了精心的论证。”

特里·伊格尔顿认为齐泽克不可理喻：“齐泽克著述甚丰，到了令人生心敬畏的地步；齐泽克多才多艺，到了令人眼花缭乱的程度。他能在同一段文字里，从黑格尔跳到侏罗纪公园，从卡夫卡跳到三K党。但是，如同拉康所谓的充斥着幻象的日常现实世界掩盖了一成不变的实在界之核一样，齐泽克无比华丽的话题列队在一本又一本著作中循环往复，穿插运行，但说来说去，说的都是同一个主题。他广泛的兴趣几乎充满了喜剧性，但这背后却隐藏着一种强迫症一般的重复。他的著作，颇令人产生弗洛伊德所谓的‘诡异’之感，让人觉得既熟悉又陌生，既有令人拍案惊奇的创新，又有令人‘似曾相读’（déjà lu）的陈腐，充满了独树一帜的深刻见解，彼此之间又循环往复。”

基于上述原因，总是有人说他是江湖郎中、冒牌内行，还有人说他是讽刺家和挑衅者。

尽管存在这么多的缺点，还是有那么多人喜欢阅读他的著作，甚至到了如醉如痴的地步。为什么？因为他是思想家，不是老学究，不属于“乾嘉学派”，不搞什么“孤证不立”，也不怎么遵守什么“学术规范”。他出版著作近百种，却极少在学院派掌握的学术期刊上发表任何论文。严格说来，他是“江湖人士”，非学界中人，自然不必受那些“劳什子”的束缚。

正是基于这一点，他坦率地承认：“本书有一个特点会使许多读者怒不可遏，甚至那些在其他方面赞同我观点的读者也会如此：它的风格会变得越来越放浪，以至于它看上去似乎在逐渐走向癫狂。”“虽然仍然可以把第1章视为一篇学术论文，但本书读起来，越来越像是从一个例子跳到另一个例子，从一个引文或图像跳到另一个引文或图像，令人迷茫。”但他接着为自己辩解说，人们第一次阅读黑格尔的《精神现象学》时也是这种感觉，对黑格尔做出了类似的指责。在他看来，这并非缺陷，而是一种积极的实践：他要对所有人的文本做“暴力性的解读”，以撕裂其表面的统一，使其文字脱离语境，再以出人意料的方式把它们联系起来。对别人如此，对黑格尔也是如法炮制。齐泽克自称，他要对黑格尔的“文本进行想象性解读”，并称“这是一种时空错乱、不合时宜的做法”。在齐泽克看来，拉康也是这样做的，因为“他一直在与黑格尔进行批判性对话”。拉康拒绝接受辩证法的“合题”，因为“合题”是对“不可能的实在界”的否定。拉康认为，黑格尔不过是个“终极的自我意识哲学家”而已。

这策略与瓦尔特·本雅明的“静止的辩证”一拍即合，因为在“静止的辩证”中，“当下的时刻以某种跨历史短路的方式，直接与过去的同源性时刻遥相呼应”。这既不是内在的解读——努力忠实于被阐释的文本，也不是引用的实践——利用文本的只言片语为当时的意识形态措施和政治措施辩护。他并不忠实于被阐释的文本，更不会为眼下的意识形态和政治措施辩护。一句话，他要的是“六经注我”，而非“我注六经”。

齐泽克认为，本雅明等人的引用是“对原作的暴力毁容”，但它比原作本身更忠实于原作。“这就是我从黑格尔跳到好莱坞喜剧、从康德跳到通俗文化中的吸血鬼和活死人、从LGBT+跳到斯洛文尼亚的粗俗用语、从革命的主体性跳到电影《小丑》的原因。”他希望以此达到本雅明渴望达到的目的。

至于有人指责齐泽克“自我抄袭”，他对此感到莫名的悲哀和离奇的愤怒，认为这样的指责与指责别人“自我强奸”无异。他辩解说：“的确，我有时会在我的新文本中插入先前发表过的文本中的简短段落，但细心的读者总能发现这种操作具有的暴力性：我把一个片段摘离原来的语境，将其插入新的语境，这迫使我们对该片段重新做出解读，结果这个解读有时甚至与‘原初’的解读截然相反。”

这是近乎绝望的呐喊和抗议，读来令人感慨万千。好在有读者在，有知音在，他不至于始终踽踽独行。

季广茂

2023/12/31

读客®

激发个人成长

多年以来，千千万万有经验的读者，都会定期查看熊猫君家的最新书目，挑选满足自己成长需求的新书。

读客图书以“激发个人成长”为使命，在以下三个方面为您精选优质图书：

1. 精神成长

熊猫君家精彩绝伦的小说文库和人文类图书，帮助你成为永远充满梦想、勇气和爱的人！

2. 知识结构成长

熊猫君家的历史类、社科类图书，帮助你了解从宇宙诞生、文明演变直至今日世界之形成的方方面面。

3. 工作技能成长

熊猫君家的经管类、家教类图书，指引你更好地工作、更有效率地生活，减少人生中的烦恼。

每一本读客图书都轻松好读，精彩绝伦，充满无穷阅读乐趣！